JN492751

제3판

K-IFRS 중급회계연습

이수로 · 신영직

신영사

머리말

『K-IFRS 중급회계연습』이 처음 출간되고 만 6년이 지났다. 그 기간 동안 본 교재를 사랑해 주신 여러 교수님들과 독자들 덕택에 다시 개정판(제3판)을 출간하게 되었다. 『K-IFRS 중급회계연습』 제3판에서는 기존의 체계나 큰 틀은 그대로 유지하면서 연습문제의 해답 및 풀이에 대한 세부 설명을 추가하고 보완하는 데 중점을 두었다. 본 교재의 성격이 연습문제 풀이이다 보니 어렵게 느껴지거나 추가설명이 필요한 부분을 찾아 보완해서 독자들이 쉽게 이해하면서 공부할 수 있도록 노력하였다. 본 교재를 처음 출간하던 당시 독자들에게 자격증 취득이나 취업시험 등에 조금이라도 보탬이 되었으면 하던 초심을 몇 번이나 되새기면서 힘들었던 개정작업을 마치고 제3판을 출간하게 되었다.

아무쪼록 본 교재를 잘 활용하여 회계를 체계적으로 정리하고, 원하는 바를 이루었으면 하는 마음이 간절하다. 끝으로, 본 교재가 출간될 수 있도록 세심한 배려와 물심양면의 지원을 해주신 신영사의 권영섭 사장님, 원고를 꼼꼼히 검토하시고 오탈자 하나까지 수정해 주신 박지영 국장님 및 편집부 여러분, 그리고 모든 임직원께 감사의 말씀을 드린다.

2022년 7월
저자 씀

차 례

제 1 장 회계의 기초개념

제 2 장 재무제표

제 3 장 유동자산

제 5 장 금융자산

제 6 장 부 채

제 7 장 자 본

제 9 장 수익의 인식

제 10 장 회계변경과 오류수정

제12장 법인세회계

제13장 현금흐름표

제14장 재무제표분석

CHAPTER

1

회계의 기초개념

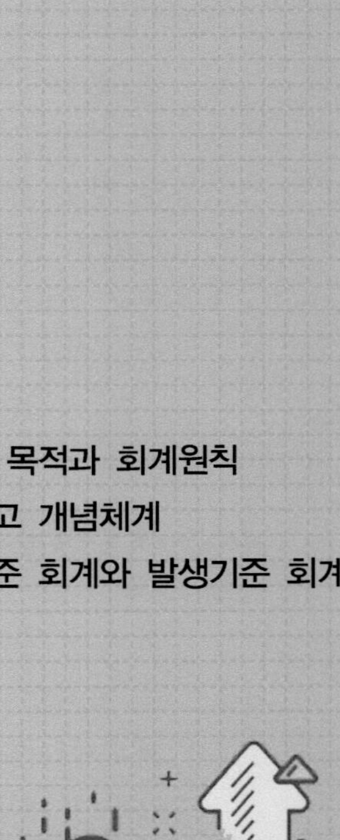

제1절 회계의 목적과 회계원칙

1 회계의 목적

전통적인 회계의 목적은 기업의 소유주의 대리인인 경영자가 소유주로부터 위탁받은 자산의 관리와 운용에 따른 경영성과와 재무상태를 소유주에게 정기적으로 보고해야 하는 수탁책임(stewardship)을 이행하기 위한 것으로 인식되었다. 현대적 관점에서는 회계의 유용성을 강조하고 있다는 데 특징을 두어 좀 더 넓은 의미로 해석하고 있다. 오늘날의 회계는 회계정보이용자가 한정된 자원을 효율적으로 배분할 수 있도록 경제적 의사결정에 도움이 되는 유용한 정보(useful information)를 제공하는 것을 기본목적으로 하고 있다. 경제적 의사결정에 도움이 되는 유용한 정보란 기업의 미래현금흐름의 크기, 시기 및 불확실성을 예측하는 데 도움을 주는 정보를 말한다.

즉, 회계의 목적에 관한 현대적 정의는 회계정보의 생산 측면을 강조하던 전통적 회계의 틀에서 벗어나, 경제적 의사결정에 도움이 되는 회계정보를 식별하고, 이를 회계정보이용자에게 효과적으로 제공하는 것을 기본목표로 하는 회계정보의 활용 측면을 강조하고 있다. 이러한 활동을 통해 회계는 자원을 효율적으로 사용하는 기업을 파악하도록 함으로써 자본시장의 효율성에 기여하고, 궁극적으로는 희소한 경제적 자원을 효율적으로 배분하는 데 기여한다.

2 재무제표

회계는 회계정보이용자들의 경제적 의사결정에 유용한 정보를 제공하는 것을 목적으로 하고 있다. 이러한 목적을 달성하기 위해서 작성되는 보고서가 재무제표(financial statements)이다. 그런데 회계정보이용자들의 요구는 매우 다양하여 재무제표를 작성하고 보고하는 회계담당자는 이들의 요구를 모두 충족시켜줄 수 없다. 따라서 재무제표에는 공통적이고도 일반적인 정보만이 일

〈표 1-1〉 재무보고와 재무제표

정보	재무제표	
경제적 자원과 청구권	재무상태표	기본재무제표
자본의 변동(자본거래 제외)	포괄손익계산서	
자본의 변동(자본거래 포함)	자본변동표	
현금흐름의 변동	현금흐름표	
재무제표 본문의 정보에 추가	주 석	

반적으로 인정된 회계원칙(GAAP, Generally Accepted Accounting Principles)에 따라 보고된다. 재무제표는 재무상태표, 포괄손익계산서, 자본변동표, 현금흐름표와 주석으로 구성된다. 한편, 기업의 미래현금흐름을 예측하기 위해서는 기업의 경제적 자원(자산)과 경제적 자원에 대한 청구권(부채, 자본) 및 이들의 변동에 관한 정보가 제공되어야 한다.

3 일반적으로 인정된 회계원칙

(1) 의 의

회계실무와 재무제표의 작성을 지도하는 일반원칙을 '일반적으로 인정된 회계원칙(GAAP)'이라고 한다. 따라서 기업의 회계담당자는 GAAP에 따라 회계처리한 재무보고서를 회계정보이용자에게 전달해야 한다. GAAP는 ① 일반적인 수용성(general acceptance)을 가지고, ② 다수의 (실질적으로) 권위 있는 지지(substantial authoritative support)를 받는 회계원칙을 말한다. GAAP는 회계기준서, 회계기준해석서, 권위 있는 기관에서 발표한 보고서 등을 말한다.

(2) 국제회계기준

우리나라는 2011년부터 모든 상장기업이 국제회계기준(IFRS, International Financial Reporting Standards)을 적용하도록 의무화하였다. 따라서 우리나라의 한국회계기준위원회(KASB, Korea Accounting Standards Board)는 국제회계기준위원회(IASB, International Accounting Standards Board)에 의해 제정된 국제회계기준(IFRS)을 한글로 번역하였는데, 이를 한국채택국제회계기준(K-IFRS)이라고 한다.

1) 적용대상

① 상장법인과 대부분의 금융기관(연결비상장자회사 포함)
② 자발적 채택 비상장법인

2) 필요성

① 자본자유화가 용이하다.
② 기업의 자본비용(cost of capital)이 저렴해진다.
③ 회계투명성이 개선된다.
④ 국가간 재무제표의 비교가능성이 개선된다.
⑤ 회계처리비용이 절감된다.

3) 국제회계기준위원회

① 국제회계기준위원회는 전 세계가 사용하는 하나의 양질의(a single set of high quality) 국제회계기준을 제정 및 개정한다.
② 국제회계기준의 적용을 유보하고 있는 미국의 재무회계기준위원회(FASB, Financial Accounting Standards Board)와 함께 회계기준 정합화(convergence)를 위해 공동으로 노력한다.

4) 특 징

① 국제회계기준은 원칙주의(principles-based approach) 회계기준으로 전문가의 판단을 중시한다. 이는 미국 등에서 채택하고 있는 규칙주의(rules-based approach) 회계기준과 대비되는 개념이다.
② 국제회계기준은 연결재무제표(consolidated financial statements) 중심의 회계기준이다. 이는 연결실체에 대한 재무제표를 작성하는 것으로 개별재무제표와는 대비되는 개념이다.

③ 국제회계기준은 공시(disclosures)를 강화한다.
④ 국제회계기준은 역사적 원가(historical costs)와 함께 공정가치(fair value) 회계를 주요 원칙으로 확대 적용한다.

제 2 절 재무보고 개념체계

1 재무보고 개념체계의 의의

재무보고 개념체계(conceptual framework financial reporting)는 재무보고의 목적을 명확히 하고, 이를 달성하는 데 유용한 재무회계의 기초개념을 제공하는 것을 목적으로 한다. 또한 재무보고 개념체계는 개별 회계기준들의 뼈대 또는 근간을 제공하는 다음의 역할을 한다. 다만 재무보고 개념체계는 회계기준은 아니기 때문에 재무보고 개념체계의 내용이 특정 회계기준과 상충되는 경우에는 회계기준이 우선한다.

① 회계기준을 제정 또는 개정하는 데 일관성 있는 지침을 제공한다.
② 회계기준이 미비된 경우에 적용할 수 있는 일관된 지침을 제공한다.
③ 모든 이해관계자가 회계기준을 이해하고 해석하는 데 도움을 준다.
④ 재무제표 작성의 기초가 되는 일관된 지침을 제공한다.

한편, 국제회계기준위원회(IASB)의 재무보고 개념체계는 다음과 같이 구성되어 있다.

① 일반목적재무보고의 목적
② 유용한 재무정보의 질적특성
③ 재무제표와 보고기업
④ 재무제표의 요소

⑤ 인식과 제거
⑥ 측정
⑦ 표시와 공시
⑧ 자본 및 자본유지개념

2 유용한 회계정보의 질적특성

회계정보가 유용성(usefulness)을 확보하기 위해 갖추어야 할 질적인 속성을 말한다. 회계의 궁극적 목표인 유용성을 충족시킬 수 있는 회계정보의 질적 특성은 다음과 같다.

(1) 근본적 질적특성

목적적합성과 충실한 표현은 회계정보가 유용하기 위해서 반드시 갖추어야 할 특성이므로 근본적 질적특성이라고 한다.

1) 목적적합성

회계정보는 회계정보이용자의 의사결정 목적에 적합한 것이어야 한다. 의사결정 목적에 적합한 정보란 회계정보이용자가 그 정보를 이용하지 않았을 때보다 이용함으로써 유리한 차이(a favourable difference)를 가져다주는 정보를 말한다. 목적적합성(relevance)은 회계정보이용자가 의사결정을 할 때 미래 사건의 예측에 도움을 주거나, 과거의 기대치를 확인 또는 수정함으로써 회계정보이용자의 경제적 의사결정에 영향을 미치는 질적특성을 말한다.

① **예측가치** : 회계정보는 과거나 현재의 자료를 토대로 하여 기업의 미래현금흐름 등 경제현상을 예측하는 데 도움이 될 수 있는 속성을 지녀야 한다.
② **확인가치** : 회계정보는 회계정보이용자의 기대치를 확인시키거나 또는 잘못된 기대치를 수정시켜 줄 수 있는 피드백가치를 지녀야 한다.
③ **중요성** : 회계정보가 회계정보이용자의 경제적 의사결정에 영향을 미

치면 중요성을 갖게 되며, 중요성은 금액의 크기나 정보의 성격에 의해 결정된다.

2) 충실한 표현(표현충실성)

충실한 표현(faithful representation)이란 측정대상인 속성과 측정치의 일치도를 말한다. 즉, 회계정보의 측정치는 표현하고자 의도하는 경제사상을 있는 그대로 충실하게 대변할 수 있어야 한다. 회계정보가 충실하게 표현되기 위해서는 다음의 특성을 충족해야 한다.

① **완전성**: 회계정보이용자가 의사결정을 하는 데 도움이 되는 모든 회계정보를 제공해야 한다.

② **중립성**: 회계정보를 산출하는 과정에서 특정 이해관계자에게 부당한 손실이나 이익을 주기 위해 편견이 개입된 정보를 제공해서는 안 된다. 중립성(neutrality)은 일반 정보게공자뿐만 아니라 회계기준제정기관이 특히 유의해야 할 속성이다.

③ **무오류**: 회계정보는 오류나 누락이 없어야 한다.

(2) 보강적 질적특성

보강적 질적특성은 근본적 질적특성을 브강하는 역할을 하는 질적특성을 말한다.

1) 비교가능성

비교가능성(comparability)은 두 개의 서로 다른 경제현상에 대해 회계정보 이용자로 하여금 유사점과 차이점을 식별할 수 있게 해 주는 정보의 속성을 말한다. 또한 이는 기간별 비교와 기업간 비교를 가능하게 해야 한다는 두 가지 개념을 모두 포괄한다.

① **기간별 비교가능성**: 한 회사가 동일한 거래에 대하여 일관성 있게 회계처리방법을 사용할 때 기간별 비교가능성이 커진다.

② **기업간 비교가능성**: 서로 다른 회사들이 유사한 회계처리방법과 보고

서를 사용할 때 기업간 비교가능성이 커진다.

2) 검증가능성

측정대상인 동일한 거래나 사건에 대하여 여러 사람이 동일한 방법으로 측정하였을 때 동일한 결론에 도달하는 특성을 말한다.

3) 적시성

회계정보이용자가 어떤 정보를 필요로 할 때 적시에 제공되는 특성을 말한다.

4) 이해가능성

회계담당자는 회계정보의 의미와 중요성을 회계정보이용자가 이해할 수 있도록 제공해야 한다. 따라서 재무보고서의 양식과 내용은 간결하고 표준화되어야 하며, 이해가능한 용어로 작성되어야 한다. 또한 회계정보이용자는 기업실체와 그 경제활동 및 회계에 대하여 적당한 수준의 지식을 갖고 있으며, 주어진 정보를 분석하기 위한 적절한 노력을 기울일 의지가 있는 것으로 가정한다.

3 재무제표요소의 인식

재무제표요소의 인식(recognition)이란 재무제표요소의 정의에 부합하고 다음의 인식기준을 모두 충족하는 항목을 재무제표에 반영하는 과정을 말한다.

① 미래경제적 효익이 기업에 유입되거나 유출될 가능성이 높다. (미래경제적 효익의 발생가능성)
② 항목의 가치를 신뢰성 있게 측정할 수 있다. (측정의 신뢰성)

(1) 자산의 인식

자산(assets)은 다음과 같이 세 가지로 정의된다.

① **권리** : 과거 사건의 결과로 생긴 권리이다.
② **경제적 효익을 창출할 잠재력** : 기업에 미래경제적 효익이 유입될 것으로 기대된다.
③ **통제** : 특정기업이 통제하고 있다.

자산은 기업에 미래경제적 효익이 유입될 가능성이 높고, 그 항목의 원가 또는 가치를 신뢰성 있게 측정할 수 있을 때 인식한다.

(2) 부채의 인식

부채(liabilities)는 다음과 같이 세 가지로 정의된다.

① **의무** : 기업에게 회피불능의무가 있다.
② **경제적 자원의 이전** : 경제적 자원을 이전해야 하는 의무이다.
③ **과거 사건으로 생긴 현재의무** : 의무는 과거 사건의 결과로 존재하는 현재의무이다.

부채는 현재의무를 이행함에 따라 미래경제적 효익을 갖는 자원의 유출 가능성이 높고, 그 금액을 신뢰성 있게 측정할 수 있을 때 인식한다.

(3) 수익의 인식

수익(revenues)은 일정기간 동안 자산의 유입 또는 부채의 감소에 따라 자본의 증가를 가져오는 미래경제적 효익의 증가로서 소유주의 투자를 제외한 것을 말한다. 수익은 자산의 증가나 부채의 감소에 따라 미래경제적 효익이 증가하고 이를 신뢰성 있게 측정할 수 있을 때 인식한다. 구체적으로는 다음의 두 요건을 모두 충족할 때 인식한다.

① **권리의 확보** : 수익은 실현되었거나 또는 실현가능한 시점에 인식된다. 즉 상품, 제품 등이 현금 또는 현금청구권(매출채권)과 교환되거나 현금화할 수 있는 시점에서 실현된다.

② 의무의 이행 : 수익은 수익창출과정(earning process)이 완료되었을 때 인식된다.

(4) 비용의 인식

비용(expenses)은 자산의 유출 또는 부채의 증가에 따라 자본의 감소를 가져오는 미래경제적 효익의 감소로서 소유주에 대한 분배를 제외한 것을 말한다. 비용은 자산의 감소나 부채의 증가에 따라 미래경제적 효익이 감소하고 이를 신뢰성 있게 측정할 수 있을 때 인식한다.

4 기본가정

회계정보를 담는 그릇인 재무제표가 논리적 체계와 객관성을 유지하면서 회계정보이용자에게 유용한 정보를 제공하기 위해서는 기본가정을 도입할 필요가 있다. 국제회계기준에서는 계속기업의 가정을 기본가정으로 인정하고 있다.

계속기업(going concern)의 가정은 기업이 일단 설립되면 얼마 지나지 않아 영업활동이 중지되고 청산되는 것이 아니라 장기간 존속하면서 영업활동을 계속한다는 가정이다. 기업이 건물, 비품과 같은 자산을 취득하고 자산가치를 취득 당시에 지불한 금액(취득원가)으로 장부에 계속 기록하는 방법을 취득원가의 원칙이라고 한다. 이러한 취득원가의 원칙은 계속기업의 가정에 근거하고 있다. 만일 기업이 앞으로 장기간 존속하지 못하고 파산하여 영업활동이 중지되고 청산될 것이라는 가정을 해보자. 이런 경우에는 과거의 가격인 취득원가보다는 조만간에 있을 청산시에 현금으로 회수할 수 있는 금액을 장부에 기록하는 것이 더 의미 있는 일이 될 것이다. 따라서 현행 회계제도에서 취득원가의 원칙을 주요 원칙으로 인정하고 있다는 것은 계속기업의 가정을 인정하고 있다는 의미이다. 취득원가의 원칙 이외에도 수익·비용 대응의 원칙 등과 같은 주요 원칙들도 계속기업의 가정에 근거하고 있다.

5 자본유지개념

기업이 일정기간 동안 창출한 총수익은 투자액의 회수와 투자이익으로 구분할 수 있다. 따라서 기업의 영업성과를 나타내는 투자이익은 투자액의 회수로 인해 영향을 받게 된다. 투자액의 회수는 어디까지를 투자액의 회수로 보느냐 하는 자본유지개념에 따라 달라진다. 자본유지개념에는 재무자본유지와 실물자본유지가 있다.

(1) 재무자본유지

재무자본유지는 기말에 화폐단위로 측정한 자본을 유지하면 기초의 자본이 유지된다는 개념이다. 그런데 화폐단위는 물가변동에 따라 구매력이 변동하므로, 재무자본유지개념은 물가변동을 고려하지 않는 명목재무자본유지와 물가변동을 반영한 일반구매력자본유지로 구분된다.

명목재무자본유지는 물가변동을 고려하지 않은 화폐단위로 측정한 기초의 자본을 유지하면 된다는 개념이므로 그 이상의 수익은 당기의 이익으로 본다. 취득원가회계는 명목재무자본유지개념에 근거하고 있다. 일반구매력자본유지는 물가변동을 고려한 일반구매력으로 측정한 기초의 자본을 유지해야 한다는 개념으로, 총수익 중 기초자본의 일반구매력등가액보다 큰 부분을 이익으로 본다. 일반물가수준회계는 일반구매력자본유지개념에 근거하고 있다.

(2) 실물자본유지

실물자본유지는 기초의 생산능력을 나타내는 실물자본이 기말에도 유지되고 있어야 자본유지로 보는 개념이다. 따라서 총수익 중 기초의 실물생산능력을 초과하는 부분을 이익으로 본다. 그런데 이 개념에서는 개별물가의 변동에 따른 보유손익은 자본(자본조정)의 한 항목인 자본유지조정으로 보고 이익에는 포함시키지 않는다. 현행원가회계는 실물자본유지개념에 근거하고 있다.

제3절 현금기준 회계와 발생기준 회계

현금기준은 현금유입(수입)이 있을 때 수익을 인식하고, 현금유출(지출)이 있을 때 비용을 인식하는 방법이다. 그 반면 발생기준은 현금의 유입 및 유출과 관계없이 수익 및 비용이 실제 발생한 시점을 기준으로 인식하는 방법이다.

이처럼 현금기준 회계와 발생기준 회계는 수익과 비용을 인식하는 시점을 달리하므로, 한 회계기간의 수익과 비용은 두 방법간에 차이가 발생한다.

1 매출액에서의 차이

상품을 현금으로 판매한 경우에는 현금기준 매출액과 발생기준 매출액은 동일하다. 그러나 상품을 외상으로 판매한 결과 매출채권이 발생한 경우에는 차이가 발생한다. 즉 매출채권이 증가하면 발생기준 매출액이 현금기준 매출액보다 매출채권 증가액만큼 더 커지며, 매출채권이 감소하면 발생기준 매출액이 더 작아진다. 따라서 다음의 등식이 성립한다.

현금기준 매출액＝발생기준 매출액－매출채권의 증가액(＋매출채권의 감소액)

2 매출원가에서의 차이

현금기준 매출원가는 상품의 현금매입액과 동일한 반면, 발생기준 매출원가는 재고자산계정에서 '기초재고액＋당기매입액－기말재고액'의 공식을 통해 결정된다. 우선 상품을 외상으로 매입한 결과 매입채무가 발생하면 발생기준에서는 매입채무 발생액이 당기매입액에 포함되어 매출원가를 증가시키지만, 현금기준 매출원가는 매입채무의 발생과는 아무런 관계가 없다. 반대로 매입채무를 현금으로 상환하여 매입채무가 감소하면, 발생기준 매출원가에는 영향을 주지 않지만 현금기준 매출원가는 증가한다. 다음으로 재고자산 변동액과 관련하여 기말재고자산이 증가하면(기초재고자산보다 크면) 발생기준 매출원가는 감소하지만 현금기준 매출원가는 영향을 받지 않는다. 반대로 기말재고자산이 감소하면(기초재고자산보다 작으면) 발생기준 매출원가는 증가하지만 현금기준 매출원가는 영향을 받지 않는다. 따라서 다음의 등식이 성립한다.

> 현금기준 매출원가＝발생기준 매출원가
> －매입채무 증가액(＋매입채무 감소액)
> ＋재고자산 증가액(－재고자산 감소액)

3 기타수익에서의 차이

당기에 미수수익이 발생하면 발생기준에서는 당기의 수익으로 인식하지만 현금기준에서는 수익으로 인식하지 않는다. 반대로 당기에 선수수익이 생기면 발생기준에서는 당기의 수익으로 인식하지 않지만 현금기준에서는 수익으로 인식한다. 따라서 다음의 등식이 성립한다.

> 현금기준 기타수익＝발생기준 기타수익
> －미수수익 증가액(＋미수수익 감소액)
> ＋선수수익 증가액(－선수수익 감소액)

4 기타비용에서의 차이

당기에 선급비용이 발생하면 발생기준에서는 당기의 비용으로 인식하지 않지만 현금기준에서는 당기의 비용으로 인식한다. 한편 당기에 미지급비용이 발생하면 발생기준에서는 이를 당기의 비용으로 인식하지만 현금기준에서는 당기의 비용으로 인식하지 않는다. 따라서 다음의 등식이 성립한다.

현금기준 기타비용＝발생기준 기타비용
＋선급비용 증가액(－선급비용 감소액)
－미지급비용 증가액(＋미지급비용 감소액)

연습문제

CHAPTER 1

1. 다음 중 회계정보의 기능에 대한 설명으로 타당하지 않은 것은? (2010, 공인회계사)

① 회계정보는 자본시장에서 정보비대칭으로 인해 존재하는 역선택의 문제를 완화하여 자본이 투자자로부터 기업에게로 원활히 공급될 수 있도록 하는 데 도움을 준다.

② 회계정보는 경제실체간 자원의 이동에 관한 의사결정에는 직접적인 경제적 영향을 미치지는 못하지만 경제실체 내에서의 자원의 이동에 관한 의사결정에는 도움을 준다.

③ 회계정보는 자본시장에서 발생할 수 있는 대리인의 기회주의적인 행위인 도덕적 해이라는 문제를 해결하는 데 도움을 준다.

④ 회계정보는 자본주의 시장경제체제에서 희소한 경제적 자원이 자본시장을 통해 효율적으로 배분되도록 하는 데 도움을 준다.

⑤ 회계정보는 정부가 효율적이고 적절한 자원배분을 위한 정책을 수립하는 데 도움을 준다.

2. 「한국채택국제회계기준」에 대한 설명으로 옳지 않은 것은? (2011, 공무원 9급)

① 2011년부터 상장법인은 「한국채택국제회계기준」을 의무적으로 적용해야 한다.

② 과거의 「기업회계기준」이 규칙중심의 회계기준이었던 데 비하여 「한국채택국제회계기준」은 원칙중심의 회계기준이다.

③ 「한국채택국제회계기준」은 연결재무제표를 주재무제표로 한다.

④ 「한국채택국제회계기준」은 과거의 「기업회계기준」에 비해 자산과 부채를 측정함에 있어 공정가치보다는 역사적 원가를 반영하도록 하고 있다.

3. 다음 중 한국채택국제회계기준에 대한 설명으로 타당하지 않은 것은? (2010, 공인회계사)

① 국제적으로 통용되는 회계기준을 채택함으로써 회계정보의 신뢰성을 향상시키고,

다른 나라로부터의 자금조달이 용이해지며 차입원가를 절감할 수도 있다.

② 한국채택국제회계기준은 회계처리에 대하여 구체적인 회계처리방법을 제시하기보다는 전문가적 판단을 중시하는 접근법을 따르고 있다.

③ 한국채택국제회계기준의 연결범위에는 「주식회사의 외부감사에 관한 법률」에 의한 외부감사대상이 아닌 소규모회사는 포함되지 않는다.

④ 한국채택국제회계기준은 2011년부터 모든 주권상장법인이 의무적으로 적용하되 원하는 기업은 2009년부터 조기 적용하고 있다.

⑤ 한국채택국제회계기준은 국제회계기준위원회에서 공표한 국제회계기준을 기초로 한국회계기준위원회에서 제정하고 금융위원회에 보고 후 공표된 것이다.

4. 다음은 우리나라의 재무회계 개념체계에 대한 설명이다. 옳지 않은 것은? (2000 세무사)

① 회계기준제정기구가 회계기준을 제・개정함에 있어 기본적 방향과 일관성 있는 지침을 제공한다.

② 감사인이 감사의견을 표명하기 위하여 회계기준 적용의 적정성을 판단하거나, 회계기준이 미비된 거래 또는 경제적 사건에 대한 회계처리의 적정성을 판단함에 있어서 의견형성의 기초가 되는 일관성 있는 지침을 제공한다.

③ 재무제표이용자가 회계기준에 의해 작성된 재무제표를 해석하는 데 도움을 제공한다.

④ 재무회계 개념체계가 특정 회계기준과 상충되는 경우에는 재무회계 개념체계는 특정 회계기준에 우선한다.

⑤ 재무제표 작성자가 회계기준을 해석・적용하여 재무제표를 작성・공시하거나 회계기준이 미비된 거래 또는 경제적 사건을 회계처리함에 있어서 일관성 있는 지침을 제공한다.

5. '재무회계 개념체계'와 관련된 설명 중 옳지 않은 것은? (2009, 세무직공무원 9급)

① 재무회계는 한정된 경제적 자원을 효율적으로 배분할 수 있도록 유용한 정보를 제공하며, 주주들로부터 수탁받은 자원의 경영책임을 보고하는 기능이 있다.

② 회계는 미래현금흐름 예측에 유용한 정보를 제공할 필요가 없다.

③ 현금흐름표를 제외한 재무제표는 발생기준에 따라 작성된다.

④ 회계정보의 질적특성이란 회계정보가 유용하기 위해 갖추어야 할 주요 속성을 말하며, 회계정보의 유용성의 판단기준이 된다.

6. 재무보고를 위한 개념체계에 관한 설명으로 옳지 않은 것은? (2012, 세무사)

① 목적적합하고 충실하게 표현된 정보의 유용성을 보강시키는 질적특성으로는 비교가능성, 검증가능성, 중립성 및 이해가능성이 있다.
② 새로운 재무보고기준의 전진 적용으로 인한 비교가능성의 일시적 감소는 장기적으로 목적적합성이나 충실한 표현을 향상시키기 위해 감소할 수도 있다.
③ 재무정보가 유용하기 위해서는 목적적합해야 하고 나타내고자 하는 바를 충실하게 표현해야 된다. 따라서 목적적합성과 충실한 표현은 근본적 질적특성이다.
④ 검증가능성은 합리적인 판단력이 있고 독립적인 서로 다른 관찰자가 어떤 서술이 충실한 표현이라는 데, 비록 반드시 완전히 일치하지는 못하더라도, 의견이 일치할 수 있다는 것을 의미한다.
⑤ 충실한 표현은 모든 면에서 정확한 것을 의미하지는 않는다. 오류가 없다는 것은 현상의 기술에 오류나 누락이 없고, 보고 정보를 생산하는 데 사용되는 절차의 선택과 적용시 절차상 오류가 없음을 의미한다.

7. 다음 중 회계정보가 충실한 표현(표현충실성)을 갖기 위한 속성으로 가장 거리가 먼 것은? (2007, 세무직공무원 9급 수정)

① 회계정보는 그 정보가 나타내고자 하는 대상을 충실히 표현하고 있어야 한다.
② 회계정보는 예측가치와 피드백가치를 가져야 한다.
③ 회계정보는 오류나 누락이 없어야 한다.
④ 회계정보는 중립적이어야 한다.

8. 성격과 경제환경이 다른 두 개의 기업에 대해 동일한 회계처리방법을 적용한다면, 이 결과 작성되는 재무제표는 다음 중 회계정보의 어떤 특성이 상실될 가능성이 가장 높은가? (2001, 세무직공무원 7급)

① 검증가능성 ② 표현충실성
③ 이해가능성 ④ 중요성

9. 중간재무제표의 작성 및 공시는 다음의 재무제표 정보의 질적특성 중 어느 것과 가장 관련이 깊은가? (2004, 세무직공무원 7급)

① 중립성 ② 표현충실성
③ 적시성 ④ 검증가능성

10. 다음 중 재무제표의 질적특성에 대한 설명으로 타당하지 않은 것은? (2010, 공인회계사 수정)

① 목적적합한 정보란 이용자가 과거, 현재 또는 미래의 사건을 평가하거나 과거의 평가를 확인 또는 수정하도록 도와주어 경제적 의사결정에 영향을 미치는 정보를 말한다.

② 신중성은 불확실한 상황에서 요구되는 추정에 필요한 판단을 하는 경우, 자산이나 수익이 과대평가되지 않고 부채나 비용이 과소평가되지 않도록 상당한 정도의 주의를 기울이는 것을 말한다.

③ 충실한 표현이란 그 정보에 중요한 오류나 편의가 없고, 그 정보가 나타내고자 하거나 나타낼 것이 합리적으로 기대되는 대상을 충실하게 표현하고 있다고 이용자가 믿을 수 있는 정보를 의미한다.

④ 비교가능성이 가지는 중요한 의미는 이용자가 회계정책 및 회계정책의 변경과 그 영향에 대해 알 수 있게 함으로써, 유사한 거래나 그 밖의 사건에 대해 한 기업이 기간별로 적용한 회계정책이나 기업간에 적용한 회계정책의 차이점을 파악할 수 있도록 하는 데에 있다.

⑤ 적시에 정보를 제공하기 위해서는 특정거래나 그 밖의 사건의 모든 내용이 확인되기 전에 보고할 필요가 있을 수 있으며, 이로 인해 회계정보의 다른 질적특성에 비해서 목적적합성이 크게 훼손될 수 있다.

11. 휴지통, 스테이플러, 종이클립 등과 같은 단순한 사무용 자산은 꽤 오랫동안 사용할 것으로 예상되더라도 회사의 규모나 매출액에 비하여 자산의 취득가액이 상대적으로 매우 작다고 한다면, 일반적으로 이를 자산으로 계상하지 않고 편의상 취득한 기간에 비용으로 계상할 수 있다. 이와 관련이 있는 회계의 기본개념으로 가장 옳은 것은? (2008, 세무직공무원 9급)

① 보수주의(conservatism)
② 중요성(materiality)
③ 발생주의(accrual basis)
④ 계속기업(going concern)의 가정

12. 다음 중 회계에서 말하는 보수주의의 예가 될 수 없는 것은? (2001, 세무사)

① 발생가능성이 높은 우발이익을 자산으로 인식하지 않고, 주석으로 보고하는 회계처리

② 미래경제적 효익의 측정과 관련한 불확실성이 높으므로 광고비를 무형자산으로 인식하지 않고 비용으로 처리하는 회계관행

③ 차세대 정보통신기술에 관한 기초연구를 하기 위해 지출한 연구비를 당기에 비용으로 인식하는 회계처리

④ 회계연도의 이익을 줄이기 위해 유형자산의 내용연수를 단축하는 회계추정의 변경
⑤ 장기건설공사를 진행하는 중 전체 공사에 대해 손실이 예상될 때 해당 총손실액은 즉시 인식하는 회계처리

13. 재무회계 개념체계와 관련된 다음의 서술 중 적절하지 않은 것은? (2004, 공인회계사 수정)

① 개발비 등 무형자산의 자산성 인정에 더욱 엄격한 기준을 적용하는 것은 무형자산의 가치가 점점 커져가는 경제환경에서 목적적합성을 손상시킬 수 있다.
② 리스부채를 재무상태표에 기록하는 것이나, 수취채권의 양도거래 중 통제권 이전에 관한 조건을 충족시키지 못하는 경우 채권의 매각이 아닌 차입거래로 기록하도록 한 것은 경제적 실질우선의 예이며 표현의 충실성을 향상시킨다.
③ 자산의 일반적 평가기준으로서 역사적 원가를 채택하고 있으나 이는 회계정보의 목적적합성을 저해하므로 공정가치를 신뢰성 있게 측정할 수 있을 때에는 공정가치로 평가하는 것이 옳다.
④ 우발이익과 우발손실에 대한 현행회계기준의 비대칭적 회계처리는 보수주의가 적용된 경우라 볼 수 있는데, 이러한 회계처리는 목적적합성을 제고하기 위한 것이다.
⑤ 기간별 보고의 가정에 따라 보고기간의 장・단기를 결정함에 있어서도 목적적합성과 표현충실성 간의 상충관계를 고려해야 한다.

14. 재무상태표의 기본요소에 대한 설명으로 적절하지 않은 것은? (2007, 세무직공무원 9급)

① 자산은 과거의 거래나 사건의 결과로서 현재 기업실체에 의해 지배되고 미래에 경제적 효익을 창출할 것으로 기대되는 자원이다.
② 부채는 과거의 거래나 사건의 결과로서 현재 기업실체가 부담하고 미래에 자원의 유출 또는 사용이 예상되는 의무이다.
③ 재무상태표에 표시되는 자본의 총액은 발행주식의 시가총액으로서, 자본잉여금의 발생금액 및 이익잉여금의 총액에 의해 결정된다.
④ 기업실체의 재무상태에 대한 정보를 제공하는 재무상태표의 기본요소는 자산, 부채 및 자본이다.

15. 다음은 재무제표의 작성과 표시를 위한 개념체계상의 자산과 관련된 설명이다. 타당하지 않은 것은? (2010, 공인회계사)

① 수취채권과 부동산을 포함한 많은 종류의 자산은 소유권 등 법률적 권리와 관련되어 있다. 그런데 자산을 인식함에 있어서 소유권을 가지고 있는가의 여부가 필수적인 것은 아니다.

② 기업이 개발활동에서 습득한 핵심지식을 독점적으로 보유하고 그로부터 미래에 유입될 것으로 기대되는 효익을 통제한다면 자산의 정의를 충족할 수 있다.

③ 일반적으로 지출의 발생과 자산의 취득은 밀접하게 관련되어 있다. 따라서 무상으로 증여받은 자산은 자산의 정의를 충족할 수 없다.

④ 자산은 과거의 거래나 그 밖의 사건에서 창출된다. 미래에 발생할 것으로 예상되는 거래나 사건 자체만으로는 자산이 창출되지 않는다.

⑤ 자산에 내재된 미래경제적 효익이란 미래 현금 및 현금성자산이 기업에 유입되도록 기여하게 될 잠재력을 말한다. 기업의 현금유출을 감소시키는 능력, 예를 들어 대체적인 제조과정의 도입으로 생산원가가 절감되는 경우도 이 잠재력에 포함될 수 있다.

16. 재무제표요소에 대한 다음의 설명 중 옳은 것을 모두 열거한 것은? (2013, 공인회계사)

(가) 소유권은 자산의 존재를 판단함에 있어 필수적이다.
(나) 자산은 과거의 거래나 그 밖의 사건에서 창출된다.
(다) 자산과 부채에 대한 재평가 또는 재작성은 자본의 증가나 감소를 초래하나, 수익과 비용의 정의에는 부합하지 않는다.
(라) 경제적 효익이 여러 회계기간에 걸쳐 발생할 것으로 기대되고 수익과의 관련성이 단지 포괄적으로 또는 간접적으로만 결정될 수 있는 경우, 비용은 체계적이고 합리적인 배분절차를 기준으로 포괄손익계산서에 인식된다.

---

① (나), (다)　② (나), (라)
③ (가), (나), (라)　④ (가), (다), (라)
⑤ (나), (다), (라)

17. 다음 중 재무제표의 작성과 표시를 위한 개념체계에 대한 설명으로 옳지 않은 것은?

(2012, 공인회계사)

① 어떤 항목이 재무제표요소에 부합하는 본질적 성격을 가지고 있으나 인식기준을 충족하지 못하는 경우에도 해당항목은 주석, 설명자료 또는 부속명세서에 공시될 수 있다.

② 지출이 발생하였으나 당해 회계기간 후에는 관련된 경제적 효익이 기업에 유입될 가능성이 높지 않다고 판단되는 경우에도 재무상태표에 자산으로 인식할 수 있다.

③ 경제적 효익이 여러 회계기간에 걸쳐 발생할 것으로 기대되고 수익과의 관련성이 단지 포괄적으로 또는 간접적으로만 결정될 수 있는 경우 비용은 체계적이고 합리적인 배분절차를 기준으로 포괄손익계산서에 인식된다.

④ 미래경제적 효익이 기대되지 않는 지출이거나, 미래경제적 효익이 기대되더라도 재무상태표에 자산으로 인식되기 위한 조건을 원래 충족하지 못하거나 더 이상 충족하지 못하는 부분은 즉시 포괄손익계산서에 비용으로 인식되어야 한다.

⑤ 제품보증에 따라 부채가 발생하는 경우와 같이 자산의 인식을 수반하지 않는 부채가 발생하는 경우에는 포괄손익계산서에 비용을 동시에 인식한다.

18. 매출수익의 실현에 관한 아래의 설명 중 틀린 것은? (2007, 세무직공무원 9급)

① 할부매출은 상품 등을 인도한 날에 실현되는 것으로 한다.

② 건설형 공사계약의 수익은 진행기준에 따라 실현되는 것으로 한다.

③ 위탁매출은 수탁자가 위탁자에게 위탁품 판매통지서를 발송한 날에 실현되는 것으로 한다.

④ 시용매출액은 매입자가 매입 의사표시를 한 날에 실현되는 것으로 한다.

19. 다음은 재무제표의 작성과 표시를 위한 개념체계의 내용 중 일부이다. 옳지 않은 것은?

(2008, 공인회계사 수정)

① 재무제표를 작성하기 위한 기본가정에는 계속기업의 가정이 있다.

② 기업은 그 경영활동을 청산하거나 중요하게 축소할 의도가 있는 경우에는 계속기업을 가정한 기준과는 다른 기준을 적용하여 재무제표를 작성하는 것이 타당하며, 이때 적용한 기준은 별도로 공시해야 한다.

③ 재무제표의 구성요소들은 동일한 거래나 그 밖의 사건을 대상으로 서로 각각 다른 측면을 반영하고 있으므로 상호 연관성이 있다.

④ 정보의 충실한 표현은 정보의 성격과 중요성에 따라 영향을 받는다.

⑤ 재무제표의 질적특성에는 목적적합성, 충실한 표현, 비교가능성, 검증가능성, 적시성, 이해가능성이 있다.

20. 다음 중 차량운반구의 취득원가를 차량운반구의 내용연수 동안에 걸쳐 합리적이고 체계적인 방법에 의하여 감가상각하는 회계처리를 정당화시키는 개념과 가장 관련이 깊은 것은 어느 것인가? (2004, 감정평가사)

① 중요성의 원칙
② 기업실체의 가정
③ 계속기업의 가정
④ 화폐단위의 가정
⑤ 회계기간의 가정

21. 다음 중 재무제표의 작성과 표시를 위한 개념체계에서의 자본과 자본유지개념에 대한 설명으로 옳지 않은 것은 어느 것인가? (2011, 공인회계사)

① 기업은 재무제표이용자의 정보요구에 기초하여 적절한 자본개념을 선택해야 하는데, 만약 재무제표의 이용자가 주로 투하자본의 구매력 유지에 관심이 있다면 재무적 개념의 자본을 채택해야 한다.
② 실물자본유지개념을 사용하기 위해서는 현행원가기준에 따라 측정해야 하는 반면, 재무자본유지개념을 사용하기 위해서는 역사적 원가기준에 따라 측정해야 한다.
③ 실물자본유지개념하에서 기업의 자산과 부채에 영향을 미치는 모든 가격변동은 자본의 일부인 자본유지조정으로 처리된다.
④ 자본유지개념은 이익이 측정되는 준거기준을 제공함으로써 자본개념과 이익개념 사이의 연결고리를 제공한다. 자본유지개념은 기업의 자본에 대한 투자수익과 투자회수를 구분하기 위한 필수요건이다.
⑤ 재무자본유지개념이 명목화폐단위로 정의된다면 기간중 보유한 자산가격의 증가된 부분은 개념적으로 이익에 속한다.

22. 다음 중 발생주의 회계처리로 볼 수 없는 것은? (2010, 세무직공무원 9급)

① 상품을 판매하기로 하고 수취한 계약금을 매출수입으로 계상하다.
② 기말에 미지급된 급여를 당해연도 비용으로 계상하다.
③ 매출채권에 대한 대손충당금을 설정하다.
④ 기말에 보험료 미경과액을 계상하다.

23. 창업지원컨설팅을 하는 (주)국세는 현금주의 회계제도를 채택하고 있으며, 20×1년에 용역수익 ₩400,000을 현금으로 수취하였다. 만약, 발생주의 회계제도를 채택하였다면 20×1년도 (주)국세의 용역수익은 얼마인가? (단, 추가자료는 다음과 같다) (2010, 세무사)

	20×1년 1월 1일	20×1년 12월 31일
미수용역수익	₩80,000	₩120,000
선수용역수익	0	10,000

① ₩350,000
② ₩370,000
③ ₩430,000
④ ₩450,000
⑤ ₩470,000

24. 다음은 (주)서울의 재무제표에서 발췌한 자료이다.

	기 초	기 말
매입채무	₩300,000	₩375,000
재고자산	850,000	820,000

이 기간중 매출원가가 ₩1,155,000일 경우, (주)서울이 재고자산 매입을 위해 공급자에게 지급한 현금은? (단, 재고자산 매입거래는 모두 외상매입이며 재고자산 평가손익과 감모손실은 없다) (2011, 감정평가사)

① ₩1,050,000
② ₩1,080,000
③ ₩1,120,000
④ ₩1,155,000
⑤ ₩1,260,000

25. (주)한국은 현재 발생주의 회계를 채택하고 있다. 2003년 손익계산서에 보고된 이자비용은 ₩58,500이었다. 그러나 2003년에 현금으로 지급된 이자는 ₩57,400이었다. 2003년 12월 31일 현재 (주)한국 재무상태표상의 미지급이자가 ₩13,200이라면, 2003년 1월 1일의 미지급이자는 얼마인가? (단, 2003년 기초 및 기말 시점의 선급이자는 각각 ₩1,750과 ₩1,550이다) (2003, 공인회계사 수정)

① ₩12,300
② ₩14,100
③ ₩900
④ ₩57,600
⑤ ₩0

26. 발생주의 회계를 채택하고 있는 (주)대한의 2010회계연도의 당기순이익은 ₩25,000으로 보고되었다. 2009년 말과 2010년 말의 발생항목과 이연항목이 다음과 같을 때 2010회계연도의 현금주의에 의한 당기순이익은? (2011, 세무직공무원 9급)

항 목	2009년 말	2010년 말
미 수 수 익	₩8,000	₩12,000
미지급비용	6,000	4,000
선 수 수 익	5,000	6,500
선 급 비 용	7,000	4,500

① ₩23,000　② ₩26,000
③ ₩27,000　④ ₩30,000

해답 및 풀이

1. ②

회계정보는 자원을 효율적으로 이용하는 경제실체를 파악하는 데 중요한 역할을 한다. 회계정보는 경제실체 내에서의 자원의 이동뿐만 아니라 경제실체간 자원의 이동에 관한 의사결정에도 영향을 미친다.

2. ④

국제회계기준에서는 공정가치 회계를 확대 적용한다.

3. ③

국제회계기준하에서 주된 재무제표인 연결재무제표의 작성범위에는 지배기업의 모든 종속기업을 포함하며 소규모회사라고 해서 제외되지 않는다.

4. ④

재무보고 개념체계는 일반원칙을 규정한 것이므로 특정 회계기준과 상충될 경우에는 특정 회계기준이 재무보고 개념체계에 우선한다.

5. ②

재무보고는 기업실체에 유입될 미래현금흐름의 크기, 시기 및 불확실성을 평가하는 데 유용한 정보를 제공해야 한다.

6. ①
중립성은 보강적 질적특성에 해당되는 내용이 아니라 근본적 질적특성 중 충실한 표현의 특성이다.

7. ②
예측가치와 확인가치(피드백가치)는 목적적합성의 속성이다.

8. ②
표현충실성이란 회계가 표현하고자 하는 측정대상인 속성과 측정치의 일치도를 말한다. 경제환경이 다른 두 기업에 동일한 회계처리방법을 적용한다면 측정대상인 속성(진실치)과 측정치가 일치하지 않는 정도가 높아진다.

9. ③
적시성은 정보를 필요로 할 때 적시에 제공되어야 한다는 성질을 말하는데, 중간재무제표는 연차재무제표보다 적시성이 높다.

10. ⑤
적시성 있는 정보를 제공하면 회계정보의 목적적합성은 높아진다.

11. ②
이러한 자산은 비용으로 계상해도 경제적 의사결정에 영향을 미칠 만큼 중요하지 않으므로 자산으로 계상하지 않고 비용으로 계상할 수 있다.

12. ④
이익을 줄이기 위하여 내용연수를 단축하는 것은 정당한 회계처리가 아닌 회계오류이며 수정되어야 한다.

13. ④
보수주의는 기업의 재무상태에 영향을 미치는 경제적 사건에 불확실성이 개재된 경우 비용은 즉시 반영하지만 수익은 지연시키는 회계처리이다. 따라서 보수주의는 수익과 비용의 대응을 왜곡시켜 회계정보의 목적적합성을 훼손할 수 있다.

14. ③
재무상태표에 표시되는 자본은 발행주식의 시가총액과 금액이 일치하지 않는다.

15. ③
지출의 발생과 자산의 취득은 보통 밀접하게 관련되어 있으나 반드시 일치하는 것은 아니다. 지출이 없더라도 특정항목이 자산의 정의를 충족할 경우 재무상태표에 인식할 수 있는 것처럼, 증여나 무상으로 취득한 자산도 자산의 정의를 충족할 수 있다. 예를 들어 공정가치 ₩100,000의 토지를 무상으로 취득한 경우 다음과 같이 회계처리한다.

(차) 토　　지　　100,000　　(대) 자산수증이익　　100,000

16. ②

(가) 자산은 일반적으로 소유권 등 법률적 권리와 관련되어 있지만 소유권이 자산의 존재를 판단함에 있어 필수적인 것은 아니다.

(다) 수익은 자본거래(소유주의 투자)를 제외한 순자산의 증가를 의미하며, 비용은 자본거래(소유주에 대한 분배)를 제외한 순자산의 감소를 의미한다. 따라서 자산과 부채의 재평가에서 발생하는 재평가이익이나 재평가손실도 수익과 비용의 정의를 충족한다.

17. ②

자산을 재무상태표에 인식하기 위해서는 미래경제적 효익이 기업에 유입될 가능성이 높고, 해당항목의 원가 또는 가치를 신뢰성 있게 측정할 수 있어야 한다. 만약 지출이 발생하였으나 당해 보고기간 후에는 경제적 효익이 기업에 유입될 가능성이 높지 않다고 판단되는 경우에는 재무상태표에 자산으로 인식하지 않고 포괄손익계산서에 비용으로 인식해야 한다.

18. ③

수탁자가 위탁품을 판매한 날에 실현된다.

19. ④

정보의 성격과 중요성에 따라 영향을 받는 것은 목적적합성이다.

20. ③

유형자산의 취득원가를 내용연수 동안 감가상각하는 것은 기업이 최소한 내용연수 동안 존속한다는 계속기업의 가정에 근거하고 있다.

21. ②

재무자본유지개념은 역사적 원가기준(취득원가회계)뿐만 아니라 일반물가수준회계(일반구매력자본유지회계)에 사용된다.

22. ①

계약금 수취액을 매출로 계상하는 것은 현금기준에 따른 회계처리이다.

23. ③

발생기준 용역수익＝₩400,000＋₩40,000－₩10,000
＝₩430,000

24. ①

현금기준 매출원가＝₩1,155,000－₩75,000－₩30,000
＝₩1,050,000

25. ①

₩57,400 = ₩58,500 − 미지급이자 증가액 − ₩200

미지급이자 증가액은 ₩900이므로 기초의 미지급이자는,

₩13,200 − ₩900 = ₩12,300이다.

26. ①

현금기준 당기순이익 = ₩25,000 − ₩4,000 − ₩2,000 + ₩1,500 + ₩2,500

= ₩23,000

CHAPTER

2

재무제표

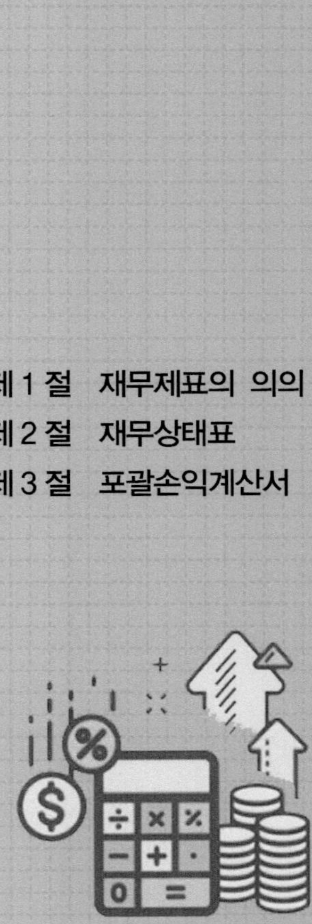

제 1 절 재무제표의 의의

1 재무제표의 구성

재무제표(financial statements)는 기업이 자신의 경제적 사건이나 거래를 기간별로 측정, 기록, 분류 및 요약하여 회계정보이용자의 경제적 의사결정에 유용한 정보를 제공하기 위해 작성하는 재무보고서이다. 재무제표는 회계정보이용자에게 정기적으로 전달되는 가장 핵심적인 재무보고수단으로 활용되기 때문에 많은 이용자들의 공통적인 정보요구를 충족시킬 수 있도록 설계되어야 한다. 특히 기업의 미래현금흐름의 금액, 시기, 불확실성에 관한 정보를 예측하는 데 도움을 줄 수 있어야 한다. 그리고 재무제표의 기간별 비교가능성을 제고하기 위하여 전기 재무제표의 모든 계량정보를 당기와 비교하는 형식으로 표시한다. 또한 전기 재무제표의 비계량정보가 당기 재무제표를 이해하는 데 필요한 경우 이를 당기의 정보와 비교하여 주석에 공시한다.

(1) 재무상태표

재무상태표(statement of financial position)는 대차대조표(balance sheet)라고도 하는데, 일정시점의 기업의 재무상태를 알려주는 보고서이다. 재무상태란 기업의 경제적 상태를 의미하는 것으로서 자산, 부채 및 자본으로 표시된다. 재무상태표는 영업활동기간을 3개월, 6개월, 1년 등으로 나눈 회계기간의 종료시점에 작성되므로 일정시점을 나타내는 날짜가 항상 표시된다.

(2) 포괄손익계산서

포괄손익계산서(statement of comprehensive income)는 일정기간 동안의 기업의 경영성과를 나타내는 재무제표이다. 경영성과는 일정기간 동안 기업이 경영활동을 수행한 결과, 즉 순이익 혹은 순손실과 같은 순손익으로 나타낸다. 따라서 포괄손익계산서에는 항상 회계기간 시작부터 끝까지라는 기간이 표시된다.

(3) 현금흐름표

현금흐름표(statement of cash flows)는 기업의 자금사정을 나타내는 현금흐름정보, 즉 현금의 유입과 유출에 관한 정보를 제공하는 재무제표이다. 여기서 현금이란 현금 및 현금성자산을 말한다.

현금흐름표는 기업의 경영활동을 영업활동, 투자활동 및 재무활동으로 구분하여 각 활동별로 현금의 유입 및 유출을 표시한다.

① **영업활동 현금흐름** : 기업의 주요 수익창출활동에서 발생하며, 투자활동이나 재무활동에 속하지 않는 모든 활동과 관련하여 발생하는 현금흐름을 표시한다. 영업활동 현금흐름은 직접법과 간접법을 이용하여 산출할 수 있다.

② **투자활동 현금흐름** : 현금의 대여 및 회수, 자산의 취득 및 처분과 관련하여 발생하는 현금흐름을 표시한다.

③ **재무활동 현금흐름** : 현금의 차입 및 상환, 주식의 발행과 배당금 지급, 사채의 발행 및 상환과 관련하여 발생하는 현금흐름을 표시한다.

(4) 자본변동표

자본변동표(statement of changes in equity)는 일정기간 동안 기업의 자본변동에 관한 정보를 제공하는 재무제표이다. 자본이란 기업의 자산에서 부채를 차감한 순자산을 말한다. 자본은 소유주의 투자, 수익의 발생 등으로 인해 증가하며, 소유주에 대한 분배, 비용의 발생 등으로 인해 감소한다. 자본변동표는 자본의 각 요소별로 기초잔액, 변동사항 및 기말잔액을 표시함으로써 자본의 변동에 관한 정보를 제공한다.

(5) 주 석

주석(footnotes)은 재무제표 본문에 표시하기 어려운 정보에 대하여 재무제표의 해당과목 또는 금액에 기호를 붙이고 본문 밖 별지에 동일한 기호를 표시하여 그 내용을 기재하는 방법이다. 이처럼 주석은 재무제표 본문의 정보에 추가하여 재무제표의 전반적인 이해를 돕기 위하여 숫자 또는 서술형으로 필요한 정보를 제공한다.

2 재무제표의 작성과 표시

한국채택국제회계기준(K-IFRS)에서는 재무제표를 작성하고 표시할 때 따라야 하는 일반원칙으로서 다음과 같은 사항을 규정하고 있다.

(1) 공정한 표시 및 K-IFRS의 준수

재무제표는 기업의 재무상태, 경영성과 및 현금흐름을 공정하게 표시(fairly present)해야 한다. 공정한 표시를 위해서는 재무보고 개념체계에서 정한 자산, 부채, 자본, 수익, 비용에 대한 정의 및 인식요건에 따라 거래를 충실하게 표현해야 한다. K-IFRS에 따라 작성된 재무제표는 공정하게 표시된 재무제표로 본다.

(2) 계속기업의 가정

경영자는 재무제표를 작성할 때 계속기업으로서의 존속가능성을 평가해야 한다. 기업이 청산 또는 경영활동을 중단할 의도가 있는 경우가 아니면 계속기업을 가정하여 재무제표를 작성한다. 그러나 경영자가 계속기업의 가정에 대해 중대한 의문을 가지는 경우에는 그 내용을 주석으로 기재해야 한다.

(3) 발생기준 회계의 사용

기업은 현금흐름표를 제외하고는 발생기준 회계를 사용하여 재무제표를 작성한다. 발생기준(accrual basis)은 현금의 수입 및 지출과 관계없이 수익 및 비용이 실제 발생했느냐를 기준으로 인식하여 재무제표를 작성하는 방법이다.

(4) 중요성과 통합표시

유사한 항목은 혼동되지 않도록 중요성(materiality) 분류에 따라 구분하여 표시한다. 상이한 성격이나 기능을 가진 항목은 구분하여 표시하되 중요하지 않은 항목은 통합하여 표시할 수 있다.

(5) 상 계

K-IFRS에서 요구하거나 허용하지 않는 한 자산과 부채 그리고 수익과 비용은 상계하지 아니한다. 그러나 상계표시로 인해 거래나 기타사건의 실질을 반영할 수 있다면 그러한 거래는 상계하여 표시한다. 다음은 상계표시에 해당하지 않으므로 상계할 수 있는 경우이다.

① 재고자산에 대한 재고자산평가충당금, 매출채권에 대한 대손충당금을 차감하여 순액으로 측정하는 경우
② 매출에 대한 매매할인이나 수량할인을 매출액에서 차감하여 표시하는 경우
③ 동일 거래에서 발생하는 수익과 관련 비용의 상계표시가 거래의 실질을 반영하는 경우
④ 외환손익 또는 단기금융상품에서 발생하는 손익과 같이 유사한 거래의 집합에서 발생하는 차익과 차손(금액이 중요하지 않은 경우)을 순액으로 표시하는 경우

(6) 보고빈도

전체의 재무제표는 적어도 1년마다 작성한다. 재무제표의 보고기간이 1년을 초과하거나 미달하면 그 이유와 재무제표 금액의 비교가능성이 결여되어 있다는 사실을 공시한다.

(7) 비교정보

재무제표의 기간별 비교가능성을 제고하기 위하여 전기와 당기를 비교하는 형식의 재무제표(비교재무제표)를 보고해야 한다. 당기 재무제표를 이용하는데 더 목적적합하다면 서술형 정보에도 비교정보를 포함시킨다.

(8) 표시와 분류의 계속성

재무제표의 기간별 비교가능성을 제고하기 위하여 재무제표 항목의 표시와 분류는 매기 동일해야 한다. 그러나 다음의 경우는 예외로 한다.

① 사업내용의 중요한 변화 또는 재무제표를 검토한 결과 다른 표시나 분류방법이 더 적절한 것이 명백한 경우
② K-IFRS에서 표시방법의 변경을 요구하는 경우

제 2 절 재무상태표

1 재무상태표의 유용성과 한계점

재무상태표(statement of financial position)는 일정시점의 기업의 재무상태를 나타내는 재무제표이다. 재무상태란 기업의 경제적 상태를 의미하는 것으로서 재무상태표에서는 자산, 부채 및 자본으로 표시된다.

(1) 유용성

재무상태표는 기업의 자본구조 및 재무적 탄력성을 평가하기 위하여 다음과 같은 중요한 재무정보를 제공한다.

① 기업의 자본구조의 건실성에 관한 정보
② 조달한 자원의 활용 등 자산구조에 관한 정보
③ 기업의 유동성 및 지급능력에 관한 정보
④ 기업의 자금수요 및 투자기회에 대처할 수 있는 재무탄력성에 관한 정보

(2) 한계점

① 재무상태표에 표시되는 자산과 부채는 역사적 원가로 평가되기 때문에 공정가치를 반영하지 못하여 기업의 진실한 가치측정이 불가능하다. 이 문제점을 극복하기 위해 K-IFRS는 공정가치 회계를 강조하고 있다. 그 예로 금융자산 및 금융부채를 공정가치로 평가하고, 재고자산을 저가주의로 평가하며, 수취채권에 대해 대손충당금을 차감한 순실현가능가치로 평가하는 것을 들 수 있다.
② 재무상태표의 측정치 중 상당부분이 주관적인 추정치에 의해 평가된다. 그 예로 수취채권의 대손율, 유형자산의 내용연수와 잔존가치, 무형자산의 내용연수, 충당부채에 대한 추정 등을 들 수 있다.
③ 회사에 상당한 가치가 있는 자원일지라도 이를 합리적으로 측정할 수 없는 경우에는 자산에서 제외된다. 그 예로 회사의 인적 자원, 회사 내부적으로 창출된 영업권 등을 들 수 있다.
④ 부채의 성격을 갖는 부외금융이 재무상태표에 표시되지 않는 경우가 있다. 그 예로 상환청구권부 매출채권의 양도, 제품금융 및 프로젝트 금융 등을 들 수 있다.

2 재무상태표의 구성

(1) 구성요소

K-IFRS에서는 재무상태표에 표시해야 할 항목의 순서나 형식을 규정하고 있지는 않으나 다음의 최소한의 항목을 표시하도록 요구하고 있다.

1) 자 산

① 유형자산
② 투자부동산
③ 무형자산
④ 금융자산
⑤ 관계회사투자주식
⑥ 생물자산
⑦ 재고자산
⑧ 매출채권 및 기타 채권
⑨ 현금 및 현금성자산
⑩ 당기법인세 관련 자산
⑪ 이연법인세자산
⑫ 매각예정비유동자산

2) 자본 및 부채

① 금융부채
② 매입채무 및 기타 채무
③ 충당부채
④ 당기법인세 관련 부채
⑤ 이연법인세부채
⑥ 매각예정자산집단에 포함된 부채
⑦ 지배기업소유주 귀속 자본
⑧ (자본에 표시된) 비지배지분

(2) 유동과 비유동의 구분

1) 유동자산

다음의 자산은 유동자산으로 분류한다.

① 기업의 정상영업주기(명확히 식별할 수 없는 경우에는 그 기간이 12개월인 것으로 가정) 내에 실현될 것으로 예상하거나, 정상영업주기 내에 판매

하거나 소비할 의도가 있다.
② 주로 단기매매 목적으로 보유하고 있다.
③ 보고기간 후 12개월 이내에 실현될 것으로 예상된다.
④ 현금이나 현금성자산이며 교환이나 부채상환 목적으로의 사용에 대한 제한기간이 보고기간 후 12개월 이내이다.

그 밖의 모든 자산은 비유동자산으로 분류한다.

2) 유동부채

다음의 부채는 유동부채로 분류한다.

① 정상영업주기 내에 결제될 것으로 예상된다.
② 주로 단기매매 목적으로 보유하고 있다.
③ 보고기간 후 12개월 이내에 결제하기로 되어 있다.
④ 보고기간 후 12개월 이상 부채의 결제를 연기할 수 있는 무조건의 권리가 없다.

그 밖의 모든 부채는 비유동부채로 분류한다.

(3) 자본의 분류

1) 납입자본

납입자본은 액면금액을 기준으로 한 자본금(legal stock)과 액면금액을 초과하여 납입된 부분인 주식발행초과금(additional paid-in capital)을 합한 금액을 말한다. 한편 자본잉여금은 주식발행초과금뿐만 아니라 주주와의 자본거래에서 발생한 자기주식처분이익 및 감자차익 등을 말한다.

2) 이익잉여금(결손금)

이익잉여금(결손금)은 손익계산서에서 보고된 당기순손익 누계액과 다른 자본항목에서 이입된 금액의 합계액이서 주주에 대한 배당, 자본조정항목의 상각 등으로 처분된 누계액을 차감한 잔액을 말한다.

3) 자본조정

자본조정은 성격상 자본거래에 해당하나 최종 납입된 자본으로 볼 수 없거나 자본의 증감 성격으로 자본금이나 자본잉여금으로 분류할 수 없는 항목이다. 자기주식, 주식할인발행차금, 주식선택권, 미교부주식배당금, 감자차손 및 자기주식처분손실 등이 있다.

4) 기타포괄손익누계액

기타포괄손익누계액은 재무상태표일 현재의 기타포괄손익의 잔액으로 기타포괄손익-공정가치측정(FVOCI)금융자산평가손익, 현금흐름위험회피파생상품평가손익, 해외사업외화환산손익, 자산재평가이익, 확정급여제도의 재측정요소 등이 있다.

3 인식 및 측정 속성

(1) 자산과 부채의 인식

자산은 당해자산에 내재된 미래경제적 효익이 기업실체에 유입될 가능성이 높고, 해당항목의 원가 또는 가치를 신뢰성 있게 측정할 수 있을 때 재무상태표에 인식한다. 부채는 현재 부담하고 있는 의무를 미래에 이행할 때 당해 기업실체로부터 경제적 효익이 유출될 가능성이 높고, 결제될 금액을 신뢰성 있게 측정할 수 있을 때 재무상태표에 부채로 인식한다.

(2) 측정 속성

1) 취득원가

취득원가(acquisition costs)는 역사적 원가(historical costs)라고도 한다. 취득원가는 기업이 자산을 취득할 때 발생한 원가의 가치로서, 자산의 취득을 위해 지급한 대가에 거래원가를 가산한 금액이다. 부채의 경우에는 부채의 발생시 수취한 대가에서 거래원가를 차감한 금액으로 측정한다. 상각후원가(amortized costs)도 취득원가에 속하는 측정방법이다. 상각후원가는 취득시점에 취득원가로 기록하고 이후 기간의 경과에 따라 취득원가를 조정하는 방법이다. 그 예로 유형자산의 장부금액을 취득원가에서 감가상각누계액을 차감하여 기록하는 경우나, 금융자산이나 금융부채를 유효이자율법을 이용하여 장부금액으로 보고하는 방법 등을 들 수 있다.

2) 현행원가

현행원가(current costs)는 기업이 소유하고 있는 자산과 동등한 자산을 현재 재취득한다고 가정할 때 지급해야 할 대가에 거래원가를 가산하여 결정한다. 부채의 경우에는 측정일에 동등한 부채를 발생시킬 때 수취할 수 있는 대가에서 거래원가를 차감하여 결정한다. 현행원가는 자산을 보유하고 있는 동안 가치변화가 있더라도 보유손익을 인식하지 않는 취득원가 기준과는 달리 보유손익을 인식한다. 자산이 판매되는 경우에는 현행판매가격에 현행원가를 대응시켜서 현행원가영업이익을 인식한다.

현행원가 당기순이익 = 현행원가영업이익 + 보유손익
= 현행원가영업이익 + 실현보유손익 + 미실현보유손익
= 취득원가 당기순이익 + 미실현보유손익

3) 사용가치와 이행가치

사용가치(value in use)는 기업이 소유하고 있는 자산을 사용하면서 궁극적으로 처분한다고 가정할 때 얻을 것으로 기대하는 추정현금흐름의 현재가치이다. 사용가치는 자산의 판매로부터 수취할 것으로 예상되는 금액에서 처분거래원가의 현재가치를 차감한 금액을 의미한다. 부채의 경우에는 결제 또는 이전에 소요될 금액의 현재가치로서 이행가치(settlement value)라고 부르기도 한다. 이행가치는 부채의 상환에 필요한 추정현금흐름의 현재가치로서 부채와 관련된 거래원가의 현재가치를 포함한 금액을 의미한다.

(3) 공정가치

1) 공정가치의 개념

공정가치(fair value)는 합리적인 판단력과 거래의사가 있는 독립된 당사자

사이의 거래에서 자산이 교환되거나 부채가 결제될 수 있는 금액을 의미한다.

2) 공정가치의 유용성

① 금융상품의 공정가치는 시가를 의미하므로 기업의 현금창출능력을 판단하는 데 보다 유용한 정보를 제공한다.

② 공정가치는 취득원가에 비해 보다 목적적합한 정보를 제공한다. 따라서 K-IFRS도 공정가치에 근거한 정보의 제공을 강조하고 있다.

③ 금융상품을 공정가치로 평가함으로써 이익거래(gain trading)를 예방할 수 있다. 이익거래란 보유이익이 발생한 금융상품은 처분하여 이익을 실현하고, 보유손실이 발생한 금융상품은 계속 보유함으로써 당기순이익을 높이고자 하는 거래를 말한다.

3) 공정가치의 측정

금융상품은 대부분 활성시장이 있기 때문에 재무상태표일 현재의 시가를 공정가치로 본다. 여기서 활성시장(active market)이란 가격정보를 지속적으로 제공하기 위해 빈번하면서도 규모 있는 거래가 발생하는 시장을 말한다. 유형자산 및 특수한 자산은 대부분 활성시장이 없으므로 가치평가기법(valuation techniques)에 기초하여 공정가치를 추정한다.

4) 공정가치 평가의 예

① 대부분의 금융상품(financial instruments)의 측정

② 유형자산 및 무형자산의 자산재평가

③ 각종 자산의 손상차손

④ 재고자산의 저가기준(LCM, lower of costs or market)

제 3 절 포괄손익계산서

1 포괄손익계산서의 의의

포괄손익계산서(statement of comprehensive income)는 일정기간 동안의 기업의 재무성과를 나타내는 기본재무제표이다. 즉 포괄손익계산서는 일정기간 동안 기업의 자본이 증가하거나 감소한 내용(소유주와의 거래는 제외)에 관한 정보를 제공한다. 따라서 포괄손익계산서에는 항상 회계기간 시작부터 끝까지라는 기간이 표시된다.

이처럼 포괄손익계산서는 소유주와의 거래를 제외한 자본의 변동, 즉 당기순손익 및 기타포괄손익의 내용으로 구성된다.

포괄손익＝당기순손익＋기타포괄손익

본장에서는 당기순손익을 표시하는 손익계산서를 먼저 설명한 다음 기타포괄손익을 설명하기로 한다.

2 손익계산서

(1) 의의와 유용성

1) 의 의

손익계산서(I/S, income statement)는 일정기간 동안의 기업의 경영성과를 나타내는 재무제표이다. 여기서 경영성과는 일정기간 동안에 기업이 경영활동을 수행한 결과, 즉 순이익 혹은 순손실과 같은 순손익으로 나타낸다. 따라서 손익계산서에는 수익과 비용에 관한 내용이 표시되는데, 수익에서 비용을 차감한 당기순이익(손실)을 통해 기업의 경영성과를 판단하게 된다.

2) 유용성

손익계산서는 다음과 같은 회계정보를 제공한다.

① 기업의 일정기간 동안 경영활동에 관한 성과측정의 정보
② 기업의 수익성 및 미래현금흐름의 예측에 필요한 정보
③ 기업의 경영계획 및 배당정책 수립에 필요한 자료
④ 경영성과의 분석에 필요한 정보
⑤ 경영자의 경영능력 및 성과측정에 관한 정보

(2) 구성요소 및 인식

1) 구성요소

① 수익 : 기업실체의 주요 경영활동과 관련된 재화의 판매 또는 용역의 제공 등에 대한 대가로 발생하는 자산의 유입 또는 부채의 감소
② 비용 : 기업실체의 주요 경영활동과 관련된 재화의 판매 또는 용역의 제공 등에 따라 발생하는 자산의 유출이나 사용 또는 부채의 증가
③ 이득 : 기업실체의 주요 경영활동을 제외한 부수적인 거래나 사건으로서 소유주의 투자가 아닌 거래나 사건의 결과로 발생하는 자본의 증가
④ 손실 : 기업실체의 주요 경영활동을 제외한 부수적인 거래나 사건으로서 소유주에 대한 분배가 아닌 거래나 사건의 결과 발생하는 순자산의 감소

2) 인 식

① 수익의 인식 : 수익은 일반적인 인식기준에 따라 경제적 효익이 유입됨으로써 자산이 증가하거나 부채가 감소하고, 그 금액을 신뢰성 있게 측정할 수 있을 때 인식한다. 구체적으로 수익은 다음의 요건들이 모두 충족될 때 인식한다.
   ㉠ 현금 또는 현금청구권과 교환되었을 때(권리의 확보)
   ㉡ 수익창출과정(earning process)이 완료되었을 때(의무의 이행)
② 비용의 인식 : 비용은 경제적 효익이 유출 또는 소비됨으로써 자산이 감소하거나 부채가 증가하고, 그 금액을 신뢰성 있게 측정할 수 있을

때 인식한다.

(3) 비용의 분류방법

1) 성격별비용법

성격별비용법은 손익계산서에 표시되는 비용을 성격별로 분류하여 통합한다. 즉 비용을 감가상각비, 운송비, 종업원급여, 원재료사용액 등과 같이 성격별로 분류하는 방법을 말한다. 성격별비용법은 비용을 성격별로 분류한 후 기능별로 다시 재배분하지 않기 때문에 간단히 적용할 수 있는 방법이다. 또한 비용을 성격별로 분류하여 작성한 손익계산서는 미래현금흐름을 예측하는 데 보다 유용하다.

2) 기능별비용법(매출원가법)

기능별비용법은 매출원가법이라고도 하는데, 손익계산서에 표시되는 비용을 기능별로 분류하는 방법이다. 즉 비용을 생산 및 매입 기능인 매출원가, 판매 및 관리 활동 기능인 판매비와관리비, 물류활동 기능인 물류비용 등과 같이 기능별로 분류한다. 기능별비용법은 회계정보이용자에게 더욱 목적적합한 정보를 제공할 수 있지만, 비용을 기능별로 배분하는 데 있어 회계담당자의 자의적인 판단이 개입될 수 있다. 더구나 성격별비용법에 비해 미래현금흐름을 예측하기 어렵기 때문에 이 방법을 적용하는 경우에는 성격별비용법에 의한 추가공시를 하도록 요구하고 있다.

〈표 2-1〉은 기능별비용법으로 분류된 손익계산서의 예를 보이고 있다.

〈표 2-1〉 손익계산서 양식(보고식)

손익계산서

20×1년 1월 1일부터
20×1년 12월 31일까지

(주)회계 (단위 : 천원)

과 목	금 액	
매 출 액		₩15,000
매 출 원 가		9,000
매출총이익		₩6,000
판 매 비		
물 류 비 용	₩300	
판매원급여	700	
광고선전비	200	1,200
관 리 비		
관리사원급여	₩1,200	
보 험 료	50	
임 차 료	150	1,400
영 업 이 익		₩3,400
기 타 수 익		
이 자 수 익	₩100	
임 대 수 익	700	800
금 융 비 용		
이 자 비 용	₩600	600
기 타 비 용		
재 해 손 실	₩800	800
법인세비용차감전순이익		₩2,800
법인세비용		800
당기순이익		₩2,000
주당순이익 : ₩250*		

* 1) 단위는 1원임.
  2) 보통주 8,000주를 발행한 경우를 가정한 주당순이익임.

3 기타포괄손익

기타포괄손익은 특정 자산과 부채의 평가손익을 손익계산서의 당기손익으로 인식하지 않고, 재무상태표의 자본(기타포괄손익누계액)으로 분류하는 항목을 말한다. 기타포괄손익은 나중에 평가손익이 실현되면 당기손익으로 재분류가 가능한 기타포괄손익과 재분류가 불가능한 기타포괄손익으로 구분된다. 재분류가 불가능한 기타포괄손익은 평가손익이 실현되었을 때(특정 자산 또는 부채가 처분되었을 때) 당기손익에 반영하지 않고 기타포괄손익누계액에 그대로 두거나 이익잉여금으로 대체할 수 있다.

기타포괄손익 중 나중에 당기손익으로 재분류되는 항목은 다음과 같다.

① 기타포괄손익-공정가치측정(FVOCI)금융자산평가손익
② 현금흐름위험회피파생상품평가손익
③ 해외사업외화환산손익

또한, 나중에 당기손익으로 재분류가 불가능한 항목은 다음과 같다.

① 자산재평가이익
② 확정급여제도의 재측정요소

지분법을 적용하는 경우 관계회사가 기타포괄손익을 보고하게 되면 관계회사 기타포괄손익에 대한 지분을 보고회사의 기타포괄손익(지분법기타포괄손익)으로 인식해야 한다.

〈표 2-2〉 포괄손익계산서 양식(분리표시방식)

포괄손익계산서
20×1년 1월 1일부터
20×1년 12월 31일까지

(주)회계 (단위 : 천원)

과 목	금 액	
당기순이익		₩2,000
기타포괄손익		
FVOCI금융자산평가손익	₩100	
현금흐름위험회피파생상품평가손익	(200)	
해외사업외화환산손익	300	
자산재평가이익	600	
확정급여제도 재측정요소	(200)	600
총포괄이익		₩2,600

포괄손익계산서의 작성방법은 당기순손익과 기타포괄손익을 하나의 포괄손익계산서에 표시하는 단일표시방식과, 손익계산서와 별개로 당기순손익에서 시작하여 기타포괄손익을 포함한 새로운 포괄손익계산서에 표시하는 분리표시방식이 있다. 〈표 2-2〉는 분리표시방식에 의한 포괄손익계산서를 보여주고 있다.

연습문제

CHAPTER 2

1. 재무제표의 작성과 관련된 일반적인 사항을 기술한 것으로 적절하지 않은 것은?

(2007, 세무직공무원 9급 수정)

① 재무상태표에 표시되는 자산, 부채 및 자본은 총액으로 표시하며, 자산과 부채의 배열은 유동성배열법을 적용한다.

② 손익계산서의 모든 수익과 비용은 그것이 발생한 기간에 정당하게 배분되도록 처리한다. 단, 수익은 실현시기를 기준으로 계상하고 미실현수익은 당기의 손익계산에 산입하지 않는다.

③ 재무제표는 재무상태표, 포괄손익계산서, 현금흐름표, 자본변동표와 주석이며, 이에 대한 적절한 주기 및 부속명세서는 재무제표에 포함되지 않는다.

④ 현금흐름표는 현금흐름을 표시함에 있어서 기업의 활동을 영업활동, 투자활동 및 재무활동으로 구분하여 각각의 활동에서 유입되고 유출되는 현금을 세분하여 표시하는 재무보고서이다.

2. 재무회계와 관련된 설명 중 옳은 것은? (2009, 세무직공무원 9급)

① 재무비율 중의 하나인 유동비율이 높을수록 기업의 수익성 측면에서는 불리할 수도 있다.

② 재무제표를 작성할 책임은 재무제표를 감사한 외부감사인에게 있다.

③ 재무회계의 주된 목적은 경영자의 경영의사결정을 돕기 위한 정보를 제공하는 것이다.

④ 외부감사인의 재무제표에 대한 감사의견은 해당기업의 투자적정성에 대한 판단이다.

3. 감사인과 경영자 간의 의견불일치로 인한 영향이 재무제표에 매우 중요하고 전반적이어서 한정의견의 표명으로는 재무제표의 오도나 불완전성을 적절히 공시할 수 없다고 판단되는 경우에 표명하는 감사의견은? (2011, 주택관리사)

① 특기사항기재 적정의견 ② 의견거절
③ 제한의견 ④ 부적정의견
⑤ 불일치의견

4. 재무제표 표시에 대한 다음의 설명 중 옳지 않은 것은? (2013, 공인회계사)

① 한국채택국제회계기준에서 요구하거나 허용하지 않는 경우 자산과 부채 그리고 수익과 비용은 상계하지 않는다. 따라서 재고자산평가충당금을 차감하여 재고자산을 순액으로 표시할 수 없다.
② 기타포괄손익의 항목은 이와 관련된 법인세효과 반영 전 금액으로 표시하고 각 항목들에 관련된 법인세효과는 단일금액으로 합산하여 표시할 수 있다.
③ 회계정책을 적용하는 과정에서 추정에 관련된 공시와는 별도로, 재무제표에 인식되는 금액에 유의적인 영향을 미친 경영진이 내린 판단을 유의적인 회계정책의 요약 또는 기타 주석사항으로 공시한다.
④ 영업손익을 포괄손익계산서 본문에 구분하여 표시해야 한다. 이 경우 영업손익은 영업의 특수성을 고려할 필요가 있는 경우나 비용을 성격별로 분류하는 경우를 제외하고는 수익에서 매출원가 및 판매비와관리비를 차감하여 산출한다.
⑤ 수익과 비용의 어떠한 항목도 포괄손익계산서, 별개의 손익계산서(표시하는 경우) 또는 주석에 특별손익항목으로 표시할 수 없다.

5. 기업의 재무제표를 분석하는 데 있어서, 기업의 재무구조와 유동성을 평가하기 위하여 가장 우선적으로 사용할 재무제표는? (2004, 세무직공무원 7급)

① 포괄손익계산서 ② 재무상태표
③ 현금흐름표 ④ 이익잉여금처분계산서

6. 재무상태표에 관한 설명으로 옳은 것은? (2000, 세무직공무원 7급)

① 자산과 부채 및 자본 항목들이 현행가치로 표시된다.
② 재무상태표 작성과정에 회계담당자의 주관적 판단이 개입되지 않는다.
③ 기업의 미래가치에 중대한 영향을 주는 모든 사상들이 반영되어 있다.

④ 재무상태표는 기업의 유동성 수준 및 재무구조의 건전성 여부를 판단할 수 있는 정보를 담고 있다.

7. 다음 중 재무제표 표시에 대한 설명으로 옳지 않은 것은? (2012, 공인회계사)

① 기업이 재무상태표에 유동자산과 비유동자산, 유동부채와 비유동부채로 구분하여 표시하는 경우, 이연법인세자산(부채)은 유동자산(부채)으로 분류한다.

② 기타포괄손익은 재평가잉여금의 변동, 해외사업장의 재무제표 환산으로 인한 손익, FVOCI금융자산의 재측정손익, 현금흐름위험회피적립금 중 효과적인 부분 등을 포함한다.

③ 유동자산에는 보고기간 후 12개월 이내에 실현될 것으로 예상되지 않는 경우에도 재고자산 및 매출채권과 같이 정상영업주기의 일부로서 판매, 소비 또는 실현되는 자산이 포함된다.

④ 재무제표가 계속기업의 가정하에 작성되지 않는 경우에는 그 사실과 함께 재무제표가 작성된 기준 및 그 기업을 계속기업으로 보지 않는 이유를 공시해야 한다.

⑤ 회계정책을 적용하는 과정에서 추정에 관련된 공시와는 별도로, 재무제표에 인식되는 금액에 유의적인 영향을 미친 경영진이 내린 판단은 유의적인 회계정책의 요약 또는 기타 주석사항으로 공시한다.

8. '재무제표 표시'에 관한 내용으로 옳지 않은 것은? (2011, 세무사)

① 한국채택국제회계기준을 준수하여 작성된 재무제표는 국제회계기준을 준수하여 작성된 재무제표임을 주석으로 공시할 수 있다.

② 보고기간 말 이전에 장기차입약정을 위반했을 때 대여자가 즉시 상환을 요구할 수 있는 채무는 보고기간 후 재무제표 발행승인일 전에 채권자가 약정위반을 이유로 상환을 요구하지 않기로 합의한다면 비유동부채로 분류한다.

③ 비용을 기능별로 분류하는 기업은 감가상각비, 기타 상각비와 종업원급여비용을 포함하여 비용의 성격에 대한 추가정보를 공시한다.

④ 정상영업주기 내에 사용되는 운전자본의 일부인 매입채무 그리고 종업원 및 그 밖의 영업원가에 대한 미지급비용은 보고기간 후 12개월 후에 결제일이 도래한다 하더라도 유동부채로 분류한다.

⑤ 재고자산에 대한 재고자산평가충당금과 매출채권에 대한 대손충당금과 같은 평가충당금을 차감하여 관련 자산을 순액으로 측정하는 것은 상계표시에 해당하지 아니한다.

9. '재무제표의 작성과 표시를 위한 개념체계'에 관한 설명으로 옳지 않은 것은?

(2011, 세무사 수정)

① 재무제표의 목적은 광범위한 정보이용자의 경제적 의사결정에 유용한 기업의 재무상태, 성과 및 재무상태 변동에 관한 정보를 제공하는 것이다.
② 수익이나 비용의 비경상적, 비정상적 그리고 비반복적인 항목이 구분 표시되는 경우 포괄손익계산서의 예측가치는 제고된다.
③ 재무제표를 작성할 때 기업이 가장 보편적으로 채택하고 있는 측정기준은 공정가치이다. 재고자산을 시가로 평가하는 것이 이에 대한 적절한 예가 될 수 있다.
④ 질적특성이란 재무제표를 통해 제공되는 정보가 이용자에게 유용하기 위해 갖추어야 할 속성을 말한다. 주요한 질적특성으로 이해가능성, 목적적합성, 표현충실성 및 비교가능성이 있다.
⑤ 측정기준으로 현행원가에 의할 때 부채는 측정일에 동등한 부채를 발생시킬 때 수취할 수 있는 대가에서 거래원가를 차감하여 결정한다.

10. 재무제표요소의 측정속성에 관한 설명으로 옳지 않은 것은? (2012, 세무사 수정)

① 부채의 이행가치는 기업이 부채를 상환할 때 이전해야 하는 현금이나 그 밖의 경제적 자원의 현재가치이다.
② 자산의 역사적 원가는 자산을 취득하였을 때 지급한 현금 또는 현금성자산이나 그 밖의 대가의 공정가치를 말한다.
③ 자산의 현행원가는 동일하거나 또는 동등한 자산을 현재시점에서 취득할 경우에 그 대가로 지불해야 할 현금이나 현금성자산의 금액으로 평가한 것을 말한다.
④ 재무제표를 작성하기 위해서는 다수의 측정기준이 다양한 방법으로 결합되어 사용된다.
⑤ 자산의 실현가능가치는 정상적으로 처분하는 경우, 수취할 것으로 예상되는 현금이나 현금성자산을 현재가치로 환산한 가액을 말한다.

11. 기업은 비용을 분류하는 방식에 따라 성격별 포괄손익계산서와 기능별 포괄손익계산서를 선택할 수 있다. 다음 항목 중 성격별 포괄손익계산서와 기능별 포괄손익계산서에 공통으로 나타나지 않는 것은? (2010, 세무사 수정)

① 매출원가 ② 수익
③ 금융원가 ④ 지분법손익
⑤ 법인세비용

12. 다음 중 재무제표의 작성과 표시에 대한 설명으로 타당하지 않은 것은 어느 것인가?

(2011, 공인회계사)

① 해당기간에 인식한 모든 수익과 비용 항목은 (1) 별개의 손익계산서와 당기손익에서 시작하여 기타포괄손익의 구성요소를 표시하는 보고서 또는 (2) 단일 포괄손익계산서 중 한 가지 방법으로 표시한다.

② 유동성 순서에 따른 표시방법을 적용할 경우에는 모든 자산과 부채를 유동성의 순서에 따라 표시한다.

③ 영업활동을 위한 자산의 취득시점부터 그 자산이 현금이나 현금성자산으로 실현되는 시점까지 소요되는 기간이 영업주기이다.

④ 매입채무 그리고 종업원 및 그 밖의 영업원가에 대한 미지급비용과 같은 기업의 정상영업주기 내에 사용되는 운전자본항목은 보고기간 후 12개월 후에 결제일이 도래한다 하더라도 유동부채로 분류한다.

⑤ 비용의 기능에 대한 정보가 미래현금흐름을 예측하는 데 유용하기 때문에, 비용을 성격별로 분류하는 경우에는 비용의 기능에 대한 추가정보를 공시하는 것이 필요하다.

13. 다음 중 재무제표의 작성과 표시에 대한 설명으로 옳은 것은? (2010, 공인회계사)

① 재무상태표에 표시되는 자산과 부채는 반드시 유동자산과 비유동자산, 유동부채와 비유동부채로 구분하여 표시해야 한다.

② 자본의 구성요소인 기타포괄손익누계액과 자본잉여금은 포괄손익계산서와 재무상태표를 연결시키는 역할을 한다.

③ 손익계산서는 당기손익을 구성하는 요소와 기타포괄손익을 구성하는 요소로 구분 표시하여 반드시 하나의 보고서로 작성해야 한다.

④ 기타포괄손익은 관련 자산과 부채의 미실현평가손익을 당기손익에 반영하지 않고 자본에 별도의 항목으로 잠정적으로 분류했다가 나중에 전부 이익잉여금에 직접 반영될 예정인 항목이다.

⑤ 재분류조정(reclassification adjustments)은 당기나 과거 기간에 인식한 기타포괄손익을 당기의 손익으로 재분류하는 회계처리이다.

14. 〈보기〉는 아래의 재무상태표를 설명한 것이다. 이 중 바르게 설명한 항목으로 묶인 것은?

(2007, 세무직공무원 9급)

재무상태표

자 산	금 액	부채 및 자본	금 액
현금 및 현금성자산	₩100,000	매 입 채 무	₩100,000
매 출 채 권	200,000	미 지 급 금	100,000
상 품	300,000	장기차입금	200,000
건 물	400,000	사 채	200,000
비 품	100,000	자 본 금	500,000
	₩1,100,000		₩1,100,000

〈보기〉

ㄱ. 유동자산은 ₩600,000이고 당좌자산은 ₩200,000이다.

ㄴ. 유형자산은 ₩500,000이고 재고자산은 ₩300,000이다.

ㄷ. 타인자본은 ₩500,000이고 유동부채는 ₩200,000이다.

ㄹ. 비유동부채는 ₩400,000이고 자기자본은 ₩500,000이다.

① ㄱ, ㄴ　　② ㄱ, ㄷ

③ ㄴ, ㄷ　　④ ㄴ, ㄹ

15. 다음 자료에 의한 ㉠, ㉡, ㉢의 합계액은 얼마인가? (2000, 세무직공무원 9급)

기말자산	기말부채	기말자본	기초자본	총비용	총수익	순이익
₩610,000	₩230,000	㉠	₩229,000	㉡	₩770,000	㉢

① ₩1,150,000　　② ₩1,240,000

③ ₩1,330,000　　④ ₩2,410,000

16. 다음은 아산기업의 재무제표 정보 중 일부이다. 2004년 12월 31일의 자산총계는 얼마인가? (2003, 공인회계사)

	2004년 12월 31일	2003년 12월 31일
자산총계	₩ ?	₩30,000
부채총계	38,000	23,000
이익잉여금	?	5,000

2004년중 자본변동내역

당기순이익	₩10,000
유상증자	3,000
무상증자	2,000
현금배당	4,200

① ₩55,800
② ₩53,300
③ ₩15,800
④ ₩51,300
⑤ ₩53,800

17. 수익실현기준시점에 관한 설명으로 옳지 않은 것은? (2001, 세무직공무원 7급)

① 도급공사의 경우 장기와 단기 구분 없이 진행기준에 따른다.
② 위탁판매의 경우 수탁자로부터 위탁품 판매사실을 통보받은 날이다.
③ 예약매출의 경우 장기와 단기 구분 없이 진행기준에 따른다.
④ 시용매출의 경우 매입자가 매입의사표시를 한 날이다.

18. 12월 말 결산법인인 (주)한국은 2009년 12월 5일 상품 110,000개를 개당 ₩50에 판매하는 계약을 (주)대한과 체결하였다. 이 계약에 따라 2009년 12월에 50,000개, 2010년 1월과 2월 각 30,000개를 (주)대한에 인도하였다. 한편 판매대금은 2009년 12월에 ₩3,000,000을 2010년 1월과 2월 각각 ₩1,500,000과 ₩1,000,000을 현금으로 받았다. 이 거래와 관련하여 2009년도에 (주)한국이 인식해야 할 매출액은? (2010, 세무직공무원 7급)

① ₩2,500,000
② ₩3,000,000
③ ₩4,000,000
④ ₩5,500,000

19. 다음 자료를 이용하여 영업외비용에 속하는 항목들을 합산하면? (2009, 세무직공무원 9급 수정)

• FVPL금융자산평가손실	₩400,000	• 광고선전비	₩200,000
• FVOCI금융자산평가손실	600,000	• 지분법손실	300,000
• FVOCI금융자산처분손실	500,000	• 기부금	800,000
• 경상개발비	120,000	• 비정상적 재고자산감모손실	200,000

① ₩2,200,000 ② ₩1,400,000
③ ₩2,800,000 ④ ₩2,400,000

20. 한라상사의 기초자산은 ₩60,000, 기말자산은 ₩70,000, 기말부채는 ₩40,000이고 기초보다 ₩5,000 증가하였으며, 기말 납입자본금은 ₩25,000이고 기초와 차이가 없다면 이 회계연도의 당기순이익은 얼마인가? (2002, 세무직공무원 7급)

① ₩15,000 이익 ② ₩5,000 손실
③ ₩5,000 이익 ④ ₩10,000 이익

21. 다음은 (주)서울의 손익계산서 계정과목 중 일부이다. 괄호 ㉠, ㉡, ㉢ 안에 들어갈 금액이 옳게 연결된 것은? (2007, 세무직공무원 9급)

	2005년	2006년
매 출 액	₩11,000	₩12,000
기 초 상 품	1,200	(㉡)
당 기 매 입	9,400	(㉢)
기 말 상 품	1,400	1,500
매출총이익	(㉠)	2,000

	㉠	㉡	㉢		㉠	㉡	㉢
①	₩1,800	₩1,400	₩10,100	②	₩1,800	₩1,200	₩10,300
③	1,600	1,400	10,000	④	1,600	1,200	10,300

22. (주)승리는 기존에 운영해온 A, B, C 사업부문 중 C사업부문을 2007년 회계기간중에 처분한 바 있다. 아래의 내용은 (주)승리의 2007년 회계기간의 손익에 관한 자료이다.

항 목	중단사업부문	계속사업부문
수익총액	₩1,500,000	₩5,000,000
비용총액 (법인세비용 제외)	800,000	3,000,000
법인세비용	100,000	500,000

(주)승리의 2007년 회계기간의 손익계산서를 작성할 경우, 중단사업손익으로 표시될 금액은? (2008, 세무직공무원 9급)

① ₩700,000 ② ₩600,000
③ ₩500,000 ④ ₩400,000

23. 수정분개 전 당기순이익이 ₩500,000이고 기달수정사항이 다음과 같을 때 수정분개 후 정확한 당기순이익은? (단, 현금수수시점에서 수수료수익계정과 보험료계정을 사용하여 기록하였다) (2004, 감정평가사 수정)

• 차입금이자미지급액	₩30,000	• 수수료 선수액	₩20,000
• 보험료 선급액	45,000	• 대여금이자 미수액	50,000

① ₩455,000 ② ₩505,000
③ ₩545,000 ④ ₩595,000
⑤ ₩605,000

24. 2008년 초에 영업활동을 개시한 (주)서울의 회계담당자는 2008회계연도의 당기순이익을 ₩200,000으로 계산하였다. 그러나 회계감사인은 회계담당자가 계산한 당기순이익에는 다음 항목의 기말잔액에 대한 수정분개결과가 반영되지 않았다는 사실을 지적하였다.

• 선 수 수 익	₩10,000	• 선 급 비 용	₩15,000
• 미지급비용	20,000	• 미 수 수 익	25,000

위 사항을 반영하여 (주)서울의 2008회계연도의 당기순이익을 계산하면? (단, 현금수수시점에서 수익계정과 비용계정을 사용하여 기록하였다) (2009, 세무직공무원 9급 수정)

① ₩180,000 ② ₩190,000
③ ₩200,000 ④ ₩210,000

25. 2001년 9월 1일에 앞으로 1년분의 이자 ₩24,000과 보험료 ₩24,000을 지급하였다. 다른 거래가 전혀 없었다면, 2001년 12월 31일 회계기말의 재무상태표와 손익계산서의 잔액은 각각 얼마인가? (단, 2001년 9월 1일의 기업재산은 현금 ₩48,000뿐이었다)

(2000, 세무직공무원 7급)

	재무상태표		손익계산서		재무상태표		손익계산서
①	자산	32,000	−16,000	②	자산	48,000	0
③	부채	32,000	−16,000	④	부채	48,000	0

26. 수정전 수익과 비용의 차액이 ₩1,000(이익)이었다. 다음의 결산수정분개 사항을 반영하고 난 후 수정후 수익과 비용의 차액은? (단, 아래 항목 외에는 수정사항이 없는 것으로 가정한다)

(2007, 세무직공무원 9급)

- 기초 소모품 ₩100, 당기매입 소모품 ₩500, 기말 소모품 ₩200
  (단, 소모품 구입시 자산계정인 소모품계정에 기록한다)
- 당기에 발생하였으나 지급하지 않은 이자비용 ₩250

① ₩250 손실 ② ₩850 이익
③ ₩1,350 이익 ④ ₩350 이익

27. (주)갑을은 판매비와관리비를 지출시점에서 모두 비용으로 기록하고 있다. 2007년 5월 1일에 1년분 보험료 ₩12,000을 지급하였다. (주)갑을이 2007년 말에 수행할 결산수정분개와 이를 누락했을 때 법인세비용차감전순이익에 미치는 영향을 가장 옳게 표시한 것은?

(2008, 세무직공무원 9급)

① 수정분개 : (차) 선급보험료 4,000 (대) 보 험 료 4,000
법인세비용차감전순이익에 미치는 영향 : ₩4,000 과소계상
② 수정분개 : (차) 보 험 료 8,000 (대) 선급보험료 8,000
법인세비용차감전순이익에 미치는 영향 : ₩4,000 과소계상
③ 수정분개 : (차) 선급보험료 4,000 (대) 보 험 료 4,000
법인세비용차감전순이익에 미치는 영향 : ₩4,000 과대계상
④ 수정분개 : (차) 보 험 료 8,000 (대) 선급보험료 8,000
법인세비용차감전순이익에 미치는 영향 : ₩4,000 과대계상

28. 손익계산서상의 당기순이익과 포괄손익계산서상의 포괄손익 간의 차이를 발생시키는 항목이 아닌 것은? (2009, 세무직공무원 9급)

① 자기주식처분손익 ② FVOCI금융자산평가손익
③ 해외사업외화환산손익 ④ 현금흐름위험회피파생상품평가손익

29. 행복상사가 기말에 보유하고 있는 FVOCI금융자산의 공정가치가 장부금액에 비해 ₩30,000만큼 상승하였다. 이 경우 FVOCI금융자산평가이익 ₩30,000은 다음 중 어디에 포함되는가? (2008, 세무직공무원 9급)

① 손익계산서의 영업이익 ② 재무상태표의 자본조정
③ 손익계산서의 기타수익 ④ 재무상태표의 기타포괄손익누계액

30. (주)사랑의 자본은 20×1년 초와 말에 각각 ₩100억과 ₩150억이었다. (주)사랑은 20×1년 중 ₩10억을 유상증자를 통해 조달하였으며 ₩3억의 현금배당을 실시하였다. (주)사랑의 20×1년도 총포괄손익은 얼마인가? (단, 위 거래를 제외한 소유주와의 자본거래는 없다) (2011, 관세사)

① ₩37억 ② ₩40억
③ ₩43억 ④ ₩50억
⑤ ₩53억

해답 및 풀이

1. ①

K-IFRS는 유동성배열법만을 규정하고 있지는 않다. 즉, 기업이 명확히 식별가능한 영업주기 내에서 재화와 용역을 제공하는 경우 자산은 유동자산과 비유동자산으로, 부채는 유동부채와 비유동부채로 구분(유동・비유동법)하여 표시한다.

2. ①

② 재무제표를 작성할 책임은 경영자에게 있다.
③ 재무회계의 주된 목적은 외부정보이용자에게 유용한 정보를 제공하는 것이다.
④ 외부감사인의 재무제표에 대한 감사의견은 회계기준 적용의 적정성에 대한 판단이다.

3. ④

감사의견에는 적정의견, 한정의견, 부적정의견, 의견거절 등이 있다.

㉠ 적정의견(unqualified opinion) : 감사범위에 어떠한 제한도 받지 않았으며, 감사결과 재무제표가 회계기준에 따라 적정하게 작성되었다고 판단되는 경우

㉡ 한정의견(qualified opinion) : 재무제표에 중요한 영향을 미치는 감사범위에 제한이 있었거나, 회계기준의 적용에 관해 경영자와 중요한 의견불일치가 있는 경우

㉢ 부적정의견(adverse opinion) : 회계기준의 적용과 관련하여 재무제표에 특히 중요한 영향을 미치는 경영자와의 의견불일치가 있는 경우

㉣ 의견거절(disclaimer of opinion) : 감사인의 독립성이 결여되어 있거나 재무제표에 특히 중요한 영향을 미치는 감사범위의 제한이 있는 경우

4. ①

재고자산평가충당금을 차감하여 재고자산을 순액으로 표시하거나 대손충당금을 차감하여 매출채권을 순액으로 표시하는 것은 상계표시에 해당하지 않는다.

5. ②

재무상태표는 경제적 자원, 재무구조, 유동성, 환경변화에 적응할 수 있는 능력 등의 정보를 제공한다.

6. ④

7. ①

K-IFRS 제1001호(재무제표 표시)에서는 이연법인세자산과 이연법인세부채는 모두 비유동항목으로 표시하고 있다.

8. ②

보고기간 말 이전에 장기차입약정을 위반하여 채권자가 즉시 상환을 요구할 수 있는 채무는 보고기간 후 재무제표 발행승인일 전에 채권자가 약정위반을 이유로 상환을 요구하지 않기로 합의하더라도 유동부채로 분류한다. 그 이유는 기업이 보고기간 말 현재 그 시점으로부터 적어도 12개월 이상 결제를 연기할 수 있는 무조건적인 권리를 가지고 있지 않기 때문이다. 그러나 채권자가 보고기간 말 이전에 보고기간 후 적어도 12개월 이상의 유예기간을 주는 데 합의하여 그 유예기간 내에 기업이 위반사항을 해소할 수 있고, 또 그 유예기간 동안에는 채권자가 즉시 상환을 요구할 수 없다면 그 부채는 비유동부채로 분류한다.

9. ③

재무제표를 작성할 때 기업이 가장 보편적으로 채택하고 있는 측정기준은 역사적 원가이지만, 역사적 원가는 일반적으로 다른 측정기준과 함께 사용되기도 한다. 그 예로서 재고자산은 역사적 원가와 순실현가능가치를 비교하여 저가로 평가한다.

10. ⑤
자산의 실현가능가치는 자산을 정상적으로 처분하는 경우 수취할 것으로 예상되는 현금이나 현금성자산의 할인하지 않은 금액을 의미한다. 따라서 수취할 것으로 예상되는 현금이나 현금성자산을 현재가치로 환산한 금액을 의미하는 것은 아니다.

11. ①
매출원가는 성격별 포괄손익계산서에서는 표시되지 않지만, 기능별 포괄손익계산서에서는 표시되기 때문에 기능별 비용법을 매출원가법이라고도 한다.

12. ⑤
성격별 분류에 대한 정보가 미래현금흐름을 예측하는 데 유용하기 때문에, 기능별 분류를 사용하는 경우에는 성격별 분류에 대한 추가공시가 필요하다.

13. ⑤
① 유동성배열법이 신뢰성 있고 목적적합한 정보를 제공하지 않는 경우에는 유동자산과 비유동자산, 유동부채와 비유동부채로 구분(유등 · 비유동법)하여 표시한다.
② 자본잉여금이 아니라 이익잉여금이다.
③ 단일 포괄손익계산서와 두 개의 보고서로 표시하는 방법 중 하나를 선택하여 표시할 수 있다.
④ 기타포괄손익은 그 항목에 따라 나중에 이익잉여금에 직접 반영되기도 하고 당기손익으로 재분류(재분류조정)되기도 한다.

14. ④
ㄱ. 당좌자산은 ₩300,000이다.
ㄷ. 타인자본은 ₩600,000이다.

15. ①
㉠ : ₩380,000 ㉡ : ₩619,000 ㉢ : ₩151,000

16. ⑤
기말자본 = 기초자본 + 당기순이익 + 유상증자 − 배당금
= ₩7,000 + ₩10,000 + ₩3,000 − ₩4,200 = ₩15,800
자산총계 = ₩38,000 + ₩15,800 = ₩53,800
주의) 무상증자는 자본잉여금 및 이익준비금을 재원으로 주식이 발행되는 경우이므로 자본에 영향을 미치지 않음

17. ②
위탁판매의 경우 수탁자가 위탁품을 판매한 날에 수익으로 인식한다.

18. ①

수익은 판매(인도)시점에 인식하므로 2009년의 매출액은,

50,000개 × ₩50 = ₩2,500,000

19. ①

영업외비용 : FVPL금융자산평가손실 ₩400,000

+ FVOCI금융자산처분손실 ₩500,000

+ 지분법손실 ₩300,000

+ 기부금 ₩800,000

+ 비정상적 재고자산감모손실 ₩200,000

= ₩2,200,000

여기서, FVOCI금융자산평가손실 : 기타포괄손실

경상개발비, 광고선전비 : 판매관리비

20. ③

기초자본 = ₩60,000 − ₩35,000 = ₩25,000

기말자본 = ₩25,000 + x = ₩30,000

x = ₩5,000

21. ①

㉠ : 매출액 − 매출원가 = ₩11,000 − (₩1,200 + ₩9,400 − ₩1,400) = ₩1,800

㉡ : 2005년 기말상품 = ₩1,400

㉢ : 매출원가 + 기말상품 − 기초상품 = (₩12,000 − ₩2,000) + ₩1,500 − ₩1,400 = ₩10,100

22. ②

₩1,500,000 − ₩800,000 − ₩100,000 = ₩600,000

23. ③

₩500,000 − ₩30,000 − ₩20,000 + ₩45,000 + ₩50,000 = ₩545,000

24. ④

₩200,000 − ₩10,000 + ₩15,000 − ₩20,000 + ₩25,000 = ₩210,000

25. ①

재무상태표(자산) : 선급비용 = (₩48,000 ÷ 12) × 8 = ₩32,000

손익계산서(당기순손익) : 수익(₩0) − 비용(₩48,000 ÷ 12 × 4 = ₩16,000)

= − ₩16,000

26. ④

₩1,000－(₩100＋₩500－₩200)－₩250＝₩350

수정분개 :

• (차) 소 모 품 비	400	(대) 소　모　품	400
• (차) 이 자 비 용	250	(대) 미지급이자	250

27. ①

2007년 5월 1일 분개 :

(차) 보　험　료	12,000	(대) 현　　금	12,000

28. ①

자기주식처분손익은 기타자본잉여금(자기주식처분이익) 혹은 자본조정(자기주식처분손실)에 포함된다.

29. ④

FVOCI금융자산평가손익은 포괄손익계산서의 기타포괄손익으로 분류되었다가 마감절차를 통하여 재무상태표의 기타포괄손익누계액에 포함된다.

30. ③

순자산(자본)의 증감＝자본거래＋포괄손익이므로,

(₩150억－₩100억)＝(₩10억－₩3억)＋포괄손익

포괄손익＝₩43억

CHAPTER

3

유동자산

제 1 절 현금 및 단기금융자산

1 현금 및 현금성자산

현금 및 현금성자산은 유동성이 가장 높은 자산으로 기업의 지불능력을 나타낸다. 유동성(liquidity)이란 현금으로의 전환가능성을 의미하는데, 현금 및 현금성자산은 높은 유동성을 바탕으로 기업의 도산을 막고 영업활동을 원활히 수행하게 한다.

현금 및 현금성자산은 다음과 같이 구성된다.

현금 및 현금성자산
- 현금 : 통화, 통화대용증권, 요구불예금 (당좌예금, 보통예금)
- 현금성자산

(1) 현금 및 현금성자산

1) 현 금

현금(cash)은 ① 교환의 매개로 사용될 수 있고, ② 유동부채의 상환에 즉시 이용될 수 있으며, ③ 그 사용을 제한하는 제약요소가 없을 때 현금으로 분류한다. 현금에는 통화(지폐, 동전)뿐만 아니라 통화대용증권(타인발행수표, 송금환, 우편환증서, 배당금지급통지표, 지급기일이 도래한 사채이자표 등), 요구불예금(당좌예금 및 보통예금)도 포함된다.

2) 현금성자산

현금성자산(cash equivalents)은 ① 큰 거래비용 없이 현금전환이 용이하며, ② 이자율의 변동에 따른 가치변동의 위험이 적은 금융상품으로서, ③ 취득당시 만기일(또는 상환일)이 3개월 이내에 도래하는 채권, 환매조건부채권(RP), 양도성예금증서(CD), 수익증권 등의 단기금융상품을 말한다.

〈표 3-1〉 현금 및 현금성자산

현 금

통 화	통화대용증권	요구불예금
• 지폐 • 동전	• 타인발행수표 (자기앞수표, 당좌수표) • 송금환 • 우편환증서 • 배당금지급통지표 • 사채이자표	• 당좌예금 • 보통예금

현금성자산

- 큰 거래비용 없이 현금 전환이 용이
- 이자율 변동에 따른 가치 변동의 위험이 적음
- 취득 당시 만기일 또는 상환일이 3개월 이내

- 채권
- 환매조건부채권(RP)
- 양도성예금증서(CD)
- 수익증권

한편, 우표, 엽서, 수입인지는 소모품 또는 선급비용으로 처리하며, 급여 가불증은 종업원단기대여금으로 분류한다. 일반적 상거래에서 발생한 선일자 수표는 매출채권으로 분류하며, 당좌차월은 단기차입금(유동부채)으로 보고하거나 당좌예금과 상계할 수 있다.

(2) 소액현금제도

소액현금제도(petty cash system)는 소액현금의 관리와 통제를 위하여 지급이 빈번한 소액지출에 대해 일정한 금액 내의 기금을 항시 현금으로 준비해 두는 제도이다. 이 제도는 일정기간 동안 소액의 현금지출을 위한 정액의 기금을 준비해 두고 그 기간 동안 원장기록 없이 사용한 후, 사용한 현금에 대해 비용계정을 설정하여 정산함과 동시에 부족분을 당좌예금으로 보충함으로써 다시 일정액의 기금을 유지시키는 제도이다.

〈표 3-2〉 소액현금의 회계처리

구분	차변	금액	대변	금액
① 소액현금기금의 설정 :	(차) 소 액 현 금	×××	(대) 당 좌 예 금	×××
② 소액현금기금의 지출 :	분개 없음			
③ 소액현금기금의 보충 :	(차) 비 용 계 정	×××	(대) 당 좌 예 금	×××

(3) 은행계정조정표

은행계정조정표(statement of bank reconciliation)는 주로 당좌예금에 대해 기업 혹은 은행의 기록시점의 차이나 종업원의 부정이나 오류로 인하여 발생한 양자간의 계정잔액 차이를 조정하기 위해 작성하는 표를 말한다. 은행계정조정표는 당좌예금잔액을 재무상태표에 정확히 보고하고, 예금의 관리를 위한 내부통제 목적으로 정기적으로 작성된다. 계정잔액 차이의 조정내용을 은행계정조정표 양식에 표시하면 〈표 3-3〉과 같다.

〈표 3-3〉 은행계정조정표상의 조정내용

	기업장부의 잔액	은행계정명세서의 잔액
① 미결제수표		−
② 미기록예금		+
③ 미통지예금	+	
④ 은행수수료	−	
⑤ 이자수익(이자비용)	+(−)	
⑥ 부도수표	−	
⑦ 기장오류	기업의 기장오류 : +(−)	은행의 기장오류 : +(−)

은행계정조정표에서 기업장부의 잔액을 조정해야 하는 모든 항목에 대해서는 수정분개를 실시하여 기말에 재무상태표의 현금계정잔액이 정확하게 보고되도록 한다. 〈표 3-3〉에서 기업이 수정분개를 해야 하는 항목은 ③, ④, ⑤, ⑥ 및 ⑦(기업의 기장오류)이다. 만일, 조정 후에도 양자의 계정잔액이 일치하지 않을 경우에는 그 차이만큼을 현금과부족계정으로 회계처리한다.

(4) 현금관리의 통제수단

현금의 관리 및 통제를 위하여 다음과 같은 통제수단을 사용한다.

① 현금수취, 현금지급, 기장 등의 업무를 분리시킨다.
② 현금수취시 즉시 당좌예금한다.
③ 수표를 발행하여 대금을 지급한다.

④ 정기적으로 독립적인 제3자가 은행계정조정표를 작성한다.

2 단기금융자산

다음의 자산은 재무상태표에 유동자산 중의 단기금융자산으로 보고한다.

① 기업이 여유자금의 활용목적으로 보유하는 단기예금, 단기대여금, FVPL 금융자산 등 단기보유 목적의 금융자산
② 기업이 단기적인 자금운용을 목적으로 하거나 결산일 현재 만기가 1년 이내에 도래하는 정기예금, 정기적금 또는 사용이 제한되어 있는 단기예금
③ 기업이 단기적인 자금운용을 목적으로 하거나 결산일 현재 만기가 1년 이내에 도래하는 기업어음, 양도성예금증서(CD), 어음관리계좌 등 정형화된 금융상품

한편, 단기적 자금운용 목적 또는 1년 이내 만기가 도래하여 단기금융자산에 해당된다 하더라도 취득 당시 3개월 이내에 만기가 도래하는 경우, 즉 현금성자산의 기준을 만족시키는 경우에는 현금 및 현금성자산으로 구분한다. 단기금융자산 중 사용이 제한되어 있는 예금에 대해서는 그 내용을 주석으로 기재한다.

제 2 절 매출채권

기업의 주된 영업활동과 관련하여 일반적인 상거래에서 발생한 외상매출금과 받을어음을 총칭하여 매출채권이라고 한다.

1 매출채권의 기록

(1) 거래할인 및 수량할인

거래처의 유형 혹은 고객의 형태에 따라 상품의 표시가격에서 일정률을 할인하거나(거래할인) 또는 구매물품의 수량에 따라 일정률을 할인하는(수량할인) 경우에는 할인액을 차감한 후의 실제교환가격을 기준으로 매출채권을 기록한다.

(2) 매출할인

매출할인은 현금할인이라고도 하는데, 매입자가 할인기간 내에 대금을 지급하면 그 대금 중 일정률을 할인해 주는 것을 말한다. 매출할인계정은 매출의 차감계정으로서 손익계산서에는 총매출액으로부터 동 금액을 차감한 후의 순매출액을 보고한다.

(3) 매출환입 및 에누리

매출환입 및 에누리는 총매출액에서 차감한다. 일정기간의 거래수량이나 거래금액에 따라 차감해 주는 것은 매출에누리에 포함된다.

(4) 매출채권의 기록

단기매출채권은 액면금액으로 기록하나 장기매출채권은 실질적인 이자를 반영하기 위하여 현재가치로 기록해야 한다.

2 매출채권의 평가

매출채권은 채무자의 파산 등에 따라 그 회수가 불가능해지는 경우가 있는데, 이를 대손(손상차손)이라 한다. 이때 수익·비용 대응의 원칙에 입각하여 당기에 인식된 매출채권에 대해 장래에 발생할 것으로 예상되는 대손추정액을 당기비용으로 회계처리한다. 즉 매출채권에 대하여 대손발생에 관한 객관적인 증거가 있으면 대손상각비(손상차손)로 비용처리하고, 대손충당금계정을 설정하여 매출채권에서 차감하는 형식으로 보고한다.

이러한 대손액의 추정방법에는 크게 다음의 두 가지가 있다.

(1) 손익계산서 접근법

당기의 외상매출액이나 총매출액과 같은 수익금액에 과거경험에 기초한 대손추정률을 적용하여 연간 대손상각비를 계상한 후 기말대손충당금을 확정하는 방법이다. 손익계산서의 수익항목을 기준으로 대손추정액을 계산하기 때문에 손익계산서 접근법이라 부른다.

손익계산서 접근법을 이용하여 당기 대손상각비를 추정할 때에는 기말대손충당금잔액은 고려할 필요가 없다. 왜냐하면 당기 대손상각비가 먼저 결정되고 이에 따라 대손충당금잔액이 추후에 자동적으로 결정되기 때문이다.

대손상각비＝매출액(혹은 외상매출액)×대손추정률

손익계산서 접근법은 매출수익에 대응하여 비용을 계상하므로 수익・비용 대응의 원칙에 부합한다는 장점이 있으나, 기말매출채권잔액이 순실현가능가치로 표시되지 못한다는 단점이 있다.

(2) 재무상태표 접근법

재무상태표의 매출채권잔액을 기초로 하여 대손예상액을 추정하는 방법에는 매출채권잔액비율법과 연령분석법 등이 있다.

1) 매출채권잔액비율법

매출채권잔액비율법은 회계기간말의 매출채권잔액에 대하여 일정비율을 곱하여 대손예상액을 추정하고 이를 대손충당금계정의 잔액으로 계상하는 방법이다.

2) 연령분석법

매출채권잔액비율법에서는 매출채권잔액에 대하여 동일한 대손율을 적용하여 대손예상액을 추정하지만, 매출채권이 발생한 기간에 따라 대손율을 달리 적용하는 것이 보다 합리적이다. 연령분석법은 회계기간말의 매출채권 잔액을 매출채권이 발생한 경과기간 또는 연체일수를 기준으로 연령을 구분하고, 연령별로 상이한 대손율을 적용하여 대손예상액을 추정하고 이를 대손충당금계정의 잔액으로 계상하는 방법이다.

3) 대손상각비와 대손충당금의 회계처리

대손상각비와 대손충당금 계정은 다음과 같이 회계처리한다.

① 회수가 불가능한 채권 또는 회수가 불확실하여 합리적인 기준에 따라 산출한 대손추정액에 기말의 대손충당금잔액을 차감한 금액을 대손상각비로 인식한다.

대손상각비＝(기말채권잔액×대손추정률)－수정전 기말대손충당금잔액

이때 수정전 기말대손충당금잔액이 「기말채권잔액×대손추정률」보다 크면 그 차액은 대손상각비가 아니라 기타수익인 대손충당금환입으로 인식한다.

② 일반적 상거래에서 발생한 매출채권에 대한 대손상각비는 관리비로 인식하고, 기타 채권(미수금, 대여금 등)에 대한 대손상각비는 금융비용으로 인식한다.

③ 대손이 실제 발생한 때에는 이미 설정된 대손충당금과 상계하고, 대손충당금이 부족한 경우에는 그 부족액을 대손상각비로 인식하여 직접 매출채권에서 차감한다.

④ 채권을 회수할 수 없다고 판단하여 대손확정으로 회계처리하였던 매출채권이 나중에 회수되는 경우에는 감소한 금액만큼 대손충당금의 증가로 회계처리한다.

3 매출채권의 양도

(1) 거래의 구분

금융자산의 양도여부에 대한 판단은 다음 요건을 모두 충족하는 경우에는 양도자가 금융자산에 대한 통제권을 이전한 것으로 보아 매각거래로, 이 외의 경우에는 금융자산을 담보로 한 차입거래로 본다.

① 양도인은 금융자산 양도 후 당해 양도자산에 대한 권리를 행사할 수 없다. 즉, 양도인이 파산 또는 법정관리에 들어갈지라도 양도인 및 양도인의 채권자는 양도한 금융자산에 대한 권리를 행사할 수 없다.
② 양수인은 양수한 금융자산을 처분(양도 및 담보제공 등)할 자유로운 권리를 갖고 있다.
③ 양도인은 금융자산 양도 후에 실질적인 통제권을 행사할 수 없다.

(2) 회계처리

매각거래와 차입거래에 대해서는 다음과 같이 회계처리하며, 양도(또는 담보제공) 내역, 양도(또는 담보제공) 조건 등 그 내역을 주석으로 기재한다.

1) 매각거래로 보는 경우

금융자산의 양도로 양수인에게 이전되는 금융자산에 대하여는 장부금액과 처분금액의 차이를 당기손익(매출채권처분손익)으로 인식한다. 한편 신규로 취득(부담)하는 자산(부채)은 공정가치로 평가하여 매출채권처분손익에 가감한다.

2) 차입거래로 보는 경우

금융자산의 이전이 담보거래에 해당하는 경우에는 해당 금융자산을 담보제공자산으로 별도 표시한다. 매출채권의 처분이 실제는 차입거래인데 이를 매각거래로 회계처리하면 매출채권과 차입금을 모두 장부에 기록하지 않아 부외금융(off-balance sheet financing)의 효과가 나타난다.

제 3 절 재고자산

1 재고자산의 의의

재고자산(inventories)이란 기업의 정상적인 영업활동과정에서 판매를 목적으로 보유하거나 또는 제품생산을 위하여 사용되거나 소비될 자산을 말한다. 즉, 재고자산은 유동자산 중 판매목적으로 보유하거나, 판매목적의 재화나 용역의 생산에 곧 소비되어야 할 유형의 자산 등을 총칭한다. 재고자산에는 상품, 제품, 반제품, 재공품, 원재료, 저장품 등이 있다.

2 재고자산의 수량결정

기말의 재고자산금액은 「재고자산수량×재고자산가격」으로 결정된다. 이 중 재고자산수량의 결정방법에는 실지재고조사법(physical inventory system)과 계속기록법(perpetual inventory system)이 있다. 실지재고조사법은 기말에 실제로 재고자산수량을 창고에서 조사하여 재고수량을 파악하는 방법이다. 계속기록법은 기중에 재고자산의 증감을 계속 장부에 기록하여 기말재고자산 수량을 파악하는 방법이다.

〈표 3-4〉 계속기록법과 실지재고조사법의 회계처리

구 분	계속기록법	실지재고조사법
매 입	재 고 자 산 ××× 매 입 채 무(현금) ×××	매 입 ××× 매 입 채 무(현금) ×××
매 출	매 출 채 권(현금) ××× 매 출 ××× 매 출 원 가 ××× 재 고 자 산 ×××	매 출 채 권(현금) ××× 매 출 ×××
매입에누리와 환출 및 매입할인	매 입 채 무(현금) ××× 재 고 자 산 ×××	매 입 채 무(현금) ××× 매입에누리와환출 ××× 매 입 할 인 ×××
기말의 수정분개*	재고자산감모손실 ××× 재 고 자 산 ×××	분개 없음
재고자산계정의 마감분개	분개 없음	세 가지 방법 중 택일하여 마감 (집합손익, 매입, 매출원가 계정)

* 실지재고수량이 장부의 재고수량보다 부족할 경우에만 분개함.

(1) 미착상품

미착상품(goods in transit)은 현재 운송중에 있는 상품을 말한다. 상품의 매매거래는 완료되었으나 아직 운송중에 있는 상품의 경우 판매자 혹은 구매자 중 어느 측의 재고자산으로 보고할 것인가 하는 문제가 발생한다. 선적지인도조건(FOB shipping point)의 경우 미착상품을 구매자의 기말재고자산에 포함시킨다. 도착지인도조건(FOB destination)인 경우에는 미착상품을 판매자의 기말재고자산에 포함시킨다.

(2) 위탁상품

위탁상품(consigned goods)은 적송품이라고도 하며 위탁자가 수탁자에게 판매를 위탁하기 위하여 발송한 상품을 말한다. 따라서 위탁상품은 위탁자의 재고자산에 포함되어야 하며, 수탁자의 재고자산에 포함되어서는 안 된다. 위탁자는 수탁자가 상품을 판매한 시점에서 수익을 인식하고 자신의 재고자산에서 제외시켜야 한다.

(3) 시용품

시용품(sales on approval)은 고객이 시험적으로 상품을 사용해 본 후 구입여부를 결정하는 상품이다. 이 경우에는 고객의 매입의사 표시가 있기 전까지는 판매자의 재고자산으로 보고된다.

(4) 할부판매상품

할부판매상품(installment goods)은 대금의 지급이 완료되기 전까지는 그 상품의 소유권이 판매자에게 있으나, 경제적 실질(economic substance)의 관점에서 보면 상품의 사용권이 사실상 이전되었으므로 판매자의 기말재고자산에서 제외시킨다. 따라서 할부로 상품이 판매된 할부판매상품의 경우에는 판매시점에 수익을 인식하고, 회수기간이 장기인 경우 이자상당액은 기간의 경과에 따라 이자수익으로 인식한다.

(5) 반품가능판매

반품가능판매에서는 반품액을 합리적으로 추정할 수 있는 경우에 판매를 기록하고 판매자의 재고자산에서 제외시킨다. 반품액을 합리적으로 추정할 수 없는 경우에는 구매자가 상품의 인수를 수락하거나 반품기간이 종료되는 시점까지는 판매자의 재고자산으로 보고한다.

(6) 재구매조건부판매와 저당상품

재구매조건부판매는 재구매를 조건으로 상품을 판매하는 것으로, 판매자는 상품을 판매한 것이 아니라 실질적으로는 자금차입을 목적으로 한다. 따라서 판매자는 상품을 자신의 재고자산에서 제외시켜서는 안 되며 차입금으로 기록해야 한다. 저당상품은 재고자산을 담보로 제공하고 자금을 차입하는 경우로 저당권이 실행되기 전까지는 담보제공자가 소유권을 갖는다. 따라서 저당권이 실행되어 소유권이 이전되기 전까지는 담보제공자의 재고자산으로 보고한다.

3 재고자산의 가격결정

재고자산의 취득원가는 제조원가 또는 매입가격에 부대원가를 가산하고 이를 기초로 다음에 설명하는 여러 방법을 적용하여 산정한다. K-IFRS는 단가결정방법으로 개별법, 평균원가법, 선입선출법은 가능하나 후입선출법은 금하고 있다.

또한, K-IFRS는 적격자산(재고자산, 제조설비자산, 전력생산설비, 무형자산, 투자부동산 등으로서 의도된 용도로 사용하거나 판매가능한 상태에 이르게 하는 데 상당한 기간이 필요한 자산)의 취득, 건설 또는 제조와 직접 관련된 차입원가는 당해자산의 원가의 일부로 자산화하도록 요구하고 있다. 따라서 적격자산으로 재고자산의 제조에 직접 관련된 차입원가는 재고자산원가에 포함시키고, 재고자산의 제조에 직접 관련이 없는 기타 차입원가는 발생기간에 비용으로 인식해야 한다.

(1) 개별법

개별법(specific identification method)은 재고자산을 구입할 때 품목별로 구분해 두었다가 출고시에 실제의 개별 구입원가를 매출원가로 하는 방법이다. 개별법은 이상적인 방법이기는 하나 번거로우며 재고수량이 많은 경우에는 현실적으로 적용이 거의 불가능하다.

(2) 선입선출법

선입선출법(FIFO, first-in, first-out method)은 먼저 매입한 재고자산이 먼저 판매된다는 가정하에 기말재고자산의 단가를 결정하는 방법이다. 상품가격의 상승을 가정할 때 기말재고자산이 현행가치에 근접한 금액으로 평가되며, 원가흐름가정이 실물흐름과 일치한다는 장점이 있다. 반면에 현행수익에 과거원가가 대응되므로 수익, 비용이 적절하게 대응되지 않는다는 단점이 있다.

(3) 후입선출법

후입선출법(LIFO, last-in, first-out method)은 나중에 매입한 상품을 먼저 판매한다고 가정하는 방법이다. 앞서 설명한 선입선출법과는 정반대의 경우로 상품의 판매가능액 중에서 가장 늦게 매입한 상품이 매출원가를 구성하게 되고, 가장 먼저 매입한 상품이 기말재고액을 구성하게 된다. 상품가격의 상승을 가정할 때 매출원가는 최근 매입가격인 높은 가격으로 표시되는 반면, 기말재고는 과거 매입가격인 낮은 가격으로 표시된다. 후입선출법은 선입선출법과는 달리 수익과 비용을 적절히 대응시킬 수 있다는 장점을 갖는다. 즉, 매출액이 현행판매가격으로 표시되고 또한 매출원가도 현행원가로 표시되어 수익과 비용 모두를 현행가치로 표시할 수 있다는 것이다. 또한 상품가격의 상승을 가정할 때 당기순이익이 낮게 표시됨으로써 세무상의 절세효과를 기대할 수 있다는 장점이 있다. 그 반면 후입선출이라는 가정이 현실성이 적어 실물흐름과 크게 다르다는 단점이 있다.

(4) 평균원가법

평균원가법(average cost method)은 기초재고자산과 매입 또는 생산된 재고자산의 원가를 가중평균하여 재고자산의 단위원가를 결정하는 방법이다. 평균원가법은 재고자산을 계속기록법으로 기록하는 경우에는 이동평균원가법이 되고, 실지재고조사법으로 기록하는 경우에는 가중평균원가법이 된다.

이동평균원가법(moving average cost method)은 재고자산을 새로 매입할 때마다 가중평균단가를 구하고 그 단가를 기준으로 재고자산금액을 결정하는 방법이다.

가중평균원가법(weighted average cost method)은 판매가능원가를 판매가능수량으로 나누어 단위당 총평균원가를 계산하고, 이에 기말재고수량을 곱하여 기말재고액을 구하고 판매수량을 곱하여 매출원가를 구하는 방법이다.

평균원가법을 적용하여 산출되는 당기순이익은 선입선출법과 후입선출법으로 산출된 당기순이익의 중간에 위치한다. 〈표 3-5〉에서는 물가상승(취득원가 상승)시에 당기순이익, 기말재고 및 매출원가의 방법별 순위를 나타내고 있다. 물론 물가하락(취득원가 하락)시에는 이와 반대의 현상이 나타난다.

〈표 3-5〉 물가상승시에 가격결정방법별 순위

- 당기순이익 : 선입선출법 > 이동평균원가법 > 가중평균원가법 > 후입선출법
- 기 말 재 고 : 선입선출법 > 이동평균원가법 > 가중평균원가법 > 후입선출법
- 매 출 원 가 : 후입선출법 > 가중평균원가법 > 이동평균원가법 > 선입선출법
- 현 금 흐 름*: 후입선출법 > 가중평균원가법 > 이동평균원가법 > 선입선출법

* 법인세가 있는 경우에만 적용됨.

4 소매재고법

(1) 의 의

소매재고법(retail inventory method)은 매출가격환원법이라고도 하며, 백화점, 슈퍼마켓 등과 같이 주로 다품종상품을 판매하는 경우에 널리 이용되고 있다. 이 방법은 재고자산의 취득원가와 판매가격 사이에 존재하는 일정비율을 기초로 하여 기말재고액을 추정해 내는 방법이다. K-IFRS에서는 총이익률이 유사하고 품종의 변화가 심한 다품종상품을 취급하는 유통업체에서 다른 원가 추정방법을 사용할 수 없는 경우에 매출가격환원법의 사용을 허용하고 있다.

(2) 평가절차

① 판매가능상품의 원가율을 산출한다.

$$\text{원가율} = \frac{\text{판매가능상품의 원가}}{\text{판매가능상품의 판매가격}}$$

② 판매가격기준 기말재고액을 계산한다.

판매가격기준 기말재고액은 어떠한 방법을 선택하든지간에 동일하다. 즉, 원가율 산정시와는 달리 모든 요소를 가감한다.

> 판매가격기준 기말재고액
> ＝판매가능상품(판매가격)＋순인상액－순인하액－순매출액

③ 원가기준에 의한 기말재고액 ＝ ①×②

(3) 종 류

① **평균원가소매재고법 :** 원가율을 산출할 때 판매가격의 순인상액, 순인하액을 둘 다 가감하는 방법이다.

$$\text{원가율} = \frac{\text{기초재고(원가)} + \text{당기매입(원가)}}{\text{기초재고(판매가격)} + \text{당기매입(판매가격)} + \text{순인상액} - \text{순인하액}}$$

② **선입선출소매재고법 :** 이 방법에서는 먼저 매입한 상품부터 판매되는 것으로 간주하므로 기말재고는 당기매입한 상품만으로 구성된다. 따라서 원가율 산정시 기초재고를 제외시킨다.

$$\text{원가율} = \frac{\text{당기매입(원가)}}{\text{당기매입(판매가격)} + \text{순인상액} - \text{순인하액}}$$

③ **저가기준소매재고법 :** 저가기준소매재고법은 전통적 소매재고법(conventional retail method)이라고도 한다. 이 방법은 원가율 산정시 분모의 값에 순인상액만을 가산하고 순인하액은 차감하지 않음으로써 원가율이 낮아져서 기말재고는 작아지고 매출원가는 커지게 된다. 그 결과로 매출총이익이 작아져서 저가주의로 평가한 것과 비슷한 효과가 발생하므로 저가기준소매재고법이라 한다.

$$\text{평균원가저가기준 원가율} = \frac{\text{기초재고(원가)} + \text{당기매입(원가)}}{\text{기초재고(판매가격)} + \text{당기매입(판매가격)} + \text{순인상액}}$$

$$\text{선입선출저가기준 원가율} = \frac{\text{당기매입(원가)}}{\text{당기매입(판매가격)} + \text{순인상액}}$$

5 저가법

(1) 의 의

재고자산의 평가는 저가법을 기준으로 하므로 공정가치가 취득원가보다 하락한 경우에는 공정가치로 평가해야 한다. 이때 공정가치는 자산의 예상판매가격에서 예상되는 추가완성원가와 판매원가를 차감한 순실현가능가치를 말한다. 생산될 제품이 원가 이상으로 판매될 것으로 예상되면 생산에 투입될 원재료 및 기타소모품의 가격이 하락했어도 이를 감액하지 않는다. 그러나 원재료의 가격하락으로 제품의 원가가 순실현가능가치를 초과할 것으로 예상되면 원재료를 순실현가능가치로 감액해야 한다. 이 경우 원재료의 현행대체원가를 순실현가능가치에 대한 최선의 추정치로 본다.

(2) 회계처리

저가평가로 인한 평가손실은 재고자산평가손실계정(당기비용)에 차기하고 재고자산계정에 대기한다. 재고자산계정에서 직접 감액하지 않는 경우는 재고자산평가충당금계정(재고자산의 차감계정)에 대기한다. 또한, 저가법의 적용에 따라 평가손실을 초래했던 상황이 해소되어 새로운 공정가치가 장부금액보다 상승한 경우에는 최초의 장부금액을 초과하지 않는 범위(또는 재고자산평가충당금 잔액한도) 내에서 평가손실을 환입하고, 매출원가의 차감으로 인식한다. 재고자산의 저가평가는 종목별로 적용하되, 예외적으로 조별로 적용할 수 있으나 총액기준은 적용할 수 없다.

한편, 재고자산은 수량과 단가를 결정함으로써 기말재고잔액을 평가한다. 이때 장부수량보다 실제수량이 부족한 경우에는 동 부족수량에 대한 취득원가는 재고자산감모손실로 계상한다. 재고자산감모손실은 정상적으로 발생한 손실은 매출원가에 가산하나, 비정상적으로 발생한 손실은 당기의 기타비용으로 인식한다.

K-IFRS에서는 재고자산을 순실현가능가치로 감액한 평가손실과 감모손실은 모두 발생한 기간에 비용으로 인식하도록 요구하고 있다.

연습문제

CHAPTER 3

1. 2010년 12월 31일 결산일 현재 (주)대한이 보유하고 있는 자산 중 재무상태표에 계상할 현금 및 현금성자산은? (2011, 세무직공무원 9급)

• 통화	₩1,500
• 수입인지	100
• 만기가 도래한 국채이자표	300
• 송금환	400
• 배당금지급통지표	50
• 만기가 1개월 후인 타인발행약속어음	200
• 2010년 12월 1일에 취득한 환매채(만기 2011년 1월 31일)	500

① ₩1,500 ② ₩2,250
③ ₩2,750 ④ ₩2,950

2. 아래의 자료에서 현금 및 현금성자산의 합계액은? (2001, 감정평가사)

항목	금액	항목	금액
• CD(120일 만기)	₩400,000	• 선일자수표(상거래 발생분)	₩200,000
• 당좌차월	20,000	• 만기 도래 공사채이자표	16,000
• 당좌개설보증금	100,000	• 배당금지급통지표	8,000
• 수입인지	2,500	• 환매채(90일 환매조건)	600,000
• 타인발행수표	30,000	• 1년 이후 만기 도래 정기예금	800,000

① ₩646,000 ② ₩654,000
③ ₩854,000 ④ ₩1,254,000
⑤ ₩1,256,500

3. 다음은 제조업을 운영하고 있는 (주)지원이 20×9년 결산일 현재 보유하고 있는 항목들이다. 당좌개설보증금을 제외하고 이하의 항목들에 대한 사용제한이 없다면, 이 자료에 근거한 현금 및 현금성자산은 얼마인가? (2009, 공인회계사)

항목	금액	항목	금액
• 한국은행발행통화	₩450,000	• 수입인지	₩20,000
• 당좌예금	720,000	• 당좌개설보증금	30,000
• 타인발행수표	250,000	• 보통예금	730,000
• 우편환증서	50,000	• 종업원가불금	70,000
• 양도성예금증서(최초 취득일로부터 60일 만기)			300,000
• 만기 미도래 타인발행약속어음			320,000

① ₩2,200,000　② ₩2,500,000
③ ₩2,520,000　④ ₩2,590,000
⑤ ₩2,940,000

4. A아파트 관리사무소장은 7월 초 유지보수팀에 소액현금제도를 도입하였다. 소액현금한도는 ₩100,000이며, 매월 말에 지출증빙과 사용내역을 받아 소액현금을 보충한다. 7월 지출내역은 교통비 ₩25,000과 회식비 ₩59,000이었다. 7월 말 소액현금 실사잔액은 ₩10,000이었으며, 부족분에 대해서는 원인이 밝혀지지 않았다. 7월 말 소액현금의 보충 시점에서 적절한 분개는? (2011, 주택관리사)

	차변	금액	대변	금액
①	(차) 현금	84,000	(대) 당좌예금	84,000
②	(차) 교통비	25,000	(대) 당좌예금	84,000
	복리후생비	59,000		
③	(차) 교통비	25,000	(대) 당좌예금	100,000
	복리후생비	59,000		
	잡손실	16,000		
④	(차) 교통비	25,000	(대) 당좌예금	90,000
	복리후생비	59,000		
	잡손실	6,000		
⑤	(차) 현금	84,000	(대) 당좌예금	90,000
	잡손실	6,000		

5. 강원상사는 기말에 은행계정조정표를 작성하기 위하여 다음과 같은 자료를 입수하였다. 기말 현재 강원상사의 장부상에 기록될 당좌예금의 정확한 잔액은? (2008, 세무직공무원 9급)

• 은행측 수정전 당좌예금잔액	₩117,300
• 은행측 미기입예금	12,000
• 기발행 미지급수표	6,500
• 당좌차월이자와 은행수수료(회사측 미기록)	2,400
• 당좌예금 ₩8,600을 은행측에서 ₩6,800으로 오류기장	

① ₩124,600 ② ₩129,300
③ ₩122,800 ④ ₩125,200

6. (주)한국의 당좌예금계정 장부가액은 ₩1,500,000이다. 그러나 은행계산서의 당좌예금잔액은 ₩4,000,000이다. 이러한 불일치의 원인이 다음과 같을 때, (주)한국의 당좌예금계정 수정에 관한 설명으로 옳지 않은 것은? (2010, 세무직공무원 7급)

• 기발행 미인출 당좌수표	₩2,600,000	• 부도처리 당좌수표	₩90,000
• 당좌차월에 대한 이자비용	10,000		

① 기발행 미인출 당좌수표와 관련하여 당좌예금 ₩2,600,000을 증가시키는 수정이 필요하다.
② 부도처리된 당좌수표와 관련하여 당좌예금 ₩90,000을 감소시키는 수정이 필요하다.
③ 당좌예금과 관련된 수정으로 보고이익이 ₩10,000 감소한다.
④ 당좌예금계정의 수정후 잔액은 ₩1,400,000이다.

7. (주)양평의 다음 20×5년 12월 31일 은행계정조정표에서 기발행 미인출수표 금액은 얼마인가? (2006, 공인회계사)

(1) 은행예금잔액증명서상의 잔액	₩28,500
(주)양평의 장부상 잔액	32,000
(2) 은행의 예금잔액증명서에는 반영되어 있으나 (주)양평의 장부에 반영되지 않은 금액	
예금이자	2,000
부도수표	14,000
(3) (주)양평에 통보되지 않은 매출채권 추심액	7,500
(4) (주)양평은 20×5년 12월 31일 입금했으나 은행에서는 20×6년 1월 2일 입금처리된 금액	15,000
(5) 나머지 잔액차이는 모두 기발행 미인출수표에 의한 것으로 확인됨	

① ₩16,000
② ₩23,500
③ ₩14,000
④ ₩18,000
⑤ ₩31,000

8. (주)국세는 20×1년 12월 31일 자금담당직원이 회사자금을 횡령하고 잠적한 사건이 발생하였다. 12월 31일 현재 회사 장부상 당좌예금계정 잔액을 검토한 결과 ₩106,000이었으며, 은행측 당좌예금계정 잔액을 조회한 결과 ₩70,000으로 확인되었다. 회사측 잔액과 은행측 잔액이 차이가 나는 이유가 다음과 같다고 할 경우 지금 당 직원이 회사에서 횡령한 것으로 추정할 수 있는 금액은 얼마인가? (2012, 세무사)

• 은행미기입예금	₩60,000
• 은행수수료	10,000
• 기발행 미인출수표	50,000
• 미통지입금	46,000
• 타사발행수표를 (주)국세의 당좌예금계좌에서 차감한 금액	22,000

① ₩22,000
② ₩26,000
③ ₩32,000
④ ₩36,000
⑤ ₩40,000

9. 당좌자산의 분류기준 및 적정성 확인에 대한 다음 설명 중 타당한 것은? (2008, 공인회계사 수정)

① 재무상태표일 현재 만기일(또는 상환일)이 4개월 남아 있는 금융상품은 현금 및 현금성자산으로 분류한다.
② 만기가 결산일로부터 1년 이내 도래하는 정기예금이 단기차입금의 담보로 제공되어 사용이 제한되어 있는 경우, 이 정기예금을 단기금융자산으로 분류할 수 있다.
③ 당좌예금에 대한 은행계정조정표를 작성하는 목적은 일정기간의 은행측과 회사측의 입출금 내역을 일치시키기 위한 것이다.
④ 결산일 현재 회사측 당좌예금 장부잔액이 은행측 당좌예금 잔액증명서상 잔액과 일치하는 경우에는 은행계정조정표를 작성할 필요가 없다.
⑤ 상품 매출과 관련하여 받은 타인발행당좌수표는 매출채권으로 분류한다.

10. 2006년 초에 설립된 甲회사는 모든 제품을 신용으로 판매하고 있다. 2006년도 甲회사의 매출액은 총 ₩50,000이고, 2006년 말 매출채권잔액은 ₩8,000이다. 2006년 5월 乙회사에 판매한 매출채권 ₩500은 乙회사가 2006년 11월에 파산하여 모두 대손처리하였다. 甲회사는 신용매출액의 2%를 회수불가능하다고 추정하였다. 신용매출액 비례법(손익계산서 접근법)에 의해 회계처리할 경우 甲회사의 2006년도 기말 재무상태표에 표시되는 대손충당금은? (2007, 세무직공무원 9급)

① ₩160　② ₩1,000
③ ₩500　④ ₩10

11. (주)한국의 결산일 현재 매출채권은 ₩6,150,000이다. 매출채권의 대손과 관련된 자료가 다음과 같을 때, 회수가능한 매출채권 추정액은? (2010, 세무직공무원 7급)

• 기초매출채권대손충당금잔액	₩300,000
• 당기중 회수불능으로 대손처리한 매출채권	400,000
• 당기매출채권의 대손상각비	950,000

① ₩5,100,000　② ₩5,200,000
③ ₩5,300,000　④ ₩7,000,000

12. 다음은 (주)국세의 20×1년도 회계자료 중 일부이다.

• 당기현금매출액	₩50,000	• 매출총이익	₩90,000
• 기초매출채권	80,000	• 매출채권회수액	260,000
• 기초상품재고	120,000	• 당기상품매입액	200,000
• 기말상품재고	110,000		

(주)국세의 20×1년 말 재무상태표에 표시될 매출채권은 얼마인가? (단, 대손상각은 고려하지 않는다) (2010, 세무사)

① ₩60,000　② ₩70,000
③ ₩80,000　④ ₩90,000
⑤ ₩100,000

13. (주)ABC는 당기에 대손처리했던 매출채권 ₩90,000을 당기에 다시 현금으로 회수하였다. 상각된 매출채권의 회수와 관련하여 가장 옳은 분개는? (단, 대손처리 당시의 대손충당금 계정 잔액은 ₩30,000이었다) (2008, 세무직공무원 9급)

① (차) 현 금	90,000	(대) 대손상각비	90,000
② (차) 현 금	90,000	(대) 대손충당금	60,000
		대손상각비	30,000
③ (차) 현 금	90,000	(대) 대손충당금	30,000
		대손상각비	60,000
④ (차) 현 금	90,000	(대) 매 출 채 권	90,000

14. 12월 말 결산법인인 (주)대한의 2007년 12월 31일 재무상태표상 매출채권 및 대손충당금 계정의 잔액은 각각 ₩25,000,000과 ₩500,000이었다. 한편 2008년 중의 관련 자료는 다음과 같다.

- 2008년 6월 : 매출채권 ₩540,000이 회수불능으로 판명됨
- 2008년 9월 : 2007년에 회수불능으로 처리(당시 대손충당금잔액은 대손확정액보다 많았음)된 매출채권 ₩360,000을 현금으로 회수함
- 2008년 12월 31일 : 매출채권잔액 ₩10,000,000 중 ₩250,000이 회수불능으로 판명됨
- 2008년 말 매출채권잔액의 5%를 대손으로 추정함

(주)대한의 2008년 손익계산서에 계상될 대손상각비는 얼마인가? (2009, 세무사 수정)

① ₩180,000　　② ₩377,500
③ ₩417,500　　④ ₩487,500
⑤ ₩500,000

15. 12월 31일 결산법인인 (주)한국의 외상매출금과 대손에 관한 자료는 다음과 같다. 기업회계기준에 따라 연령분석법으로 회계처리하는 경우 2005년 손익계산서에 계상될 대손상각비는 얼마인가? (2005, 공인회계사)

(1) 2005년 1월 1일 : 대손충당금 기초잔액은 ₩1,000이다.
(2) 2005년 5월 8일 : 당기에 매출한 ₩1,500의 외상매출금이 회수불가능하다고 판명되었다.
(3) 2005년 10월 25일 : 전기에 대손충당금으로 대손처리한 외상매출금 ₩200이 회수되었다.
(4) 2005년 12월 31일 : 기말수정분개 전 외상매출금잔액은 ₩40,000이며, 이에 대한 연령자료는 다음과 같다.

외상매출금의 연령	금 액	추정대손율	대손예상액 (혹은 대손확정액)
16일 미만	₩15,000	5%	₩750
16일부터 30일까지	9,000	15%	1,350
31일부터 45일까지	7,000	20%	1,400
46일부터 90일까지	5,000	30%	1,500
91일부터 180일까지	3,000	40%	1,200
180일 초과	1,000	100%	1,000
계	₩40,000		₩7,200

① ₩1,300
② ₩6,200
③ ₩6,700
④ ₩7,500
⑤ ₩7,700

16. 금융자산의 제거에 대한 다음 설명 중 옳지 않은 것은? (2012, 공인회계사)

① 금융자산의 정형화된 매도시 당해 금융자산을 매매일 또는 결제일에 제거한다.
② 금융자산의 현금흐름에 대한 계약상 권리가 소멸한 경우에는 당해 금융자산을 제거한다.
③ 금융자산의 현금흐름에 대한 계약상 권리를 양도하고 위험과 보상의 대부분을 이전하면 당해 금융자산을 제거한다.
④ 금융자산의 현금흐름에 대한 계약상 권리를 양도하고, 위험과 보상의 대부분을 보유하지도 않고 이전하지도 않으면서 당해 금융자산을 통제하고 있지 않다면 당해 금융자산을 제거한다.
⑤ 금융자산의 현금흐름에 대한 계약상 권리는 양도하였지만 양도자가 매도 후에 미

리 정한 가격으로 당해 금융자산을 재매입하기로 한 경우에는 당해 금융자산을 제거한다.

17. (주)부산은 20×1년 2월 1일 상품을 판매하고 판대대금으로 만기가 20×2년 1월 31일인 어음(무이자부어음 ₩100,000과 연 8%의 이자부어음 ₩300,000)을 수취하였다. (주)부산은 3개월 후인 20×1년 5월 1일에 이 어음들을 은행에서 연 12%의 할인율로 할인하였다. (주)부산이 이 어음들의 할인과 관련하여 인식하야 할 매출채권처분손실은 총 얼마인가? (단, 이 어음할인은 제거요건을 충족시킨다고 가정하며, 이자는 월할계산한다) (2011, 관세사)

① ₩11,160
② ₩20,160
③ ₩26,160
④ ₩29,160
⑤ ₩85,120

18. 2008년 6월 1일 (주)대한은 판매대금으로 만기가 2008년 9월 30일인 액면가액 ₩1,200,000의 어음을 거래처로부터 수취하였다. (주)대한은 2008년 9월 1일 동 어음을 은행에서 할인하였으며, 은행의 할인율은 연 12%였다. 동 어음이 무이자부어음인 경우와 연 10% 이자부어음인 경우로 구분하여 어음할인시 (주)대한이 인식할 매출채권처분손실을 계산하면 각각 얼마인가? (단, 어음할인은 매각거래라고 가정하며, 이자는 월할계산한다)

(2009, 세무사)

	무이자부어음	연 10% 이자부어음
①	처분손실 ₩24,000	처분손실 ₩12,400
②	처분손실 ₩24,000	처분손실 ₩2,400
③	처분손실 ₩12,000	처분손실 ₩27,600
④	처분손실 ₩12,000	처분손실 ₩2,400
⑤	처분손실 ₩10,000	처분손실 ₩12,400

19. 재고자산과 관련된 회계처리방법으로 옳지 않은 것은? (2009, 세무직공무원 7급)

① 실지재고조사법에서는 매입계정을 통해 상품의 구입을 기록한다.
② 계속기록법에서는 상품의 구입과 판매가 있을 때마다 상품계정에 기록한다.
③ 계속기록법에서는 매입에누리가 발생하면 이를 상품계정에 차기한다.
④ 계속기록법은 상품을 판매할 때마다 매출원가를 계산하고 이를 매출원가계정에 누적한다.

20. (주)서울의 20×1년과 20×2년 결산마감 후 매출원가는 다음과 같다.

	20×1년	20×2년
매출원가	₩1,000,000	₩1,500,000

20×3년에 (주)서울의 회계담당자는 20×0년 말 재고자산이 ₩200,000 과소계상되었고, 20×1년 말 재고자산이 ₩100,000 과소계상되었음을 알게 되었으며, 동 오류에 대해서 어떠한 수정도 없었음을 확인하였다. 동 오류가 재무제표에 미치는 영향으로 옳지 않은 것은?

(2011, 감정평가사)

① (주)서울의 20×1년 말 재무상태표상 이익잉여금은 ₩100,000만큼 과소계상되어 있다.
② (주)서울의 20×2년 포괄손익계산서상 당기순이익이 ₩3,000,000이었다면, 20×2년의 정확한 당기순이익은 ₩2,900,000이다.
③ (주)서울의 20×1년의 오류수정 후 매출원가는 ₩900,000이다.
④ (주)서울의 20×2년 말 재무상태표상 이익잉여금은 적정하게 계상되어 있다.
⑤ (주)서울의 20×2년의 오류수정 후 매출원가는 ₩1,600,000이다.

21. 우리나라 회계기준에서 재고자산 관련 회계처리에 대한 다음 내용 중 가장 타당하지 않은 것은 무엇인가?

(2009, 공인회계사)

① 재고자산의 매입원가는 매입가액에 매입운임, 하역료 및 보험료 등 취득과정에 정상적으로 발생한 부대비용을 가산한 금액이다.
② 재고자산의 매입과 관련된 할인, 에누리 및 기타 유사한 항목은 매입원가에서 차감한다.
③ 금융기관 등으로부터 자금을 차입하고 그 담보로 제공된 저당상품의 경우 저당이 설정되는 시점에서 담보제공자의 재고자산에서 제외한다.
④ 제품, 반제품 및 재공품 등 재고자산의 제조원가는 재무상태표일까지 제조과정에서 발생한 직접재료비, 직접노무비, 제조와 관련된 변동 및 고정 제조간접비의 체계적인 배부액을 포함한다.
⑤ 재고자산에 대하여 저가법의 적용에 따른 평가손실을 환입할 경우, 재고자산평가손실의 환입은 재고자산평가손실충당금의 잔액한도 내에서 매출원가에서 차감한다.

22. 다음은 20×1회계연도 중 (주)한국의 재고자산과 관련된 자료를 요약한 것이다. 아래의 자료를 이용하여 (주)한국의 20×1년 기말재고자산 금액을 계산하면 얼마인가? (2011, 관세사)

- 기말재고자산 실사수량 : 1,000개(@₩1,000)
- 재화의 인도가 구매자의 요청에 따라 지연되고 있는 미인도청구 판매(bill and hold sales)된 상품{기말 현재 (주)한국의 창고에 보관중}의 원가 : ₩100,000(단, 수익인식기준은 충족한다)
- (주)한국이 20×1년 12월 25일 FOB 선적지인도조건으로 출하하여 20×1년 말 현재 운송중인 상품의 원가 : ₩200,000
- (주)한국이 M사에 위탁판매하기 위해 적송한 상품의 원가 ₩400,000 중에서 M사는 기말 현재 50%를 고객에게 판매하였다.

---

① ₩1,100,000　② ₩1,200,000
③ ₩1,400,000　④ ₩1,500,000
⑤ ₩1,600,000

23. (주)계림은 회계감사를 받기 전, 20×1년 말 현재 재무상태표에 재고자산 ₩5,000,000을 보고하였다. (주)계림은 실지재고조사법을 사용하여 기말에 창고에 있는 모든 상품만을 기말재고로 보고하였다. 회계감사 도중 공인회계사는 다음 사항을 알게 되었다.

---

(1) (주)계림은 20×1년 10월 8일에 새로 개발된 단위당 원가 ₩100,000의 신상품을 기존의 고객 10명에게 각각 전달하고, 사용해 본 후 6개월 안에 ₩150,000에 구입여부를 통보해 줄 것을 요청하였다. 20×1년 12월 31일 현재 4곳으로부터 구입하겠다는 의사를 전달받았고, 나머지 6곳으로부터는 아무런 연락을 받지 못했다.

(2) (주)계림은 20×1년 12월 2일 미국의 A사와 프랑스의 B사에 각각 ₩500,000, ₩400,000의 상품을 주문하였다. 동년 12월 30일에 양사로부터 주문한 상품이 선적되었음을 통보받았고, A사에 주문한 상품은 20×2년 1월 2일에, B사에 주문한 상품은 20×2년 1월 27일에 각각 도착하여 (주)계림에 인도되었다. A사 상품에 대한 주문조건은 도착지인도조건(FOB destination)이고 B사 상품에 대한 주문조건은 선적지인도조건(FOB shipping point)이다.

(3) (주)계림은 20×1년 12월 15일에 원가 ₩250,000의 상품을 (주)통성에 ₩300,000에 판매하였다. 그 대금으로 판매 당일 ₩50,000을 수령하였으며, 나머지는 향후 5개월간 매월 15일에 ₩50,000씩 받기로 하고 상품을 인도하였다.

(4) (주)계림은 20×1년 12월 20일에 자금이 부족하여 잘 알고 지내는 고객에게 원가 ₩100,000의 상품을 ₩150,000에 판매하여 인도하고, 1개월 후 ₩160,000에 재구매하기로 약정하였다.

(5) (주)계림은 20×1년 12월 27일에 원가 ₩150,000의 상품을 (주)한랑에 ₩200,000에 판매하고 판매대금을 수수하였다. 하지만 (주)한랑은 20×2년 2월 8일에 동 상품을 인도받기를 원해서 (주)계림의 창고 한쪽에 따로 보관하고 있다.

위의 내용을 반영하여 재무상태표에 재고자산을 보고하면 얼마인가? (2011, 공인회계사)

① ₩5,450,000 ② ₩5,750,000
③ ₩5,950,000 ④ ₩6,850,000
⑤ ₩7,100,000

24. 다음은 2007년 1월 1일부터 12월 31일까지 (주)서울의 재고자산과 관련된 자료를 요약한 것이다.

(단위 : ₩)

항 목	금액(취득원가 기준)	비 고
기초재고자산	100,000	
당기매입액	500,000	
기말재고자산실사액	50,000	창고 보유분
미착상품	30,000	도착지인도조건으로 현재 운송중
적송품	100,000	60% 판매완료
시송품	30,000	고객이 매입의사표시를 한 금액 : ₩10,000
재구매조건부판매	40,000	• 재구매일 : 2008.1.10 • 재구매가격 : ₩45,000
저당상품	20,000	차입금에 대하여 담보로 제공되어 있고, 기말재고자산실사액에는 포함되어 있지 않음
반품가능판매	35,000	반품액의 합리적인 추정 불가

위의 자료를 이용하여 (주)서울의 매출원가를 계산하면 얼마인가? (2007, 공인회계사)

① ₩365,000 ② ₩395,000
③ ₩435,000 ④ ₩455,000
⑤ ₩490,000

25. 재고자산의 회계처리에 관한 설명으로 옳지 않은 것은? (2010, 세무사)

① 재고자산의 단위원가 결정방법으로 후입선출법은 허용되지 않는다.
② 재고자산에 대한 단위원가 결정방법의 적용은 동일한 용도나 성격을 지닌 재고자산에 대해서는 동일하게 적용해야 하나, 지역별로 분포된 사업장이나 과세방식이

다른 사업장간에는 동일한 재고자산이라도 원칙적으로 다른 방법을 적용한다.

③ 재고자산은 서로 유사하거나 관련 있는 항목들을 통합하여 적용하는 것이 적절하지 않는 한 항목별로 순실현가능가치로 감액하는 저가법을 적용한다.

④ 완성될 제품이 원가 이상으로 판매될 것으로 예상하는 경우에는 그 제품의 생산에 투입하기 위해 보유하는 원재료는 감액하지 아니한다.

⑤ 재고자산의 감액을 초래했던 상황이 해소되거나 경제상황의 변동으로 순실현가능가치가 상승한 명백한 증거가 있는 경우에는 최초의 장부금액을 초과하지 않는 범위 내에서 평가손실을 환입한다.

26. (주)여수는 실지재고조사법에 의해 기말재고수량을 파악하고 원가흐름에 대한 가정으로 선입선출법을 적용한다. 2009년 재고자산과 관련된 자료는 다음과 같다.

거래내용	수 량	단 가	원 가
기초재고	100개	₩10	₩1,000
1차 매입	500	12	6,000
2차 매입	400	15	6,000
합계	1,000개		₩13,000

(주)여수의 2009년 회계기간의 판매량은 700개, 기말재고는 300개이며, 단위당 판매가격은 ₩20으로 일정하였다. (주)여수의 2009년 매출총이익은? (2010, 세무직공무원 9급)

① ₩4,400 ② ₩4,700

③ ₩4,900 ④ ₩5,500

27. (주)한국의 7월 상품매매거래는 다음과 같다. 7월의 매출원가와 7월 말의 상품재고에 관한 설명으로 옳은 것은? (단, 장부상 기말재고는 실지재고수량과 일치한다) (2010, 세무직공무원 7급)

일 자	적 요	수 량
7월 1일	월초재고	10개(단위당 ₩20)
7월 5일	매 입	40개(단위당 ₩21)
7월 15일	매 출	30개
7월 20일	매 입	50개(단위당 ₩22)
7월 30일	매 출	40개

① 7월 15일자 매출에 대한 선입선출법의 매출원가는 이동평균법의 매출원가보다 ₩4이 많다.

② 7월 30일자 매출에 대한 선입선출법의 매출원가는 이동평균법이나 후입선출법의 매출원가보다 많다.

③ 선입선출법의 월말재고액이 총평균법의 월말재고액보다 ₩18이 많다.
④ 선입선출법의 월말재고액은 이동평균법이나 후입선출법의 월말재고액보다 적다.

28. 해동상회의 10월중 상품매매거래는 다음과 같다. 계속기록법에 의한 후입선출법 적용시 10월의 매출원가와 월말재고액은? (단, 매입에누리와 매입환출, 매입할인은 없다)

(2007, 세무직공무원 9급)

일 자	적 요	수 량	단 가	금 액
10월 1일	기초재고	200개	₩10	₩2,000
10월 4일	매 입	100개	15	1,500
10월 10일	판 매	100개		
10월 15일	매 입	300개	20	6,000
10월 20일	판 매	200개		
10월 31일	기말재고	300개		

	매출원가	월말재고액		매출원가	월말재고액
①	₩5,500	₩4,000	②	₩3,500	₩6,000
③	3,500	6,500	④	5,500	4,500

29. 다음은 (주)대한의 2009년도 매입과 매출에 관한 자료이며 재고자산의 평가방법으로 평균법을 적용하고 있다. 실지재고조사법 또는 계속기록법을 적용한다고 가정할 경우 2009년의 매출원가는 각각 얼마인가? (단, 장부상 재고와 실지재고는 일치한다) (2009, 세무사)

일 자	적 요	수 량	단 가	금 액
1월 1일	기초재고	100개	₩50	₩5,000
3월 1일	매 입	200개	65	13,000
5월 1일	매 출	(200개)		
7월 1일	매 입	200개	75	15,000
9월 1일	매 출	(100개)		
10월 1일	매 입	50개	77	3,850

	실지재고조사법	계속기록법		실지재고조사법	계속기록법
①	₩16,750	₩17,850	②	₩16,750	₩19,000
③	19,000	20,100	④	20,100	17,800
⑤	20,100	19,000			

30. 다음 자료를 이용하여 계산된 추정기말상품재고액은? (2011, 주택관리사)

• 기초상품재고액	₩550,000	• 당기상품매입액	₩2,250,000
• 당기상품매출액	3,000,000	• 매출총이익률	30%

① ₩600,000
② ₩650,000
③ ₩700,000
④ ₩750,000
⑤ ₩800,000

31. 소매재고법(매출가격환원법)을 적용하여 매출원가와 기말재고원가를 계산하면? (2011, 세무직공무원 9급)

구 분	원 가	매 가
기초재고액	₩240,000	₩360,000
당기매입액	2,700,000	3,840,000
매 출 액	–	3,900,000

	매출원가	기말재고
①	₩2,640,000	₩210,000
②	₩2,640,000	₩300,000
③	2,730,000	210,000
④	2,730,000	300,000

32. 종로백화점(주)의 재고자산에 관한 자료가 다음과 같이 주어졌다. 종로백화점(주)는 기말재고자산의 원가를 매출가격환원법에 따라서 계산하고 있다. 만약 원가의 흐름으로 선입선출법을 적용하고 있다면 기말재고자산은 얼마가 되는가? (2003, 감정평가사)

항 목	원 가	판매가
기초재고자산	₩1,000	₩2,000
당기매입액(순액)	30,000	42,000
순 인 상 액		2,000
순 인 하 액		4,000
매 출 액(순액)		38,000

① ₩2,214
② ₩2,500
③ ₩3,000
④ ₩3,514
⑤ ₩4,000

33. 최근 영업을 개시한 A편의점에서는 소매재고법(매출가격환원법)을 적용하여 재고자산 회계처리를 하고 있다. 다음은 2004년도 재고자산과 관련된 자료이다. 전통적(저가기준 평균원가) 소매재고법을 적용한다고 가정할 경우 A편의점의 2004년도 말 현재 재고자산과 매출원가는? (2004, 세무직공무원 7급)

	원 가	소매가
기 초 재 고	₩3,000	₩5,000
당기매입액	27,000	43,000
순 인 상 액		2,000
순 인 하 액		2,000
매 출 액		38,000

	기말재고	매출원가
①	₩5,000	₩25,000
②	₩6,000	₩24,000
③	7,000	23,000
④	8,000	22,000

34. (주)한국백화점은 선입선출법에 의한 저가기준소매재고법을 이용하여 재고자산을 평가하고 있으며, 20×1년도 재고자산 관련자료는 다음과 같다.

	원 가	소매가
기초재고액	₩2,000,000	₩3,000,000
당기매입액	6,000,000	9,600,000
매입운반비	100,000	
매 입 할 인	318,000	
당기매출액		10,000,000
종업원할인		500,000
순 인 상 액		200,000
순 인 하 액		300,000

(주)한국백화점이 20×1년도 포괄손익계산서에 인식할 매출원가는 얼마인가? (2013, 공인회계사)

① ₩6,502,000
② ₩6,562,000
③ ₩6,582,000
④ ₩6,602,000
⑤ ₩6,642,000

35. 재고자산과 관련된 다음의 설명 중 옳지 않은 것은? (2014, 공인회계사)

① 회사가 실지재고조사법만을 사용하더라도 재고자산평가손실을 파악할 수 있다.
② 물가가 지속적으로 상승하는 경우 선입선출법하의 기말재고자산금액은 평균법하의 기말재고자산금액보다 작지 않다.
③ 선입선출소매재고법을 사용할 경우 매출원가는 판매가능재고자산의 원가와 판매가를 이용하여 산출한 원가율을 매출액에 곱하여 결정한다.
④ 보유하고 있는 재고자산의 순실현가능가치 총합계액이 취득원가 총합계액을 초과하더라도 재고자산평가손실은 계상될 수 있다.
⑤ 보유하고 있는 재고자산이 확정판매계약의 이행을 위한 것이라면 동 재고자산의 순실현가능가치는 그 계약가격을 기초로 한다.

36. '재고자산' 회계처리에 관한 설명으로 옳지 않은 것은? (2011, 관세사)

① 합리적인 단위원가 결정방법으로 후입선출법을 인정하고 있지 않다.
② 생물자산에서 수확한 농림어업 수확물은 수확시점에서 순공정가치로 인식한다.
③ 원재료가격이 하락하여 제품의 원가가 순실현가능가치를 초과할 것으로 예상된다면 해당 원재료를 순실현가능가치로 감액한다.
④ 순실현가능가치의 상승으로 인한 재고자산평가손실의 환입은 환입이 발생한 기간의 수익으로 인식한다.
⑤ 표준원가법이나 소매재고법 등의 원가측정방법은 그러한 방법으로 평가한 결과가 실제 원가와 유사한 경우에 편의상 사용할 수 있다.

37. 다음 중 재고자산 회계처리에 대한 설명으로 옳지 않은 것은 어느 것인가? (2011, 공인회계사)

① 자가건설한 유형자산의 구성요소로 사용되는 재고자산처럼 재고자산의 원가를 다른 자산계정에 배분하는 경우에는 다른 자산에 배분된 재고자산 원가는 해당 자산의 내용연수 동안 비용으로 인식한다.
② 재고자산을 순실현가능가치로 감액한 평가손실과 모든 감모손실은 감액이나 감모가 발생한 기간에 비용으로 인식한다. 순실현가능가치의 상승으로 인한 재고자산평가손실의 환입은 환입이 발생한 기간의 비용으로 인식된 재고자산 금액의 차감액으로 인식한다.
③ 생물자산에서 수확한 농림어업 수확물로 구성된 재고자산은 순공정가치로 측정하여 수확시점에 최초로 인식한다.
④ 순실현가능가치를 추정할 때에는 재고자산으로부터 실현가능한 금액에 대하여 추

34. ④

재고자산(원가)

차변	금액	대변	금액
기초재고	2,000,000	매출원가	?
당기매입	6,000,000		
매입운임	100,000		
매입할인	(318,000)	기말재고	?
	7,782,000		7,782,000

재고자산(소매가)

차변	금액	대변	금액
기초재고	3,000,000	매 출 액	10,000,000
당기매입	9,600,000	종업원할인	500,000
순인상액	200,000		
순인하액	(300,000)	기말재고	x
	12,500,000		12,500,000

㉠ 기말재고(소매가) :
기초재고 + 당기매입 + 순인상액 − 순인하액 = 매출액 + 종업원할인 + 기말재고
기말재고(소매가) = ₩2,000,000

㉡ 원가율 :

$$\text{선입선출저가기준 원가율} = \frac{\text{당기매입(원가)}}{\text{당기매입(소매가)} + \text{순인상액}}$$

$$= \frac{₩6,000,000 + ₩100,000 - ₩318,000}{₩9,600,000 + ₩200,000} = 0.59$$

㉢ 기말재고(원가) = ₩2,000,000 × 0.59 = ₩1,180,000
매출원가 = ₩7,782,000 − ₩1,180,000 = ₩6,602,000

35. ③

선입선출소매재고법에서는 기말재고는 당기매입분으로만 구성된다고 가정하기 때문에 원가율의 계산에 기초재고자산을 포함시키지 않는다.

36. ④

순실현가능가치의 회복액(재고자산평가손실환입액)은 매출원가에서 차감한다.

37. ⑤

원재료가격이 하락하여 제품의 원가가 순실현가능가치를 초과할 것으로 예상된다면 해당 원재료를 순실현가능가치로 감액한다.

38. ②

㉠ 순매출액 : ₩55,000－₩3,000＝₩52,000

㉡ 매출원가 : ₩52,000×(1－0.3)＝₩36,400

㉢ 기말재고자산 : ₩25,000＋(₩39,000－₩4,000)－₩36,400＝₩23,600

㉣ 재고자산손실액 : ₩23,600－₩3,600＝₩20,000

39. ②

매출원가＝기초재고액＋당기매입액－기말재고액이므로,

㉠ 기초재고 : ₩120,000

㉡ 당기매입액 :

당기매입(₩500,000)＋매입운임(₩15,000)＋보험료(₩2,000)＋하역료(₩3,000)
－매입할인(₩2,000)－매입에누리(₩13,000)＋관세납부금(₩7,000)－관세환급금(₩5,000)
＝₩507,000

㉢ 기말재고액 :

저가기준평가 및 감모손실 조정후 기말재고(₩75,000)＋비정상감모손실*(₩2,000)
＝₩77,000

* 재고자산평가손실과 정상감모손실은 매출원가에 포함되므로 기말재고액을 감소(조정)시키지만, 비정상감모손실은 영업외비용으로 매출원가에 포함되지 않으므로 기말재고액을 감소(조정)시키지 않음.

∴ ₩120,000＋₩507,000－₩77,000＝₩550,000

40. ④

재고자산(20×1년)

기초재고	100,000	매출원가	x(＝450,000)
당기매입	500,000	기말재고	150,000*
합 계	600,000	합 계	600,000

재고자산(20×2년)

기초재고	150,000	매출원가	x(＝650,000)
당기매입	600,000	기말재고	100,000*
합 계	750,000	합 계	750,000

* 재고자산은 저가법을 기준으로 평가한다.

CHAPTER 4

비유동자산

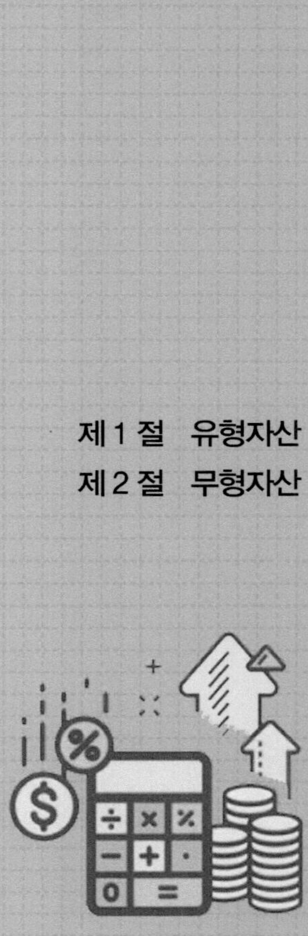

제 1 절 유형자산

1 유형자산의 의의

유형자산(property, plant and equipment)이란 장기적으로 영업활동에 사용하기 위한 목적으로 취득한 물리적 형체가 있는 자산을 말한다. 유형자산의 예로는 토지, 건물, 기계, 비품, 차량운반구 등이 있다. 유형자산의 특징을 좀더 상세히 설명하면 다음과 같이 요약할 수 있다.

① 영업활동에 사용하는 자산이다.
따라서 영업활동에 사용하지 않는 자산은 유형자산으로 분류해서는 안 된다. 예를 들어 투자목적으로 보유하는 비영업용 토지와 건물은 투자자산 중의 투자부동산으로 분류해야 한다. 또한 부동산업자나 건설업자가 판매용으로 보유하는 토지, 건물은 재고자산으로 분류한다.

② 감가상각의 대상이 된다.
토지나 건설중인 자산을 제외한 유형자산은 감가상각의 대상이 된다. 즉, 유형자산의 취득원가를 내용연수기간 동안에 배분함으로써 유형자산이 창출한 수익에 배분한 비용을 적절하게 대응시킬 수 있다.

③ 물리적 형체가 있는 자산이다.
유형자산은 물리적 형체가 있는 자산으로 특허권, 영업권 등의 물리적 형체가 없는 무형자산과 구별된다. 유형자산의 종류는 위에서 설명한 것 외에도 구축물, 건설중인 자산과 같이 특이한 자산이 있다.

㉠ 구축물 : 회사가 영업활동에 필요하다고 판단하여 마련한 교량, 저수지, 갱도, 굴뚝, 정원설비 및 기타의 토목설비 또는 공작물 등을 말한다.

㉡ 건설중인 자산 : 유형자산의 건설중에 발생한 재료비, 노무비, 경비 등의 원가를 건설이 완료될 때까지 일시적으로 기록하는 계정이다.

2 유형자산의 취득

(1) 유형자산의 취득원가

유형자산의 취득원가에는 경영진이 특정자산을 취득하여 자신이 의도하는 활동에 투입하기 직전까지 소요된 모든 현금지출액이 포함된다. 따라서 유형자산의 취득원가는 원칙적으로 당해자산의 구입가격에 취득에 직접 관련된 원가를 가산하여 결정한다. 단, 다음과 같은 특별한 경우에는 다음의 기준에 의해 취득원가를 결정한다.

① 유형자산을 구입할 당시 이미 설정된 담보를 떠맡거나 미지급재산세를 부담하는 금액을 취득원가에 산입한다.

② 토지를 구입한 후 내용연수가 영구적인 진입로공사, 배수공사 및 하수공사, 조경공사 등은 토지의 원가에 산입한다. 그러나 내용연수가 영구적이 아닌 울타리공사, 주차장, 도로포장공사 등은 구축물계정에 기록하고 내용연수 동안 감가상각한다.

③ 새 건물을 신축하기 위하여 기존 건물이 있는 토지를 취득하고 기존 건물을 철거하는 경우 그 건물의 철거비용(부산물 판매로 수취한 금액은 차감함)은 토지의 취득원가에 산입한다.

④ 새 건물을 신축하기 위하여 사용중인 기존 건물을 철거하는 경우 그 건물의 미상각장부금액은 처분손실에 반영하고, 철거비용은 전액 당기비용으로 처리한다.

⑤ 유형자산을 장기후불조건으로 구입하거나 대금지급기간이 일반적인 신용기간보다 긴 경우에는 취득시점의 현금가격상당액으로 기록한다.

⑥ 유형자산의 취득과 관련하여 국·공채를 불가피하게 매입하는 경우 국·공채의 현재가치할인차금은 당해 유형자산의 취득원가에 산입한다.

⑦ 현물출자, 증여나 기타 무상으로 취득한 자산의 취득원가는 공정가치로 기록한다.

⑧ 유형자산의 사용이 종료된 후 원상회복을 위하여 자산을 해체하거나 부지를 복원하는 데 소요될 것으로 추정되는 복구원가의 현재가치를 복구충당부채로 계상하고 동시에 유형자산의 취득원가에 가산한다.

(2) 비화폐성자산과 교환에 의한 취득

비화폐성자산과 교환으로 유형자산을 취득하는 경우 그 취득원가는 교환을 위하여 제공한 자산의 공정가치로 측정한다. 다만, 제공한 자산의 공정가치가 불확실한 경우에는 취득한 자산의 공정가치를 취득원가로 한다. 자산의 교환에 현금수수액이 있는 경우에는 현금수수액을 반영하여 취득원가를 결정한다.

K-IFRS에서는 비화폐성자산의 교환시에 취득원가는 가능한 한 공정가치로 측정할 것을 요구하고 있다. 그러나 만일 자산의 교환에서 다음의 경우에는 예외적으로 제공한 자산의 장부금액을 취득원가로 한다.

① 교환거래에 상업적 실질(commercial substance)이 결여된 경우
② 취득한 자산과 제공한 자산 모두 공정가치를 합리적으로 측정할 수 없는 경우

'상업적 실질이 있다'는 것은 다음의 ① 또는 ②와 같이 구매자와 판매자 간에 정상적인 거래가 존재하는 것을 의미한다. 이 경우 각각의 현금흐름 및 기업특유가치의 차이가 교환으로 인해 제거되는 자산의 공정가치에 비해 중요한 경우에 상업적 실질이 있다고 본다.

① 취득한 자산의 현금흐름의 금액, 시기, 위험이 제공한 자산의 현금흐름과 다르다.
② 영업부문의 기업특유가치가 교환거래의 결과로 변동한다.

(3) 정부보조금 등의 지원에 의한 취득

정부보조금이란 국가나 지방자치단체가 기업의 영업활동에 시설자금이나 운

영자금의 일부를 지원하는 금액을 말한다. 정부보조금의 회계처리는 보조금을 주주지분에 직접 인식하는 자본접근법과, 보조금을 관련원가와 대응하여 수익으로 인식하는 수익접근법이 있다.

수익접근법에 의한 회계처리방법에는 이연수익법과 원가차감법이 있다.

1) 이연수익법

정부보조금 수취시 이연수익으로 인식하고 자산의 내용연수에 걸쳐서 체계적이고 합리적인 방법으로 수익으로 인식하는 방법이다. 수익인식 금액은 감가상각비에 비례하여 인식함으로써 수익 · 비용 대응의 원칙에 충실하도록 한다. 유형자산을 내용연수 중도에 처분하면 정부보조금의 잔액을 장부금액에서 제거하여 유형자산처분손익을 결정한다.

① 취득시(취득원가 ₩2,000,000, 정부보조금 ₩500,000인 경우)

(차) 유 형 자 산	2,000,000	(대) 현　　금	2,000,000
현　　금	500,000	이연정부보조금수익	500,000

② 회계기말(잔존가치 ₩0, 내용연수 10년, 정액법 상각인 경우)

(차) 감가상각비	200,000	(대) 감가상각누계액	200,000
(차) 이연정부보조금수익	50,000	(대) 정부보조금수익	50,000

2) 원가차감법

자산의 장부금액을 자산의 취득원가에서 정부보조금을 차감하여 결정하는 방법이다. 정부보조금은 감가상각자산의 내용연수에 걸쳐 감가상각비와 상계시키는 방식으로 수익으로 인식한다. 유형자산을 중도에 처분하는 경우에는 정부보조금의 잔액을 유형자산처분손익에 반영한다.

① 취득시(취득원가 ₩2,000,000, 정부보조금 ₩500,000인 경우)

(차) 유 형 자 산	2,000,000	(대) 현　　금	2,000,000
현　　금	500,000	정부보조금	500,000
(차) 정부보조금	500,000	(대) 유 형 자 산	500,000

② 회계기말

(차) 감가상각비	150,000	(대) 감가상각누계액	150,000

(4) 차입원가의 자본화

유형자산의 취득원가에는 의도된 용도로 사용하거나 판매가능한 상태에 이르게 하는 데 있어 필연적으로 발생되는 원가가 모두 포함되어야 하므로, 이러한 성격의 차입원가는 모두 자본화되어야 한다. K-IFRS는 적격자산과 관련하여 발생한 차입원가를 자산의 원가에 자본화하도록 규정하고 있다.

1) 적격자산

적격자산은 재고자산, 제조설비자산, 전력생산설비, 무형자산, 투자부동산 등으로서 의도된 용도로 사용가능하거나 판매가능한 상태에 이르게 하는 데 상당한 기간이 필요한 자산을 말한다. 따라서 이미 수익창출에 공헌하고 있는 사용중인 자산이나 사용가능한 상태에 있는 자산은 적격자산에 해당하지 않는다. 이들 자산에 대한 차입원가에 대해서는 의도적인 지연을 통한 이익조정 목적의 가능성이 있으므로 기간비용으로 처리한다.

2) 자본화가능 차입원가

차입원가는 자금의 차입과 관련하여 발생하는 이자비용과 이와 유사한 다음의 비용을 말한다. 이들 차입원가는 당해 적격자산과 관련된 지출이 발생하지 않았다면 부담하지 않았을 비용이다.

① 적격자산의 취득과 관련하여 차입한 자금에서 발생한 이자
② 리스이용자가 부담하는 금융리스 관련 금융비용
③ 외화차입금과 관련되는 외환차이 중 이자원가의 조정으로 볼 수 있는 부분

3) 자본화기간

① **자본화 개시시점** : 적격자산에 대한 지출이 있고, 차입원가가 발생하였으며, 적격자산을 의도된 용도로 사용하거나 판매가능한 상태에 이르게 하는 데 필요한 활동을 수행하고 있을 때 자본화를 개시하며 적격자산의 원가로 처리한다.
② **자본화 중단기간** : 적격자산을 의도된 용도로 사용하거나 판매하기 위

한 개발활동이 중단된 경우, 그 기간 동안에는 차입원가의 자본화가 중단되며 발생된 차입원가는 당기손익으로 처리해야 한다. 그러나 적극적인 개발활동이 중단된 경우에도 상당한 기술 및 관리활동을 진행하고 있는 기간이나, 자산을 의도한 상태에 이르게 하기 위한 과정에서 일시적인 지연이 필수적인 기간에는 차입원가의 자본화를 중단하지 않는다.

③ **자본화 종료시점**: 적격자산을 의도된 용도로 사용하거나 판매가능한 상태에 이르게 하는 데 필요한 대부분의 활동이 완료되었을 때 자본화를 종료한다. 만일 적격자산이 부분적으로 완성되어 각 부분별로 사용이 가능하면 부분별로 자본화는 종료된다. 그러나 자산 전체가 완성되어야만 사용이 가능한 경우에는 자산 전체가 사용가능할 때까지 자본화한다.

4) 자본화할 차입원가의 산정

자본화할 차입원가는 적격자산의 취득과 직접 관련된 특정차입금에 대한 차입원가와 일반차입금 중 적격자산의 취득에 소요되었다고 볼 수 있는 자금에 대한 차입원가로 나누어 산정한다.

① 특정차입금의 자본화할 차입원가

특정차입금에서 발생한 차입원가－특정차입금의 일시적 운용에서 발생한 수익

② 일반차입금의 자본화할 차입원가

(적격자산에 대한 평균지출액－특정차입금 평균지출액)×자본화이자율

일반차입금의 자본화할 차입원가는 일반차입금에 대하여 회계기간 동안 실제 발생한 차입원가를 한도로 하여 자본화한다. 일반차입금은 특정차입금과 달리 차입금의 일시적 운용에서 생긴 수익은 차감하지 않는다. 적격자산에 대한 평균지출액은 차입원가가 발생되는 순지출액을 의미하므로 정부보

조금이나 건설의 진행에 따라 회수되는 금액은 차감되어야 한다. 평균지출액을 계산함에 있어서 지출액의 시기와 금액을 동시에 고려한 가중평균지출액을 사용할 수도 있고 단순평균지출액을 사용할 수도 있다.

자본화이자율은 회계기간 동안 일반차입금의 차입원가를 가중평균하여 산정한다.

〈표 4-1〉 자본화할 차입원가의 산정 요약

① 특정차입금의 자본화할 차입원가
특정차입금에서 발생한 차입원가－특정차입금의 일시적 운용에서 발생한 수익

② 일반차입금의 자본화할 차입원가
㉠ 적격자산에 대한 평균지출액
연평균지출액－정부보조금 등의 연평균수령액
㉡ 자본화이자율

$$\frac{\text{일반차입금에 대한 실제 발생 차입원가}}{\text{연평균일반차입금}}$$

㉢ 자본화할 차입원가
(적격자산에 대한 평균지출액－특정차입금 평균지출액)×자본화이자율
한도 : 일반차입금에 대하여 회계기간 동안 발생한 차입원가

③ 자본화할 총차입원가
①＋②

3 자본적 지출과 수익적 지출

유형자산을 취득한 후에 발생한 지출 중 유형자산의 원가를 증대시키는 지출을 자본적 지출이라고 하고, 당기에 비용처리되는 지출을 수익적 지출이라고 한다. 이러한 구분은 당해지출이 자산의 미래경제적 효익의 증대를 가져오는지 여부에 의해 결정된다. 다음 중 하나 이상을 충족하면 자본적 지출(capital expenditures)로 처리한다.

① 생산능력의 증대
② 내용연수의 연장

③ 상당한 원가절감이나 품질향상

수익적 지출(revenue expenditures)은 지출로 인해 자산의 미래경제적 효익이 증가하지 않고 단지 취득 당시의 상태를 유지시키는 정도의 지출을 말하는데, 구체적으로는 다음과 같은 지출을 말한다.

① 유형자산을 취득 당시와 같은 상태로 회복시키는 지출
② 소액지출이어서 자본적 지출로 처리하는 실익이 없는 지출
③ 비능률적이고 비합리적으로 발생한 지출 등

4 감가상각

(1) 감가상각의 의의

감가상각(depreciation)은 유형자산의 취득원가를 유형자산이 수익창출에 기여하는 기간 동안에 체계적이고 합리적으로 배분하는 과정을 말한다. 감가상각의 의의는 다음과 같이 세 가지로 요약할 수 있다.

① 감가상각은 유형자산의 평가과정이 아니라 취득원가의 배분과정이다.
② 감가상각방법은 일단 채택되면 일관성 있게 적용하여 체계적으로 배분한다.
③ 감가상각은 자산의 경제적 효익이 소멸되는 형태를 반영하고 수익과 비용이 적절히 대응되도록 합리적으로 배분한다.

감가상각비가 다른 자산의 제조과정에서 발생한 경우에는 그 자산의 제조원가로, 그 밖의 경우에는 관리비로 계상한다. 유형자산에 내재된 경제적 효익이 다른 자산을 생산하는 데 사용되는 경우, 유형자산의 감가상각비는 해당자산의 취득원가의 일부가 된다.

토지와 건설중인 자산을 제외한 유형자산은 감가상각대상자산이다. 따라서 토지와 건물을 동시에 취득하는 경우에는 토지와 건물을 별개의 자산으로

취급하기 때문에 건물만 감가상각대상자산이 된다.

(2) 감가상각의 결정요소

감가상각을 계산하기 위해서는 기본적으로 취득원가, 잔존가치, 내용연수 및 감가상각방법의 네 가지 요소를 결정해야 한다. 취득원가에서 잔존가치를 차감한 값을 감가상각대상금액(depreciable amount)이라 한다.

1) 취득원가

취득원가는 취득시점 이후에 가산되는 자본적 지출을 포함한 개념이다. 또한 유형자산을 최초 인식한 이후 재평가법을 적용하는 경우에는 재평가시점의 장부금액을 기준으로 감가상각한다.

2) 잔존가치

잔존가치(residual value)는 유형자산의 내용연수 종료시점에 유형자산의 추정처분금액에서 자산의 처분에 따른 처분비용을 차감한 금액을 말한다.

3) 내용연수

내용연수(useful life)는 유형자산의 경제적 효익이 발생하는 기간을 말하며, 회사는 당해자산의 성격과 업종 등을 고려하여 객관적이고 합리적인 기간을 정해야 한다. 내용연수는 경제적 내용연수와 기업특유의 내용연수로 구분할 수 있다. 경제적 내용연수는 유형자산이 제공하는 경제적 효익이 유형자산의 사용에서 발생하는 비용보다 큰 경우에 해당하는 연수를 말한다. 한편, 기업특유의 내용연수는 유형자산의 경제성과 상관없이 기업이 사용하고자 하는 연수를 말한다. 일반적으로 기업특유의 내용연수는 경제적 내용연수보다 짧으며, 감가상각의 내용연수는 기업특유의 내용연수를 의미한다.

4) 감가상각방법

K-IFRS에서는 유형자산의 감가상각방법으로 정액법, 체감잔액법(정률법, 이중체감잔액법, 연수합계법), 생산량비례법을 규정하고 있다.

① **정액법** : 정액법은 균등액상각법 또는 직선법이라고도 한다. 이 방법은 계산이 단순하고 특정자산의 미래경제적 효익이 시간의 경과에 따라 일정하게 소비되는 경우에 적당한 방법이다.

$$감가상각비 = (취득원가 - 잔존가치) \times \frac{1}{내용연수}$$

② **정률법** : 정률법은 유형자산의 사용과 관련한 총비용(감가상각비＋수선유지비)이 매년 균등하다는 장점을 가진다. 즉, 정률법에 의한 감가상각비는 시간의 경과에 따라 감소하나 수선유지비는 증가하므로 총비용이 비교적 균등하게 발생한다.

$$감가상각비 = (취득원가 - 감가상각누계액) \times 상각률^{*}$$

$$* \ 상각률 = 1 - \sqrt[n]{\frac{잔존가치}{취득원가}} \quad (n : 내용연수)$$

③ **이중체감잔액법** : 이중체감잔액법은 정액법 상각률의 두 배를 상각률로 사용하는 것 외에는 정률법과 동일한 방법이다.

$$감가상각비 = (취득원가 - 감가상각누계액) \times 상각률^{*}$$

$$* \ 상각률 = \frac{1}{내용연수} \times 2$$

④ **연수합계법** : 연수합계법은 감가상각대상금액에 잔여내용연수를 내용연수합계로 나눈 상각률을 곱하여 감가상각비를 산출한다.

$$감가상각비 = (취득원가 - 잔존가치) \times 상각률^{*}$$

$$* \ 상각률 = \frac{당해연도 \ 초의 \ 잔여내용연수}{내용연수합계}$$

⑤ **생산량(사용시간)비례법** : 생산량비례법은 사용된 자산의 조업도 혹은

생산량에 비례하여 감가상각비를 계산한다. 차량, 항공기 혹은 감모성자산 등 용역잠재력의 감소가 자산의 이용률과 밀접한 관계가 있는 경우에 유용한 방법이다.

⑥ **재고법** : 재고법은 규모가 작고 다량으로 사용되는 유형자산(수동식 공구 등)에 주로 이용된다. 매년 기간별로 자산을 수량중심으로 파악한 후 금액을 다시 평가하여 전기와의 차액을 감가상각비로 한다. 재고법에서는 감가상각누계액을 설정하지 않고 직접법을 사용한다.

⑦ **폐기법과 교체법** : 폐기법은 전신주, 침목 등의 자산이 폐기될 때, 폐기되는 자산의 취득원가에서 폐기되는 자산의 현금수입을 차감한 것을 당해기간중의 감가상각비로 한다. 교체법은 새로 취득되는 자산의 취득원가에서 폐기되는 자산의 현금수입을 차감한 것을 감가상각비로 계산한다는 점이 폐기법과 다르다.

⑧ **조별상각법과 종합상각법** : 조별상각법이란 자산의 성질 등이 본질적으로 동일한 자산군을 하나의 집단으로 묶어 감가상각하는 방법이다. 이와 달리 종합상각법은 자산의 성질 등이 다른 자산군을 하나의 집단으로 묶어 감가상각하는 방법이다. 이때 종합내용연수와 종합상각률은 정액법에 의한 개별자산의 감가상각비의 합계를 사용하여 매기 재계산해야 한다는 점에 유의해야 한다. 이 두 방법은 감가상각누계액계정이 개별자산별로 설정되지 않는다. 따라서 개별자산의 처분시에는 「취득원가－잔존가치」를 감가상각누계액계정에 차기하므로 유형자산처분손익이 발생하지 않는다.

(3) 감가상각방법의 선정과 변경

K-IFRS에서는 유형자산에 내재되어 있는 미래경제적 효익의 예상 소비형태를 가장 잘 반영하는 감가상각방법을 선택하도록 규정하고 있다. 또한 자산의 예상 소비형태가 변하지 않는 한 선택한 감가상각방법을 매 회계기간에 일관성 있게 적용하도록 규정하고 있다. 한편, 신규 취득한 유형자산은 동일과목의 기존 유형자산과 동일한 감가상각방법을 적용해야 한다. 다만, 기존의 감가상각방법으로 신규 유형자산의 특성을 반영할 수 없는 경우에는 다른 방법을 사용할 수 있다.

경영자는 매 회계기간 말에 해당 유형자산의 미래경제적 효익에 대한 예상 소비형태에 중요한 변동이 있는지를 검토하여 중요한 변동이 있는 경우 감가상각방법을 변경한다. 감가상각과 관련한 변경에는 정액법을 정률법으로 변경하는 경우처럼 감가상각방법을 변경한 경우와 유형자산의 내용연수나 잔존가치를 변경하는 경우가 있다. K-IFRS는 감가상각방법의 변경과 내용연수 및 잔존가치의 변경을 모두 회계추정의 변경으로 보고 있다. 따라서 감가상각과 관련한 모든 변경에 대해 전진적 조정으로 회계처리한다. 즉 변경 전 기간의 감가상각액은 수정하지 아니하고 변경이 이루어진 시점부터 새로운 방법 혹은 변경된 추정치를 적용하여 당기의 감가상각액만을 당기비용으로 인식해야 한다.

(4) 감가상각의 시작과 중단

유형자산의 감가상각은 해당 유형자산이 사용가능한 때부터 시작한다. 또한 K-IFRS는 자산이 매각예정자산으로 분류되는 날과 자산이 제거되는 날 중 이른 날에 감가상각을 중단하도록 하고 있다. 따라서 유형자산이 운휴중이거나 적극적인 가동상태가 아니어도 감가상각을 중단하지 않는다. 그러나 유형자산의 사용 정도에 따라 감가상각을 하는 경우에는 유형자산이 가동되지 않을 때 감가상각액을 인식하지 않을 수 있다.

5 유형자산의 재평가와 자산손상

(1) 유형자산의 재평가

유형자산의 취득 이후에는 취득원가와 공정가치 사이에 차이가 발생할 수 있다. K-IFRS에서는 유형자산의 취득시점에는 취득원가로 측정하지만 취득 이후에는 원가모형이나 재평가모형에 따라서 측정할 수 있도록 선택권을 부여하고 있다. 회사는 원가모형이나 재평가모형 중 하나를 회계정책으로 선택하되 유형자산 분류별로 동일하게 적용해야 한다.

원가모형(cost model)이란 유형자산을 최초 취득시에 취득원가로 인식한 이후 재평가를 허용하지 않는 방법이다. 그 반면 재평가모형(revaluation model)은 취득원가로 인식한 이후 공정가치를 신뢰성 있게 측정할 수 있는 경우에는 유형자산을 공정가치로 재평가하고, 재평가된 금액으로 장부금액을 수정하는 방법이다. 재평가 이후에는 재평가일의 공정가치에서 이후의 감가상각누계액과 손상차손누계액을 차감한 재평가금액을 장부금액으로 표시한다.

재평가모형에서는 다음과 같이 회계처리한다.

① **장부금액이 증가하는 경우** : 그 증가액을 자산재평가이익의 과목으로 포괄손익계산서의 기타포괄이익으로 인식하고, 마감분개를 통해 자본(기타포괄손익누계액)에 자산재평가잉여금으로 대체한다. 다만 동일한 자산에 대하여 이전에 당기손실로 인식한 자산재평가손실이 있으면 그 금액을 한도로 당기수익을 인식한다.

② **장부금액이 감소하는 경우** : 그 감소액을 자산재평가손실의 과목으로 포괄손익계산서의 당기손실로 인식한다. 다만 동일한 자산에 대하여 이전에 인식한 자산재평가잉여금의 잔액이 있으면 그 금액을 한도로 감소액을 기타포괄손실로 인식한다.

③ **자산이 폐기되거나 제거될 경우** : 자본에 계상된 재평가잉여금은 이익잉여금으로 대체할 수 있다. 이 경우에는 해당자산과 관련해서 계상된 재평가잉여금 전액을 이익잉여금으로 대체해야 하며 일부만을 이익잉여금으로 대체할 수는 없다.

(2) 유형자산의 자산손상

유형자산이 진부화, 물리적인 손상 및 시장가치의 급격한 하락 등으로 인하여 당해자산의 가치가 떨어지는 경우가 있다. K-IFRS에서는 기업이 매 회계기간 말마다 자산손상을 시사하는 징후가 있는지를 검토하도록 하고 있다. 만약 그 징후가 있다면 손상검사를 실시하기 위해 해당자산의 회수가능액을 추정한다. 여기서 회수가능액은 해당자산의 순공정가치와 사용가치 중 큰 금액을 말한다. 순공정가치는 공정가치에서 처분부대원가를 차감한 금액으로 자산이 활성시장에서 거래되는 경우 시장가격을 말한다. 사용가치는 자산으로부터 기대되는 미래현금흐름을 적절한 할인율로 할인한 현재가치이다.

1) 손상차손의 인식

이때 회수가능액이 장부금액(취득원가－감가상각누계액)에 미달하는 경우에는 그 차액을 차변에 손상차손이라는 당기손실로 인식하고, 대변에 손상차손누계액(장부금액의 차감계정)이라는 과목으로 장부금액을 회수가능액으로 조정한다.

(차) 손 상 차 손	×××	(대) 손상차손누계액	×××

2) 손상차손의 환입

손상차손을 인식한 자산의 회수가능액이 나중에 장부금액(취득원가－감가상각누계액－손상차손누계액)을 초과하는 경우에는, 당해자산에 대하여 손상차손을 인식하지 않았을 경우의 감가상각 후 장부금액을 한도로 손상차손환입(당기수익)으로 인식한다.

(차) 손상차손누계액	×××	(대) 손상차손환입	×××

제 2 절 무형자산

1 무형자산의 의의와 분류

K-IFRS 제1038호(무형자산)에서는 무형자산(intangible assets)을 "물리적 실체는 없지만 식별가능한 비화폐성자산"으로 정의하고 있다. 한편, 영업권(goodwill)은 식별가능한 무형자산은 아니지만 K-IFRS 제1103호(사업결합)에서 규정한 대표적인 무형자산이다. 사업결합에서 발생하는 영업권은 개별적으로 식별하여 인식되는 것이 불가능하지만 미래경제적 효익을 가진다고 본다.

일반적으로 무형자산은 크게 식별가능 무형자산과 영업권으로 분류할 수 있다.

〈표 4-2〉 무형자산의 분류

- 식별가능 무형자산
  - 내부창출 무형자산 : 원칙적으로 비용처리 (자산성 있는 개발비 제외)
  - 외부취득 무형자산 : 자산으로 인식
- 영업권
  - 내부창출 영업권 : 자산으로 인식하지 않음
  - 외부취득 영업권 : 자산으로 인식

2 식별가능 무형자산

(1) 정의 및 특성

식별가능 무형자산은 그 자산을 다른 자산과 분리할 수 있고 개별적으로 처분할 수 있는 무형자산을 말한다. 식별가능 무형자산의 종류에는 ① 산업재산권(특허권, 실용신안권, 디자인권, 상표권 및 상호권), ② 라이선스와 프랜차이즈, ③ 저작권, ④ 컴퓨터소프트웨어, ⑤ 개발비, ⑥ 임차권리금 등이 있다.

식별가능 무형자산은 다음의 세 가지 특성을 지니고 있다.

① 식별가능성(identifiability) : 무형자산은 기업실체나 다른 자산으로부터 분리될 수 있거나 법적 권리를 창출할 수 있어야 한다.

② 통제가능성(controllability) : 해당기업만이 무형자산의 미래경제적 효익을 획득할 수 있고, 그 효익에 대해 제3자의 접근을 제한할 수 있어야 한다.

③ 미래의 경제적 효익(future economic benefits) : 무형자산은 미래에 현금유입을 증가시키거나 현금유출을 감소시키는 능력이 있어야 한다.

(2) 상 각

① 무형자산의 상각방법은 자산의 경제적 효익이 소비되는 형태를 반영한 합리적인 방법이어야 하며, 그 방법에는 정액법, 체감잔액법, 생산

랑비례법 등이 있다. 다만, 합리적인 상각방법을 정할 수 없는 경우에는 정액법을 사용한다.

② 직접법 및 간접법을 모두 인정하되 직접법을 사용하는 경우에는 주석사항에서 상각누계액을 공시해야 한다.

(3) 연구와 개발 : 내부창출 무형자산

K-IFRS는 연구와 개발을 통한 내부창출 무형자산에 대하여 연구단계와 개발단계로 나누어 규정하고 있다. 연구단계와 개발단계로 구분할 수 없는 경우에는 연구 및 개발 활동으로 인한 모든 지출은 연구단계에서 발생한 것으로 본다.

1) 연구단계

연구단계에서는 무형자산의 존재를 입증할 수 없기 때문에 연구단계에서 발생한 지출은 발생한 기간의 기간비용으로 인식한다. 연구단계의 활동은 다음과 같다.

① 새로운 지식을 얻고자 하는 활동
② 연구결과 또는 기타 지식을 탐색, 평가, 최종선택 및 응용하는 활동
③ 재료, 장치, 제품, 공정, 시스템, 용역 등의 대체안을 탐색하는 활동
④ 새롭게 개선된 재료, 장치, 제품, 공정, 시스템, 용역 등의 대체안을 제안, 설계, 평가 및 최종선택하는 활동

2) 개발단계

개발단계에서 발생한 지출은 다음의 요건을 모두 충족하는 경우에는 무형자산(개발비)으로 인식하고, 충족하지 못한 경우에는 경상개발비의 과목으로 발생한 기간의 비용으로 인식한다.

① 무형자산을 완성시킬 수 있는 기술적 실현가능성
② 무형자산을 사용하거나 판매하려는 기업의 의도
③ 완성된 무형자산을 사용하거나 판매할 수 있는 기업의 능력

④ 무형자산의 미래경제적 효익의 창출능력
⑤ 무형자산의 개발 및 사용에 필요한 기술적·재정적 자원의 충분한 확보가능성
⑥ 무형자산 관련 지출을 신뢰성 있게 측정할 수 있는 능력

개발단계의 활동은 다음과 같다.

① 생산 및 사용 전에 시제품과 모형을 설계, 제작 및 시험하는 활동
② 새로운 기술과 관련된 공구, 금형, 주형 등을 설계하는 활동
③ 상업적 생산목적이 아닌 소규모의 시험공장을 설계, 건설 및 가동하는 활동
④ 새롭게 개선된 재료, 장치, 제품, 공정, 시스템 및 용역 등의 최종안을 설계, 제작 및 시험하는 활동

3 영업권

(1) 영업권의 의의

영업권(goodwill)은 사업 전체와 분리할 수 없는 식별불가능한 자산으로, 내부창출 영업권과 사업결합으로 외부에서 취득한 영업권으로 나눌 수 있다. 이 중 내부창출 영업권의 경우에는 평가의 주관성 등 객관적인 증거가 부족하여 자산으로 인식하지 않는다. 그 반면에 사업결합으로 외부에서 취득한 영업권은 다음과 같이 자산으로 인식한다.

> 영업권＝사업결합이전대가(사업결합에 소요된 매수원가)
> －(식별가능순자산의 공정가치×취득회사 지분)

(2) 염가매수차익

사업의 취득일에 피취득회사의 식별가능순자산의 공정가치에 취득회사의

지분을 곱한 금액이 사업결합이전대가보다 큰 금액을 염가매수차익이라고 한다.

> 염가매수차익＝(식별가능순자산의 공정가치×취득회사 지분)
> －사업결합이전대가

취득회사는 염가매수차익이 발생하면 피취득회사의 식별가능한 자산, 부채 및 사업결합이전대가를 재측정하여 오류가 없는지를 확인해야 한다.

염가매수차익은 즉시 당기수익으로 회계처리한다.

(3) 영업권의 상각

1) 무상각법

무상각법은 영업권이 비한정내용연수를 갖는 자산이므로 객관적으로 영업권의 가치가 감소되었다는 증거가 없는 한 자산으로 보고해야 한다는 주장이다. 이 방법은 영업권의 내용연수 추정 및 상각이 자의적으로 결정됨으로써 순이익이 왜곡되는 것을 방지하는 장점이 있다. K-IFRS는 영업권에 대해 무상각법을 채택하고 있다.

2) 즉시상각법

즉시상각법은 영업권의 매수원가를 즉시 당기비용으로 처리하는 방법으로, 영업권의 자산가치를 기본적으로 인정하지 않는 단점이 있다. 그 반면에 영업권을 내부창출 영업권과 동일하게 자산으로 인정하지 않고 상각시의 자의성이 배제된다는 장점이 있다.

3) 내용연수상각법

내용연수상각법은 영업권에 대하여 일정한 내용연수를 추정하여 그 기간 동안 상각하는 방법이다. 이 방법은 수익·비용 대응의 원칙에는 부합하나 내용연수의 추정이 주관적이라는 단점이 있다.

4 무형자산의 재평가와 손상차손

(1) 무형자산의 재평가

K-IFRS에서는 식별가능 무형자산을 최초로 취득원가로 인식한 이후에 원가모형과 재평가모형 중 하나를 선택하도록 규정하고 있다. 무형자산의 재평가시 공정가치는 활성시장에서 형성된 가격으로, 합리적인 판단력과 거래의사가 있는 독립된 당사자 사이의 거래에서 형성된 금액을 말한다. 그러나 식별가능 무형자산과 달리 영업권에 대해서는 재평가모형을 적용할 수 없다.

무형자산의 재평가로 장부금액이 증가한 경우 그 증가액은 기타포괄이익으로 인식하고 재평가잉여금(기타포괄손익누계액)으로 자본에 가산한다. 이 경우 그 증가액 중에서 이전의 재평가시 당기손실로 인식한 경우에는 그 금액을 한도로 당기수익으로 인식한다. 또한 자본에 포함된 재평가잉여금은 그 잉여금이 실현되는 시점에 이익잉여금으로 대체할 수 있다. 이와 반대로 장부금액이 감소한 경우에는 재평가손실은 당기손실로 인식한다. 이 경우 감소액 중에서 그 자산에 대하여 이전의 재평가잉여금 잔액을 한도로 기타포괄손실을 인식한다.

(2) 손상차손

① 기업은 매 회계기간 말마다 자산손상을 시사하는 징후가 있는지 검토해야 한다. 그리고 만약 자산손상의 징후가 있을 경우 회수가능액을 측정하고 이를 장부금액과 비교하는 손상검사를 실시한다. 그러나 영업권의 경우에는 손상징후가 없다고 해도 매년 손상검사를 실시해야 한다.

② 무형자산의 회수가능액이 장부금액에 미달하는 경우에는 장부금액을 회수가능액으로 조정하고 그 차액을 손상차손으로 회계처리한다. 그 후 손상된 자산의 회수가능액이 회복되어 장부금액을 초과하는 경우에는 그 자산이 손상되기 전 상각후 장부금액을 한도로 그 초과액을 손상차손환입으로 인식한다. 그러나 영업권의 경우에는 이전에 인식

한 손상차손은 추후에 환입할 수 없다.

③ 다음에 해당하는 무형자산에 대해서는 자산손상을 시사하는 징후가 있는지에 관계없이 최소한 매년 손상검사를 실시해야 한다. 이러한 자산들은 장부금액을 회수하기에 충분한 미래경제적 효익을 창출할 수 있을지가 매우 불확실하기 때문이다.

㉠ 아직 사용할 수 없는 무형자산

㉡ 내용연수가 비한정인 무형자산

㉢ 사업결합으로 취득한 영업권

연습문제

CHAPTER 4

1. 유형자산에 해당되는 것은? (2011, 세무직공무원 7급)

① 주택시장의 침체로 인하여 건설회사가 소유하고 있는 미분양 상태의 아파트
② 남해안에서 양식중인 5년 된 양식장의 참치
③ 해양 천연가스를 발굴하기 위하여 설치한 대형 해양탐사 구조물
④ 시세가 상승할 것으로 예측하여 취득하였으나 아직 사용목적을 결정하지 못한 대도시 외곽의 토지

2. 유형자산의 취득원가를 결정하는 경우에 적합한 설명은 무엇인가? (2003, 감정평가사)

① 토지를 구입할 당시 토지에 설정된 담보 등을 떠맡거나 미지급재산세를 부담하는 등의 조건으로 토지를 취득하면, 이러한 부담금액은 토지의 취득원가에 산입하지 않는다.
② 건물을 신축할 목적으로 구건물이 있는 토지를 취득한 경우 구건물의 철거비용은 새로 신축할 건물의 취득원가에 산입한다.
③ 지금껏 사용해 오던 건물을 철거하고 신건물을 건설하는 경우에는 구건물의 철거비용은 당기비용으로 처리해야 한다.
④ 기계장치를 취득한 경우 이 기계를 의도한 용도에 사용할 수 있는 상태로 만들기 위해서 지출한 시운전비는 기계장치의 취득원가에 산입하지 않고 당기비용으로 처리해야 한다.
⑤ 자가건설 유형자산인 경우 건설에 직접 사용된 직접재료비와 직접노무비는 자가건설 원가에 산입시키지 않고 기간비용으로 처리해야 하며 제조간접비는 자가건설 원가에 산입한다.

3. 유형자산의 취득원가에 관한 회계기준서의 설명으로 옳지 않은 것은?

(2010, 세무직공무원 7급 수정)

① 자동차 취득시 불가피하게 매입하는 국공채의 매입가액과 현재가치평가액의 차액은 당해 자동차의 취득원가에 산입한다.
② 토지를 취득하여 건물을 신축하는 경우, 측량비와 정지비는 토지의 취득원가에 산입하고 건물 기초공사를 위한 굴착비는 신축건물의 취득원가에 산입한다.
③ 건물을 신축하기 위하여 사용중인 기존 건물을 철거하는 경우, 기존 건물의 철거비용은 신축건물의 취득원가에 산입한다.
④ 유형자산을 장기후불조건으로 구입하거나, 대금지급기간이 일반적인 신용기간보다 긴 경우 취득원가는 취득시점의 현금 구입가격으로 한다.

4. 유형자산의 취득원가결정에 관한 설명으로 옳지 않은 것은? (2008, 세무사)

① 국고보조 등에 의해 유형자산을 공정가치보다 낮은 대가를 지불하고 취득한 경우 그 유형자산의 취득원가는 취득일에 지불한 금액으로 한다.
② 시운전이나 본격적인 가동준비를 위한 지출이라도 유형자산을 사용가능한 상태로 만드는 과정과 직접 관련이 없다면 취득원가에 포함되지 않는다.
③ 자가건설에 따른 내부이익과 자가건설과정에서 원재료, 인력 및 기타 자원의 낭비로 인한 비정상적인 원가는 취득원가에 포함하지 않는다.
④ 건물을 신축하기 위하여 기존 건물을 철거하는 경우 그 건물의 장부금액은 제거하여 처분손실로 반영하고, 철거비용은 전액 당기비용으로 처리한다.
⑤ 자산의 취득, 건설, 개발에 따른 복구비용에 대한 충당부채는 유형자산을 취득하는 시점에서 해당 유형자산의 취득원가에 반영한다.

5. (주)대한은 금형가공사업에서 반도체장비사업으로 전환함에 따라 기존에 사용해오던 공장건물을 철거하고 새로운 공장건물을 신축하였다. 기존 공장건물의 취득원가는 ₩5,000,000이고 철거 당시 건물의 감가상각누계액은 ₩3,500,000이다. 철거에 소요된 비용은 ₩1,200,000이고 철거부산물의 처분대가로 현금 ₩700,000을 받았다. 건물신축에 소요된 도급계약은 ₩6,000,000이고, 신축기간중 차입금과 관련하여 자본화될 금융비용은 ₩800,000이며, 건물의 취득세와 등록세로 납부한 금액은 ₩250,000이다. 신축공장건물의 취득원가는 얼마인가? (2009, 세무사)

① ₩6,000,000　　② ₩6,800,000
③ ₩7,050,000　　④ ₩8,250,000
⑤ ₩9,050,000

6. 2003년 2월 1일 (주)천안은 공장부지를 ₩160,000에 매입하였다. 취득한 공장부지에는 구건물이 있어 이를 철거하고 새로운 건물의 건설공사를 착공하여 2003년 11월 1일 완공하였다. 이 기간중 발생한 원가 및 수입은 다음과 같다.

• 구건물의 철거	₩20,000
• 건축 설계료	30,000
• 부지의 매매계약 및 등기 등과 관련된 법률비용	5,000
• 건축비용	1,090,000
• 구건물 철거시 나온 폐자재 판매수입	8,000

(주)천안이 장부에 기록해야 할 토지와 건물의 취득원가는 각각 얼마인가? (2004, 감정평가사)

① ₩165,000과 ₩1,132,000
② ₩172,000과 ₩1,125,000
③ ₩172,000과 ₩1,120,000
④ ₩177,000과 ₩1,120,000
⑤ ₩165,000과 ₩1,140,000

7. (주)중원전자는 당년도 초에 설립된 후 영업활동을 위하여 유형자산(설비자산)과 관련하여 다음과 같은 항목을 지출하였다. 이 자료를 이용하여 기말재무상태표에 계상할 토지와 건물의 취득원가를 계산할 경우 각각 얼마인가? (단, 건물은 당기중에 완공되었다) (2005, 공인회계사)

(1) 낡은 건물이 있는 토지의 구입대금	₩1,000,000
(2) 토지취득 중개수수료	50,000
(3) 토지의 취득 및 등록세	80,000
(4) 공장 건축허가비	5,000
(5) 신축공장건물 설계비	63,000
(6) 기존 건물 철거비	150,000
(7) 기존 건물의 철거과정에서 수거한 건자재 판매대금	30,000
(8) 토지의 정지 및 측량비	35,000
(9) 건물신축을 위한 토지굴착비용	45,000
(10) 건물공사원가(재료원가, 노무원가, 제조간접원가)	2,875,000
(11) 건물완공 후 조경공사비(내용연수-영구적)	25,000
(12) 배수시설 공사비(내용연수-영구적)	12,000
(13) 진입도로 포장공사비와 상·하수도 공사비*	28,000
(14) 울타리와 주차장 공사비(내용연수-제한적)	14,000
(15) 건물신축용 차입금의 지급이자	20,000

* 이들 공사비용은 처음에는 회사가 부담하였으나 사후 유지·관리비는 지방자치단체가 부담하기로 함

① ₩1,322,000과 ₩3,008,000
② ₩1,322,000과 ₩3,022,000
③ ₩1,350,000과 ₩3,008,000
④ ₩1,350,000과 ₩3,022,000
⑤ ₩1,364,000과 ₩3,008,000

8. P회사는 2001년 1월 1일에 기계장치를 총 ₩8,000,000을 지급하는 조건으로 취득하였다. 단, 지급조건은 기계장치 구입시점에 현금 ₩5,000,000을 지급하고 나머지 ₩3,000,000은 무이자부 약속어음을 발행하여 지급하는 것이다. 이 약속어음은 매년도 말에 ₩1,000,000씩 3회 분할하여 지급하는 조건이며, 약속어음 발행 당시의 시장이자율은 연 12%이다. 이자율 12%, 기간 3년일 경우 정상연금 ₩1의 현재가치는 ₩2.4018이고, ₩1의 현재가치는 ₩0.7118이다. P회사의 기계장치 취득을 기록하기 위한 회계처리에 대한 다음 설명 중 맞는 것은? (2002, 세무사 수정)

① 기계장치의 취득원가는 ₩8,000,000이며 장기미지급금계정(대변)에 기록되는 금액은 ₩3,000,000이다.
② 장기미지급금계정(대변)에 기록되는 금액은 ₩2,401,800이고, 현재가치할인차금계정(대변)에 기록되는 금액은 ₩598,200이다.
③ 기계장치의 취득원가는 ₩7,135,400이고, 현재가치할인차금계정의 차변에는 ₩864,600이 기록된다.
④ 기계장치의 취득원가는 ₩7,401,800이다.
⑤ 장기미지급금계정(대변)에 기록되는 금액은 ₩2,401,800이고, 현재가치할인차금계정의 차변에 ₩598,200이 기록된다.

9. (주)한국은 2008년 5월 4일에 해상구조물을 현금 ₩300,000에 구입했다. 환경관련법률에서는 이 구조물의 내용연수가 종료된 후에는 훼손된 환경을 원상복구하도록 하고 있다. 이를 위하여 지출될 것으로 추정되는 금액은 ₩40,000이며 현재가치는 ₩30,000이다. 해상구조물의 취득시점에 (주)한국이 행할 회계처리로 적절한 것은? (2008, 세무직공무원 7급)

	(차)		(대)	
①	구 축 물	340,000	현 금	300,000
			복 구 비 용	40,000
②	구 축 물	340,000	현 금	300,000
			복구충당부채	40,000
③	구 축 물	330,000	현 금	300,000
			복 구 비 용	30,000
④	구 축 물	330,000	현 금	300,000
			복구충당부채	30,000

10. (주)동방은 2005년 1월 1일 저유설비를 신축하기 위하여 기존 건물이 있는 토지를 ₩1,000,000에 취득하였다. 기존 건물의 철거비용으로 ₩200,000이 발생하였으며, 2005년 7월 1일 저유설비 신축을 완료하고, 그 신축대가로 ₩800,000을 지급하였다. 이 저유설비의 잔존가액은 ₩20,000, 내용연수는 10년으로 추정되었으며 정액법으로 감가상각을 한다. 신축완료시점에 동 저유설비와 관련하여 복구충당부채 ₩288,600을 설정하였다면 2005년도 당기손익에 영향을 미치는 금액은 얼마인가? (단, 무위험이자율에 (주)동방의 신용위험을 고려하여 산출된 할인율은 연 8%이다. 또한 감가상각은 월단위로 한다)

(2006, 공인회계사)

① ₩53,430 ② ₩64,974
③ ₩74,974 ④ ₩76,518
⑤ ₩264,974

11. (주)한국은 보유중인 장부가액 ₩2,400,000의 차량운반구를 (주)영산에 제공하고, 대신 (주)영산으로부터 기계장치를 취득하였다. 교환시점에 차량운반구와 기계장치의 공정가액이 각각 ₩2,000,000과 ₩2,300,000이며 (주)한국은 (주)영산에 현금 ₩200,000을 지급하였다. (주)한국이 이 교환거래에 기입할 차변항목으로 옳은 것은? (2007, 세무직공무원 7급)

① 기계장치 ₩2,000,000과 유형자산처분손실 ₩400,000
② 기계장치 ₩2,000,000과 유형자산처분손실 ₩200,000
③ 기계장치 ₩2,200,000과 유형자산처분손실 ₩400,000
④ 기계장치 ₩2,200,000과 유형자산처분손실 ₩200,000

12. (주)인상은 20×1년에 사용하고 있던 기계를 새 모델의 기계로 교환하였다. 구기계의 취득원가는 ₩40,000,000, 감가상각누계액은 ₩25,000,000이고, 감정평가사가 평가한 공정가치는 ₩17,000,000이다. 기계 판매회사는 구기계의 가치를 ₩20,000,000으로 인정하고 추가적으로 현금 ₩30,000,000을 지급받는 조건으로 (주)인상의 구기계를 신기계로 교환하였다. 다음 중 이 교환거래를 인식하는 방법으로 맞는 것은 어느 것인가? (단, (주)인상이 보유하고 있던 구기계의 공정가치 평가는 감정평가사의 평가가 더 명백하다)

(2011, 공인회계사 수정)

① 이 교환거래에 상업적 실질이 있다고 판단되는 경우, (주)인상의 장부상에 신기계의 취득원가는 ₩50,000,000으로 인식된다.
② 이 교환거래에 상업적 실질이 있다고 판단되는 경우, (주)인상은 ₩3,000,000의 유형자산처분이익을 계상한다.

③ 이 교환거래에 상업적 실질이 없다고 판단되는 경우, (주)인상은 ₩2,000,000의 유형자산처분이익을 계상한다.
④ 이 교환거래에 상업적 실질이 없다고 판단되는 경우, (주)인상의 장부상에 신기계의 취득원가는 ₩45,000,000으로 인식된다.
⑤ 이 교환거래에 상업적 실질이 있다고 판단되는 경우, (주)인상이 인식할 유형자산처분이익(손실)은 없다.

13. 통일(주)는 방위산업체로서 2001년 1월 1일 설비취득시 설비자금 일부를 국고에서 보조받았다. 기타 설비자산의 취득 및 국고보조금과 관련한 정보는 다음과 같다.

• 설비자산의 취득원가	₩26,000
• 국고보조금	₩4,000(2001년 1월 1일 전액 수령)
• 설비자산의 추정내용연수	5년
• 설비자산의 추정잔존가치	₩1,000
• 감가상각방법	직선법(정액법)

2003년 4월 1일 통일(주)는 당해 설비자산을 ₩14,000에 처분하였다. 처분시 통일(주)가 기록해야 할 유형자산처분손익은 얼마인가? (2002, 감정평가사)

① ₩2,000 손실
② ₩750 손실
③ ₩0
④ ₩400 이익
⑤ ₩1,450 이익

14. (주)국방은 2002년 1월 1일에 기계를 구입하면서 구입가격의 60%를 국고보조금으로 지급하였다. 이 국고보조금은 상환의무가 없는 것이다. 취득한 기계의 내용연수 및 잔존가치는 각각 4년과 ₩0이며, 감가상각 및 관련 극고보조금의 상각은 연수합계법을 따른다. 2003년 7월 1일에 (주)국방은 해당기계를 ₩380,000에 매각하면서 ₩290,000의 처분이익을 인식하였다면 이 기계의 취득원가는 얼마인가? (2002, 세무사)

① ₩350,000
② ₩400,000
③ ₩420,000
④ ₩470,000
⑤ ₩500,000

15. (주)성서전자는 정부의 전략산업육성지침에 따라 기계장치 구입자금의 일부를 정부로부터 보조받았다. (주)성서전자는 국고보조금 ₩20,000,000을 이용하여 20×1년 1월 1일에 취득원가 ₩100,000,000의 기계장치를 구입하였다. 정부보조금에 부수되는 조건은 이미 충족되었고 상환의무가 없으며 국고보조금은 기계장치 구입 당일에 수취하였다. 동 기계장치의 잔존가치는 없으며, 내용연수는 10년, 감가상각방법은 정액법으로 결정되었다. (주)성서전자는 동 기계장치를 20×5년 12월 31일에 ₩35,000,000에 처분하였다. 다음 중 동 기계장치와 관련된 기록을 설명한 것으로 맞는 것은 어느 것인가? (단, 법인세효과는 고려하지 않는다) (2011, 공인회계사)

① 자산관련 정부보조금은 재무상태표에 이연수익으로 표시(이연수익법)하거나 자산의 장부금액을 결정할 때 차감하여 표시(원가차감법)하는 방법이 있는데, 한국채택국제회계기준에서는 이연수익법을 허용하지 않고 있다.

② 이연수익법을 적용하면 20×1년 12월 31일 현재 재무상태표에 보고되는 유형자산의 순장부금액이 ₩90,000,000으로 원가차감법을 적용했을 때의 ₩72,000,000보다 크다.

③ 이연수익법과 원가차감법 모두 20×1년도 포괄손익계산서상 정부보조금수익은 ₩2,000,000이다.

④ 이연수익법을 적용하면 20×5년도 포괄손익계산서상 유형자산처분이익 ₩5,000,000이 당기손익에 반영되지만, 원가차감법을 적용하면 유형자산처분손실 ₩5,000,000이 당기손익에 반영된다.

⑤ 이연수익법과 원가차감법 모두 20×1년 12월 31일 현재 재무상태표에 동 거래와 관련하여 부채가 보고되지 않는다.

16. 차입원가의 자본화에 대한 설명으로 타당한 것은 무엇인가? (2003, 감정평가사 수정)

① 단기간 대량, 반복적으로 생산되거나 경상적으로 제조되는 재고자산에 대한 금융비용은 자본화해야 한다.

② 차입원가 자본화대상 자산은 의도된 용도로 사용가능하거나 판매가능한 상태에 이르게 하는 데 상당한 기간이 필요한 자산을 말한다.

③ 차입금에 대한 연체이자도 이자비용이므로 자본화대상 차입원가에 포함된다.

④ 이미 수익창출활동에 공헌하고 있는 사용중인 자산에 관련된 차입원가도 자본화대상이 된다.

⑤ 일반차입금의 자본화이자율은 특정차입금의 이자율과 일치시키기 위하여 특정차입금 이자율로 자본화할 차입원가를 산정한다.

17. 차입원가의 자본화에 대한 내용과 일치하지 않는 것은? (2000, 공인회계사 수정)

① 자본화대상 차입원가에는 리스이용자가 부담하는 금융리스 관련 금융비용, 외화차입금과 관련되는 외환차이 중 이자원가의 조정으로 볼 수 있는 부분이 포함된다.

② 일반차입금과 관련하여 자본화할 차입원가는 자본화이자율 산정에 포함된 일반차입금에서 회계기간 동안 발생한 차입원가를 한도로 하여 자본화한다.

③ 일반차입금 범위 내에서 자본화할 차입원가는 일반차입금에서 발생한 금융비용에서 일시투자수익을 차감한 금액으로 한다.

④ 자본화할 차입원가는 그 적격자산을 위하여 자금을 지출하지 아니하였다면 회피할 수 있었던 차입원가를 의미한다.

⑤ 일반차입금 범위 내에서 자본화할 차입원가를 산정할 때 당기 자본화대상 자산의 평균지출액에 전기 이전에 자본화한 차입원가를 포함시키지 아니한다.

18. 12월 결산법인인 (주)한국은 2008년 1월 1일에 사옥 신축을 위한 공사를 시작하여 2008년 12월 31일 현재 공사가 진행중이다. (주)한국은 2008년 7월 1일에 사옥건설을 위한 자금마련을 위해 ₩4,000(이자율 5%, 만기일 2009년 6월 30일)을 차입하였다. 이 차입금은 사옥건설을 위해서 사용해야 하는 조건이 부여되어 있다. 이 공사와 관련하여 2008년에 지출한 공사비는 3월 1일에 ₩6,000이고 7월 1일에 ₩5,000이었다. 그리고 일반차입금의 2008년 평균차입액은 ₩6,000이며 자본화이자율은 8%이다. (주)한국이 2008년에 자본화할 수 있는 금융비용은? (단, 평균지출액은 가중평균지출액 방식을 사용하며, 금융비용은 월할계산한다) (2009, 세무직공무원 7급)

① ₩580 ② ₩540

③ ₩500 ④ ₩480

19. (주)한국은 사옥건설을 위하여 20×1년 1월 1일에 (주)동산건설과 건설기간 3년의 계약을 체결하였다. (주)한국은 동 사옥건설과 관련하여 20×1년 1월 1일에 ₩950,000을 지출했다. 한편, (주)한국은 20×1년 1월 1일 사옥건설을 위하여 은행으로부터 개별적으로 ₩600,000(특정차입금)을 차입했으며, 동 차입금에 대한 20×1년도의 차입원가는 ₩60,000이다. (주)한국은 사옥건설과 관련하여 20×1년도 차입원가로 ₩102,000을 자본화했다. 20×1년도 일반목적으로 차입한 자금(일반차입금)에 대한 자본화할 차입원가를 계산하기 위하여 적용한 자본화이자율(%)은? (단, (주)한국의 20×1년 일반목적으로 차입한 자금에서 실제로 발생한 차입원가는 ₩54,000이다) (2010, 공인회계사)

① 6% ② 8%
③ 10% ④ 12%
⑤ 14%

20. (주)ABC는 당기말에 완공한 사옥건설과 관련하여 총차입원가 ₩100,000을 자본화하였고 사옥건물에 대한 연평균지출액은 ₩900,000이었다. (주)ABC는 사옥건설을 위한 목적으로 특정차입금을 은행으로부터 연 10% 이자율로 ₩600,000을 직접 차입하였으며, 이 중에서 ₩200,000은 연 8% 이자지급조건의 정기예금에 예치하여 ₩16,000의 이자수익이 발생하였다. 따라서 특정차입금으로 사용한 연평균지출액은 ₩400,000이었다. 특정차입금으로 사용하지 않은 지출액은 전액 일반차입금으로 지출되었다고 가정한다. 일반차입금에 대한 자본화이자율은 얼마인가? (2014, 공인회계사)

① 9.2% ② 11.2%
③ 14.2% ④ 16.2%
⑤ 18.2%

21. (주)한국은 2009년도 장부의 마감 전에 다음과 같은 오류를 발견하였다.

- 2009년 1월 1일 기계장치를 취득하면서 취득세 ₩800,000을 수익적 지출로 회계처리
- 2009년 1월 1일 차량에 대한 일상적인 수선비 ₩400,000을 자본적 지출로 회계처리

이러한 회계처리 오류가 2009년도 법인세비용차감전순이익에 미치는 영향은? (단, 차량 및 기계장치의 감가상각방법은 정률법이며 상각률은 40%로 동일하다) (2010, 세무직공무원 7급)

① ₩160,000 과대계상 ② ₩240,000 과소계상
③ ₩320,000 과대계상 ④ ₩480,000 과소계상

22. 유형자산의 감가상각에 관한 설명으로 옳지 않은 것은? (2010, 세무사)

① 유형자산의 감가상각방법은 자산의 미래경제적 효익이 소비되는 형태를 반영한다.
② 유형자산의 감가상각은 자산이 사용가능한 때부터 시작한다.
③ 유형자산에 내재된 미래경제적 효익이 다른 자산을 생산하는 데 사용되는 경우 유형자산의 감가상각액은 해당자산 원가의 일부가 된다.
④ 정액법으로 감가상각하는 경우, 감가상각이 완전히 이루어지기 전이라도 유형자산이 가동되지 않거나 유휴상태가 되면 감가상각을 중단해야 한다.

⑤ 매 회계연도 말 재검토 결과 자산에 내재된 미래경제적 효익의 예상되는 소비형태에 유의적인 변동이 있다면, 변동된 소비형태를 반영하기 위하여 감가상각방법을 변경한다.

23. (주)한국은 20×1년 7월 1일에 건물이 정착되어 있는 토지를 ₩900,000에 취득하였다. 취득과정에서 발생한 수수료는 ₩100,000이었으며, 취득한 건물의 추정내용연수는 10년이다. 취득시점에서 토지 및 건물의 공정가치는 각각 ₩300,000과 ₩900,000이다. 건물의 잔존가치는 ₩50,000으로 추정하였으며, 감가상각방법은 정액법을 사용하고, 기중 취득자산의 감가상각비는 월할계산한다. 해당건물의 20×1년도 감가상각비는 얼마인가?

(2011, 세무직공무원 7급)

① ₩31,875　② ₩35,000
③ ₩42,500　④ ₩63,750

24. 12월말 결산법인인 (주)소백은 2002년 1월 1일에 건물을 ₩5,000,000에 취득하였다. 건물의 내용연수는 5년이며, 잔존가치는 ₩500,000이다. 2004년 초 (주)소백은 B/S상의 취득가액은 ₩5,000,000, 감가상각누계액은 ₩2,700,000으로 계상되어 있다. (주)소백이 건물에 대하여 사용한 감가상각방법은? (2004, 세무직공무원 7급)

① 정액법　② 연수합계법
③ 이중체감법(정액법의 배법)　④ 정률법(상각률 36.9%)

25. (주)용암은 20×1년 10월 1일에 기계장치를 현금으로 구입하여 즉시 제품생산에 투입하였다. 취득시점에서 이 기계장치의 내용연수는 3년, 잔존가치는 ₩12,000으로 추정하였다. (주)용암은 이 기계장치에 대해 원가모형을 적용하여 연수합계법으로 감가상각을 하고 있는데, 20×1년 말에 인식한 감가상각비는 ₩60,000이었다. 20×2년 12월 31일 기계장치의 장부금액은 얼마인가? (단, 감가상각비는 월할계산하며, 이 기계장치에 대한 취득시점 이후 자산손상은 없었다) (2010, 공인회계사)

① ₩160,000　② ₩200,000
③ ₩212,000　④ ₩260,000
⑤ ₩272,000

26. (주)서울은 2005년 1월 1일에 취득원가 ₩1,000,000, 내용연수 3년, 잔존가치 ₩100,000인 기계장치를 취득하였다. (주)서울은 이 기계장치를 정액법으로 감가상각하다가 2007년 1월 1일 ₩450,000을 받고 처분하였다. 이 기계장치의 처분손익은? (2007, 세무직공무원 9급)

① ₩50,000 손실 ② ₩50,000 이익
③ ₩150,000 손실 ④ ₩150,000 이익

27. 12월 결산법인인 (주)한국은 2007년 9월 1일에 기계장치를 취득하였다. 이 기계장치의 내용연수는 3년, 잔존가치는 취득원가의 10%이다. (주)한국은 월할기준으로 연수합계법을 사용하여 감가상각비를 계산한다. (주)한국이 이 기계장치를 2008년 11월 30일에 ₩450,000에 처분하고 유형자산처분손실 ₩25,000을 인식하였다면 이 기계장치의 취득원가는? (2009, 세무직공무원 7급)

① ₩1,000,000 ② ₩1,100,000
③ ₩1,200,000 ④ ₩1,500,000

28. (주)한국은 2007년 1월 1일 기계장치를 취득하였다. 이 기계장치의 내용연수는 4년이고 잔존가치는 취득원가의 10%가 될 것으로 추정되었다. (주)한국은 2009년 1월 1일 취득원가의 30%를 받고 기계장치를 처분하였다. 이 거래에서 유형자산처분이익이 발생하는 감가상각방법은? (단, 정률법의 상각률은 0.4이다) (2010, 세무직공무원 7급)

① 정률법 ② 정액법
③ 연수합계법 ④ 이중체감잔액법

29. 12월 결산법인인 (주)한국은 2006년 초에 내용연수가 5년이며 잔존가치는 취득원가의 10%인 유형자산을 취득하여 연수합계법으로 감가상각을 해오다가, 동 자산을 2008년 말에 매각처분하였다. 만약 (주)한국이 감가상각방법으로 이중체감법을 사용하였다면 연수합계법을 사용하였을 경우와 비교하여 유형자산처분이익 혹은 유형자산처분손실에 나타나는 변화는? (2009, 세무직공무원 7급)

① 유형자산처분이익의 경우에는 감소하고, 유형자산처분손실의 경우에는 변화가 없다.
② 유형자산처분이익의 경우에는 감소하고, 유형자산처분손실의 경우에는 증가한다.
③ 유형자산처분이익의 경우에는 증가하고, 유형자산처분손실의 경우에는 변화가 없다.
④ 유형자산처분이익의 경우에는 증가하고, 유형자산처분손실의 경우에는 감소한다.

30. (주)백두는 2002년 초 다음과 같은 기계를 취득하고, 연수합계법으로 감가상각하고 있다.

• 취득원가 : ₩1,000,000　　• 잔존가치 : ₩100,000　　• 내용연수 : 5년

2004년 초 동 기계의 감가상각방법을 정액법으로 변경하고 내용연수 7년(잔존내용연수 5년), 잔존가치를 ₩0으로 추정변경하였으며, 정당한 회계변경으로 인정된다. 2004년에 기록할 감가상각비는? (2004, 세무직공무원 7급 수정)

① ₩92,000　　② ₩210,000
③ ₩270,000　　④ ₩360,000

31. (주)국세는 20×2년 1월 1일 기계장치를 ₩4,500,000에 구입하였으며, 설치 및 시험가동 등으로 ₩500,000을 지출하였다. 이로 인해 기계장치는 20×2년 4월 1일부터 사용가능하게 되었다. 동 기계장치의 내용연수는 5년, 잔존가치는 ₩500,000으로 추정되며, 이중체감법(상각률은 정액법의 2배)으로 감가상각을 한다. (주)국세는 매년 말 잔존가치를 재검토하고 있는데, 20×4년 말 현재 동 기계장치를 거래하는 시장이 활성화됨으로써 잔존가치가 ₩2,500,000으로 증가할 것으로 추정하였다. (주)국세가 20×4년도에 인식해야 할 감가상각비는 얼마인가? (단, (주)국세는 동 기계장치에 대하여 원가모형을 적용하고, 감가상각은 월할계산하며, 손상차손 및 손상차손환입은 고려하지 않는다) (2012, 세무사)

① ₩0　　② ₩420,000
③ ₩580,000　　④ ₩840,000
⑤ ₩1,160,000

32. 다음은 (주)봉명이 20×1년 초에 취득한 토지에 관한 자료이다. (주)봉명은 토지취득 후에 재평가모형에 의해서 토지에 대한 회계처리를 한다. 토지의 취득원가와 각 회계기간 말 현재 토지의 공정가치는 아래와 같다.

구 분	취득원가	각 회계기간 말 공정가치		
	20×1년 초	20×1년	20×2년	20×3년
토 지	₩3,000	₩3,500	₩3,200	₩2,900

토지의 재평가와 관련하여 (주)봉명이 20×3년도에 인식할 당기손실과 총포괄손실은 각각 얼마인가? (단, 법인세효과는 고려하지 않는다) (2010, 공인회계사)

	당기손실	총포괄손실		당기손실	총포괄손실
①	₩300	₩300	②	₩0	₩300
③	200	500	④	100	200
⑤	100	300			

33. (주)국세는 20×1년 1월 1일에 건물을 ₩3,000,000에 취득하여 본사 건물로 사용하였다. 동 건물의 내용연수는 5년, 잔존가치는 ₩0이며, 정액법으로 감가상각한다. 또한 (주)국세는 건물에 대하여 재평가모형을 적용하여 매년 말 감가상각 후 주기적으로 재평가를 하고 있으며, 동 건물의 연도별 공정가치는 다음과 같다.

- 20×1년 말 : ₩3,200,000
- 20×2년 말 : ₩1,500,000

동 건물과 관련하여 (주)국세가 20×2년도에 당기손익으로 인식할 재평가손실은 얼마인가? (단, (주)국세는 자산의 순장부금액을 재평가금액으로 수정할 때 기존의 감가상각누계액을 모두 제거하는 방법을 적용하여 회계처리하고 있으며, 재평가잉여금을 당해자산을 사용하면서 이익잉여금으로 대체하는 방법은 선택하지 않고 있다. 또한 손상차손은 고려하지 않는다) (2010, 세무사)

① ₩100,000 ② ₩300,000
③ ₩500,000 ④ ₩700,000
⑤ ₩900,000

34. (주)한국은 20×1년에 아래와 같이 공장과 토지 각각에 대해 손상차손을 인식할 필요가 있다고 결정하였다. 관련정보가 다음과 같을 때, 각 자산의 손상차손 인식에 대한 설명으로 옳지 않은 것은? (2011, 세무직공무원 7급)

	공 장	토 지
최초 취득가액	₩1,700,000	₩2,400,000
전기말 재평가잉여금	–	450,000
전기말 장부금액	1,700,000	2,850,000
당기 인식 손상차손	200,000	500,000

① 공장의 손상차손 ₩200,000을 당기순손익에 반영한다.
② 토지의 손상차손 반영 후 장부가액은 ₩2,350,000이다.
③ 공장의 손상차손 반영 후 장부가액은 ₩1,500,000이다.
④ 토지의 손상차손 반영 후 재평가잉여금의 잔액은 ₩450,000이다.

35. (주)국세는 20×1년 1월 1일에 기계장치를 ₩1,000,000에 취득하여 제품생산에 사용하였다. 동 기계장치의 내용연수는 5년, 잔존가치는 ₩0이며, 정액법으로 감가상각한다. (주)국세는 20×1년 말 동 기계장치의 순공정가치가 ₩500,000, 사용가치가 ₩600,000임을 확인하고 기계장치에 대하여 손상차손을 인식하였다. 20×2년도에는 추가적인 자산손상이나 손상차손환입을 시사하는 징후가 나타나지 않았다. 그러나 20×3년 말에는 기계장치의 회수가능액이 ₩700,000으로 상승하였다. (주)국세가 기계장치와 관련하여 20×3년도에 인식할 손상차손환입액은 얼마인가? (단, (주)국세는 기계장치에 대하여 원가모형을 선택하고 있으며, 손상차손과 손상차손환입은 감가상각 후에 인식된다고 가정한다) (2010, 세무사)

① ₩100,000
② ₩200,000
③ ₩250,000
④ ₩300,000
⑤ ₩400,000

36. (주)기원은 2007년 7월 1일 본사 사무실로 사용하기 위한 건물을 부수토지와 함께 ₩100,000,000에 취득하였다. 취득 당시 건물과 토지의 공정가액은 각각 ₩30,000,000과 ₩90,000,000이었다. 건물의 추정내용연수는 10년이며 추정잔존가액은 없다. 건물의 감가상각방법은 정액법을 사용한다. 2009년중 주변 공사현장에서의 발파작업 등의 영향으로 (주)기원의 건물에 상당한 변형을 초래하여, 2009년 12월 말 결산시점에 동 건물의 시장가치는 ₩9,000,000으로 현저히 하락하였다. 건물의 사용으로 기대되는 미래현금흐름의 합계액은 ₩20,000,000이고, 이 미래현금흐름의 현재가치는 ₩16,000,000이다. 건물과 관련한 감가상각 및 감액손실(또는 손상차손) 회계처리가 (주)기원의 2009년도 당기순이익에 미치는 영향은 얼마인가? (단, 법인세효과는 무시한다) (2008, 공인회계사)

① 영향 없음
② ₩2,500,000 감소
③ ₩3,000,000 감소
④ ₩5,250,000 감소
⑤ ₩12,150,000 감소

37. 무형자산의 회계처리에 대한 설명으로 옳지 않은 것은? (2011, 세무직공무원 9급)

① 내용연수가 비한정인 무형자산은 상각하지 않고, 매년 손상검사를 실시하여 손상차손(또는 손상차손환입)을 인식한다.
② 내부적으로 창출한 영업권은 무형자산으로 인식하지 않는다.
③ 연구개발활동과 관련하여 연구단계와 개발단계에서 발생한 지출은 무형자산의 취득원가로 처리한다.
④ 무형자산은 미래경제적 효익이 기업에 유입될 가능성이 높고 취득원가를 신뢰성 있게 측정할 수 있을 때 인식한다.

38. 무형자산에 관한 설명으로 옳지 않은 것은? (2010, 세무사)

① 사업결합으로 취득한 연구・개발프로젝트의 경우 사업결합 전에 그 자산을 피취득자가 인식하였는지 여부에 관계없이 취득일에 무형자산의 정의를 충족한다면 취득자는 영업권과 분리하여 별도의 무형자산으로 인식한다.

② 내부적으로 창출한 브랜드, 제호, 출판표제, 고객목록은 무형자산으로 인식하지 않는다.

③ 자산을 운용하는 직원의 교육훈련과 관련된 지출은 내부적으로 창출한 무형자산의 원가에 포함한다.

④ 무형자산을 창출하기 위한 내부프로젝트를 연구단계와 개발단계로 구분할 수 없는 경우에는 그 프로젝트에서 발생한 지출은 모두 연구단계에서 발생한 것으로 본다.

⑤ 교환거래(사업결합과정에서 발생한 것이 아닌)로 취득한 동일하거나 유사한, 비계약적 고객관계는 고객관계를 보호할 법적 권리가 없는 경우에도 무형자산의 정의를 충족한다.

39. 내부적으로 창출한 무형자산의 취득원가에 포함되지 않는 것은? (2012, 세무사)

① 법적 권리를 등록하기 위한 수수료

② 무형자산의 창출에 사용된 특허권상각비

③ 무형자산의 창출을 위하여 발생한 종업원급여

④ 연구결과를 최종선택, 응용하는 활동과 관련된 지출

⑤ 무형자산의 창출에 사용되었거나 소비된 재료원가, 용역원가

40. 다음 중 자산손상 회계처리에 대한 설명으로 옳은 것은 어느 것인가? (2011, 공인회계사)

① 내용연수가 비한정인 무형자산 또는 아직 사용할 수 없는 무형자산에 대해서는 매년 손상검사를 한다. 손상검사는 연차 회계기간중 어느 때라도 할 수 있으며 매년 같은 시기에 실시한다. 서로 다른 무형자산에 대해서도 매년 같은 시점에서 손상검사를 해야 한다. 다만, 회계연도중에 이러한 무형자산을 최초로 인식한 경우에는 당해 회계연도 말 전에 손상검사를 한다.

② 회수가능액을 측정할 때에 항상 순공정가치와 사용가치 모두를 추정하여 비교해야 한다.

③ 손상차손은 항상 당기손익으로 인식한다.

④ 현금창출단위(또는 영업권이나 공동자산이 배분된 최소 현금창출단위집단)의 회수가능액이 장부금액에 미달하는 경우에는 손상차손을 인식한다. 손상차손은 현

금창출단위(또는 현금창출단위집단)에 속하는 모든 자산의 공정가치에 비례하여 각각 배분한다.

⑤ 영업권에 대해 인식한 손상차손은 후속기간에 환입할 수 없다.

41. 다음은 (주)국세의 20×1년도 연구 및 개발 활동 지출내역이다.

• 새로운 지식을 얻고자 하는 활동	₩100,000
• 생산이나 사용 전의 시제품과 모형을 제작하는 활동	150,000
• 상업적 생산목적으로 실현가능한 경제적 규모가 아닌 시험공장을 건설하는 활동	200,000
• 연구결과나 기타 지식을 응용하는 활동	300,000

(주)국세가 20×1년도 연구활동으로 분류해야 하는 금액은 얼마인가? (2010, 세무사)

① ₩100,000　② ₩250,000
③ ₩400,000　④ ₩450,000
⑤ ₩750,000

42. 다음은 제약회사인 (주)갑의 20×1년도 독감치료용 신약을 위한 연구, 개발 및 생산과 관련된 자료이다.

• 독감의 원인이 되는 새로운 바이러스를 찾기 위한 지출	₩300,000
• 바이러스 규명에 필요한 동물실험을 위한 지출	10,000
• 상업용 신약생산에 필요한 설비취득을 위한 지출	400,000
• 신약을 개발하는 시험공장 건설을 위한 지출 (상업적 생산목적으로 실현가능한 경제적 구모가 아님)	500,000
• 신약의 상업화 전 최종 임상실험을 위한 지출	60,000
• 신약생산 전 시제품을 시험하기 위한 지출	20,000
• 바이러스 동물실험결과의 평가를 위한 지출	30,000

(주)갑이 20×1년에 당기손익으로 인식할 연구비와 자산으로 인식할 개발비는 각각 얼마인가? (단, 개발비로 분류되는 지출의 경우 20×1년 말 시점에 개발비 자산인식요건을 충족한다고 가정한다) (2012, 공인회계사)

	연구비	개발비
①	₩340,000	₩580,000
②	₩340,000	₩980,000
③	740,000	580,000
④	740,000	80,000
⑤	840,000	80,000

43. (주)서울은 20×1년 초에 (주)한국을 흡수합병하기로 하고 (주)한국의 주주들에게 ₩55,000,000을 지급하였다. 합병시점에서 (주)한국의 식별가능한 자산과 부채의 장부금액 및 공정가치는 다음과 같다.

	장부금액	공정가치
비유동자산	₩27,000,000	₩31,000,000
유동자산	8,000,000	9,000,000
비유동부채	5,000,000	6,000,000
유동부채	6,000,000	6,000,000

이 합병을 통해 (주)서울이 인식할 영업권은? (2011, 감정평가사)

① ₩0
② ₩3,000,000
③ ₩4,000,000
④ ₩27,000,000
⑤ ₩31,000,000

44. (주)단양의 경영자는 회사의 매각을 고려하고 있다. 지난 5년간 순이익의 누적총액은 ₩750,000이며 이에는 특별이익 ₩25,000이 포함된 액수이다. 동종산업의 평균이익률로 계산할 때 이 상점의 정상이익은 연 ₩115,000이다. 초과이익에 대한 할인율이 15%이고 초과이익의 존속기간이 영구적이라고 가정할 때 영업권은 얼마로 추정되는가? (2004, 감정평가사)

① ₩175,000
② ₩233,333
③ ₩200,000
④ ₩725,000
⑤ ₩314,000

45. (주)강내는 신제품에 대한 새로운 생산공정을 개발하고 있는데, 동 생산공정 개발은 20×1년 10월 1일부터 무형자산의 인식기준을 충족한다. 이와 관련하여 20×1년 동안 발생한 지출은 ₩100,000이었고, 그중 ₩60,000은 20×1년 10월 1일 전에 발생하였으며, ₩40,000은 20×1년 10월 1일과 20×1년 12월 31일 사이에 발생했다. 20×1년 말 동 생산공정 개발비의 공정가치는 ₩45,000이며, 손상은 없었다. 20×2년 말 동 생산공정 개발비의 공정가치는 20×1년 말 대비 변동이 없었으나, 동 무형자산이 속해 있는 사업부의 손상으로 배부받은 ₩9,000을 손상차손으로 인식했다. 취득시점 이후에 동 무형자산을 재평가모형으로 평가할 때 20×2년도에 인식할 당기손실은 얼마인가? (단, 동 무형자산은 상각하지 않으며, 법인세효과는 고려하지 않는다) (2010, 공인회계사)

① ₩9,000　② ₩6,000
③ ₩5,000　④ ₩4,000
⑤ ₩0

해답 및 풀이

1. ③
① 재고자산　② 재고자산(생물자산)　④ 투자자산(투자부동산)

2. ③
① 토지의 취득원가에 산입한다.
② 토지의 취득원가에 산입한다.
④ 시운전비는 기계장치의 취득원가에 산입한다.
⑤ 직접재료비, 직접노무비, 제조간접비 모두 자가건설원가에 산입한다.

3. ③
철거비용은 전액 당기비용으로 처리한다.

4. ①
국고보조 등에 의해 유형자산을 공정가치보다 낮은 대가를 지불하고 취득한 경우에도 취득원가는 그 자산의 공정가치로 한다.

5. ③
신건물의 취득원가＝₩6,000,000＋₩800,000＋₩250,000＝₩7,050,000
지금껏 사용해 오던 건물을 철거하고 신건물을 신축하는 경우 구건물의 미상각장부금액 ₩1,500,000(＝₩5,000,000－₩3,500,000)은 처분손실로 하여 당기비용으로 인식한다. 또한 철거비용에서 처분대가로 받은 현금을 차감한 금액 ₩500,000(＝₩1,200,000－₩700,000)은 당기비용으로 처리한다.

6. ④
토지의 취득원가：₩160,000＋₩20,000＋₩5,000－₩8,000＝₩177,000
건물의 취득원가：₩30,000＋₩1,090,000＝₩1,[illegible]20,000

7. ③

	토지 취득원가	건물 취득원가	구축물 취득원가
구건물 포함 토지 구입대금	₩1,000,000		
토지취득 중개수수료	50,000		
토지의 취득 및 등록세	80,000		
공장 건축허가비		₩5,000	
신축공장건물 설계비		63,000	
기존 건물 철거비	150,000		
철거 후 수거한 건자재 판매대금	(30,000)		
토지의 정지 및 측량비	35,000		
건물신축용 토지굴착비용		45,000	
건물공사원가		2,875,000	
건물완공 후 조경공사비	25,000		
배수시설 공사비	12,000		
진입도로 포장공사비 등	28,000		
울타리와 주차장 공사비			₩14,000
건물신축용 차입금이자		20,000	
합 계	₩1,350,000	₩3,008,000	₩14,000

8. ④

취득원가는 취득시점의 현금가격상당액으로 기록한다. 여기서는 미래현금흐름의 현재가치가 현금가격상당액이므로 취득원가는 ₩5,000,000＋(₩1,000,000×2.4018)＝₩7,401,800이 된다. 기계장치 취득에 관한 분개는 다음과 같다.

(차) 기 계 장 치	7,401,800	(대) 현 금	5,000,000
현재가치할인차금	598,200	장기미지급금	3,000,000

9. ④

유형자산의 경제적 사용이 종료된 후에 원상회복을 위하여 소요되는 복구원가의 현재가치를 추정하여 복구충당부채로 계상하고 취득원가에 가산한다.

10. ②

₩53,430＋₩11,544＝₩64,974

2005. 7. 1(최초인식시점) 분개 :

(차) 구축물(저유설비)	1,088,600	(대) 현 금	800,000
		복구충당부채	288,600

2005. 12. 31(결산기말) 분개 :

(차) 감가상각비	53,430*	(대) 감가상각누계액	53,430
복구충당부채전입액	11,544**	복구충당부채**	11,544

* (₩1,088,600 − ₩20,000) × 1/10 × 6/12 = ₩53,430
** ₩288,600 × 0.08 × 6/12 = ₩11,544
복구충당부채를 매기말의 현재가치로 전환시키기 위해 유효이자율을 곱한 금액을 복구충당부채전입액으로 비용인식하고 복구충당부채에 가산한다.

11. ③

취득원가 = 제공한 자산의 공정가치 + 현금지급액
= ₩2,000,000 + ₩200,000 = ₩2,200,000

취득시 분개 :

(차) 기 계 장 치	2,200,000	(대) 차량운반구	2,400,000
유형자산처분손실	400,000*	현 금	200,000

* 제공한 자산의 장부금액(₩2,400,000)과 공정가치(₩2,000,000)의 차이

12. ④

㉠ 상업적 실질이 있는 경우 :

(차) 신 기 계	47,000,000*	(대) 구 기 계	40,000,000
감가상각누계액(구기계)	25,000,000	현 금	30,000,000
		유형자산처분이익	2,000,000

* 공정가치 ₩17,000,000 + 현금 ₩30,000,000 = ₩47,000,000

㉡ 상업적 실질이 없는 경우 :

(차) 신 기 계	45,000,000*	(대) 구 기 계	40,000,000
감가상각누계액(구기계)	25,000,000	현 금	30,000,000

* 장부금액 ₩15,000,000 + 현금 ₩30,000,000 = ₩45,000,000

13. ⑤

유형자산 처분금액		₩14,000
(−) 유형자산 처분시의 장부금액 :		
유형자산 취득원가	₩26,000	
감가상각누계액(₩26,000 − ₩1,000)/5 × $2\frac{3}{12}$ =	(11,250)	
정부보조금 잔액(₩4,000/5년 × $2\frac{9}{12}$)	(2,200)	12,550
유형자산처분이익*		₩1,450

* 유형자산처분손익을 원가차감법을 적용하여 다음과 같이 풀 수도 있다.

처분금액 − 장부금액 = ₩14,000 − {₩22,000 − (₩22,000 − ₩1,000)/5 × $2\frac{3}{12}$}
= ₩14,000 − (₩22,000 − ₩9,450) = ₩1,450(이익)

14. ⑤

기계 처분금액		₩380,000
(−) 기계 처분시의 장부금액 :		
기계 취득원가	x	
(−) 감가상각누계액$\left(=\dfrac{4+1.5}{10}x\right)$	$\dfrac{5.5}{10}x$	
(−) 정부보조금 잔액$\left(=0.6x\times\dfrac{4.5^{*}}{10}\right)$	$\dfrac{2.7}{10}x$	90,000
기계 처분이익		₩290,000

$*\ 1-\dfrac{5.5}{10}=\dfrac{4.5}{10}$

$x-\dfrac{5.5}{10}x-\dfrac{2.7}{10}x=$ ₩90,000, $0.18x=$ ₩90,000

$x=$ ₩500,000

15. ②

① 한국채택국제회계기준에서는 두 가지 방법 중 하나를 선택하여 회계처리하도록 하고 있다.

③ 이연수익법의 경우 감가상각비 ₩10,000,000, 정부보조금수익 ₩2,000,000이나, 원가차감법의 경우 감가상각비 ₩8,000,000이고 정부보조금수익은 없다.

④ 원가차감법의 처분손실은 ₩5,000,000으로 이연수익법과 동일하다.

처분손익 = 처분금액 − 장부금액

= ₩35,000,000 − {₩80,000,000 − (₩8,000,000 × 5)}

= − ₩5,000,000(손실)

⑤ 이연수익법의 경우 정부보조금을 부채(이연정부보조금수익)로 인식한다.

16. ②

17. ③

일반차입금의 일시적 운용에서 발생한 수익은 자본화할 차입원가에서 차감하지 않는다.

18. ②

㉠ 특정차입금의 자본화할 차입원가 : ₩4,000 × 0.05 × 6/12 = ₩100

㉡ 일반차입금의 자본화할 차입원가

- 적격자산에 대한 평균지출액 : (₩6,000 × 10/12) + (₩5,000 × 6/12) = ₩7,500
- 자본화이자율 : 8%
- (₩7,500 − ₩4,000 × 6/12) × 0.08 = ₩440

  한도 : ₩6,000 × 0.08 = ₩480이므로 ₩440을 자본화한다.

㉢ 자본화할 차입원가 : ₩100 + ₩440 = ₩540

19. ④

일반차입금의 자본화할 차입원가 :

(₩950,000 − ₩600,000) × 자본화이자율 = ₩42,000(한도 ₩54,000)

∴ 자본화이자율 = ₩42,000/₩350,000 = 0.12(12%)

20. ②

㉠ 특정차입금의 자본화할 차입원가 : (₩600,000 × 0.1) − ₩16,000 = ₩44,000

㉡ 일반차입금의 자본화할 차입원가 : ₩100,000 − ₩44,000 = ₩56,000

(₩900,000 − ₩400,000) × 자본화이자율 = ₩56,000

∴ 자본화이자율 = 0.112(11.2%)

21. ②

두 오류로 인해 자산과 이익이 각각 ₩400,000 감소하고, 또한 자산의 감소로 인해 감가상각비가 ₩160,000(= ₩400,000 × 0.4) 감소(이익은 ₩160,000 증가)한다.

∴ 법인세비용차감전순이익은 ₩240,000* 과소계상된다.

* − ₩400,000 + ₩160,000 = − ₩240,000

22. ④

유형자산이 가동되지 않거나 유휴상태가 되더라도 감가상각이 완전히 이루어지기 전까지는 감가상각을 중단하지 않는다.

23. ②

㉠ 취득원가 : ₩900,000 + ₩100,000 = ₩1,000,000

- 토지 : ₩1,000,000 × (₩300,000/₩1,200,000) = ₩250,000
- 건물 : ₩1,000,000 × (₩900,000/₩1,200,000) = ₩750,000

㉡ 20×1년도 감가상각비 : (₩750,000 − ₩50,000) × 1/10 × 6/12 = ₩35,000

24. ②

(₩5,000,000 − ₩500,000) × (5 + 4)/15 = ₩2,700,000

25. ③

기계장치의 취득원가를 x라 하면,

20×1년 감가상각비 = (x − ₩12,000) × 3/6 × 3/12 = ₩60,000이므로,

x = ₩492,000

20×2년 감가상각비 = (₩492,000 − ₩12,000) × 3/6 × 9/12 + (₩492,000 − ₩12,000) × 2/6 × 3/12

= ₩220,000

∴ 20×2년 말 장부금액 = ₩492,000 − (₩60,000 + ₩220,000) = ₩212,000

26. ②

처분손익 = 처분금액 − 장부금액

= ₩450,000 − (₩1,000,000 − ₩900,000 × 2/3) = ₩50,000(이익)

27. ①

처분시 장부금액 = ₩450,000 + ₩25,000 = ₩475,000

감가상각누계액 $= 0.9x \times (\frac{3}{6} + \frac{2}{6} \times \frac{3}{12}) = 0.45x + 0.075x = 0.525x$

취득원가(x) = 장부금액 + 감가상각누계액

= ₩475,000 + $0.525x$

$0.475x$ = ₩475,000

x = ₩1,000,000

28. ④

취득원가를 x라 하면 처분금액은 $0.3x$, 처분이익이 발생하기 위해서는 장부금액이 $0.3x$보다 작아야(즉, 감가상각누계액 $> 0.7x$) 한다.

① 감가상각누계액 $= 0.4x + (0.6x \times 0.4) = 0.64x$

② 감가상각누계액 $= (x - 0.1x) \times 2/4 = 0.45x$

③ 감가상각누계액 $= (x - 0.1x) \times \frac{4+3}{10} = 0.63x$

④ 감가상각누계액 $= 0.5x + (0.5x \times 0.5) = 0.75x$

29. ④

유형자산의 취득원가를 x라 하면,

연수합계법의 감가상각누계액 :

2006 ~ 2008년 $0.9x \times \frac{5+4+3}{15} = 0.72x$

이중체감법의 감가상각누계액 :

2006년	$x \times 0.4 =$	$0.4x$
2007년	$0.6x \times 0.4 =$	$0.24x$
2008년	$0.36x \times 0.4 =$	$0.144x$
계		$0.784x$

이중체감법의 감가상각누계액이 크므로(장부금액이 작으므로) 유형자산처분이익은 증가하고 유형자산처분손실은 감소한다.

30. ①

K-IFRS는 감가상각방법의 변경과 내용연수 및 잔존가치의 변경을 회계추정의 변경으로 보고 전진적 조정으로 회계처리한다.

기계의 취득원가	₩1,000,000
2002~2003년 감가상각비 (₩1,000,000 − ₩100,000) × (5 + 4)/15 =	(540,000)
2004년 초의 장부금액	₩460,000
잔존가치	0
감가상각대상금액	₩460,000
잔여내용연수	÷ 5년
2004~2008년 감가상각비	₩92,000

31. ①

20×2년 감가상각비 = ₩5,000,000 × $\frac{2}{5}$ × $\frac{9}{12}$ = ₩1 500,000

20×3년 감가상각비 = (₩5,000,000 − ₩1,500,000) × $\frac{2}{5}$ = ₩1,400,000

∴ 20×3년 말 기계장치의 장부금액은 ₩2,100,000으로 잔존가치 추정액 ₩2,500,000보다 작으므로 20×4년에는 감가상각비를 인식하지 않는다.

32. ⑤

20×1년 말 :	자산재평가이익(기타포괄이익, OCI)	₩500	
20×2년 말 :	자산재평가손실(기타포괄손실, OCI)	300	
20×3년 말 :	자산재평가손실(기타포괄손실, OCI)	200	총포괄손실 ₩300
	자산재평가손실(당기손실, PL)	100	

33. ①

연도별 재평가손익 및 회계처리는 다음과 같다.

㉠ 20×1년 말 : (장부금액 ₩2,400,000 → ₩3,200,000, 재평가이익 ₩800,000)

• 감가상각 :	(차) 감가상각비	600,000	(대) 감가상각누계액	600,000
• 재 평 가 :	(차) 건 물	200,000	(대) 재평가이익(OCI)	800,000
	감가상각누계액	600,000		

㉡ 20×2년 말 : (장부금액 ₩2,400,000 → ₩1,500,000, 재평가이익 −₩800,000, 재평가손실 ₩100,000)

• 감가상각 :	(차) 감가상각비	800,000	(대) 감가상각누계액	800,000
	* (₩3,200,000 − ₩0)/4년 = ₩800,000			
• 재 평 가 :	(차) 감가상각누계액	800,000	(대) 건 물	1,700,000
	재평가이익(OCI)	800,000		
	재평가손실(PL)	100,000		

34. ④

토지의 손상차손 반영 후 재평가잉여금의 잔액은 ₩0이다.

㉠ 공장

• 취득시 :	(차) 공 장	1,700,000	(대) 현 금	1,700,000
• 전기말 :	분개 없음			
• 당기말 :	(차) 손 상 차 손	200,000	(대) 손상차손누계액	200,000

㉡ 토지

• 취득시 :	(차) 토 지	2,400,000	(대) 현 금	2,400,000
• 전기말 :	(차) 토 지	450,000	(대) 재평가이익(OCI)	450,000
• 당기말 :	(차) 재평가이익(OCI)	450,000	(대) 토 지	500,000
	손 상 차 손(PL)	50,000		

* 손상차손 발생시 재평가잉여금이 있는 경우 재평가잉여금과 우선 상계하여 기타포괄손익으로 인식하며, 당해 재평가잉여금을 초과하는 손상차손에 대하여만 당기손익으로 인식한다.

35. ①

㉠ 20×1년 말 손상차손 : ₩200,000

(₩1,000,000 − ₩200,000*) − ₩600,000 = ₩200,000

* ₩1,000,000/5년 = ₩200,000(감가상각비)

(차) 감가상각비	200,000	(대) 감가상각누계액	200,000
손 상 차 손	200,000	손상차손누계액	200,000

㉡ 20×3년 말 손상차손환입 : ₩100,000

손상차손 전 감가상각 후 장부금액(환입한도액) − 손상차손 후 장부금액

= (₩1,000,000 − ₩200,000 × 3년) − (₩600,000 − ₩150,000* × 2년)

= ₩400,000 − ₩300,000 = ₩100,000

* ₩600,000/4년 = ₩150,000(감가상각비)

(차) 감가상각비	150,000	(대) 감가상각누계액	150,000
손상차손누계액	100,000	손상차손환입	100,000

36. ④

$$\text{건물의 취득원가} = ₩100,000,000 \times \frac{₩30,000,000}{₩30,000,000 + ₩90,000,000} = ₩25,000,000$$

2009년 감가상각비 = ₩25,000,000 ÷ 10 = ₩2,500,000

2009년 말 장부금액 = ₩25,000,000 × 7.5/10 = ₩18,750,000

2009년 말 회수가능액 = Max(순공정가치, 사용가치)

= Max(₩9,000,000, ₩16,000,000) = ₩16,000,000

∴ 감가상각비 + 손상차손 = ₩2,500,000 + ₩2,750,000 = ₩5,250,000

37. ③

개발비는 무형자산으로 인식하지만 연구비는 비용으로 인식한다.

38. ③

기업은 숙련된 종업원이나 교육훈련으로부터 발생하는 미래경제적 효익은 충분히 통제하기가 어렵기 때문에 무형자산의 정의를 충족하지 못한다.

39. ④

연구결과를 최종선택, 응용하는 활동과 관련된 지출은 연구활동에서 발생하는 지출이다. 따라서 무형자산으로 인식하지 않고 발생시점에 비용으로 인식한다.

40. ⑤

① 서로 다른 무형자산에 대해서는 각기 다른 시점에서 손상검사를 할 수 있다.

② 회수가능액을 측정할 때에 항상 순공정가치와 사용가치 모두를 추정할 필요는 없다. 순공정가치나 사용가치 중 하나의 금액이 장부금액을 초과한다면 자산이 손상되지 않았으므로 다른 금액을 추정할 필요가 없다.

③ 재평가대상이 아닌 자산의 손상차손은 당기손익으로 인식한다. 그러나 재평가대상인 자산의 손상차손은 당해자산에서 발생한 재평가잉여금에 해당하는 금액까지는 기타포괄손익으로 인식한다.

④ 손상차손이 발생한 경우 먼저 현금창출단위(또는 현금창출단위집단)에 배분된 영업권이 장부금액을 감소시킨 후, 현금창출단위(또는 현금창출단위집단)를 구성하는 다른 자산들에 각각 장부금액에 비례하여 배분한다.

41. ③

- 연구단계 : 새로운 지식을 얻고자 하는 활동, 연구결과나 기타 지식을 응용하는 활동
- 개발단계 : 생산이나 사용 전의 시제품과 모형을 제작하는 활동, 상업적 생산목적으로 실현가능한 경제적 규모가 아닌 시험공장을 건설하는 활동

42. ①

구 분	연구비	개발비
• 새로운 바이러스를 찾기 위한 지출	₩300,000	
• 동물실험을 위한 지출	10,000	
• 상업용 신약생산에 필요한 설비취득을 위한 지출*	–	–
• 시험공장 건설을 위한 지출		₩500,000
• 상업화 전 최종 임상실험을 위한 지출		60,000
• 시제품을 시험하기 위한 지출		20,000
• 실험결과의 평가를 위한 지출	30,000	
	₩340,000	₩580,000

* 연구 및 개발 단계 이후의 생산단계의 지출은 생산원가(자산)에 가산함.

43. ④

영업권＝사업결합이전대가－(식별가능순자산의 공정가치×취득회사 지분)

＝₩55,000,000－(₩40,000,000－₩12,000,000)×100%

＝₩27,000,000

44. ③

미래평균이익＝(₩750,000－₩25,000*)/5＝₩145,000

* 비반복적이고 비경상적인 항목은 차감한다.

초과이익＝₩145,000－₩115,000＝₩30,000

영업권*＝₩30,000/0.15＝₩200,000

* 초과이익의 존속기간이 영구적일 때 영업권은 $\frac{\text{초과이익}}{\text{할인율}}$이 된다.

45. ④

내 역	회계처리			
20×1. 10. 1 이전	(차) 경상개발비	60,000	(대) 현 금	60,000
20×1. 10. 1 이후	(차) 개발비(무형자산)	40,000	(대) 현 금	40,000
20×1년 말 재평가	(차) 개발비(무형자산)	5,000	(대) 재평가이익(OCI)	5,000
20×2년 말 손상시	(차) 재평가이익(OCI)	5,000	(대) 개발비(무형자산)	9,000
	손 상 차 손(PL)	4,000		

CHAPTER

5

금융자산

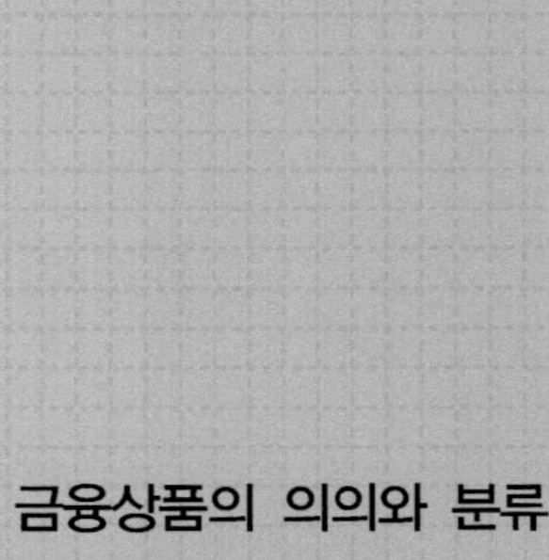

제 1 절 금융상품의 의의와 분류

1 금융상품의 의의

K-IFRS에서는 금융상품(financial instruments)을 한쪽 거래당사자(금융상품보유자)에게는 금융자산을 발생시키고, 다른 당사자(금융상품발행자)에게는 금융부채(혹은 지분상품)를 발생시키는 계약으로 정의한다. 따라서 금융상품은 금융자산과 금융부채(혹은 지분상품)를 총칭하는 용어이다.

금융상품은 계약상 권리와 의무에서 발생하므로 계약상의 권리와 의무가 아닌 것은 금융상품이 될 수 없다. 따라서 미지급법인세 및 환급금, 충당부채 등은 금융상품이 아니다. 또한 금융상품은 일반적으로 화폐액으로 정해진 금액으로 수수되므로 용역이나 비화폐성 항목으로 수수되는 것은 금융상품이 아니다. 따라서 선급금, 선급비용, 선수금, 선수수익 등은 금융상품이 될 수 없다.

2 금융상품의 성격에 따른 분류

(1) 금융자산

금융상품의 보유자는 금융자산을 다음과 같이 분류한다.

① 현금
② 다른 회사의 주식, 회사채
③ 수취채권(매출채권 및 대여금)
④ 잠재적으로 유리한 교환조건을 가진 계약상의 권리(재정보증의 피보증실체, 내가격상태인 매입옵션 등)

(2) 금융부채

금융상품의 발행자는 금융부채(혹은 지분상품)를 다음과 같이 구분한다.

① 발행한 회사채, 보통주, 일부 우선주(보통주, 일부 우선주는 지분상품)
② 지급채무(매입채무 및 차입금)
③ 잠재적으로 불리한 교환조건을 가진 계약상의 의무(재정보증을 한 실체, 내가격상태인 매도옵션)

3 금융자산의 분류

K-IFRS에서는 금융자산을 금융상품의 현금흐름 특성과 기업의 사업모형에 따라 상각후원가측정금융자산, 기타포괄손익-공정가치측정금융자산, 그리고 당기손익-공정가치측정금융자산으로 분류하고 있다.

(1) 상각후원가측정(AC)금융자산

다음 두 가지 조건을 모두 충족하는 경우에 AC금융자산으로 분류한다.

① 금융자산의 계약조건에 따라 원금과 이자지급(원리금 지급)만으로 구성되어 있는 현금흐름이 발생한다.
② 계약상 현금흐름의 수취가 목적인 사업모형하에서 금융자산을 보유한다.

AC금융자산은 유효이자율법을 적용하여 상각후원가로 평가한다. 따라서 공정가치로 평가하지 않기 때문에 평가손익을 인식하지 않으나 손상차손은 인식한다.

(2) 기타포괄손익–공정가치측정(FVOCI)금융자산

FVOCI금융자산은 공정가치로 평가하고 평가손익은 기타포괄손익으로 인식하여 자본의 구성항목인 기타포괄손익누계액에 누적시킨다. 채무상품 FVOCI 금융자산의 처분 또는 손상시에는 해당 금융자산의 기타포괄손익누계액을 금융자산처분손익(당기손익)으로 대체시키는 재순환조정을 한다. 그러나 지분상품 FVOCI금융자산의 경우에는 재순환조정을 하지 않고 기타포괄손익누계액을 자본항목에 그대로 남겨둔다.

지분상품에 대한 투자로서 단기매매항목이 아니라면 최초인식시점에 FVPL금융자산의 후속적인 공정가치 변동을 기타포괄손익으로 표시하도록 지정하여 FVOCI금융자산으로 분류할 수 있다. 이를 기타포괄손익-공정가치 선택권이라고 하는데, 한번 지정하면 취소할 수 없으며 또한 인식한 기타포괄손익을 당기손익으로 재순환시킬 수도 없다.

(3) 당기손익–공정가치측정(FVPL)금융자산

FVPL금융자산은 공정가치로 평가함으로써 발생한 금융자산의 평가손익을 당기손익으로 인식하는 금융자산을 말한다. FVPL금융자산은 단기매매금융자산과 공정가치선택권으로 분류된다.

1) 단기매매금융자산

주로 단기간 내의 매매차익을 목적으로 매수와 매도가 적극적이고 빈번하게 이루어지는 금융자산을 말한다.

2) 당기손익–공정가치선택권

회사가 공정가치선택권을 행사하여 금융자산의 공정가치 변동을 당기손익으로 인식하는 경우를 말한다. AC금융자산과 FVOCI금융자산은 회계불일치를 제거하거나 유의적으로 줄일 수 있는 경우에는 최초인식시점에 FVPL 금융자산으로 지정할 수 있다. 다만 한번 지정하면 이후에 이를 취소할 수 없다.

제 2 절 금융자산의 측정

1 금융자산의 최초측정

금융자산은 최초인식시점에 공정가치로 측정하나 취득과 직접 관련된 거래원가의 처리에서는 금융자산별로 차이가 있다. FVPL금융자산은 최초인식시점에 공정가치로 측정하고 거래원가는 당기비용(매입수수료)으로 인식한다. 그러나 FVOCI금융자산과 AC금융자산은 최초인식시점에 거래원가를 공정가치에 가산하여 취득원가로 인식한다.

2 금융자산의 후속측정

(1) AC금융자산

AC금융자산은 취득시에 공정가치로 측정한다. 최초인식시점 이후에는 공정가치로 평가하지 않고 그 대신 상각후원가로 평가한다.

① 최초인식시점 이후에는 유효이자율법을 적용하여 상각후원가(장부금액)로 평가하므로 평가손익이 발생하지 않는다.

② 상각후원가로 평가할 때에는 취득원가와 액면금액의 차이를 상환기간에 걸쳐 유효이자율법으로 상각하여 취득원가와 이자수익에 가감한다.

(2) FVOCI금융자산과 FVPL금융자산

FVOCI금융자산과 FVPL금융자산은 취득시에 공정가치로 측정하고 그 이후에도 공정가치로 계속 평가한다. 공정가치 변동에 따른 평가손익과 처분손익은 다음과 같이 회계처리한다.

1) FVOCI금융자산

① **평가손익** : 기타포괄손익으로 인식한다.

② **처분손익** : 채무상품 금융자산은 기타포괄손익누계액을 처분손익(당기손익)으로 대체시킨다. 지분상품 금융자산은 재순환조정을 하지 않고 기타포괄손익누계액을 자본항목에 남겨둔다.

2) FVPL금융자산

① **평가손익** : 당기손익으로 인식한다.

② **처분손익** : 당기손익으로 인식한다.

제 3 절 금융자산의 손상

1 손상의 의의 및 손상대상

K-IFRS에서는 금융자산의 손상차손에 수취채권이나 대여금에 대한 대손상각을 포함하고 있다. 손상차손이란 금융자산의 회수가능액이 장부금액에 미달하는 경우 그 차액을 당기손익으로 인식하는 것을 말한다. 손상차손은 자산의 장부금액에서 직접 차감하거나 대손충당금(손실충당금, 손상차손누계액)계정을 이용하여 차감한다.

FVPL금융자산의 경우 공정가치가 하락하면 공정가치로 조정하고 당기손익에 반영하기 때문에 손상차손을 인식할 필요가 없다. 그러나 AC금융자산과 FVOCI금융자산은 손상차손을 인식한다.

2 AC금융자산의 손상차손

① AC금융자산은 공정가치의 변동을 당기손익에 반영하지 않기 때문에

신용손실에 해당하는 금액을 손상차손(당기손익)으로 인식한다.

② AC금융자산의 기대신용손실은 미래에 수취할 것으로 예상되는 현금흐름이 계약상 현금흐름보다 작은 현금부족액의 현재가치이다. AC금융자산의 최초인식 이후에 신용위험이 유의적으로 증가한 경우에는 전체기간 기대신용손실법을, 그렇지 않은 경우에는 12개월 기대신용손실법을 적용하여 손실충당금을 인식한다. 현재가치를 계산할 때 사용하는 이자율은 최초인식시점에 사용한 유효이자율이다.

> 손실충당금＝(계약상 현금흐름－수취할 것으로 예상하는 현금흐름)의 현재가치
> * 최초인식시점에 사용한 유효이자율로 현재가치를 계산한다.

③ 신용손실이 발생한 경우에는 손실충당금만큼 감소한 장부금액에 최초인식시점의 유효이자율을 적용하여 이자수익을 계상한다.

④ 기대신용손실이 회복되어 손실충당금이 감소하는 경우에는 손실충당금을 한도로 하여 손상차손환입(당기손익)을 인식한다.

3 FVOCI금융자산의 손상차손

① FVOCI금융자산의 경우 채무상품 FVOCI금융자산만 손상차손을 인식한다. 이 경우 공정가치의 변동액 중 신용손실에 해당하는 부분만을 손상차손(당기손익)으로 인식하고, 신용손실에 해당하지 않는 변동액은 평가손익(기타포괄손익)으로 인식한다. 지분상품 FVOCI금융자산은 공정가치의 변동을 기타포괄손익으로 인식하고 처분시에도 기타포괄손익누계액을 당기손익으로 재순환하지 않기 때문에 손상차손을 인식하기 어렵다.

② FVOCI금융자산에 손상이 발생하면 재무상태표에 누적되어 있는 기타포괄손익누계액을 자본에서 제거하여 당기손익으로 재분류한다.

③ 나중에 기대신용손실이 회복되면 손실충당금에 해당하는 금액까지 손상차손을 환입하여 당기손익으로 인식한다.

제 4 절 금융자산의 재분류

K-IFRS에서는 기업의 사업모형을 변경하는 경우에만 재분류를 허용하여 재분류를 통한 자의적 손익인식을 제한하고 있다. 금융자산을 재분류하는 경우에는 재분류일의 공정가치를 측정하여 새로운 금융자산의 장부금액으로 기록한다. 다만 FVOCI금융자산에서 AC금융자산으로 재분류하는 경우에는 최초취득원가를 새로운 금융자산의 장부금액으로 기록한다.

각 금융자산에 대한 재분류 회계처리를 요약하면 다음과 같다.

① AC금융자산에서 FVOCI금융자산으로 재분류하는 경우 재분류일의 공정가치를 FVOCI금융자산의 장부금액으로 한다. 재분류 전의 AC금융자산의 상각후원가와 재분류일의 공정가치의 차이를 기타포괄손익으로 인식한다. 재분류로 인한 유효이자율과 손상차손의 측정치는 조정하지 않는다.

② AC금융자산에서 FVPL금융자산으로 재분류하는 경우 재분류일의 공정가치를 FVPL금융자산의 장부금액으로 한다. 재분류 전의 AC금융자산의 상각후원가와 재분류일의 공정가치의 차이를 당기손익으로 인식한다.

③ FVOCI금융자산에서 AC금융자산으로 재분류하는 경우 재분류일의 공정가치로 측정하고, 이전에 인식하였던 기타포괄손익누계액을 자본에서 제거하고 재분류일의 공정가치에서 조정한다. 그 결과 AC금융자산은 애초의 최초취득원가를 장부금액으로 한다. 재분류로 인한 유효이자율과 손상차손의 측정치는 조정하지 않는다.

④ FVOCI금융자산에서 FVPL금융자산으로 재분류하는 경우 재분류일의 공정가치를 FVPL금융자산의 장부금액으로 한다. 재분류 전에 인식한 기타포괄손익누계액은 자본에서 제거하여 당기손익으로 인식한다.

⑤ FVPL금융자산에서 AC금융자산으로 재분류하는 경우 재분류일의 공정가치를 AC금융자산의 장부금액으로 한다. 이때 AC금융자산에 대해 재분류일부터 새로이 손상차손을 인식한다.

⑥ FVPL금융자산에서 FVOCI금융자산으로 재분류하는 경우 재분류일의 공정가치를 FVOCI금융자산의 장부금액으로 한다. 이때 FVOCI금융자산에 대해 재분류일부터 새로이 손상차손을 인식한다. FVOCI금융자산의 유효이자율은 새로운 장부금액에 근거하여 다시 결정한다.

제 5 절 지분법

1 의의 및 회계처리방법

(1) 의 의

지분증권을 취득한 후 피투자기업의 경영에 유의적인 영향력을 행사하는 경우에는 지분법을 적용하여 회계처리한다. 지분법은 피투자기업의 순자산의 장부금액이 변동하는 경우, 이 변동분을 투자기업의 투자자산에 반영시켜 투자자산 금액을 가감하는 방법이다. 투자기업이 피투자기업의 의결권 있는 주식의 20% 이상을 보유하는 경우에는 피투자기업에 유의적인 영향력을 행사하는 것으로 본다. 한편 투자기업이 피투자기업에 대하여 유의적인 영향력을 가질 때 그 피투자기업을 관계기업(associates)이라고 한다.

(2) 회계처리방법

① 피투자기업의 의결권 있는 주식의 20% 이상을 취득하면 관계기업투자주식계정 차변에 취득원가로 기록한다.

② 피투자기업에 순이익이 발생하면 피투자기업의 순자산장부금액이 순이익만큼 증가하므로 투자기업의 투자주식가치도 증가한다. 따라서 순이익에 지분율을 곱한 금액만큼 관계기업투자주식계정을 증가시키고 지분법이익을 기록한다. 순손실이 발생하면 이와 반대로 회

계처리한다.

③ 피투자기업이 배당금을 지급하면 순자산장부금액이 배당금지급액만큼 감소하므로 투자주식의 가치도 감소한다. 따라서 배당금에 지분율을 곱한 금액만큼 관계기업투자주식계정을 감소시킨다.

2 지분법의 적용대상

(1) 20% 이상 보유

투자기업이 직접 또는 종속기업을 통하여 간접으로 피투자기업의 의결권 있는 주식의 20% 이상을 보유하고 있다면, 명백한 반증이 있는 경우를 제외하고는 유의적인 영향력이 있는 것으로 본다. 유의적인 영향력을 판단함에 있어 피투자기업에 대한 지분율은 투자기업의 지분율과 종속기업이 보유하고 있는 지분율의 단순합계로 계산한다.

(2) 20% 미만 보유

투자기업의 피투자기업에 대한 의결권 있는 주식이 20%에 미달하더라도, 투자기업이 다음 중 하나 이상에 해당하는 경우 일반적으로 피투자기업에 대하여 유의적인 영향력이 있다고 본다.

① 피투자기업의 이사회 또는 이에 준하는 의사결정기구에서 의결권을 행사할 수 있는 경우
② 배당이나 다른 분배에 관한 의사결정 등을 포함한 의사결정과정에 참여할 수 있는 경우
③ 경영진의 상호 교류
④ 피투자기업의 중요한 거래가 주로 투자기업과 이루어지는 경우
⑤ 피투자기업에 필수적인 기술정보를 투자기업이 당해 피투자기업에 제공하는 경우

3 지분법의 적용

(1) 취득의 회계처리

투자기업은 투자주식을 취득원가로 인식하여 관계기업투자주식으로 보고한다. 이후 관계기업의 순자산장부금액이 변동하면 투자기업의 지분율에 해당하는 금액을 관계기업투자주식계정에 가감한다. 관계기업투자주식의 상대계정과목은 관계기업의 순자산장부금액 변동의 원천에 따라 다음과 같이 구분한다.

변동원천	관계기업투자주식의 상대계정과목
당기순손익으로 발생	지분법손익(당기손익)
배당금의 지급	미수배당금
기타포괄손익으로 발생	지분법기타포괄손익(기타포괄손익)

투자주식의 취득시 투자기업의 취득대가와 관계기업의 순자산장부금액 중 투자기업의 지분율에 해당하는 금액이 일치하지 않는 경우가 많다. 이 차이는 다음의 두 가지 요인 때문에 발생한다.

① (피투자기업의 순자산공정가치 − 순자산장부금액) × 지분율
② 투자기업의 취득대가 − (피투자기업의 순자산공정가치 × 지분율)

이 차이는 나중에 다음과 같이 처리한다.

① (피투자기업의 순자산공정가치 − 순자산장부금액) × 지분율
이 차이를 발생시킨 자산, 부채의 차이발생 원인이 해소(판매 혹은 감가상각)될 때 상각 또는 환입한다.

(차) 지분법이익	×××	(대) 관계기업투자주식	×××

② 투자기업의 취득대가−(피투자기업의 순자산공정가치×지분율)
이 차이는 영업권(무형자산) 또는 염가매수차익(당기수익)으로 회계처리한다.

투자기업이 피투자기업의 주식을 단계적으로 취득하여 유의적인 영향력을 행사할 수 있게 된 경우에는 유의적인 영향력을 행사할 수 있게 된 날에 일괄취득한 것으로 본다(일괄법). 이 경우 취득원가는 유의적인 영향력을 행사할 수 있게 된 날의 직전일까지 취득한 주식의 지분법 적용일 현재 공정가치와 추가 취득한 주식의 취득원가의 합계액이다.

(2) 내부거래 미실현손익의 제거

투자기업과 관계기업 간에 자산의 매매가 이루어져 손익이 발생하고 동 자산을 취득회사가 회계기말까지 보유할 때 내부거래 미실현손익이 발생한다. 이러한 내부거래 미실현손익 중 투자기업의 지분에 해당하는 부분은 다음의 분개를 통해 제거해야 한다.

(차) 지분법이익	×××	(대) 관계기업투자주식	×××

이렇게 제거된 내부거래 미실현손익은 발생원인인 자산이 외부로 판매(재고자산)되거나 상각(토지를 제외한 유형자산)되어 실현되는 시점에서 다음의 분개를 통해 실현된다.

(차) 관계기업투자주식	×××	(대) 지분법이익	×××

(3) 지분법적용의 일시중지

투자기업이 지분법을 적용할 때 관계기업의 손실 등을 반영한 결과 관계기업투자주식의 장부금액이 “0” 이하가 될 경우에는 더 이상의 지분변동액에 대한 인식을 중지하고 관계기업투자주식을 “0”으로 처리한다.

한편, 투자기업이 관계기업에 대하여 우선주, 장기대여금 및 장기수취채권 등과 같은 투자성격의 자산을 보유하고 있다면, 그러한 자산의 장부금액이 "0"이 될 때까지 관계기업의 손실 등을 계속하여 반영한다.

(차) 지분법손실	×××	(대) 관계기업투자주식	×××
		장기성채권	×××

관계기업투자주식에 대하여 지분법적용을 중지한 후 관계기업의 당기순이익으로 인하여 지분변동액이 발생하는 경우, 지분법적용 중지기간 동안 인식하지 아니한 관계기업의 손실누적분 등을 상계한 후 지분법을 적용한다.

(4) 손상차손의 인식

투자기업은 매 회계기말에 손상차손의 발생에 대한 징후가 있는지를 평가하고 징후가 있을 때마다 손상차손의 회계처리를 한다. 즉 당해주식으로부터 회수할 수 있을 것으로 추정되는 회수가능액(순공정가치와 사용가치 중 큰 금액)이 장부금액보다 작은 경우에는 그 미달액을 장부금액에서 차감하고 관계기업투자주식손상차손(당기손실)을 인식한다.

> 손상차손＝관계기업투자주식 장부금액－회수가능액*
>
> * 회수가능액＝Max(순공정가치, 사용가치)

손상차손을 인식한 후에 관계기업투자주식의 회수가능액이 회복된 경우에는 과거에 손상차손을 인식하지 않았을 경우의 장부금액을 한도로 하여 관계기업투자주식손상차손환입을 당기수익으로 인식한다.

> 손상차손환입＝Min(회수가능액, 손상차손을 인식하지 않았을 경우의 장부금액)
> －관계기업투자주식 장부금액

(5) 관계기업투자주식의 처분

관계기업투자주식의 일부 또는 전부를 처분하는 경우 처분된 투자주식의 장부금액과 처분금액의 차이를 관계기업투자주식처분손익으로 인식한다. 또한 처분된 관계기업투자주식과 관련한 기타포괄손익누계액(지분법기타포괄손익)은 관계기업투자주식처분손익으로 재분류한다.

연습문제

CHAPTER 5

1. 기업회계기준서 제1109호 '금융상품'에 관한 다음 설명 중 옳은 것은? (2018, 공인회계사)

① 회계불일치 상황이 아닌 경우의 금융자산은 금융자산의 관리를 위한 사업모형과 금융자산의 계약상 현금흐름 특성 모두에 근거하여 상각후원가, 기타포괄손익-공정가치, 당기손익-공정가치로 측정되도록 분류한다.

② 당기손익-공정가치로 측정되는 지분상품에 대한 특정투자의 후속적인 공정가치 변동은 최초인식시점이라도 기타포괄손익으로 표시하는 것을 선택할 수 없다.

③ 금융자산의 전체나 일부의 회수를 합리적으로 예상할 수 없는 경우에도 해당 금융자산의 총장부금액을 직접 줄일 수는 없다.

④ 기타포괄손익-공정가치측정금융자산의 손상차손은 당기손실로 인식하고, 손상차손환입은 기타포괄손익으로 인식한다.

⑤ 회계불일치를 제거하거나 유의적으로 줄이는 경우에는 최초인식시점에 해당 금융자산을 기타포괄손익-공정가치측정항목으로 지정할 수 있으며, 지정 후 이를 취소할 수 있다.

2. 금융자산의 재분류시 회계처리에 관한 설명으로 옳지 않은 것은? (2018, 세무사)

① 상각후원가측정금융자산을 당기손익-공정가치측정금융자산으로 재분류할 경우 재분류일의 공정가치로 측정하고, 재분류 전 상각후원가와 공정가치의 차이를 당기손익으로 인식한다.

② 상각후원가측정금융자산을 기타포괄손익-공정가치측정금융자산으로 재분류할 경우 재분류일의 공정가치로 측정하고, 재분류 전 상각후원가와 공정가치의 차이를 기타포괄손익으로 인식하며, 재분류에 따라 유효이자율과 기대신용손실 측정치는 조정하지 않는다.

③ 기타포괄손익-공정가치측정금융자산을 당기손익-공정가치측정금융자산으로 재분류할 경우 계속 공정가치로 측정하고, 재분류 전에 인식한 기타포괄손익누계액은 재분류일에 이익잉여금으로 대체한다.

④ 기타포괄손익-공정가치측정금융자산을 상각후원가측정금융자산으로 재분류할 경우 재분류일의 공정가치로 측정하고, 재분류 전에 인식한 기타포괄손익누계액은 자본에서 제거하고 재분류일의 금융자산의 공정가치에서 조정하며, 재분류에 따라 유효이자율과 기대신용손실 측정치는 조정하지 않는다.

⑤ 당기손익-공정가치측정금융자산을 기타포괄손익-공정가치측정금융자산으로 재분류할 경우 계속 공정가치로 측정하고 재분류일의 공정가치에 기초하여 유효이자율을 다시 계산한다.

3. (주)하늘은 단기투자 목적으로 다음의 주식을 보유하고 있다.

종 류	취득원가	1999년 말(시가)	2000년 말(시가)
(주)해	₩550,000	₩480,000	₩500,000
(주)달	700,000	660,000	350,000
(주)별	900,000	920,000	–
(주)땅	1,400,000	1,260,000	1,480,000

(주)하늘은 2000년도에 (주)달의 주식 중 40%를 ₩400,000에 매각하였으며, (주)별의 주식 전부를 ₩940,000에 매각하였다. 회계기준에 의할 경우 이들 금융자산과 관련하여 2000년도의 당기순이익에 미치는 영향은? (2001, 감정평가사 수정)

① ₩156,000
② ₩194,000
③ ₩350,000
④ ₩482,000
⑤ ₩502,000

4. 대한(주)는 12월 결산법인이며, 다음의 시장성 금융상품거래에서 20×1회계연도에 계상해야 할 금융자산처분손익을 구하시오. (2002, 세무사 수정)

- 20×1. 9. 1 : A주식 10주를 1주당 ₩100,000에 취득하고 거래수수료로 매입대금의 0.4%를 지급하였다.
- 20×1. 9. 1 : B보증사채(액면가 ₩1,000,000, 표시이자율 연 12%, 이자지급일이 매년 12월 31일)를 1월 1일부터 8월 31일까지의 경과이자를 포함하여 ₩900,000에 취득하고, 거래수수료로 ₩4,000을 추가로 지급하였다.
- 20×1.11. 1 : A주식 5주를 1주당 ₩120,000에 매각하고, 거래수수료로 매각대금의 0.4%와 거래세로 매각대금의 0.2%를 각각 지급하였다.
- 20×1.11. 1 : B보증사채를 2개월간의 경과이자를 포함하여 ₩980,000에 매각하고, 거래수수료로 ₩4,200을 지급하였다.

① ₩170,200　② ₩152,200
③ ₩147,200　④ ₩146,600
⑤ ₩146,200

5. 다음의 FVPL금융자산 거래가 전부 동일한 회계기간중에 발생한 것이라면, 이로 인하여 손익계산서에 미치는 영향은 얼마인가? (단, 단가는 이동평균법을 적용한다)

(2000, 세무사 수정)

- 보유중인 장부가액 ₩6,600,000의 A주식(1,000주, 액면금액 @₩5,000)에 대하여 10%의 배당을 현금으로 수령하였다.
- 상기의 A주식에 대하여 주식배당을 수취하였다. 수취한 주식수는 보유중인 A주식의 10%이며, 동 주식에 부여되는 모든 권리는 기존 주식에 대한 것과 같다. 또한 주식배당 수취일의 A주식 시장가치는 주당 ₩6,800이다.
- A주식의 1/2을 주당 ₩7,000에 현금처분하였다(단가산정은 이동평균법 적용).

---

① ₩1,030,000　② ₩1,050,000
③ ₩1,190,000　④ ₩1,201,000
⑤ ₩1,210,000

6. (주)대륙은 20×8년 7월 1일에 발행된 사채(액면가액 ₩100,000, 표시이자율 연 12%, 이자지급일 매년 6월 말과 12월 말)를 ₩100,000에 단기매매 목적으로 발행일에 구입하였다. 20×8년 11월 1일 (주)해양은 해당사채를 ₩104,000(발행일로부터 구입일까지의 미수이자를 포함한 금액임)에 단기매매 목적으로 (주)대륙으로부터 구입하였다. 해당사채와 관련된 20×8년 11월 1일 (주)대륙의 FVPL금융자산처분이익과 20×8년 12월 31일 (주)해양의 이자수익은 얼마인가? (단, 상기 거래들과 관련하여 거래수수료는 없으며, 유효이자율과 표시이자율은 동일하다고 가정한다. 또한 모든 이자계산은 월수로 한다)

(2009, 공인회계사 수정)

	(주)대륙 FVPL금융자산처분이익	(주)해양 이자수익
①	₩0	₩2,000
②	0	6,000
③	4,000	2,000
④	4,000	6,000
⑤	6,000	0

7. 2008년 1월 1일 (주)한국은 5년 만기, 액면가 ₩1,000,000, 액면이자율 8%(매년 말 이자지급)의 회사채를 ₩850,000에 취득하였다. 취득 당시의 유효이자율은 10%이고 (주)한국은 이 회사채를 FVOCI금융자산으로 분류하였다. 이 회사채의 2008년 말과 2009년 말 공정가치가 각각 ₩860,000과 ₩865,000이라고 할 때, 이 회사채의 2009년도 회계처리에 관한 설명으로 옳지 않은 것은? (2010, 세무직공무원 7급 수정)

① 손익계산서에 보고되는 이자수익은 ₩85,500이다.
② 재무상태표에 보고되는 FVOCI금융자산은 ₩865,000이다.
③ 재무상태표에 보고되는 FVOCI금융자산평가이익 잔액은 ₩5,000이다.
④ FVOCI금융자산평가이익을 ₩500 감소시키는 수정이 필요하다.

8. (주)고동은 2006년 1월 1일 액면금액 ₩1,000,000, 액면이자율 8%, 만기 3년, 매년 말 이자지급조건으로 사채를 발행하였다. (주)소라는 이 사채를 2006년 1월 1일 ₩903,944에 취득하고 FVOCI금융자산으로 분류하였다. 취득 당시 동 사채에 적용되는 시장이자율은 12%이었다. 2006년 12월 31일과 2007년 12월 31일 (주)소라의 FVOCI금융자산의 공정가치가 각각 ₩930,000, ₩920,000이었다면, 2007년 12월 31일 재무상태표에 계상되는 FVOCI금융자산평가손실 잔액은 얼마인가? (단, 법인세효과는 없는 것으로 가정하며, 아래의 현가계수를 사용하고 소수점 첫째자리에서 반올림한다) (2008년, 공인회계사 수정)

(3년 기준)	8%	12%
단일금액 ₩1의 현가계수	0.7938	0.7118
정상연금 ₩1의 현가계수	2.5771	2.4018

① ₩2,417
② ₩24,417
③ ₩41,890
④ ₩44,307
⑤ ₩46,507

9. 종로주식회사는 2003년 1월 1일 만기가 3년이고 액면이자율이 연 10%이며 액면금액이 ₩2,000,000인 사채를 취득하였다. 종로주식회사는 이 사채를 FVOCI금융자산으로 분류하고 있다. 이 사채의 이자는 매년 말에 지급받고, 사채취득시 시장이자율(유효이자율)은 연 8%이다. 만약 2003년 12월 31일 이 사채의 공정가치가 ₩2,050,000이라면 FVOCI금융자산평가손익은 얼마인가? (단, 현재가치 계산은 다음을 이용한다) (2003, 감정평가사 수정)

	이자율 10%	이자율 8%
3년 후 ₩1의 현재가치	0.7513	0.7938
3년간 정상연금 ₩1의 현재가치	2.4868	2.5771

① ₩103,020
② ₩71,262
③ ₩50,000
④ ₩21,262
⑤ ₩12,342

10. (주)동학은 다음과 같은 두 개의 사채를 발행일에 취득하였다.

사 채	A사채	B사채
액면금액	₩3,000,000	₩1,000,000
액면이자율(연)	8%	10%
만기	3년	3년
발행일	20×1. 1. 1	20×1. 1. 1
이자지급일	매년 말 지급	매년 말 지급

두 사채 모두 사채발행일 현재, 유효이자율은 연 10%이며, 따라서 (주)동학이 구입한 가격은 A사채는 ₩2,850,732이고 B사채는 ₩1,000,000이다. 20×1년 12월 31일 현재, 유효이자율이 연 12%로 상승하여 공정가치는 A사채의 경우 ₩2,797,224이고, B사채의 경우 ₩966,210이다. 연말 공정가치는 이자수취 직후의 금액이다. (주)동학은 두 사채를 구입한 직후에 A사채는 FVPL금융자산으로, B사채는 FVOCI금융자산으로 각각 분류하였다. 이 두 사채를 보유함으로 인해 20×1년도 (주)동학의 포괄손익계산서상 당기순이익에 영향을 미치는 총금액은 얼마인가? (단, 법인세효과는 고려하지 않는다) (2011, 공인회계사 수정)

① ₩87,298 감소
② ₩252,702 증가
③ ₩286,492 증가
④ ₩306,210 증가
⑤ ₩340,000 증가

11. 20×5년 1월 1일에 (주)주연은 FVOCI금융자산으로 분류되는 액면가 ₩10,000(이자율 10%, 이자 매년 말 지급)의 채권을 할인가액인 ₩9,400에 취득하였다. 20×5년 12월 31일(결산일)에 동 채권에 대한 현금이자 ₩1,000을 수취하였으며 이자수익 ₩1,200을 인식하였다. 20×5년 12월 31일 현재 동 채권의 공정가치는 ₩8,700이었으며 손상차손이 발생하였다는 객관적인 증거는 없었다. (주)주연은 20×6년 1월 1일에 이 채권을 ₩9,000에 매각하였다. 동 채권에 대해 20×5년 12월 31일의 평가시점에 인식해야 하는 FVOCI금융자산

평가손익과 20×6년 1월 1일의 처분시점에 인식해야 하는 FVOCI금융자산처분손익은 각각 얼마인가? (2004, 공인회계사 수정)

	FVOCI금융자산평가손익	FVOCI금융자산처분손익
①	₩0	₩400 손실
②	700 손실	300 이익
③	700 손실	400 손실
④	900 손실	300 이익
⑤	900 손실	600 손실

12. 서울상사는 2001년 1월 1일 한국상사의 사채(액면금액 ₩100,000)를 취득부대비용을 포함하여 ₩92,791에 취득하였다. 사채의 만기는 5년, 표시이자율은 10%, 이자지급일은 매년 말일이며, 이 사채의 취득과 관련된 유효이자율은 12%이다. 서울상사는 이 사채를 만기까지 보유하기 위하여 취득한 것이므로 AC금융자산계정에 기입하고 있다. 2003년 말 재무상태표에 표시되는 AC금융자산의 금액은 얼마인가? (2003, 감정평가사 수정)

① ₩92,791 ② ₩95,197
③ ₩96,619 ④ ₩97,215
⑤ ₩98,215

13. (주)하늘은 (주)바다가 20×7년 1월 1일에 발행한 다음과 같은 조건의 사채를 발행일에 취득하였다.

- 액면가액 : ₩1,000,000
- 표시이자율 : 연 8%(매년 12월 31일 후급)
- 만기상환일 : 20×9년 12월 31일

사채발행일 현재 유효이자율은 연 10%(해당사채의 취득원가인 현재가치는 ₩950,244이 됨)이며 해당사채의 20×7년 말과 20×8년 말의 공정가치는 각각 ₩960,000, ₩990,000이다. 상기 사채가 AC금융자산 또는 FVOCI금융자산으로 분류될 경우, 20×7년 말에 당해 유가증권과 관련하여 인식할 각각의 평가손실금액은 얼마인가? (단, 법인세효과는 없는 것으로 가정한다. 또한 모든 계산금액은 소수점 첫째자리에서 반올림하며, 이 경우 약간의 반올림 오차가 나타날 수 있다) (2009, 공인회계사 수정)

	AC금융자산	FVOCI금융자산
①	₩0	₩0
②	0	5,268
③	0	8,268
④	5,268	5,268
⑤	5,268	8,268

14. (주)서울은 20×1년 1월 1일 자금조달을 목적으로 액면금액이 ₩500,000인 사채(액면이자 ₩40,000 매년 말 지급, 시장이자율 연 10%, 3년 만기)를 ₩475,122에 발행하였으며, 동 사채를 동 일자에 (주)한국이 발행금액에 취득하고 AC금융자산으로 분류하여 회계처리 하였다. (주)한국은 20×1년 12월 31일 보유목적 등의 변화로 인하여 동 AC금융자산을 FVOCI금융자산으로 분류변경하였다. 한편 20×1년 말 시장이자율이 연 12%로 상승하였으며, 20×1년 말과 20×2년 말 동 자산의 공정가치는 다음과 같다.

	20×1년 말	20×2년 말
공정가치	₩466,204	₩482,151

(주)한국이 동 자산과 관련하여 20×1년 포괄손익계산서에 인식할 평가손실과 20×2년 포괄손익계산서에 인식할 이자수익은? (단, 발행 및 취득과 관련하여 거래비용은 발생하지 않았다고 가정, 최초인식 및 분류변경 또한 적절하였다고 가정, 현가계수는 다음과 같다)

(2011, 감정평가사 수정)

(2년 기준)	연 12%
단일금액 ₩1의 현가계수	0.7972
정상연금 ₩1의 현가계수	1.6901

	20×1년 평가손실	20×2년 이자수익
①	₩8,918	₩47,512
②	13,253	47,512
③	13,253	48,263
④	16,430	48,263
⑤	16,430	57,916

15. (주)삼주통상은 (주)대성화학이 발행한 액면가액 ₩100,000, 표시이자율 연 8%인 채권을 만기보유 목적으로 2003년 1월 1일에 ₩92,418(유효이자율 10%)에 현금 매입하였다. 동 채권의 만기일은 2007년 12월 31일이며, 이자는 매년 12월 31일에 지급한다. 2004년도 말 현재 당해 채권발행회사의 발행어음이 거래은행에서 부도처리되어 당좌거래가 정지되었다. 따라서 (주)삼주통상은 동 사채의 만기시점에 액면가액 중 ₩50,000만 수령할 수 있고 이자는 받을 수 없을 것으로 예상하였다. 다만 2004년분 액면이자 ₩8,000은 정상적으로 수취하였으나, 2005년도 말에는 예상대로 액면이자를 수취하지 못했다. 이자율이 연 10%인 경우 현가계수는 다음과 같다.

항 목	n=2	n=3
단일금액(기말 지급)	0.826446	0.751315
정상연금	1.735537	2.486852

2004년과 2005년에 AC금융자산의 손상차손은 각각 얼마인가? (2005, 공인회계사 수정)

① ₩0과 ₩55,207
② ₩19,894과 ₩0
③ ₩47,513과 ₩55,207
④ ₩57,460과 ₩0
⑤ ₩57,460과 ₩55,207

16. 12월 말 결산법인인 (주)국세는 20×1년 초에 (주)대한이 발행한 사채(액면가액 ₩1,000,000, 발행일 20×1년 초, 만기 20×3년 말, 표시이자율 8%, 매년 말 이자지급)를 ₩950,252에 취득하여 AC금융자산으로 분류하였다. 취득 당시의 유효이자율은 10%이었다. 20×1년 말에 이자는 정상적으로 수령하였다. 그러나 20×1년 말에 (주)대한은 신용위험에 직면하였으며(손상차손 인식사유임), 이에 따라 사채와 관련된 미래현금흐름은 20×3년 말 ₩700,000의 원금회수와 20×2년 말과 20×3년 말에 각각 ₩50,000의 이자수취가 예상된다. 20×1년 말 유사한 채권에 대하여 적용되는 시장이자율은 12%이다. 20×2년 말에는 이자를 예상대로 ₩50,000을 수취하였다. 한편 20×2년 말 현재 (주)대한의 신용위험은 크게 감소(손상차손 환입사유임)하여 20×3년 말에는 ₩800,000의 원금과 이자 ₩60,000을 회수할 수 있을 것으로 예상한다. 20×2년 말 유사한 채권에 대하여 적용되는 시장이자율은 11%이다. (주)국세의 20×2년 말 손상차손환입금액은 얼마인가? (단, 현가계산은 다음의 현가표를 이용하여 계산하고, 소수점 첫째자리에서 반올림한다)

(2008, 세무사 수정)

	1년 ₩1의 현재가치	2년 ₩1의 현재가치	2년 정상연금 ₩1의 현재가치
10%	0.9091	0.8265	1.7355
11%	0.9009	0.8116	1.7125
12%	0.8929	0.7972	1.6901

① ₩99,968　② ₩102,482
③ ₩98,420　④ ₩103,202
⑤ ₩103,822

17. 다음의 금융상품에 관한 거래 중 당기순이익에 영향을 미치지 않는 거래는?
(2007, 세무직공무원 7급 수정)

① 액면발행된 만기보유채권 ₩200,000에 대한 10%의 이자를 수취하였다.
② 당년도 ₩300,000에 매입한 FVPL금융자산이 당년 말 ₩350,000으로 상승하였다.
③ 전년도 ₩100,000에 매입한 FVOCI금융자산의 시가가 작년 말 ₩120,000으로 상승하였는데, 당기에는 다시 하락하여 당초 취득가격인 ₩100,000에 매각하였다.
④ 40%의 지분을 소유하여 지분법을 적용하는 피투자회사가 ₩2,000,000의 순이익이 발생하였으나 배당은 하지 않는다는 보고를 하였다.

18. (주)전라는 관계기업투자주식으로 (주)대전의 발행주식 중 40%에 해당하는 100주를 보유하고 있다. 동 주식의 2008년 10월 31일의 장부가액은 주당 ₩10,000이었고, 시가는 주당 ₩12,000이었다. 2008년 12월 31일 결산결과 (주)대전의 당기순이익은 ₩40,000이었다. (주)대전은 2009년 1월에 주당 ₩100의 바당금을 지급하였다. (주)전라는 2009년 3월 5일에 보유중이던 (주)대전의 주식을 주당 ₩13,000에 모두 처분하였다. (주)전라의 주식처분시의 옳은 분개는?
(2009, 세무직공무원 9급)

① (차) 현　금	1,300,000	(대)	관계기업투자주식	1,000,000
			관계기업투자주식처분이익	300,000
② (차) 현　금	1,300,000	(대)	관계기업투자주식	1,006,000
			관계기업투자주식처분이익	294,000
③ (차) 현　금	1,300,000	(대)	관계기업투자주식	1,200,000
			관계기업투자주식처분이익	100,000
④ (차) 현　금	1,300,000	(대)	관계기업투자주식	1,184,000
			관계기업투자주식처분이익	116,000

19. (주)한국은 2008년 12월 31일 (주)소한의 의결권주식의 20%(20주)를 ₩20,000에 취득하여 중대한 영향력을 행사하게 되었다. 취득 당시 (주)소한의 자산과 부채의 장부가액은 공정가치와 일치하였으며 투자차액은 없었다. (주)소한은 2009년 8월 20일 중간배당금으로 현금 ₩10,000을 지급하였다. (주)소한의 2009년도 순자산변동은 당기순이익 ₩40,000과 FVOCI금융자산평가손실 ₩10,000에 의해 발생하였다. (주)한국의 2009년도 지분법이익과 2009년 말 관계기업투자주식은? (단, (주)한국과 (주)소한의 결산일은 12월 31일이다)

(2010, 세무직공무원 7급 수정)

	지분법이익	관계기업투자주식		지분법이익	관계기업투자주식
①	₩8,000	₩24,000	②	₩6,000	₩28,000
③	10,000	26,000	④	8,000	26,000

20. (주)국세는 20×1년 1월 1일 (주)대한의 발행주식 30%를 ₩350,000에 취득하여 유의적인 영향력을 행사할 수 있게 됨에 따라 지분법을 적용하기로 하였다. 20×1년 1월 1일 현재 (주)대한의 순자산 장부금액과 공정가치는 동일하게 ₩1,000,000이다. 20×1년 8월 1일에 (주)국세는 (주)대한에 원가 ₩20,000인 재고자산을 ₩25,000에 판매하였고, (주)대한은 이 중 70%를 20×1년 말 현재 보유하고 있다. (주)대한의 20×1년도 포괄손익계산서상 당기순이익과 총포괄이익은 각각 ₩100,000과 ₩300,000이다. (주)국세의 20×1년 말 지분법을 적용한 재무상태표에 표시될 관계기업투자주식은 얼마인가? (단, (주)국세는 (주)대한의 주식만을 소유하고 있다) (2010, 세무사)

① ₩378,500
② ₩378,950
③ ₩436,500
④ ₩438,500
⑤ ₩438,950

해답 및 풀이

1. ①

②, ⑤ 지분상품의 경우 FVPL금융자산이 단기매매항목이 아니라면 최초인식시점에 FVOCI금융자산으로 분류할 수 있다. 다만 한번 지정하면 취소할 수 없으며, 인식된 기타포괄손익을 당기손익으로 재순환시킬 수도 없다.

④ 손상차손, 손상차손환입은 모두 당기손익으로 인식한다.

2. ③

기타포괄손익누계액은 자본계정에서 제거하고 재분류일의 당기손익으로 인식한다.

3. ③

2000년 FVPL금융자산처분이익 :

(₩400,000－₩660,000×0.4)＋(₩940,000－₩920,000)＝ ₩156,000

2000년 FVPL금융자산평가이익 :

(₩500,000－₩480,000)＋(₩350,000－₩660,000×0.6)

＋(₩1,480,000－₩1,260,000)＝ ₩194,000

합 계 ₩350,000

4. ②

₩96,400＋₩55,800＝₩152,200

㉠ A주식 처분손익＝처분금액－장부금액

＝(5주×₩120,000×0.994)－(5주×₩100,000*)

＝₩96,400(이익)

㉡ B보증사채 처분손익＝(₩980,000－₩100,000**－₩4,200)－(₩900,000－₩80,000**)*

＝₩55,800(이익)

* 취득원가(거래원가는 포함하지 않으며, 사채의 경우 경과이자 제외함)

** 사채의 경과이자

참고) 회계처리과정을 상세히 설명하면 다음과 같다.

20×1. 9. 1 :

(차)		(대)	
FVPL금융자산(A주식)	1,000,000*	현 금	1,004,000
매입수수료	4,000		

* ₩100,000×10＝₩1,000,000(거래원가는 포함하지 않음)

(차)		(대)	
FVPL금융자산(B보증사채)	820,000	현 금	904,000
매입수수료	4,000		
미 수 이 자	80,000*		

* ₩1,000,000×0.12×8/12＝₩80,000

20×1.11. 1 :

(차)		(대)	
현 금	596,400*	FVPL금융자산(A주식)**	500,000
		FVPL금융자산처분이익	96,400

* (₩120,000×5)×0.994＝₩596,400

** ₩1,000,000×5/10＝₩500,000

(차)		(대)	
현 금	975,800*	FVPL금융자산(B보증사채)	820,000
		미 수 이 자	80,000
		이 자 수 익	20,000
		FVPL금융자산처분이익	55,800

* ₩980,000－₩4,200＝₩975,800

5. ②

₩500,000 + ₩550,000 = ₩1,050,000

㉠ 배당금수익 : ₩5,000 × 1,000주 × 10% = ₩500,000

㉡ 주식배당은 투자자의 수익으로 보지 아니한다(단, 주식수가 100주 증가함에 유의).

㉢ FVPL금융자산처분이익(처분금액 − 장부금액) :

(₩7,000 × 550주*) − (₩6,600,000 × 1/2) = ₩550,000

* (1,000주 + 100주) × 1/2 = 550주

6. ①

FVPL금융자산처분이익 = ₩104,000 − (₩100,000 + ₩100,000 × 0.12 × 4/12) = ₩0

이자수익 = ₩100,000 × 0.12 × 2/12 = ₩2,000

7. ③

2009년 말 재무상태표에 보고되는 FVOCI금융자산평가손익 잔액(채무상품)

= 공정가치 − 상각후원가

= ₩865,000 − ₩860,500* = ₩4,500(이익)

* ₩850,000 + (₩85,000 − ₩80,000) + (₩85,500 − ₩80,000) = ₩860,500

참고) 회계처리과정을 상세히 설명하면 다음과 같다.

〈상각표 작성〉

연 도	유효이자(10%)	액면이자(8%)	상각액	상각후원가
2008년 초				₩850,000
2008년 말	₩85,000	₩80,000	₩5,000	855,000
2009년 말	85,500	80,000	5,500	860,500

㉠ 2008. 1. 1(취득시점) :

(차) FVOCI금융자산	850,000	(대) 현 금	850,000

㉡ 2008.12.31 :

(차) 현 금	80,000	(대) 이 자 수 익	85,000
FVOCI금융자산	5,000		
(차) FVOCI금융자산	5,000*	(대) FVOCI금융자산평가이익	5,000

* ₩860,000 − ₩855,000 = ₩5,000

㉢ 2009.12.31 :

(차) 현 금	80,000	(대) 이 자 수 익	85,500
FVOCI금융자산	5,500		
(차) FVOCI금융자산평가이익	500	(대) FVOCI금융자산	500*

* ₩865,000 − (₩860,000 + ₩5,500) = − ₩500

2009년 말 FVOCI금융자산평가손익 잔액 :

₩5,000 − ₩500 = ₩4,500(이익)

8. ④

2007년 말 FVOCI금융자산평가손익 잔액(채무상품)

= 공정가치 − 상각후원가

= ₩920,000 − ₩964,307* = − ₩44,307(손실)

* ₩903,944 + (₩108,473 − ₩80,000) + (₩111,890 − ₩80,000) = ₩964,307

참고) 회계처리과정을 상세히 설명하면 다음과 같다.

〈상각표 작성〉

연 도	유효이자(12%)	액면이자(8%)	상각액	상각후원가
2006년 초				₩903,944
2006년 말	₩108,473	₩80,000	₩28,473	932,417
2007년 말	111,890	80,000	31,890	964,307
2008년 말	115,693	80,000	35,693	1,000,000

2006. 1. 1(취득시점) :

(차)	FVOCI금융자산	903,944	(대) 현 금	903,944

2006.12.31 :

(차)	현 금	80,000	(대) 이 자 수 익	108,473
	FVOCI금융자산	28,473		
(차)	FVOCI금융자산평가손실	2,417	(대) FVOCI금융자산	2,417

2007.12.31 :

(차)	현 금	80,000	(대) 이 자 수 익	111,890
	FVOCI금융자산	31,890		
(차)	FVOCI금융자산평가손실	41,890	(대) FVOCI금융자산	41,890

2007년 말 FVOCI금융자산평가손익 잔액 :

₩2,417 + ₩41,890 = ₩44,307(손실)

9. ④

취득원가 = (₩200,000 × 2.5771) + (₩2,000,000 × 0.7938)

= ₩2,103,020

2003년 말 상각후원가 = ₩2,103,020 − {(₩2,000,000 × 0.1) − (₩2,103,020 × 0.08)}

= ₩2,103,020 − (₩200,000 − ₩168,242)

= ₩2,071,262

2003년 말 평가손익 = ₩2,050,000 − ₩2,071,262 = − ₩21,262(손실)

10. ③

A사채와 B사채의 보유로 인해 20×1년도 포괄손익계산서의 당기순이익에 미치는 영향은 다음과 같다.

㉠ A사채(FVPL금융자산)

이자수익(액면이자) : ₩3,000,000×8%=	₩240,000
평가손익 : ₩2,797,224－₩2,850,732=	(53,508)

㉡ B사채(FVOCI금융자산)

이자수익(유효이자) : ₩1,000,000×10%=	100,000
합 계	₩286,492

11. ⑤

㉠ 20×5년 12월 31일 상각후원가 :
₩9,400(취득원가)+(₩1,200－₩1,000)=₩9,600

㉡ FVOCI금융자산평가손익(기타포괄손익) : 공정가치－상각후원가
₩8,700－₩9,600=－₩900(손실)

㉢ 20×6년 1월 1일 처분손익 : 처분금액－상각후원가
₩9,000－₩9,600=－₩600(손실)

12. ③

₩92,791+(₩11,134－₩10,000)+(₩11,271－₩10,000)+(₩11,423－₩10,000)=₩96,619

연 도	유효이자(12%)	액면이자(10%)	상각액	상각후원가
2001년 초				₩92,791
2001년 말	₩11,134	₩10,000	₩1,134	93,925
2002년 말	11,271	10,000	1,271	95,196
2003년 말	11,423	10,000	1,423	96,619
2004년 말	11,594	10,000	1,594	98,213
2005년 말	11,787	10,000	1,787	100,000

13. ②

〈상각표 작성〉

연 도	유효이자(10%)	액면이자(8%)	상각액	상각후원가
20×7년 초				₩950,244
20×7년 말	₩95,024	₩80,000	₩15,024	965,268

㉠ AC금융자산은 상각후원가로 평가하므로 20×7년 말의 장부금액은 ₩965,268이며 평가손익은 인식하지 않는다.

㉡ FVOCI금융자산은 공정가치로 평가하므로 상각후원가(₩965,268)와 공정가치(₩960,000)

의 차액(₩5,268)만큼 평가손실을 인식하고 동시에 장부금액을 차감한다.

(차) FVOCI금융자산평가손실 5,268 (대) FVOCI금융자산 5,268

14. ④

㉠ 20×1년 말 평가 전 상각후원가 : (₩475,122×1.1)－₩40,000＝₩482,634

㉡ 20×1년 말 평가손익 : ₩466,204－₩482,634＝－₩16,430(손실)

㉢ 20×2년 이자수익 : ₩482,634×0.1＝₩48,263

참고) 회계처리과정을 상세히 설명하면 다음과 같다.

〈상각표 작성〉

연 도	유효이자(10%)	액면이자(8%)	상각액	상각후원가
20×1년 초				₩475,122
20×1년 말	₩47,512	₩40,000	₩7,512	482,634
20×2년 말	48,263	40,000	8,263	490,897
20×3년 말	49,103	40,000	9,103	500,000

20×1년 초 :

(차) AC금융자산 475,122 (대) 현 금 475,122

20×1년 말 :

(차) 현 금 40,000 (대) 이 자 수 익 47,512
AC금융자산 7,512

(차) FVOCI금융자산 466,204 (대) AC금융자산 482,634
FVOCI금융자산평가손실 16,430

20×2년 말 :

(차) 현 금 40,000 (대) 이 자 수 익* 48,263
FVOCI금융자산 8,263

(차) FVOCI금융자산 7,684 (대) FVOCI금융자산평가이익 7,684

* 당해자산의 취득시점의 역사적 유효이자율을 적용하여 이자수익을 계상한다.

15. ④

㉠ 2004년 말 AC금융자산 손상차손 : 상각후원가－회수가능액

2004년 말 AC금융자산 상각후원가 : ₩92,418＋₩1,242＋₩1,366＝	₩95,026
2004년 말 회수가능액 : ₩50,000×0.751315＝	37,566
AC금융자산 손상차손	₩57,460

㉡ 2005년 말 AC금융자산 손상차손 :

미래현금흐름의 변동이 없으므로 추가적인 손상차손은 없다.

16. ①

㉠ 20×1년 말 AC금융자산 상각후원가

연 도	기 초	유효이자	액면이자	상각액	기 말
20×1	₩950,252	₩95,025	₩80,000	₩15,025	₩965,277

㉡ 20×1년 말 AC금융자산 손상차손 : 상각후원가 − 회수가능액

회수가능액 : (₩50,000 × ₩1.7355*) + (₩700,000 × 0.8265*) = ₩665,325

* 최초의 유효이자율 10%로 할인

손상차손 : ₩965,277 − ₩665,325 = ₩299,952

㉢ 20×2년 말 AC금융자산 손상차손환입 : 회수가능액 − 상각후원가

회수가능액 : (₩800,000 + ₩60,000) × 0.9091* = ₩781,826

* 최초의 유효이자율 10%로 할인

상각후원가 : ₩665,325 + (₩665,325 × 10% − ₩50,000) = ₩681,858

손상차손환입 : ₩781,826 − ₩681,858 = ₩99,968

17. ③

	차변	금액	대변	금액
①	(차) 현 금	20,000	(대) 이 자 수 익(PL)	20,000
②	(차) FVPL금융자산	50,000	(대) FVPL금융자산평가이익(PL)	50,000
③	(차) FVOCI금융자산평가손실(OCI)	20,000	(대) FVOCI금융자산	20,000
	현 금	100,000	FVOCI금융자산	100,000
④	(차) 관계기업투자주식	800,000	(대) 지분법이익(PL)	800,000

18. ②

처분금액 :	₩1,300,000
장부금액 : (100주 × ₩10,000) + (₩40,000 × 40%) − (100주 × ₩100) =	1,006,000
처분이익	₩294,000

19. ①

2009년도 지분법이익 : ₩40,000 × 0.2 = ₩8,000

2009년 말 관계기업투자주식 : ₩20,000 − (₩10,000 × 0.2) + (₩40,000 − ₩10,000) × 0.2 = ₩24,000

참고) 회계처리과정을 상세히 설명하면 다음과 같다.

	차변	금액	대변	금액
㉠	(차) 관계기업투자주식	20,000	(대) 현 금	20,000
㉡	(차) 현 금	2,000*	(대) 관계기업투자주식	2,000

* ₩10,000 × 0.2 = ₩2,000

	차변	금액	대변	금액
㉢	(차) 관계기업투자주식	6,000	(대) 지분법이익(PL)	8,000*
	지분법기타포괄손실(OCI)	2,000**		

* ₩40,000 × 0.2 = ₩8,000

** ₩10,000 × 0.2 = ₩2,000

20. ⑤

20×1년 말 관계기업투자주식 : ₩350,000－(₩5,000* ×0.7×0.3)＋(₩300,000×0.3)＝₩438,950

* ₩25,000－₩20,000＝₩5,000

참고) 회계처리과정을 상세히 설명하면 다음과 같다.

㉠ 20×1. 1. 1(취득시점) :

(차) 관계기업투자주식	350,000	(대) 현 금	350,000

㉡ 20×1년 말(내부거래 미실현손익의 제거) :

(차) 지분법이익(PL)	1,050*	(대) 관계기업투자주식	1,050

* ₩5,000×0.7×0.3＝₩1,050

㉢ 20×1년 말(순이익 보고시) :

(차) 관계기업투자주식	90,000	(대) 지분법이익(PL)	30,000
		지분법기타포괄이익(OCI)	60,000

CHAPTER

6

부 채

제 1 절 현재가치

1 화폐의 시간가치

현재의 ₩1과 미래의 ₩1은 그 화폐가치가 다른데, 이를 화폐의 시간가치(time value of money)라고 한다. 즉 화폐의 시간가치는 화폐의 수취 혹은 지급 시기에 따라 가치가 달라진다는 개념이다.

이러한 화폐의 시간가치 개념은 회계의 여러 분야에서 폭넓게 적용되고 있다.

2 미래가치와 현재가치의 계산

(1) 단일금액의 미래가치와 현재가치

현재의 일정금액을 미래의 일정시점에서 계산한 가치를 단일금액(single sum)의 미래가치(future value)라 한다. 또한 미래에 발생할 일정금액을 현재의 시점에서 평가한 가치를 단일금액의 현재가치(present value)라 한다.

1) 단일금액의 미래가치

〈예〉 현재 일정금액을 은행에 예금하였을 경우 만기일(미래)에 청구할 수 있는 화폐액

$$FV = P(1+i)^n$$

여기서, FV : 미래가치, P : 원금

i : 매기의 복리이자율, n : 기간

2) 단일금액의 현재가치

〈예〉 만기일(미래)에 일정금액을 지급받기 위해 현재 예금해야 할 화폐액

$$PV = \frac{FV}{(1+i)^n}$$

여기서, PV : 현재가치

(2) 연금의 미래가치와 현재가치

연금(annuity)이란 일정기간 동안 일정금액을 계속적으로 지급하(받)는 것을 말한다. 이 중 현금흐름이 기말에 발생하는 연금을 정상연금(ordinary annuity) 또는 기말연금이라고 하고, 기초에 발생하는 현금흐름을 선불연금(annuity due) 또는 기초연금이라고 한다.

1) 정상연금의 미래가치

〈예〉 매기말에 일정금액을 정기적금하는 경우 만기일(미래)에 청구할 수 있는 화폐액

$$AFV = P_n\left\{\frac{(1+i)^n - 1}{i}\right\}$$

여기서, AFV : 연금의 미래가치, P_n : 매기 불입액

2) 정상연금의 현재가치

〈예〉 매기말에 일정금액을 지급받기 위하여 현재 일시에 적립해야 할 화폐액

$$APV = P_n\left\{\frac{1 - \frac{1}{(1+i)^n}}{i}\right\}$$

여기서, APV : 연금의 현재가치

3) 선불연금의 미래가치

〈예〉 매기초에 일정금액을 정기적금하는 경우 만기일(미래)에 청구할 수 있는 화폐액

선불연금은 기간초부터 연금을 수수하므로 정상연금에 비하여 한 기간의 이자가 더 발생한다. 따라서 $t+1$기의 정상연금 1원의 미래가치에서 1을 차감하여 선불연금의 미래가치를 구할 수 있다. 즉 정상연금 1원의 미래가치인 〈표 A-3〉을 이용하여 $t+1$기의 미래가치를 찾은 다음 여기에서 1을 차감하여 구한다.

4) 선불연금의 현재가치

〈예〉 매기초에 일정금액을 지급받기 위하여 현재 일시에 적립해야 할 화폐액

선불연금의 현재가치는 $t-1$기의 정상연금 1원의 현재가치에 1을 더하여 구할 수 있다.

$$APV = P_n\left\{1+\frac{1-\frac{1}{(1+i)^{n-1}}}{i}\right\}$$

3 현재가치의 적용

회계에서는 장기연불조건의 매매거래 및 장기금전대차거래, 유효이자율법에 따른 사채발행가격의 계산, 리스회계처리 등에서 화폐의 시간가치 개념을 적용한 현재가치를 이용하여 회계처리가 이루어진다.

① 장기할부매출 및 장기할부매입 등 연불거래의 측정 및 평가
② 무이자부 약속어음, 시장이자율과 액면이자율이 다른 경우의 어음채권 및 채무의 평가
③ 사채 및 투자사채의 평가
④ 자본화될 리스자산의 평가 및 이자수익과 이자비용 계상액의 결정
⑤ 부채상환에 충당하기 위한 감채기금적립액의 결정

제 2 절 부채의 의의

1 부채의 정의 및 인식조건

(1) 부채의 정의

재무보고 개념체계는 부채를 '과거 사건의 결과로서 현재 기업실체가 부담하고 있고, 미래에 자원의 유출 또는 사용이 예상되는 회피불능의무'라고 정의하고 있다. 즉, 부채는 아래와 같은 세 가지의 특성을 지닌다.

① **과거 사건의 결과 :** 부채를 발생시킨 사건이 이미 발생하였다.
② **현재의 의무 :** 미래에 현금 등을 양도하거나 사용하여 결제해야 하는 현재의 의무이다.
③ **미래에 자원의 유출을 통하여 이행 :** 미래에 현금, 상품, 서비스 등과 같은 경제적 효익을 가진 자원의 유출이 기대된다.

(2) 부채의 인식조건

부채는 다음의 조건을 모두 충족하면 재무상태표에 인식한다.

① 과거 사건의 결과로 현재의무가 존재한다.
② 현재의무를 이행하기 위해 경제적 효익이 있는 자원의 유출가능성이 높다. 유출가능성이 높은 경우는 그 가능성이 50%보다 높은 경우를 말한다.
③ 의무이행에 소요되는 금액을 신뢰성 있게 측정할 수 있다.

2 부채의 종류

(1) 확정부채와 추정부채

부채의 존재가 확실한지와 부채금액 및 지급시기의 확정여부에 따라 확정부채와 추정부채로 구분된다. 확정부채는 부채의 존재가 확실하며 그 지급금액이 확정되어 있고 지급시기를 알 수 있는 부채를 말한다. 그 반면 추정부채는 부채의 존재는 확실하지만 지급금액과 지급시기가 확정되지 않아 추정을 해야 하는 부채이다. 추정부채에는 충당부채 및 우발부채가 있다.

(2) 유동부채와 비유동부채

1) 유동부채

K-IFRS에서는 다음 조건 중에서 어느 하나라도 만족하면 유동부채로 분류한다.

① 정상영업주기 내에 결제될 것으로 예상된다.
② 주로 단기매매 목적으로 보유하고 있다.
③ 보고기간 후 12개월 이내에 결제하기로 되어 있다.
④ 보고기간 후 12개월 이상 부채의 결제를 연기할 수 있는 무조건의 권리가 없다.

유동부채에는 매입채무, 단기차입금, 유동성장기부채, 선수금 및 선수수익, 예수금, 미지급금 및 미지급비용, 미지급법인세, 미지급배당금, 단기충당부채 등이 포함된다.

2) 비유동부채

비유동부채는 보고기간 말을 기준으로 1년 이후에 지급기일이 도래하는 부채를 말한다. 비유동부채에는 사채, 장기차입금, 장기성매입채무, 장기충당부채, 이연법인세부채 등이 포함된다.

재무상태표 작성시 비유동부채 중 보고기간 말로부터 1년 이내에 지급되어야 할 부분에 대해서는 유동성장기부채로 재분류해야 한다. 다만, 기존의 차입약정에 의하여 재무상태표일로부터 1년을 초과하여 차환되거나 상환이 연장될 것으로 기대되고, 기업이 재량권을 가진 경우에는 재무상태표일로부터 1년 내에 상환기일이 도래하더라도 비유동부채로 분류한다.

(3) 금융부채와 비금융부채

1) 금융부채

금융부채는 상대방에게 현금 등 금융자산을 인도하기로 한 계약상의 의무이다. 금융부채의 예로는 차입금, 매입채무, 미지급비용, 미지급금, 유동성장기부채, 사채 등이 있다. 다음의 세 가지 조건을 모두 충족하면 금융부채로 분류한다.

① 현금 등 금융자산을 인도해야 하는 회피불능의무이다.
② 확정의무이다.
③ 계약상의 의무이다.

2) 비금융부채

비금융부채는 금융부채의 세 가지 조건을 충족하지 못하는 부채이다. 비금융부채의 예로는 선수금, 선수수익, 퇴직급여부채, 충당부채 등이 있다.

① **선수금, 선수수익**: 현금 등 금융자산이 아니라 재화나 용역을 인도해야 하는 의무이다.
② **퇴직급여부채**: 확정의무가 아닐 뿐만 아니라 계약상의 의무가 아닌 법적 의무 또는 의제의무인 경우가 포함되어 있다.
③ **충당부채**: 계약상의 의무가 아니고 법적 의무 또는 의제의무인 경우가 대부분이다.

제3절 사 채

1 사채의 의의

사채(bonds)는 회사가 다수의 일반대중으로부터 장기에 걸쳐 거액의 자금을 조달하기 위해서 발행하는 증권이다. 사채를 발행하는 회사는 계약에 따라 일정한 이자를 지급함과 동시에 만기에 원금을 상환할 것을 약정하고 사채발행금액만큼을 차입한다.

2 사채의 발행

(1) 사채의 발행금액

사채의 이자율에는 사채권의 표면에 표시되는 표시이자율(명목이자율, 액면이자율)과 발행 당시의 일반적인 자금대여에 적용되는 유효이자율(시장이자율, 실질이자율)이 있다. 사채발행시에 두 이자율의 차이에 따라 사채는 다음과 같이 할인 또는 할증 발행된다.

유효이자율＝표시이자율 : 액면발행
유효이자율＞표시이자율 : 할인발행
유효이자율＜표시이자율 : 할증발행

이때 사채의 현재가치(발행금액)는 유효이자율을 기준으로 할인한 「만기에 지급할 원금의 현가＋미래 이자지급액의 현가」가 된다.

사채발행차금은 두 이자율, 즉 유효이자율과 표시이자율의 차이로 인하여 발생하며 관련 사채의 액면금액에 차감 혹은 가산하는 형식으로 보고한다. 한편, 사채발행과 관련하여 발생한 사채발행비는 사채발행금액에서 차감하여 사채발행차금에 포함시킨다.

(2) 사채발행차금의 상각

사채발행시에 발생한 사채할인발행차금 및 사채할증발행차금은 사채발행시부터 최종 상환시까지의 기간에 유효이자율법을 적용하여 상각 또는 환입한다. 사채발행차금의 상각액은 사채이자비용에 가감한다. 즉, 할인발행의 경우에는 사채이자비용에 가산하며 할증발행의 경우에는 이자비용에서 차감한다.

(3) 이자지급일 사이의 사채발행

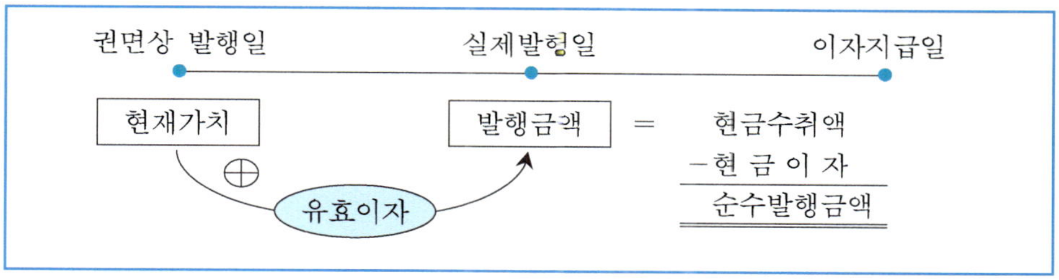

① 권면상 발행일에 실제발행일의 유효이자율을 적용하여 사채의 현재가치를 계산한다.
② 사채의 현재가치에 실제발행일의 유효이자율을 곱하여 실제발행일 전 이자발생기간 동안의 유효이자를 계산한다.
③ 사채발행으로 인한 현금수취액은 ①과 ②의 합계이다.
④ 실제발행일 전 이자발생기간 동안의 현금이자(액면금액×표시이자율×실제발행일 전 이자발생기간)를 계산한다.
⑤ ③에서 ④를 차감하여 사채의 순수발행금액을 구한다.
⑥ 사채의 순수발행금액과 액면금액의 차액이 사채할인(할증)발행차금이다.

3 사채의 상환

사채를 상환할 때에는 관련계정(사채액면금액, 사채발행차금 미상각잔액, 사채이자비용 등)도 함께 정리해야 한다. 한편, 만기 전 상환시에 발생하는 사채상환손익(사채의 상환금액과 장부금액의 차이)은 전액을 상환연도의 당기손익으로 인식한다.

(1) 만기상환과 조기상환

1) 만기상환

만기일에 액면금액을 일시상환하는 방법이다. 만기일에는 사채의 액면금액이 상환금액이므로 사채상환손익이 발생하지 않는다.

2) 조기상환

만기 이전이라도 일정의 거치기간이 지난 후 분할하여 상환하거나 사채의 시장가격이 낮을 때 수시로 매입하여 상환하는 방법이다. 조기상환은 다음의 세 가지 방식을 통해 이루어진다.

① **수의상환사채(callable bonds)**: 사채권자에게 만기 이전에 일정한 금액을 지급하고 조기상환을 할 수 있다.

② **차환(refunding)**: 시장상황에 따라 조건이 불리한 기존의 사채를 상환하고 조건이 유리한 새로운 사채를 발행한다. 사채의 차환은 구사채의 상환과 신사채의 발행이라는 두 개의 거래로 구분하여 회계처리한다. K-IFRS에서는 사채상환손익과 관련하여 사채의 차환에 의한 상환손익과 기타 방법에 의한 상환손익을 구분하지 않고, 구사채를 상환한 기간의 손익으로 인식하는 입장을 취하고 있다.

③ **자기사채(treasury bonds)**: 자기회사가 발행한 사채를 취득하여 소각하지 않고 보유하고 있는 사채를 자기사채라고 하며, 자기사채에 대해서는 이자가 지급되지 아니한다. K-IFRS에서는 자기사채의 취득을 사채의 상환처럼 회계처리하도록 규정하고 있다. 즉, 자기사채의 취득시

액면금액과 사채발행차금 등을 당해 계정과목에서 직접 차감한다. 이때 장부금액과 취득금액(상환금액)의 차이는 사채상환손익으로 처리해야 한다. 이후 자기사채를 매각할 경우에는 사채의 발행으로 회계처리한다.

(2) 연속상환사채

연속상환사채(serial bonds)는 사채액면금액을 분할하여 만기일까지 정기적으로 상환해나가는 사채이다. 따라서 사채의 연도별 현금흐름이 다른 사채와 상이하므로 사채발행금액의 계산, 상각표의 작성, 사채이자비용 및 사채발행차금 상각액 계산에 유의해야 한다.

〈예〉 연속상환사채(액면금액 ₩300,000, 이자율 10%, 매년 말 이자지급)를 1년 후부터 매년 ₩100,000을 상환하는 조건으로 발행하는 경우, 연도별 현금흐름(원금과 이자)은 다음과 같다.

	발행일	1년 후	2년 후	3년 후
1년 후 상환액 -------		₩100,000(원금) 10,000(이자)		
2년 후 상환액 -------		10,000	₩100,000 10,000	
3년 후 상환액 -------		10,000	10,000	₩100,000 10,000

발행금액은 미래현금흐름의 현재가치이므로 위의 연도별 현금흐름을 현재가치로 평가하여 합산한 값이 발행금액이 된다.

(3) 감채기금

사채의 상환에 사용하기 위하여 자산계정인 감채기금(bond sinking fund)에 정기적으로 현금을 예치하는 경우가 있다. 이 경우 감채기금의 운용으로부터 이자수익이나 배당수익이 발생하면 감채기금에 가산한다.

제4절 퇴직급여제도

1 퇴직급여제도의 종류

(1) 확정기여제도

확정기여제도(DC, defined contribution plan)는 기업이 별개의 실체인 퇴직기금에 약정한 고정기여금을 납부하는 제도이다. 이 제도에서는 종업원이 퇴직연금 운영방법 및 운용결과에 대해 책임을 지므로 종업원의 퇴직급여액은 퇴직기금의 운용성과에 따라 달라진다. 따라서 기업은 고정기여금 이외의 추가적인 출연의무가 없다. 기업이 출연해야 할 고정기여금은 퇴직급여원가계정으로 기록하며 납부한 기부금과의 차이는 미지급퇴직급여원가 혹은 선급퇴직급여원가 계정으로 기록한다.

(차) 퇴직급여원가	×××	(대) 현　　금	×××
(선급퇴직급여원가	×××)	(미지급퇴직급여원가	×××)

(2) 확정급여제도

확정급여제도(DB, defined benefit plan)에서는 기업이 종업원의 퇴직기금을 직접 운용하고 그 운용성과에 따라 기업이 실제 부담하는 기여금은 달라진다. 그러나 종업원은 퇴직급여액을 기금의 운용성과에 관계없이 사전에 정해진 일정액을 수취한다. 확정급여제도의 회계처리는 확정기여제도보다 복잡한데, 확정급여제도와 관련된 부채는 확정급여채무이다.

[그림 6-1] 확정기여제도와 확정급여제도

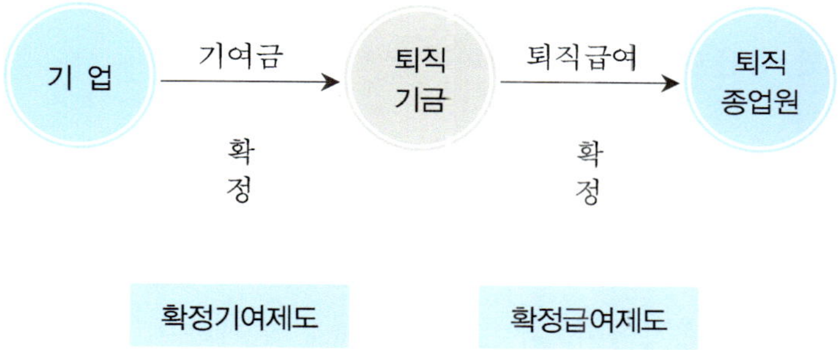

2 확정급여제도의 회계처리

(1) 순확정급여부채(자산)

순확정급여부채(자산)는 재무상태표에 확정급여채무에서 사외적립자산을 차감하여 순자산 또는 순부채의 금액으로 표시된다.

> 순확정급여부채(자산)=확정급여채무의 현재가치−사외적립자산의 공정가치

확정급여채무는 종업원이 퇴직할 경우 지급해야 할 퇴직급여의무를 말한다. 종업원의 퇴직은 미래의 사건이므로 회계담당자는 여러 가지 보험수리적 가정을 통해 확정급여채무를 산출한다. 한편, 사외적립자산이란 기업이 미래에 종업원의 퇴직급여를 지급할 목적으로 적립해 놓은 자산을 말한다. 사외적립자산은 장기종업원급여기금이 보유하고 있는 자산과 적격보험계약을 말한다.

(2) 확정급여채무의 회계처리

1) 당기근무원가와 이자원가

당기근무원가는 종업원이 당기에 노동활동을 기업에 제공함으로써 증가하는 퇴직급여액 중에서 당기에 귀속되는 금액을 말한다. 일반적으로 당기근무

원가는 예측단위적립법이라는 보험수리적 평가기법을 이용하여 측정된다. 당기근무원가는 확정급여채무의 현재가치를 증가시킨다. 당기근무원가가 산출되면 다음과 같이 회계처리한다.

(차) 퇴직급여원가 (당기근무원가)	×××	(대) 확정급여채무	×××

또한, 확정급여채무는 현재가치로 평가하므로 기간이 경과함에 따라 이자원가만큼 증가한다. 이자원가를 인식하는 회계처리는 다음과 같다.

(차) 퇴직급여원가 (이자비용)	×××	(대) 확정급여채무	×××

2) 과거근무원가

과거근무원가는 확정급여제도를 개정한 경우에 종업원의 과거기간에 대한 확정급여채무의 현재가치가 증가 또는 감소하는 금액을 말한다. 과거근무원가가 증가하는 경우의 회계처리는 다음과 같다.

(차) 퇴직급여원가 (과거근무원가)	×××	(대) 확정급여채무	×××

(3) 사외적립자산의 회계처리

① 기업이 회계기간중에 기여금을 출연하면 사외적립자산은 그 금액만큼 증가한다.

(차) 사외적립자산	×××	(대) 현　　금	×××

② 사외적립자산의 운용으로 발생하는 수익만큼 사외적립자산은 증가한다. 사외적립자산으로부터 발생하는 수익은 이자수익과 재측정요소(이자수익을 초과하는 부분)로 구분된다. 이때 이자수익은 퇴직급여원가

를 감소시켜 당기손익으로 인식하고, 재측정요소는 기타포괄손익으로 인식한다.

(차) 사외적립자산	×××	(대) 퇴직급여원가	×××
		재측정요소	×××

(4) 순이자원가

확정급여채무에서 발생한 이자원가와 사외적립자산에서 발생한 이자수익은 순액으로 표시된다.

순이자원가는 순확정급여부채(자산)에 할인율을 곱한 것으로, 확정급여채무에 대한 이자원가에서 사외적립자산에 대한 이자수익을 차감한 금액이다.

① 순이자원가가 증가하는 경우

(차) 퇴직급여원가	×××	(대) 확정급여채무	×××

② 순이자원가가 감소하는 경우

(차) 사외적립자산	×××	(대) 퇴직급여원가	×××

(5) 재측정요소

순확정급여부채(자산)의 재측정요소는 기타포괄손익으로 인식하며 추후 당기손익으로 재분류할 수 없다.

1) 확정급여채무에 대한 보험수리적손익

보험수리적 가정의 변동으로 인하여 확정급여채무의 현재가치가 변동할 때 발생한다. 확정급여채무의 현재가치가 장부금액과 차이가 발생하면, 이들을 현재가치로 조정하고 상대계정에는 재측정요소를 기록한다.

① 확정급여채무의 현재가치 > 장부금액

(차) 재측정요소	×××	(대) 확정급여채무	×××

② 확정급여채무의 현재가치 < 장부금액

(차) 확정급여채무	×××	(대) 재측정요소	×××

2) 사외적립자산의 재측정요소

사외적립자산의 재측정요소는 사외적립자산의 공정가치와 장부금액의 차이로 측정한다.

① 사외적립자산의 공정가치 > 장부금액

(차) 사외적립자산	×××	(대) 재측정요소	×××

② 사외적립자산의 공정가치 < 장부금액

(차) 재측정요소	×××	(대) 사외적립자산	×××

(6) 퇴직급여의 지급

종업원이 퇴직하면 사외적립자산에서 퇴직금이 지급되며 확정급여채무는 지급된 금액만큼 감소한다.

(차) 확정급여채무	×××	(대) 사외적립자산	×××

(7) 재무상태표 보고

확정급여채무의 현재가치가 사외적립자산의 공정가치보다 크면 순확정급여부채가 보고되고, 작으면 순확정급여자산이 보고된다.

	기초 사외적립자산의 공정가치		기초 확정급여채무의 현재가치
+	사외적립자산에 대한 기여금	+	근무원가(당기, 과거)
−	퇴직급여지급액	−	퇴직급여지급액
+	이자수익	+	이자원가
=	기말 사외적립자산 장부금액		기말 확정급여채무 장부금액
±	재측정요소	±	재측정요소(보험수리적손익)
	기말 사외적립자산의 공정가치		기말 확정급여채무의 현재가치

순확정급여부채(자산)

제 5 절 충당부채와 우발부채

1 충당부채와 우발부채의 의의

미래에 어떤 사건의 발생여부에 따라 손실 또는 이익이 결정되어 현재로서는 손실 또는 이익의 발생여부가 불확실한 상황을 우발상황이라 한다. 이처럼 우발상황에서 발생하는 추정부채에는 충당부채와 우발부채가 있다. 충당부채는 재무제표에 인식하는 부채이나, 우발부채는 잠재적인 부채로서 부채로 인식하지 않고 주석으로 공시한다.

재무제표에 충당부채로 인식하기 위해서는 다음 세 가지 요건을 모두 충족해야 한다.

① 과거 사건의 결과로 현재의무가 존재한다.
② 의무의 이행에 소요되는 금액을 신뢰성 있게 추정할 수 있다.
③ 의무를 이행하기 위해 경제적 효익이 내재된 자원이 유출될 가능성이 높다.

유출가능성이 높다(probable)의 판단기준은 50%로 한다. 유출가능성이

50% 미만이면 주석기재를 하고, 그 가능성이 0에 근접하면 어떠한 회계처리도 하지 않는다.

우발부채는 다음의 ① 또는 ②에 해당하는 잠재적인 부채를 말한다.

① 기업이 전적으로 통제할 수 없는 불확실한 미래 사건의 발생여부에 의하여서만 그 존재여부가 확인되는 잠재적인 의무
② 의무를 이행하기 위하여 자원이 유출될 가능성이 높지 않거나, 또는 당해의무를 이행해야 할 금액을 신뢰성 있게 추정할 수 없는 경우

K-IFRS에서는 충당부채와 우발부채는 자원의 유출가능성과 금액의 추정가능성에 따라 다음과 같이 재무제표 표시방법을 달리하도록 하고 있다.

금액추정가능성 / 자원유출가능성	신뢰성 있게 추정가능	추정불가능
가능성이 높음	충당부채로 인식	우발부채로 주석 공시
가능성이 높지 않음	우발부채로 주석 공시	
가능성이 아주 낮음	공시하지 않음	

(주) 중요한 계류중인 소송사건과 보증제공사항은 의무적으로 주석으로 공시함.

2 충당부채의 회계처리

(1) 하자보수충당부채

건설공사, 장비설치 등을 시공한 회사는 계약공사가 완료된 후 발생가능성이 있는 하자에 대해 공사수익을 인식한 시기에 다음과 같은 회계처리를 한다.

(차) 하자보수비 ××× (대) 하자보수충당부채 ×××

(2) 제품보증충당부채

1) 현금기준법

현금기준법은 제품의 판매시에는 제품보증비를 인식하지 않고, 제품보증비가 실제 발생할 때 다음과 같이 비용으로 인식하는 방법이다. 이 방법은 현행 회계제도의 근간인 발생기준 회계에 맞지 않는 방법이다.

(차) 제품보증비 ××× (대) 현 금 ×××

2) 발생기준법

제품을 판매한 기간에 제품보증비를 추정하여 인식하는 방법으로, 수익・비용이 적절히 대응되는 장점이 있다. 발생기준법에는 충당부채설정법(보증비용인식법)과 이연수익법(보증수익인식법)의 두 가지 방법이 있다.

구 분	충당부채설정법(보증비용인식법)	이연수익법(보증수익인식법)
① 제품판매	(차) 현 금 ××× (대) 매 출 ×××	(차) 현 금 ××× (대) 매 출 ××× 이연제품보증수익 ×××
② 수정분개	(차) 제품보증비 ××× (대) 제품보증충당부채 ×××	분개 없음
③ 보증발생	(차) 제품보증충당부채 ××× (대) 현 금 ×××	(차) 제품보증비 ××× (대) 현 금 ××× (차) 이연제품보증수익 ××× (대) 제품보증수익 ×××

(3) 경품충당부채

경품을 일회성으로 제공하는 경우에는 우발부채로 처리하며, 반복적으로 제공하는 경우에는 판매시에 경품충당부채로 인식한다.

① 쿠폰 발행시의 분개

(차) 경 품 비	×××	(대) 경품충당부채	×××

② 경품구입시의 분개

(차) 경 품 재 고	×××	(대) 현 금	×××

③ 쿠폰 상환시의 분개

(차) 경품충당부채	×××	(대) 경 품 재 고	×××

(4) 미래의 예상영업손실

미래의 예상영업손실은 충당부채로 인식하지 않는다. 미래의 예상영업손실은 과거 사건의 결과로 발생한 현재의무가 아니며, 미래경제적 효익의 유출가능성과 신뢰성 있는 금액의 추정이 어렵기 때문이다.

연습문제

CHAPTER 6

1. 부채에 대한 설명으로 옳지 않은 것은? (2007, 세무직공무원 7급)

① 부채는 특정 기업실체가 과거의 거래나 사건으로부터 발생하여 현재시점에서 부담하는 경제적 의무이다.

② 충당부채와 우발채무는 현재의 의무로서 이를 이행하기 위하여 자원이 유출될 가능성이 높으므로 부채로 인식한다.

③ 기업실체가 자산을 이미 인수하였거나 자산을 취득하겠다는 취소불능계약을 체결한 경우 현재의 의무가 발생한다.

④ 손실부담계약은 당해계약상의 의무에 따라 발생하는 회피불가능한 비용이 그 계약에 의하여 받을 것으로 기대되는 효익을 초과하는 계약으로, 그러한 계약에 의한 현재의 의무는 충당부채로 인식한다.

2. 다음 자료에 의하여 당기중 외상매입금상환액을 구하면? (단, 상품매입거래는 현금과 외상 이외는 없다) (2001, 세무직공무원 9급)

• 기초상품재고액	₩100,000	• 기말상품재고액	₩20,000
• 외상매입금 전기이월액	50,000	• 외상매입금 차기이월액	60,000
• 당기중 현금매입액	90,000	• 당기매출원가	510,000

① ₩80,000　　② ₩210,000
③ ₩330,000　　④ ₩420,000

3. 사채에 관한 사항 중 잘못된 것은? (2002, 세무직공무원 7급)

① 시장이자율보다 표시이자율이 낮은 경우 사채는 액면가보다 낮은 금액으로 발행된다.

② 사채할증발행차금을 유효이자율법으로 상각할 경우 사채할증발행차금상각액은

기간의 경과와 함께 감소한다.

③ 사채할인발행차금을 유효이자율법으로 상각할 경우 이자비용은 기간경과와 함께 증가한다.

④ 기발행사채의 할인발행차금상각액은 시장이자율의 변동에 영향을 받지 않는다.

4. 사채발행차금과 사채발행비에 대한 다음 설명 중 맞는 것은? (2000, 공인회계사 수정)

① 사채발행차금을 유효이자율법으로 상각(환입)하는 경우, 할인발행되면 이자비용은 매년 감소하고 할증발행되면 매년 증가한다.

② 사채발행차금을 정액법으로 상각(환입)하는 경우, 장부금액에 대한 이자비용의 비율은 매년 동일하다.

③ 사채발행차금을 유효이자율법으로 상각하는 경우, 할인발행 또는 할증발행에 따른 사채발행차금의 상각(환입)액은 매년 증가한다.

④ 사채발행차금은 사채기간에 걸쳐 정액법으로 상각(환입)한다.

⑤ 사채발행비는 사채기간에 걸쳐 정액법으로 상각한다.

5. 회계기준은 사채의 회계처리에 대하여 원칙적으로 유효이자율법을 적용할 것을 규정하고 있다. 사채의 회계처리와 관련한 다음 설명 중 맞는 것은? (2002, 세무사)

① 유효이자율법 적용시 할증발행차금상각액은 매기 감소한다.

② 유효이자율법 적용시 할인발행차금상각액은 매기 감소한다.

③ 할증발행된 경우 이자비용은 매기 증가한다.

④ 할인발행된 경우 이자비용은 매기 감소한다.

⑤ 사채발행시점에서 사채발행비가 지출된 경우 발행 당시의 유효이자율은 발행 당시의 시장이자율보다 높다.

6. 한량회사는 2002년 1월 1일 사채를 발행하였다. 발행일의 분개로 맞는 것은? (2002, 세무직공무원 9급)

• 액면금액	₩1,000,000	• 액면이자율	9%
• 이자지급 연 1회(매년 12월 31일)		• 발행대금	₩980,000
• 상환조건 2004년 12월 31일 일시상환		• 사채발행비	30,000

① (차) 현 금	980,000	(대) 사 채	1,000,000
사채할인발행차금	20,000		
② (차) 현 금	980,000	(대) 사 채	1,000,000
사채할인발행차금	50,000	사채발행비	30,000
③ (차) 현 금	950,000	(대) 사 채	1,000,000
사채할인발행차금	50,000		
④ (차) 현 금	1,000,000	(대) 사 채	1,000,000

7. (주)대한은 20×1년 1월 1일에 액면금액 ₩8,000,000(이자는 매년도 말에 후불로 지급)의 사채를 ₩7,400,000에 발행하였다. (주)대한은 20×1년 12월 31일에 사채와 관련하여 유효이자율법에 따라 다음과 같이 분개하였다.

(차) 이 자 비 용	962,000	(대) 현 금	800,000
		사채할인발행차금	162,000

이 사채의 연간 유효이자율과 표시이자율은 각각 몇 %인가? (2011, 주택관리사)

① 12%, 10% ② 13%, 10%
③ 13%, 11% ④ 14%, 10%
⑤ 14%, 11%

8. 2001년 7월 1일 장백주식회사는 액면금액 ₩10,000,000의 사채를 발행하였다. 이 사채의 만기일은 2005년 6월 30일이고 표시이자율은 연 8%이며, 이자지급은 연 2회(6.30과 12.31)이다. 사채발행시점에서 유효이자율은 10%이기 때문에, 사채의 발행금액은 ₩9,366,000으로 결정했다. 유효이자율법에 의하여 사채발행차금을 상각할 경우, 사채발행시점에서 2001년 12월 31일까지의 기간에 상각되는 사채할인발행차금은?

(2004, 세무직공무원 7급)

① ₩68,300 ② ₩46,830
③ ₩63,400 ④ ₩79,250

9. 액면금액 ₩100,000, 만기 3년, 표시이자율 연 10%인 사채를 연초에 발행하였다. 발행시점에서 시장이자율을 고려하여 계산된 사채의 발행금액은 ₩88,000이다. 이 회사가 발행차금을 유효이자율법으로 회계처리해야 한다고 할 경우, 향후 3년간 손익계산서에 인식해야 할 이자비용 총액은? (2007, 세무직공무원 9급)

① ₩30,000
② ₩26,400
③ ₩42,000
④ 유효이자율이 없으므로 계산할 수 없음

10. (주)날개는 2001년 1월 1일 시장이자율이 연 9%일 때 액면금액이 ₩10,000이고, 만기가 3년인 회사채를 ₩9,241에 할인발행하였다. 이 회사채는 매년 말 이자를 지급한다. 이 회사채의 2002년 1월 1일 장부금액이 ₩9,473이라면, 이 회사채의 표시이자율은 얼마인가? (단, 문제풀이과정에서 계산되는 모든 화폐금액은 소수점 이하에서 반올림한다)

(2002, 세무사)

① 5.8%
② 6%
③ 6.2%
④ 6.5%
⑤ 7%

11. (주)일성건설은 사채권면의 발행일이 2004년 1월 1일인 보통사채를 2004년 3월 1일자로 발행하였다. 발행일의 시장이자율은 7%이며 사채발행비용을 포함한 유효이자율은 8%이다. 이 사채는 액면이자율 6%, 액면금액 ₩100,000, 매년 말 이자지급, 만기 2년의 조건으로 발행되었다. 이 사채의 분개에 관한 다음의 서술 중 옳은 것은? (단, 현가계수는 주어진 자료를 반드시 사용하고, 금액계산에서 소수점 첫째자리에서 반올림한다)

(2004, 공인회계사)

현가계수표

할인율 / 기 간	단일금액(기말 지급)		연금(매기말 지급)	
	7%	8%	7%	8%
1	0.9346	0.9259	0.9346	0.9259
2	0.8734	0.8573	1.8080	1.7833

① 2004년 3월 1일 사채발행시 사채할인발행차금은 ₩3,284이다.
② 2004년 위 사채로부터 발생하는 이자비용은 ₩7,754이다.
③ 2004년 3월 1일 발행시 현금유입액은 ₩96,430이다.
④ 2005년 12월 31일 사채할인발행차금상각액은 ₩1,785이다.
⑤ 2004년 3월 1일 미지급이자는 기록되지 않는다.

12. (주)한국은 자금조달을 위하여 액면금액 ₩20,000(액면이자율 연 8%, 사채권면상 발행일 20×1년 1월 1일, 만기 3년, 매년 말 이자지급)인 사채를 20×1년 4월 1일에 발행했다. 권면상 발행일인 20×1년 1월 1일의 시장이자율은 연 10%, 실제발행일의 시장이자율이 연

12%라고 할 때 (주)한국의 20×1년 말 재무상태표에 표시될 사채의 장부금액은 얼마인가? (단, 사채발행과 관련한 거래비용은 없으며, 현가계수는 아래 표를 이용한다. 또한 계산금액은 소수점 첫째자리에서 반올림하며, 이 경우 단수차이로 인해 약간의 오차가 있으면 가장 근사치를 선택한다) (2010, 공인회계사)

현가계수표

기간 \ 할인율	기간 말 ₩1의 현재가치(단일금액)			정상연금 ₩1의 현재가치		
	8%	10%	12%	8%	10%	12%
1년	0.9259	0.9091	0.8929	0.9259	0.9091	0.8929
2년	0.8573	0.8264	0.7972	1.7833	1.7355	1.6901
3년	0.7938	0.7513	0.7118	2.5771	2.4868	2.4018

① ₩18,221　② ₩18,648
③ ₩19,080　④ ₩19,305
⑤ ₩20,000

13. 동신상사는 2001년 1월 1일 액면 ₩1,000,000의 사채를 ₩975,562에 할인발행하였다. 그 후 이 사채와 관련된 분개내역은 아래와 같다. 만약 이 사채 전액을 2001년 12월 31일 ₩900,000에 상환하였다면 사채상환이익(또는 손실)은? (2001, 세무직공무원 7급)

• 2001년 1월 1일

(차) 현　　금	975,562	(대) 사　　채	1,000,000
사채할인발행차금	24,438		

• 2001년 12월 31일

(차) 이 자 비 용	107,312	(대) 현　　금	100,000
		사채할인발행차금	7,312

① ₩17,126(상환손실)　② ₩31,750(상환손실)
③ ₩82,874(상환이익)　④ ₩100,000(상환이익)

14. 서울상사는 액면금액 ₩26,000,000의 사채를 ₩29,000,000에 조기상환하였다. 상환 당시 이 사채에 대한 사채할인발행차금계정 잔액은 ₩600,000이었고 미지급사채이자가 ₩700,000이다. 사채상환손실은 얼마인가? (2001, 세무직공무원 9급)

① ₩1,700,000　② ₩2,900,000
③ ₩3,100,000　④ ₩3,600,000

15. (주)태백상사는 2004년 7월 1일 경과이자를 포함하여 ₩85,000에 자기발행사채를 취득하였다. 사채의 액면금액은 ₩50,000으로 2004년 1월 1일 현재 장부금액은 ₩80,000이었으며 사채상환으로 인하여 사채상환손실로 인식한 금액은 ₩3,500이다. (주)태백상사가 유효이자율법으로 이자비용을 인식한다고 할 경우 적용한 유효이자율은 얼마인가?(단, 표시이자는 매년 말에 지급한다) (2004, 감정평가사)

① 4.38%
② 6.18%
③ 4.12%
④ 3.25%
⑤ 3.75%

16. (주)한국은 2007년 1월 1일 3년 만기, 액면 ₩1,000의 사채를 발행하였다. 이 사채의 액면이자율은 5%, 유효이자율은 10% 그리고 이자지급일은 매년 12월 31일이다. (주)한국이 2009년 7월 1일 경과이자를 포함하여 현금 ₩950을 지급하고 이 사채를 조기상환할 때, 사채상환손익은? (단, 2008년 12월 31일 현재 사채할인발행차금의 미상각잔액은 ₩40으로 가정한다) (2010, 세무직공무원 7급)

① ₩58 손실
② ₩58 이익
③ ₩68 손실
④ ₩68 이익

17. 다음은 (주)JC가 20×8년 기초에 발행한 사채와 관련된 자료이다.

- 액면가액 : ₩3,000,000
- 발행일 : 20×8년 1월 1일
- 만기일 : 발행 후 3년
- 표시이자율 : 연 8% 매년 말 지급
- 발행시 유효이자율 : 연 10%

할인율	단일금액 ₩1의 현재가치			정상연금 ₩1의 현재가치		
	1년	2년	3년	1년	2년	3년
8%	0.9259	0.8573	0.7938	0.9259	1.7833	2.5771
10%	0.9091	0.8264	0.7513	0.9091	1.7355	2.4868

사채발행차금을 유효이자율법으로 회계처리하는 (주)JC가 20×9년 3월 31일에 상기 사채를 ₩3,150,000(미지급이자 포함)에 매입하였다면, 사채상환손실은 얼마인가? (단, 모든 계산금액은 소수점 첫째자리에서 반올림하며, 이 경우 약간의 오차가 나타날 수 있다)

(2009, 공인회계사)

① ₩54,614
② ₩91,800
③ ₩181,800
④ ₩241,800
⑤ ₩254,195

18. (주)갑은 20×1년 1월 1일 액면금액 ₩50,000(만기 3년, 표시이자율 연 10%, 매년 말 이자지급)인 사채를 발행하였다. 20×1년 1월 1일의 시장이자율은 연 8%이다. (주)갑이 20×3년 4월 1일에 동 사채의 50%(발생한 액면이자 포함)를 ₩25,000에 조기상환할 경우, 조기상환이익은 얼마인가? (단, 사채발행과 관련된 거래비용은 없다. 계산결과 단수차이로 인해 답안과 오차가 있는 경우 근사치를 선택한다) (2012, 공인회계사)

기간 \ 할인율	기간말 단일금액 ₩1의 현재가치		정상연금 ₩1의 현재가치	
	8%	10%	8%	10%
1	0.9259	0.9091	0.9259	0.9091
2	0.8573	0.8264	1.7833	1.7355
3	0.7938	0.7513	2.5771	2.4868

① ₩159
② ₩346
③ ₩784
④ ₩971
⑤ ₩1,596

19. 대영(주)는 액면금액 ₩300,000인 사채(표시이자율 10%, 이자지급일 매년 12월 31일, 만기 3년, 사채권면의 발행일 20×4년 1월 1일)를 20×4년 5월 1일 발행하였다. 사채발행시의 유효이자율은 12%이었으며, 사채발행차금은 유효이자율법으로 상각한다. 대영(주)는 20×5년 6월 30일 현금 ₩155,000을 지급하고 사채액면 ₩150,000을 매입상환하였다. 사채상환손익은 얼마인가? (단, 계산과정에서 소수점 처리로 인하여 ₩10 이내의 오차가 발생할 수 있다) (2002, 공인회계사)

	10%	12%
3년, ₩1의 현가요소	0.7513	0.7118
3년, 연금 ₩1의 현가요소	2.4869	2.4018

① 사채상환손실 ₩1,374
② 사채상환이익 ₩1,374
③ 사채상환손실 ₩2,568
④ 사채상환이익 ₩2,568
⑤ 사채상환손실 ₩8,873

20. (주)동화는 20×8년 1월 1일에 액면금액 ₩3,000,000, 표시이자율 6%, 3년에 걸쳐 매년 말 이자지급과 원금 ₩1,000,000씩을 상환하는 연속상환사채를 발행하였다. 사채의 발행가격은 얼마인가? (단, 사채발행시의 유효이자율은 8%이고 사채발행비는 없다. 또한 모든 계산금액은 소수점 첫째자리에서 반올림하며, 이 경우 약간의 오차가 나타날 수 있다)

(2009, 공인회계사)

할인율	단일금액 ₩1의 현재가치			정상연금 ₩1의 현재가치		
	1년	2년	3년	1년	2년	3년
6%	0.9434	0.8900	0.8396	0.9434	1.8334	2.6730
8%	0.9259	0.8573	0.7938	0.9259	1.7833	2.5771

① ₩2,641,259
② ₩2,703,342
③ ₩2,765,391
④ ₩2,823,256
⑤ ₩2,894,178

21. '퇴직급여'의 회계처리에 관한 설명으로 옳지 않은 것은? (2011, 관세사)

① 확정기여형 퇴직급여제도의 경우 보험수리적 위험과 투자위험은 종업원이 부담한다.
② 확정기여형 퇴직급여제도의 경우 기업의 법적 의무나 의제의무는 기업이 기금에 출연하기로 약정한 금액으로 한정된다.
③ 확정급여형 퇴직급여제도에서 확정급여채무의 현재가치와 당기근무원가를 결정하기 위해 예측단위적립방식을 사용한다.
④ 확정급여형 퇴직급여제도에서 확정급여채무를 할인하기 위해 사용하는 할인율은 보고기간 말 현재 해당기업의 자본비용을 사용한다.
⑤ 보험수리적손익의 인식은 범위접근법을 사용할 수도 있고 발생한 기간에 즉시 인식할 수도 있다.

22. '퇴직급여제도에 의한 회계처리와 보고'에 관한 설명으로 옳지 않은 것은? (2011, 세무사)

① 확정기여제도에서 가입자의 미래급여금액은 사용자나 가입자가 출연하는 기여금과 기금의 운영효율성 및 투자수익에 따라 결정된다.
② 확정기여제도의 재무제표에는 약정퇴직급여의 보험수리적 현재가치와 급여지급에 이용가능한 순자산 사이의 관계, 그리고 약정급여를 위한 기금적립정책에 대한 설명이 있어야 한다.
③ 확정급여제도는 종업원에게 지급할 퇴직급여금액이 일반적으로 종업원의 임금과 근무연수에 기초하는 산정식에 의해 결정되는 퇴직급여제도이다.
④ 가득급여는 종업원의 미래 계속 근무와 관계없이 퇴직급여제도에 따라 받을 권리가 있는 급여를 의미한다.
⑤ 기금적립은 퇴직급여를 지급할 미래의무를 충족하기 위해 사용자와는 구별된 실체(기금)에 자산을 이전하는 것을 의미한다.

23. 다음 자료를 기초로 (주)서울의 포괄손익계산서에 계상될 퇴직급여비용을 계산하면?

(2011, 감정평가사)

- 당기 근무원가 ₩450,000
- 기초 확정급여채무 금액 ₩900,000(할인율 연 10%)
- 사외적립자산의 실제수익 ₩150,000, 기대수익 ₩120,000
- 회사는 보험수리적손익을 전액 기타포괄손익으로 인식하고 있음
- 과거근무원가 중 당기손익인식금액 ₩80,000

① ₩424,000　② ₩444,000
③ ₩450,000　④ ₩494,200
⑤ ₩500,000

24. (주)한라는 퇴직급여제도로 확정급여제도(defined benefit plan)를 채택하고 있으며 20×1년도 (주)한라의 확정급여제도와 관련된 자료는 다음과 같다.

	20×1년	
• 확정급여채무의 현재가치	₩ ?	(20×1년 초)
• 사외적립자산의 공정가치	240,000	(20×1년 초)
• 당기근무원가	50,000	
• 퇴직금지급액	75,000	
• 사외적립자산에 대한 기여금 납부액	50,400	
• 확정급여채무의 현재가치 평가에 사용할 할인율	연 12%	(20×1년 초)
• 사외적립자산의 기대수익률	연 15%	(20×1년 초)

20×1년에 발생한 확정급여채무의 보험수리적손실은 ₩5,000이고, 사외적립자산의 보험수리적이익은 ₩10,000이다. 20×1년 말 확정급여채무의 현재가치가 ₩254,400이라면, (주)한라의 20×1년 초 확정급여채무의 현재가치는 얼마인가? (단, 20×1년 초 미인식보험수리적손익누계액은 없었으며, 과거근무원가는 고려하지 않는다. 또한 퇴직금은 사외적립자산에서 지급하고, 모든 거래는 기말에 발생한다) (2011, 공인회계사)

① ₩234,400　② ₩245,000
③ ₩264,000　④ ₩276,000
⑤ ₩290,000

25. 다음 중 충당부채, 우발부채 및 우발자산에 대한 설명으로 옳지 않은 것은 어느 것인가?

(2011, 공인회계사)

① 충당부채로 인식되기 위해서는 과거 사건으로 인한 의무가 기업의 미래행위와 독립적이어야 한다. 따라서 불법적인 환경오염으로 인한 범칙금이나 환경정화비용의 경우에는 충당부채로 인식한다.

② 충당부채는 부채로 인식하는 반면, 우발부채와 우발자산은 부채와 자산으로 인식하지 않는다.

③ 당초에 다른 목적으로 인식된 충당부채를 어떤 지출에 대하여 사용하게 되면 다른 두 사건의 영향이 적절하게 표시되지 않으므로 당초 충당부채에 관련된 지출에 대해서만 그 충당부채를 사용한다.

④ 의무발생사건이 되기 위해서는 당해사건으로부터 발생된 의무를 이행하는 것 외에는 실질적인 대안이 없어야 한다. 이러한 경우는 의무의 이행을 법적으로 강제할 수 있거나 기업이 당해의무를 이행할 것이라는 정당한 기대를 상대방이 가지는 경우에만 해당한다.

⑤ 재무제표는 재무제표이용자들의 현재 및 미래 의사결정에 유용한 정보를 제공하는 데에 그 목적이 있다. 따라서 미래영업을 위하여 발생하게 될 원가에 대해서 충당부채로 인식한다.

26. 다음은 각 기업의 사례이다. 이 중 20×1년 말 재무제표에 충당부채를 인식해야 하는 사례는 무엇인가? (단, 모든 사례에 대하여, 예상되는 유출금액은 중요하며, 그 금액을 신뢰성 있게 추정할 수 있다고 가정한다)

(2010, 공인회계사)

① (주)항공은 고객충성제도를 운영하고 있다. 이 제도의 회원이 당 회사의 여객기를 이용하면 (주)항공은 마일리지를 부여한다. 회원은 마일리지를 이용하여 무료로 항공기에 탑승할 수 있다. 20×1년중 회원들은 1억 마일을 적립하였다. 이 마일리지의 유효기간은 없으며 이 중 80%가 사용될 것으로 예상한다.

② (주)세계는 법률이 요구하는 경우에만 오염된 토지를 정화하는 정책을 가지고 있다. 이제까지는 오염된 토지를 정화해야 한다는 법규가 없었고, 따라서 (주)세계는 지난 몇 년에 걸쳐 토지를 오염시켜 왔다. 그런데 이미 오염된 토지를 정화하는 것을 의무화하는 관계 법률이 연말 후에 곧 제정될 것이 20×1년 12월 31일 현재 거의 확실하다. 제정될 법률에 따라 오염된 토지를 정화하기 위한 추가금액이 필요할 것으로 예상한다.

③ 20×1년 12월 28일 (주)부산은 한 사업부를 폐쇄하기로 결정하였고 이를 고객과 폐쇄되는 사업부의 종업원들에게 공표하였다. 그러나 20×1년 12월 31일까지 이

사업부의 폐쇄와 관련한 지출이나 폐쇄결정의 구체적인 이행시기에 대해서는 계획을 확정하지 못하였다.

④ (주)서울은 외부용역에 의존하여 20×1년까지 한국채택국제회계기준을 적용해 왔다. 그러나 20×2년부터 회사 자체적으로 한국채택국제회계기준을 적용하기 위하여, 회계 관련 분야의 기존 종업원들을 교육훈련하고 기존의 회계처리시스템을 수정·보완할 계획이며, 이를 위하여 외부용역비보다 더 큰 지출이 필요함을 알고 있다. (주)서울은 20×1년 말까지 회사 내부의 회계시스템의 개선을 위하여 어떠한 비용도 지출하지 않았다.

⑤ (주)클린은 기존의 법규에 따라 적정한 폐수처리시설을 운용하고 있다. 그런데 기존의 법규상 기준치보다 더 강화된 새로운 폐수처리에 대한 법규가 연말 이후에 곧 제정될 것이 20×1년 12월 31일 현재 거의 확실하다. 개정될 법규에 따라 추가 시설투자가 필요할 것으로 예상한다.

27. (주)대한은 20×1년부터 전자제품을 판매하면서 3년간 보증수리를 무상으로 해주는데 20×1년도에 ₩250,000, 20×2년도에 ₩500,000을 보증수리비로 인식하였다. 실제 지출한 보증수리비는 20×1년도에 ₩150,000, 20×2년도에 ₩320,000이었다. 20×2년도 말 제품보증충당부채 잔액은? (2011, 주택관리사)

① ₩180,000 ② ₩220,000
③ ₩250,000 ④ ₩260,000
⑤ ₩280,000

28. (주)한국은 20×1년에 새로 출시된 건강음료의 판매를 촉진하기 위하여 제품상자당 1장의 쿠폰을 인쇄하여 판매하고 있다. 고객은 쿠폰 10장과 원가 ₩2,500인 운동기구를 교환할 수 있으며, 회사는 쿠폰의 회수율이 40%일 것으로 추정하고 있다. 20×1년 동안 회사가 판매한 건강음료는 총 4,200상자이고, 교환이 청구된 쿠폰수는 1,080장이다. (주)한국이 20×1년 결산시 계상해야 할 경품충당부채는? (2011, 공무원 7급)

① ₩0 ② ₩130,000
③ ₩140,000 ④ ₩150,000

29. (주)충경은 20×5년 1월 1일 판매촉진을 위하여 상품 1상자마다 경품교환에 사용할 수 있는 쿠폰 2개씩을 동봉하였다. 경품의 매입원가는 ₩1,500이며, 경품을 청구하기 위해서는 4개의 쿠폰과 ₩1,000의 현금을 제시해야 한다. 20×5년 동안에 상품 10,000상자를 상자

당 ₩2,000에 판매하였다. 회사의 과거 경험에 근거할 때 발행된 쿠폰의 40%가 회수될 것으로 추정되었으며, 이에 상당하는 양의 경품이 구매되었다. 20×5년 기간 중 총 500개의 경품이 쿠폰과 교환되었다. (주)충경의 결산일이 12월 31일이라고 할 때 20×5년 말의 경품충당부채는 얼마인가? (2006, 공인회계사)

① ₩3,000,000 ② ₩2,250,000
③ ₩937,500 ④ ₩750,000
⑤ ₩500,000

30. (주)서울은 20×1년 7월 1일에 액면금액이 ₩100,000인 상품권 1,000매를 한 매당 ₩95,000에 발행하였다. 고객은 상품권 금액의 80% 이상을 사용하면 잔액을 현금으로 돌려받을 수 있다. 상품권의 만기는 발행일로부터 5년이다. 20×1년 12월 31일까지 상품권 사용에 의한 매출로 200매가 회수되었으며, 그 매출과정에서 ₩2,500,000이 거스름돈으로 지급되었다. 20×1년에 (주)서울이 상품권과 관련하여 수익(순매출액)으로 인식할 금액은? (2011, 감정평가사)

① ₩16,500,000 ② ₩17,500,000
③ ₩19,000,000 ④ ₩20,000,000
⑤ ₩95,000,000

해답 및 풀이

1. ②
우발부채는 잠재적인 의무로서 부채로 인식하지 않고 주석으로 공시한다.

2. ③
외상매입금상환액(x) = 외상매입금 전기이월액 + 외상매입액(당기매입액 − 현금매입액) − 외상매입금 차기이월액
= ₩50,000 + (₩510,000 + ₩20,000 − ₩100,000 − ₩90,000) − ₩60,000
= ₩330,000

외상매입금

상환액(x)		전기이월액	50,000
차기이월액	60,000	외상매입액	340,000

재고자산

기초재고액	100,000	매출원가	510,000
당기매입액	430,000	기말재고액	20,000

3. ②

사채할증발행차금상각액＝현금이자－이자비용(사채의 기초장부금액×유효이자율)
사채의 기초장부금액은 매년 감소하므로 상각액은 매년 증가한다.

4. ③

① 유효이자율법의 경우 할인발행되면 이자비용은 매년 증가하고, 할증발행되면 이자비용은 매년 감소한다.
② 장부금액에 대한 이자비용의 비율이 매년 동일한 방법은 유효이자율법이다.
④ 사채발행차금은 유효이자율법으로 상각(환입)한다.
⑤ 사채발행비는 사채의 발행금액에서 차감하여 사채발행차금에 가감한다.

5. ⑤

①, ②, ③, ④ :

구 분	장부금액	이자비용	사채발행차금상각액
할인발행	매기 증가	매기 증가	매기 증가
할증발행	매기 감소	매기 감소	매기 증가

⑤ 유효이자율은 사채발행금액과 미래현금흐름의 현재가치를 일치시키는 이자율인데, 사채발행비로 인하여 발행금액이 감소하기 때문에 유효이자율이 상승한다.

6. ③

발행금액＝₩980,000－₩30,000＝₩950,000
사채할인발행차금＝액면금액－발행금액
＝₩1,000,000－₩950,000＝₩50,000

7. ②

₩7,400,000 × x_1 ＝₩962,000
∴ x_1(유효이자율)＝13%
₩8,000,000 × x_2 ＝₩800,000
∴ x_2(표시이자율)＝10%

8. ①

연 2회 이자를 지급하므로 이자율도 1/2을 적용한다.
사채할인발행차금상각액＝이자비용－현금이자
＝(₩9,366,000×0.05)－(₩10,000,000×0.04)＝₩68,300

9. ③

사채할인발행의 이자비용총액＝현금이자지급액 합계＋사채할인발행차금상각액 합계
＝(₩10,000×3)＋₩12,000＝₩42,000

10. ②

사채할인발행차금상각액이 ₩232(=₩9,473−₩9,241)이므로,

(₩9,241×0.09)−(₩10,000×x)=₩232

₩10,000x=₩832−₩232=₩600

$x=\frac{₩600}{₩10,000}=0.06(6\%)$

11. ①

권면상 발행일의 사채 현재가치 : (₩6,000×1.7833)+(₩100,000×0.8573)	₩96,430
+유효이자 : (₩96,430×8%×2/12)	1,286
현금수취액	₩97,716
−현금이자 : (₩100,000×6%×2/12)	(1,000)
사채의 순수발행금액	₩96,716
사채할인발행차금 : (₩100,000−₩96,716)	₩3,284

12. ②

이자지급일 사이의 사채발행은 실제발행일의 시장이자율(12%)을 적용하여 권면상 발행일에 사채가 발행된 것으로 가정한다. 따라서 20×1년 말 사채의 장부금액은 사채발행 1년 후의 상각후원가를 구하면 된다.

20×1. 1. 1 현재가치 :

(₩20,000×0.7118)+(₩1,600×2.4018)=₩18,079

20×1.12.31 장부금액 :

₩18,079+(₩18,079×0.12)−(₩20,000×0.08)=₩18,648

13. ③

사채상환이익=장부금액−상환금액

=(₩975,562+₩107,312−₩100,000)−₩900,000=₩82,874

14. ②

사채상환손실=상환금액(미지급이자 제외*)−장부금액

=(₩29,000,000−₩700,000)−(₩26,000,000−₩600,000)=₩2,900,000

* 미지급이자를 차감해야 순수한 사채에 대한 상환금액이 된다.

15. ⑤

2004. 7. 1 사채상환손익*=장부금액(미지급이자 포함**)−₩85,000(미지급이자 포함)

=−₩3,500

2004. 7. 1 장부금액(미지급이자 포함)=₩85,000−₩3,500=₩81,500

₩80,000+(₩80,000×x/2)=₩81,500***

₩40,000x = ₩1,500

x = 0.0375(3.75%)

* K-IFRS에서는 자기사채의 취득을 사채의 상환으로 본다.

** 상환금액에 미지급이자가 포함되어 있으므로 장부금액에도 미지급이자를 포함시킨다.

*** 미지급이자가 포함된 장부금액을 계산할 때에는 유효이자만 가산하고 현금이자는 차감하지 않는다.

16. ②

2008.12.31 장부금액 = 액면금액 − 미상각사채할인발행차금 = ₩1,000 − ₩40 = ₩960

2009. 7. 1 장부금액(미지급이자 포함) : ₩960 + (₩960 × 0.1 × 1/2) = ₩1,008

사채상환이익 = 장부금액 − 상환금액 = ₩1,008 − ₩950 = ₩58

17. ③

20×8. 1. 1 발행금액 :

(₩3,000,000 × 0.7513) + (₩240,000 × 2.4868) = ₩2,850,732

20×8.12.31 장부금액 :

₩2,850,732 + (₩2,850,732 × 0.1) − (₩3,000,000 × 0.08) = ₩2,895,805

20×9. 3.31 장부금액(미지급이자 포함) :

₩2,895,805 + (₩2,895,805 × 0.1 × 3/12) = ₩2,968,200

사채상환손실 = 상환금액 − 장부금액 = ₩3,150,000 − ₩2,968,200 = ₩181,800

18. ④

㉠ 사채발행금액 : (₩5,000 × 2.5771) + (₩50,000 × 0.7938) = ₩52,576

	유효이자(8%)	현금이자(10%)	상각액	장부금액
20×1년 초	−	−	−	₩52,576
20×1년 말	₩4,206	₩5,000	₩794	51,782
20×2년 말	4,143	5,000	857	50,925
20×3년 말	4,075	5,000	925	50,000

㉡ 20×3년 4월 1일 장부금액(미지급이자 포함) : (₩50,925 + ₩4,075 × 3/12) × 50% = ₩25,971

㉢ 사채상환이익 : ₩25,971 − ₩25,000 = ₩971

19. ①

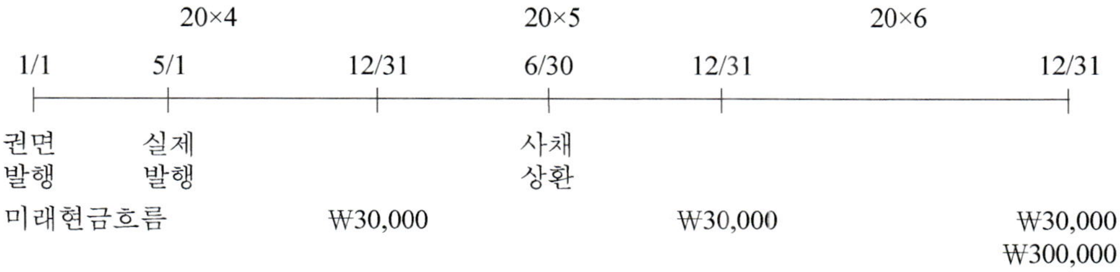

특정시점의 사채의 장부금액은 미래현금흐름의 현재가치 합이므로,

20×5년 초 장부금액 : ₩165,000*/(1.12)^2 + ₩15,000*/(1.12) = ₩144,930

20×5년 6월 말 장부금액(미지급이자 포함) : ₩144,930 + (₩144,930 × 0.12 × 6/12) = ₩153,626

20×5년 6월 말 사채상환손익 : ₩153,626 − ₩155,000 = − ₩1,374(상환손실)

* 사채액면금액의 50%를 상환하므로 미래현금흐름도 50%로 계상함.

20. ⑤

		발행금액
1년 후 상환액의 현재가치		
원금 : ₩1,000,000 × 0.9259 =	₩925,900	
이자 : ₩60,000 × 0.9259 =	55,554	₩981,454
2년 후 상환액의 현재가치		
원금 : ₩1,000,000 × 0.8573 =	857,300	
이자 : ₩60,000 × 1.7833 =	106,998	964,298
3년 후 상환액의 현재가치		
원금 : ₩1,000,000 × 0.7938 =	793,800	
이자 : ₩60,000 × 2.5771 =	154,626	948,426
사채발행금액		₩2,894,178

21. ④

현재가치의 계산에 사용되는 할인율은 보고기간 초의 우량회사채 시장이자율을 참조하여 결정한다.

22. ②

확정기여제도에서 보험수리적손익은 종업원이 부담하므로 회사가 인식해야 할 금액은 없다.

23. ⑤

당기근무원가 ₩450,000 + 이자비용 ₩90,000 − 사외적립자산의 이자수익* ₩120,000 + 과거근무원가 ₩80,000 = ₩500,000

* 이자수익을 초과하는 부분(₩30,000)은 재측정요소로 기타포괄손익에 반영

24. ②

20×1년 말 확정급여채무의 현재가치가 ₩254,400이고 20×1년에 발생한 확정급여채무의 보험수리적손실이 ₩5,000이므로, 20×1년 말 확정급여채무의 장부금액은 ₩249,400이다.

20×1년 초 확정급여채무 현재가치	x
(+) 당기근무원가	₩50,000
(+) 이자원가	$0.12x$
(−) 퇴직금지급액	(75,000)
= 20×1년 말 확정급여채무 장부금액	₩249,400

$x + 0.12x - ₩25,000 = ₩249,400$
$x = ₩245,000$

25. ⑤
재무제표는 미래 시점의 예상재무상태가 아니라 보고기간 말 현재의 재무상태 및 경영성과 등을 표시하는 것이므로, 미래영업을 위하여 발생하게 될 비용 또는 손실에 대해서는 충당부채를 인식하지 아니한다. 즉, 재무상태표에 인식되는 부채는 브고기간 말 현재 도래하는 의무에 국한한다.

26. ②
① 고객충성제도의 경우 보상점수를 부여한 매출거래를 보상점수에 대한 수익(고객충성제도수익)과 재화나 용역의 매출거래로 구분하여 회계처리하야 한다.
③ 구조조정충당부채의 경우 구조조정계획의 이행시기를 확인할 수 있어야 충당부채로 인식할 수 있다.
④ 미래의 회계시스템의 개선을 위하여 지출된 비용은 과거 사건의 결과로 인한 비용이 아니므로 충당부채로 인식하지 아니한다.
⑤ 폐수처리시설에 대한 지출은 공장운영시설을 바꾼다든지 폐수가 발생하는 사업을 중단하는 등 기업의 의사결정에 따라 미래의 지출을 회피할 수 있기 때문에 충당부채로 처리하지 아니한다.

27. ⑤
(₩250,000 + ₩500,000) − (₩150,000 + ₩320,000) = ₩280,000

28. ④
㉠ 경품 쿠폰회수 추정량 : 4,200상자 × 1장 × 40% = 1,680장
㉡ 미청구된 쿠폰수(경품충당부채 잔액) : (1,680장 − 1,080장) × ₩250* = ₩150,000
* ₩2,500/10장 = ₩250/장

29. ④
경품충당부채(20×5년 말) = (10,000상자 × 2개 × 40% × ₩125*) − (500개 × 4개 × ₩125)
= ₩750,000
* 4개의 쿠폰과 현금 ₩1,000으로 매입원가 ₩1,500인 경품과 교환할 수 있으므로 쿠폰 1개의 원가는 ₩125임.

30. ①
(200매 × ₩95,000) − ₩2,500,000 = ₩16,500,000
㉠ 상품권 판매시 분개 :

(차) 현 금	95,000,000	(대) 선 수 금	100,000,000
상품권할인액	5,000,000		

㉡ 상품권 회수시 분개 :

(차) 선 수 금	20,000,000	(대) 현 금	2,500,000
		매 출	16,500,000
		상품권할인액	1,000,000

CHAPTER

7

자 본

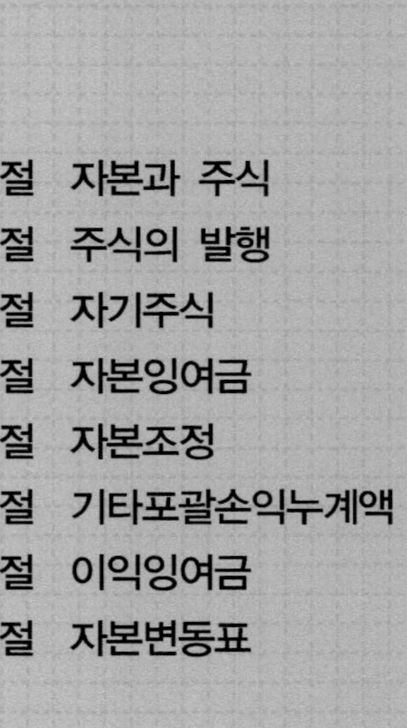

제 1 절 자본과 주식

1 자본의 의의와 분류

(1) 자본의 의의

자본(capital)은 자산에서 부채를 차감한 순자산을 말한다. 부채가 채권자의 몫이므로 채권자지분이라 하는 데 반해, 자본은 소유주, 즉 주주의 몫이므로 소유주지분 또는 주주지분이라고 한다. 또한 자본은 자산에서 채권자지분을 차감하고 난 후의 나머지이므로 잔여지분이라 지칭하기도 한다. 따라서 기업의 자금조달방법 측면에서 보면 부채가 타인자본인 데 반해 자본은 자기자본이 된다.

(2) 자본의 분류

주식회사의 자본은 자본금, 자본잉여금, 자본조정, 기타포괄손익누계액, 이익잉여금으로 구분한다. 이 중에서 자본금과 자본잉여금(주식발행초과금)은 자본거래에서 발생한 자본으로 납입자본이라고 한다.

1) 자본금

자본금은 회사가 발행한 주식수에 액면금액을 곱한 금액이다. 자본금은 회사의 채권자를 보호하기 위하여 반드시 유지해야 할 자산으로 법정자본금이라고 한다. 자본금은 보통주자본금과 우선주자본금으로 구분하여 표시한다.

2) 자본잉여금

자본잉여금은 주식의 발행, 주식의 소각 등과 같은 자본거래에서 발생한 잉여금이다. 따라서 영업활동과 관련하여 발생하는 이익잉여금과는 구별된다. 자본잉여금은 이익배당으로 사용할 수 없으며, 자본금으로의 전입(무상증자)이나 결손금을 보전하기 위한 목적으로만 사용할 수 있다. 자본잉여금에는 주식발행초과금과 기타자본잉여금(감자차익, 자기주식처분이익 등)이 있다.

3) 자본조정

자본조정은 납입자본 및 이익잉여금으로 구분하기 어려운 항목을 모아둔 것으로 자본에서 가감하는 성격을 지니고 있다. 자본조정에는 자기주식, 주식할인발행차금, 주식선택권, 미교부주식배당금, 감자차손, 자기주식처분손실 등이 있다.

4) 기타포괄손익누계액

기타포괄손익누계액은 재무상태표일 현재의 FVOCI금융자산평가손익, 해외사업외화환산손익, 현금흐름위험회피파생상품평가손익(효과적인 부분), 자산재평가차익, 확정급여제도의 재측정요소 등의 잔액이다.

5) 이익잉여금

이익잉여금은 손익거래에서 발생한 순이익에서 배당금으로 사외유출되거나 자본으로 대체되지 않고 사내에 유보된 유보이익을 말한다.

〈표 7-1〉 자본의 구성

Ⅰ. 자 본 금
- 보통주자본금 (납입자본)
- 우선주자본금 (납입자본)

Ⅱ. 자본잉여금
- 주식발행초과금 (납입자본)
- 기타자본잉여금

Ⅲ. 자본조정 : 자기주식, 주식할인발행차금, 미교부주식배당금, 감자차손

Ⅳ. 기타포괄손익누계액

Ⅴ. 이익잉여금 (또는 결손금)
- 법정적립금
- 임의적립금
- 미처분이익잉여금(또는 미처리결손금)

〈표 7-2〉 자본의 계정 분류

계정 구분	계정의 내용
Ⅰ. 자 본 금	
1. 보통주자본금	보통주발행주식수×액면금액
2. 우선주자본금	우선주발행주식수×액면금액
Ⅱ. 자본잉여금	
1. 주식발행초과금*	주식발행금액(신주발행비를 차감한 후의 금액)이 액면금액을 초과하는 금액
2. 기타자본잉여금	
① 감자차익**	자본감소액이 감자대가를 초과하는 금액
② 자기주식처분이익***	자기주식 재발행금액이 취득원가를 초과하는 금액
Ⅲ. 자본조정	
1. 자기주식	자기주식 취득원가(차감계정)
2. 기타자본조정	
① 주식할인발행차금*	주식발행금액이 액면금액에 미달하는 금액 이익잉여금처분으로 상각(차감계정)
② 주식선택권	주식결제형 주식기준보상거래(부가계정)
③ 미교부주식배당금	발행될 주식의 액면금액(부가계정)
④ 감자차손**	감자대가가 자본감소액을 초과하는 금액 이익잉여금처분으로 상각(차감계정)
⑤ 자기주식처분손실***	자기주식 재발행금액이 취득원가에 미달하는 금액 이익잉여금처분으로 상각(차감계정)
Ⅳ. 기타포괄손익누계액	
1. FVOCI금융자산평가손익	당기손익으로 재순환조정(지분증권은 제외)
2. 해외사업외화환산손익	당기손익으로 재순환조정
3. 현금흐름위험회피파생상품평가손익 중 효과적인 부분	당기손익으로 재순환조정
4. 자산재평가차익	당기손익으로 재순환조정 안 됨
5. 확정급여제도의 재측정요소	당기손익으로 재순환조정 안 됨
Ⅴ. 이익잉여금	
1. 적립금	
① 법정적립금	
이익준비금	상법에 의거 적립
② 각종 임의적립금	정관 또는 주주총회 결의에 의거 임의적립
2. 미처분이익잉여금(또는 미처리결손금)	

* 주식발행초과금과 주식할인발행차금은 발생순서에 관계없이 서로 상계함.
** 감자차익(혹은 감자차손)과 먼저 상계 후 잔액이 계상됨.
*** 자기주식처분이익(혹은 자기주식처분손실)과 먼저 상계 후 잔액이 계상됨.

2 주식회사와 주식

(1) 주식회사의 특징

오늘날 대표적인 기업형태인 주식회사는 자본과 관련하여 다음과 같은 특징을 지니고 있다.

① 주식회사의 자본은 소액의 주식으로 분할되어 있어 일반대중으로부터 거액의 자금을 조달할 수 있다.
② 주주들은 보유하고 있는 주식을 증권시장을 통해 자유롭게 양도할 수 있다.
③ 주주들은 채권자에 대해 자기가 투자한 금액의 범위 내에서만 유한책임을 진다.

(2) 주식의 종류

주식은 자본을 균일하게 나눈 단위로서의 의미와 회사에 대한 주주의 권리 및 의무로서의 의미를 지니고 있다.

1) 액면금액의 표시에 따른 분류

① **액면주식 :** 액면주식(par value stock)은 주권에 액면금액이 표시되어 있는 주식을 말한다.
② **무액면주식 :** 무액면주식(non-par value stock)은 주권에 액면금액이 표시되지 않은 주식을 말한다.

2) 주주의 권리 및 이익의 귀속순위에 따른 분류

① **보통주 :** 보통주(common stock)는 기본적인 소유권을 나타내는 주식으로 기업이 실패할 경우 최종위험을 부담하고, 성공할 경우 분배를 받는 잔여지분의 성격을 갖는 주식이다. 보통주는 회사의 경영에 참여할 수 있는 권리가 있으며, 이익이 발생하면 부채에 대한 원리금이나

우선주에 대한 배당금 지급을 제외하고는 모두 보통주에 귀속된다.

② **우선주** : 우선주(preferred stock)는 보통주에 비하여 이익배당 등에서 우선적 지위를 갖는 대신에 경영참가권인 의결권이 배제된 주식이다. 우선주는 그 우선권의 내용에 따라 다음과 같이 구분된다.

㉠ 누적적 우선주(cumulative preferred stock) : 특정연도에 연체배당금이 발생한 경우에는 다음 연도에 보통주보다 우선해서 연체배당금을 지급받을 수 있는 권리가 있는 우선주를 말한다.

㉡ 참가적 우선주(participating preferred stock) : 정해진 우선주배당금을 지급하고도 배당금이 남는 경우에는 보통주와 함께 잔여배당금에 대한 이익배당에 참가할 권리가 있는 우선주를 말한다. 잔여배당금에 대한 이익배당에 참가할 수 있는 정도에 따라 완전참가적 우선주와 부분참가적 우선주로 구분한다.

㉢ 전환우선주(convertible preferred stock) : 일정요건이 충족되면 보통주로 전환할 수 있는 권리가 있는 우선주를 말한다.

㉣ 상환우선주(callable preferred stock) : 미래에 이미 약정된 가격으로 상환되는 우선주를 말한다.

(3) 부채로 분류되는 경우

K-IFRS에서는 법적 형식에서는 우선주와 같은 지분상품이라 하더라도 경제적 실질이 다음 중 어느 하나라도 해당하는 경우에는 금융부채로 분류한다.

① 주식발행자가 주식보유자에게 미래에 일정금액을 반드시 상환해야 한다.

② 주식보유자가 주식발행자에게 일정금액으로 상환청구할 수 있는 권리를 가지고 있다.

제 2 절 주식의 발행

우리나라는 수권자본(authorized stock)제도를 채택하고 있는데, 이는 주주총회에서 회사가 발행할 수 있는 주식의 총수를 결정하고 그 범위 내에서 이사회의 결의에 의하여 주식을 발행하는 제도이다. 상법상 자본불변의 원칙에 따라 감자는 엄격한 제한을 받게 되지만, 주식의 최초발행 및 증자는 수권자본의 범위 내에서 이사회의 결의로 가능하므로 보다 탄력적이다.

1 주식의 현금발행

주식을 액면금액보다 높게 발행하는 할증발행의 경우에는 액면금액에 해당하는 부분은 자본금으로, 액면금액을 초과하는 부분은 주식발행초과금(자본잉여금)으로 기록한다. 만약 이전에 발생한 주식할인발행차금 미상각액이 있는 경우에는 먼저 주식할인발행차금 미상각액과 상계처리한 다음 잔액이 있을 경우에는 주식발행초과금으로 기록한다.

주식을 액면금액보다 낮게 발행하는 할인발행의 경우에는 액면금액에 해당하는 부분은 자본금으로, 액면금액에 미달하는 부분은 주식할인발행차금(자본조정)으로 기록한다. 이 경우에도 이전에 발생한 주식발행초과금이 있는 경우에는 주식발행초과금과 상계처리하고, 잔액이 있을 경우에는 주식할인발행차금으로 기록한다. 주식할인발행차금은 주주총회의 결의에 따라 이익잉여금 처분을 통해 상각한다.

주식의 발행과 관련하여 직접 발생하는 비용을 신주발행비라고 하는데, 신주발행비는 주식발행으로부터 받은 현금수취액에서 차감한다. 따라서 할증발행하는 경우에는 신주발행비를 주식발행초과금에서 차감하고, 할인발행 또는 액면발행하는 경우에는 주식할인발행차금에 가산한다. 이와 같은 납입자본차감법에 따르면 신주발행비는 기업의 영업활동과 관계가 없으므로 비용으로 처리해서는 안 되며, 주식발행으로 인한 현금수취액의 차감으로 보는 것이 타당하다는 것이다.

2 청약에 의한 주식발행

청약에 의한 주식발행은 미이행계약으로 보는 견해가 일반적이다. 따라서 회사가 신주발행 이전에 현금으로 받은 신주청약증거금을 보유하고 있을 때에는 이를 회계사상으로 보지 않는다. 이 경우의 회계처리는 청약시 수령한 계약금만 현금계정 차변에 기입하고 신주청약증거금계정 대변에 기입한다.

3 증권의 일괄발행

여러 종류의 증권을 혼합하여 발행하는 경우에는 발행시점에서 각 증권의 상대적 공정가치에 비례하여 총발행금액을 배분한다. 만약 일괄발행한 증권의 공정가치 일부만을 알 수 있는 경우에는, 공정가치가 알려진 증권에 공정가치만큼을 우선적으로 배분하고 공정가치가 알려지지 않은 증권에 잔액을 배분한다.

4 현물출자

현물출자에 대한 평가는 발행한 주식의 시가로 취득한 자산을 기록한다. 발행한 주식의 시가를 합리적으로 결정할 수 없는 경우에는 취득한 자산의 공정가치로 기록한다. 그러나 두 자산의 공정가치가 모두 알려지지 않은 경우에는 전문가에 의한 감정가액 등을 기준으로 평가해야 한다.

제 3 절 자기주식

1 의 의

자기회사 주식을 재발행을 목적으로 취득하여 보유함으로써 사외에 유통되지 않는 주식을 자기주식(treasury stock)이라 한다. 자기주식에 관하여는 자산으로 보는 견해와 미발행주식으로 보는 견해가 있다.

① 자산으로 보는 견해 : 자기주식을 재발행하는 경우 사외로부터 현금유입이 발생하므로 자기주식을 자산으로 보아야 한다는 견해이다. 그러나 자기주식을 재발행함으로써 자금을 조달할 수 있다고 하지만 단순히 재발행의 기능성만으로 자기주식이 미래의 경제적 효익을 제공한다고 보기는 어렵다.

② 미발행주식으로 보는 견해 : 자기주식의 자산성을 인정하지 않고 자기주식을 수권자본 중의 미발행주식으로 보고 회계처리를 해야 한다는 입장으로 일반적으로 수용되고 있는 견해이다. 자기주식의 자산성을 인정하지 않는 이유는 회사가 자기자신의 일부를 소유한다고 보는 것은 타당하지 않기 때문이다. 이에 따르면 자기주식은 의결권, 주식선매권, 잔여재산분배청구권 및 배당에 대한 권리가 없다.

2 회계처리방법

자기주식의 회계처리방법으로는 원가법과 액면금액법의 두 가지가 있으나 여기서는 원가법만 설명한다.

원가법은 자기주식 취득시 취득원가로 자기주식계정 차변에 기입하고, 재발행시에도 취득원가로 자기주식계정 대변에 기입하는 방법이다. 구체적으로는,

① 자기주식을 취득하면 취득원가를 자기주식의 과목으로 하여 차변에

기입한다.

(차) 자 기 주 식 (자본조정)	×××	(대) 현 금	×××

② 자기주식의 재발행시 재발행금액이 취득원가를 상회하면 그 금액만큼 자기주식처분이익계정 대변에 기입한다. 그 반대의 경우에는 우선 자기주식처분이익계정 잔액을 차변에 기입하고 남은 금액을 자기주식처분손실계정 차변에 기입한다. 자기주식처분손실계정은 자본의 차감항목인 자본조정으로 분류했다가 결손금처리시점에 이익잉여금에서 차감하거나 향후에 발생하는 자기주식처분이익과 상계한다.

㉠ 재발행금액 > 취득원가

(차) 현 금	×××	(대) 자 기 주 식	×××
		자기주식처분이익 (기타자본잉여금)	×××

㉡ 재발행금액 < 취득원가

(차) 현 금	×××	(대) 자 기 주 식	×××
자기주식처분이익	×××		
자기주식처분손실 (자본조정)	×××		

③ 자기주식의 소각은 취득원가와 액면금액의 차이를 감자차익 또는 감자차손으로 분류한다. 감자차손은 우선 당시의 감자차익계정 잔액과 상계하고, 나머지는 자본의 차감항목인 자본조정으로 분류했다가 결손금처리시점에 이익잉여금에서 차감하거나 향후 발생하는 감자차익과 상계한다.

㉠ 취득원가 < 액면금액

차변	금액	대변	금액
(차) 자 본 금	×××	(대) 자 기 주 식	×××
		감 자 차 익	×××
		(기타자본잉여금)	

㉡ 취득원가 > 액면금액

차변	금액	대변	금액
(차) 자 본 금	×××	(대) 자 기 주 식	×××
감 자 차 익	×××		
감 자 차 손	×××		
(자본조정)			

제 4 절 자본잉여금

자본잉여금은 증자활동이나 감자활동 등의 자본과 관련한 거래에서 발생하는 잉여금을 말한다. 이는 손익거래에서 발생하는 이익잉여금과는 대비되는 개념이다. 자본잉여금은 주식발행초과금과 기타자본잉여금(감자차익, 자기주식처분이익 등)으로 구분된다.

자본잉여금
- 주식발행초과금
- 기타자본잉여금 : 감자차익, 자기주식처분이익

1 자본잉여금의 구성

(1) 주식발행초과금

주식을 발행하는 경우에 주식발행금액(신주발행비를 차감한 후의 금액)이 액면금액을 초과하는 경우 그 초과하는 금액으로 한다.

(2) 기타자본잉여금

① 감자차익 : 자본감소액이 주식의 소각, 주금의 반환에 필요한 금액과 결손의 보전에 충당한 금액을 초과한 때에 그 초과금액을 감자차익이라 한다. 감자에는 감자의 대가로 주주에게 현금 등을 지급함으로써 회사의 순자산을 감소시키는 실질적 감자와, 주주에게 현실적으로 대가를 지급하지 않는 명목상의 감자인 형식적 감자가 있다. 감자차익은 이 두 경우에 모두 발생할 수 있다.

② 자기주식처분이익 : 자기주식을 재발행하는 경우 재발행금액(처분금액)이 취득원가를 초과하면 동 금액만큼 자기주식처분이익의 과목으로 기타자본잉여금으로 계상한다.

2 자본잉여금의 변동

원칙적으로 자본잉여금은 자본금으로의 전입과 이월결손금의 보전을 위해서만 사용될 수 있다. 이는 자본잉여금의 사용 및 처분이 상법, 세법, 기타의 법규에 의해 엄격한 제한을 받고 있기 때문이다.

(1) 자본금으로의 전입

자본잉여금의 자본금 전입은 일반적으로 무상증자라고 부르며, 자본잉여금을 감소시키면서 동 금액을 액면금액 기준으로 자본금에 대체하는 것이다. 따라서 자본총액에는 영향을 미치지 않으면서 주식수와 자본금 총액이 증가한다.

(2) 결손금의 보전

미처분이익잉여금이 음(−)의 금액이 되는 경우 이익잉여금처분계산서 대신 결손금처리계산서를 작성해야 한다. 이 경우 적립된 이익잉여금으로 결손금을 우선적으로 처리하고도 부족한 금액은 자본잉여금으로 처리하도록 규정하고 있다.

(3) 기타의 자본잉여금 변동

① 주식할인발행차금과 상계되는 주식발행초과금
② 자기주식처분손실과 상계되는 자기주식처분이익
③ 감자차손과 상계되는 감자차익
④ 청산배당

제 5 절 자본조정

자본조정이란 순자산의 증감을 가져오는 거래는 발생하였으나, 이에 대응되는 자본의 구성항목이 구체적으로 확정되지 않은 임시적 성격의 자본항목을 말한다. 자본에 가감 형식으로 기재되는 자본조정항목은 다음과 같이 분류할 수 있다.

1 자기주식

자기주식은 앞에서 설명하였다.

2 기타자본조정

(1) 주식할인발행차금

주식할인발행차금이 발생할 당시 장부에 주식발행초과금 잔액이 있는 경우, 그 주식발행초과금 잔액의 범위 내에서 주식할인발행차금과 상계처리한다. 미상계된 주식할인발행차금은 자본조정으로 분류한 후 주주총회 결의에 의한 이익잉여금의 처분으로 상각한다.

(2) 감자차손

감자대가가 자본감소액을 초과하는 경우에 그 초과금액을 감자차손이라 한다. 감자차손은 먼저 감자차익과 상계한 후, 미상계된 감자차손 잔액은 자본조정으로 분류하여 결손금처리시점에 이익잉여금에서 차감하거나 향후 발생하는 감자차익과 상계한다.

(3) 자기주식처분손실

자기주식의 재발행시 재발행금액(처분금액)이 취득원가에 미달하는 경우에 발생하는 것으로 먼저 자기주식처분이익과 상계한다. 미상계된 자기주식처분손실 잔액은 자본조정으로 분류하여 결손금처리시점에 이익잉여금에서 차감하거나 향후 발생하는 자기주식처분이익과 상계한다.

(4) 미교부주식배당금

이익잉여금처분이 주주총회의 결의사항인 우리나라에서는 이사회 승인일에 작성되는 이익잉여금처분계산서에 예상 주식배당액을 반영하도록 하고 있다. 이 반영액을 자본의 부가계정인 미교부주식배당금으로 자본조정에 기록하고 주식발행시점에 관련 자본계정에 대체한다.

제 6 절 기타포괄손익누계액

1 FVOCI금융자산평가손익

FVOCI금융자산을 공정가치로 평가할 때, 공정가치 변동에 따른 평가손익은 기타포괄손익으로 인식하고 기타포괄손익누계액에 가산한다. 이후 해당 금융자산(지분증권은 제외)이 양도 또는 제거될 때 기타포괄손익누계액을 당기손익으로 재분류하여 양도손익 또는 처분손익에 반영한다.

2 해외사업외화환산손익

해외지점, 해외사무소, 해외소재 지분법적용대상기업, 해외종속기업의 외화표시 재무제표를 현행환율법에 의하여 환산하는 경우 발생하는 차액은 기타포괄손익으로 인식하고 기타포괄손익누계액에 가산한다. 이는 해외사업장을 매각할 때 당기손익으로 재분류한다.

3 현금흐름위험회피파생상품평가손익 중 효과적인 부분

미래현금흐름 변동위험에 대하여 파생상품을 위험회피수단으로 지정한 경우 그 파생상품의 평가손익을 현금흐름위험회피파생상품평가손익이라고 한다. 이 중 위험회피에 효과적이지 못한 부분은 당기손익으로 인식하고, 효과적인 부분은 기타포괄손익으로 인식하여 기타포괄손익누계액에 가산한다. 기타포괄손익으로 인식된 부분은 위험회피 예상거래가 당기손익에 영향을 미칠 때 당기손익으로 재분류한다.

4 자산재평가차익

자산의 장부금액이 재평가로 인하여 증가하는 경우에는 그 증가액을 기타포괄손익으로 인식하고 재평가잉여금의 과목으로 기타포괄손익누계액에 가산한다. 재평가잉여금은 자산이 제거될 때 그 해당금액을 기타포괄손익누계액에 남겨둘 수도 있고 전액을 이익잉여금에 대체할 수 있다.

재평가대상자산이 상각대상자산인 경우에는 자산의 사용이나 시간의 경과에 따라서 재평가잉여금을 이익잉여금으로 대체할 수도 있다. 이때 이익잉여금으로 대체되는 금액은 재평가된 금액에 근거한 감가상각비와 최초원가에 근거한 감가상각비의 차이가 된다.

5 확정급여제도의 재측정요소(보험수리적손익 등)

확정급여제도의 재측정요소는 기타포괄손익으로 회계처리하며 다음과 같은 항목으로 구성된다.

① 확정급여채무에 대한 보험수리적손익
② 사외적립자산의 재측정요소
③ 자산인식상한효과의 변동

이들 항목은 기타포괄손익으로 인식하여 자본 내에서 이익잉여금과 같은 다른 항목으로 대체할 수 있으므로 기타포괄손익누계액에는 나타나지 않을 수 있다.

제 7 절 이익잉여금

1 이익잉여금의 의미와 증감

이익잉여금은 기업 경영활동의 결과로 기업 내부에 축적된 유보액을 말하며, 유보이익(retained earnings)이라고도 한다.

이익잉여금＝∑{당기순이익－배당(사외유출)－자본전입}

이익잉여금은 다음과 같이 크게 법정적립금, 임의적립금 그리고 미처분 이익잉여금으로 구성되어 있다.

이익잉여금
- 법정적립금(이익준비금)
- 임의적립금
- 미처분이익잉여금

〈표 7-3〉 이익잉여금의 증감원인

감 소	증 가
① 당기순손실	① 당기순이익
② 배당금(중간배당 포함)	② 전기오류수정이익(중요한 오류)
③ 전기오류수정손실(중요한 오류)	③ 회계정책변경의 누적효과(이익)
④ 회계정책변경의 누적효과(손실)	④ 이월결손금의 감소(형식적 감자)
⑤ 자본전입(자본으로 대체)	
⑥ 기타*	

* 주식할인발행차금의 상각, 자기주식처분손실 및 감자차손의 처리 등으로 인해 이익잉여금이 감소한다.

2 이익잉여금의 처분

(1) 법정적립금(이익준비금)

상법의 규정에 의하여 의무적으로 적립해야 하는 금액이다. 여기서 적립이란 이익잉여금이 처분되어 사외로 유출된다는 의미가 아니고 그 사용이 특정목적으로 제한된다는 의미이다.

이익준비금은 매 결산기에 금전에 의한 이익배당액의 10분의 1 이상을 자본금의 2분의 1에 달할 때까지 적립한다. 이익준비금은 결손보전과 자본전입(무상증자) 이외의 목적에는 사용할 수 없다.

(2) 임의적립금

제3자와의 계약 또는 회사정관의 규정이나 주주총회의 결의 등에 의하여 미처분이익잉여금 일부에 대한 처분을 제한하고자 설정되는 적립금이다.

임의적립금의 목적이 달성되면 임의적립금을 미처분이익잉여금으로 환원시킬 수도 있고, 별도적립금으로 대체하여 적립이익잉여금의 총액을 그대로 유지시킬 수도 있다. 임의적립금에는 사업확장적립금, 감채적립금, 배당평균적립금, 결손보전적립금, 재해손실적립금, 해외시장개척적립금 등이 있다.

(3) 배 당

1) 현금배당(cash dividends)

가장 일반적인 배당으로 배당기준일, 배당선언일, 배당지급일의 회계처리가 중요하다.

① **배당기준일** : 배당기준일에 주주명부에 기록된 주주에 한해서 배당을 받을 권리가 있다. 배당기준일에는 회계처리를 하지 않는다.

② **배당선언일** : 주주총회에서 배당이 결의된 날이며 배당관련 부채를 인식한다.

(차) 미처분이익잉여금(배당금)	×××	(대) 미지급배당금	×××

③ **배당지급일**: 배당지급일에는 배당선언일에 기록된 미지급배당금을 차변에 기입한다.

(차) 미지급배당금	×××	(대) 현 금	×××

2) 재산배당(현물배당)

K-IFRS에서는 재산배당과 같이 비화폐성자산의 배당시에는 자산을 공정가치로 기록하고 자산처분손익을 인식하도록 규정하고 있다.

① **배당선언일**: 미처분이익잉여금과 미지급배당금 계정에 배당자산의 공정가치로 기록한다.

(차) 미처분이익잉여금	×××	(대) 미지급배당금	×××

② **배당지급일**: 배당자산의 공정가치와 장부금액의 차이는 자산처분손익으로 기록한다.

(차) 미지급배당금	×××	(대) 배 당 자 산	×××
		자산처분이익	×××

3) 증서배당(어음배당)

현금 대신에 약속어음 등을 배당하므로 어음배당이라고도 한다.

4) 청산배당

이익잉여금 잔액을 초과한 배당으로서 초과분은 출자금의 환급으로 보아 자본잉여금에서 차감한다.

(차) 미처분이익잉여금	×××	(대) 미지급배당금	×××
자본잉여금	×××*		

* 청산배당에 해당하는 금액이다.

5) 주식배당

① **주식배당의 회계처리** : 주식배당의 회계처리방법에는 시가법과 액면금액법이 있다.

㉠ 시가법 : 배당되는 주식의 시가에 해당하는 금액만큼 이익잉여금을 자본금과 주식발행초과금에 대체시키는 방법이다.

㉡ 액면금액법 : 배당하는 주식의 액면금액에 해당하는 금액만큼 이익잉여금을 자본금에 대체시키는 방법이다.

구 분	액면금액법	시가법
배당선언일	(차) 미처분이익잉여금 ×××* (대) 미교부주식배당금 ××× * 액면금액	(차) 미처분이익잉여금 ×××** (대) 미교부주식배당금 ××× ** 주식 시가
배당지급과 주식발행일	(차) 미교부주식배당금 ××× (대) 자 본 금 ×××	(차) 미교부주식배당금 ××× (대) 자 본 금 ××× 주식발행초과금 ×××

현행 상법에서는 주식배당을 이익배당 총액의 1/2 범위 내에서 인정하고 있으며, 액면금액법으로 회계처리하도록 규정하고 있다.

② **주식배당의 성격** : 기업실체이론에 따르면 기업의 자산이 외부로 유출되어야만 주주의 이익으로 본다. 따라서 현금배당은 주주의 이익으로 보지만, 주식배당은 동일지분을 더 많은 주식수로 나눈 것에 불과하므로 주주의 이익이 아니라고 보는 견해가 지배적이다. 소유주이론에 따를 경우에도 주식배당은 주주지분의 재분류에 불과하므로 주주의 이익이 아니다.

③ **주식배당의 효용과 문제점** : 주식배당의 효용은 다음과 같다.

㉠ 이익잉여금을 자본화시켜 배당가능이익을 사내유보할 수 있다.

㉡ 주주의 배당요구를 충족시키면서 현금유출을 방지하므로 재무구조 및 현금흐름을 개선할 수 있다.

㉢ 사외유통주식수의 증가를 통하여 시장성을 제고하는 동시에 경영권의 안정화를 기할 수 있다.

그 반면, 주식배당은 다음과 같은 문제점을 지니고 있다.

㉠ 발행주식수의 증가로 인하여 배당압력이 가중된다.

ⓒ 주가하락시 특히 액면금액 이하로 시가가 하락하는 경우 주주손실이 커진다.

④ **주식배당과 주식분할 :** 주식배당과 주식분할은 다음과 같은 유사점이 있다.

㉠ 기업이 주주에게 지분에 비례하여 추가적으로 주식을 분배한다.

㉡ 주식의 분배로 기업의 자산에 변동을 가져오는 것은 아니다.

㉢ 주당순이익(EPS)을 감소시키는 희석효과(dilution effect)를 가진다.

그 반면, 주식배당은 발행주식 총수가 증가해도 주당 액면금액은 감소하지 않지만, 주식분할은 발행주식 총수가 증가하면서 주당 액면금액은 감소하는 차이점이 있다.

3 이익잉여금처분계산서(결손금처리계산서)

이익잉여금처분계산서는 일정기간의 사업연도에서 발생한 이익잉여금의 구체적 변동내용 및 처분사항을 나타내기 위해 작성하는 흐름(flow)개념의 보고서이다.

한편, 결손금처리계산서의 경우 미처리결손금은 다음과 같은 과목의 순서로 보전처리한다.

① 임의적립금이입액
② 기타 법정적립금이입액
③ 이익준비금이입액
④ 자본잉여금이입액

보전 이후에도 부족한 금액은 차기이월미처리결손금으로 한다.

이익잉여금처분계산서

20×1년 1월 1일부터 20×1년 12월 31일까지

(주)회계　　　처분확정일 : 20×2년 3월 10일　　　(단위 : 원)

과목	금액	금액	
Ⅰ. 미처분이익잉여금		×××[1]	→ 당기말 재무상태표에 계상될 미처분이익잉여금
1. 전기이월미처분이익잉여금	×××		
2. 회계정책변경의 누적효과	×××		
3. 전기오류수정이익(손실)	×××		
4. 중간배당액	(×××)		
5. 당기순이익(손실)	×××[2]		
Ⅱ. 임의적립금 등의 이입액		×××	
1. ×××적립금	×××		
합 계(Ⅰ+Ⅱ)		×××	
Ⅲ. 이익잉여금처분액			
1. 이익준비금	×××		
2. 기타의 이익잉여금처분액[3]	×××		이사회승인일(주주총회에서 수정시 주주총회일에 확정)
3. 배당금	×××		
가. 현금배당			
주당배당금(율) ×××원(%)			
나. 주식배당			
주당배당금(율) ×××원(%)			
4. 임의적립금	×××	(×××)	
Ⅳ. 차기이월미처분이익잉여금(Ⅰ+Ⅱ−Ⅲ)		×××	→ 차기 이익잉여금처분계산서상의 전기이월미처분이익잉여금

1) 이 금액이 양(+)이면 이익잉여금처분계산서를 작성하고, 음(−)이면 결손금처리계산서를 작성한다.
2) 포괄손익계산서상의 당기순이익(당기순손실)이다.
3) 주식할인발행차금의 상각, 감자차손 및 자기주식처분손실의 처리 등이 있다.
4) 주주총회의 승인을 요하는 항목은 Ⅱ와 Ⅲ이다. 중간배당은 이사회의 의결사항이므로 Ⅲ의 배당금에 합산하지 않고 Ⅰ에 기재한다. 그러나 중간배당에 대한 이익준비금은 Ⅲ에 포함하여 이사회승인일(주주총회에서 수정시 주주총회일)에 적립한다.

제 8 절 자본변동표

자본변동표(statement of changes in equity)는 한 회계기간 동안 기업의 자본의 변동에 관한 정보를 제공하는 재무제표이다. 자본변동표에는 자본을 구성하고 있는 자본금, 자본잉여금, 자본조정, 기타포괄손익누계액, 이익잉여금(또는 결손금)에 대해 구성요소별로 기초잔액, 변동사항, 기말잔액을 표시한다.

1 자본금의 변동

자본금의 변동은 유상증자 및 무상증자(또는 감자)와 주식배당에 의하여 발생하며, 보통주자본금과 우선주자본금으로 구분하여 표시한다.

2 자본잉여금의 변동

자본잉여금의 변동은 유상증자 및 무상증자(또는 감자), 결손금처리 등에서 발생하며, 주식발행초과금과 기타자본잉여금으로 구분하여 표시한다.

3 자본조정의 변동

자본조정의 변동은 자기주식과 기타자븐조정으로 구분하여 표시한다.

4 기타포괄손익누계액의 변동

FVOCI금융자산평가손익, 해외사업외화환산손익, 현금흐름위험회피파생상품평가손익 중 효과적인 부분, 자산재평가차익, 확정급여제도의 재측정요소 등으로 구분하여 표시한다.

5 이익잉여금의 변동

중요한 전기오류수정손익, 회계정책의 변경으로 인한 누적효과, 연차배당과 기타 전기말 미처분이익잉여금의 처분액, 중간배당, 당기순이익 등으로 구분하여 표시한다.

자본변동표

제×기 20××년 1월 1일부터 20××년 12월 31일까지

(주)회계 제×기 20××년 1월 1일부터 20××년 12월 31일까지 (단위 : 원)

구 분	자본금	자본잉여금	자본조정	기타포괄손익누계액	이익잉여금	총 계
20××. 1. 1(보고금액)	×××	×××	×××	×××	×××*	×××
회계정책변경 누적효과					×××	×××
전기오류수정손익					×××	×××
수정후 이월이익잉여금					×××	×××
연차배당					(×××)	(×××)
처분후 이월이익잉여금					×××	×××
중간배당					(×××)	(×××)
유상증자	×××	×××				×××
당기순이익(손실)					×××	×××
자기주식 취득			(×××)			(×××)
해외사업외화환산손실				(×××)		(×××)
20××.12.31(보고금액)	×××	×××	×××	×××	×××**	×××

* 전기말 재무상태표에 보고된 이익잉여금 기말잔액
** 당기말 재무상태표에 보고된 이익잉여금 기말잔액

연습문제

CHAPTER 7

1. (주)한국은 결산과정에서 다음의 수정사항이 누락된 상태에서 당기순이익을 ₩100,000으로 보고하였다. 누락된 수정사항을 고려한 정확한 당기순이익은? (2007, 세무직공무원 7급 수정)

• FVOCI금융자산평가이익	₩1,000
• 당기의 보험료비용으로 계상한 현금지급액 중 차기 귀속분	2,000
• 당기의 수입수수료로 계상한 현금수입액 중 차기 귀속분	5,000
• 이자미수액	3,000
• 미지급급료	4,000
• 감 자 차 손	6,000

① ₩96,000　② ₩97,000
③ ₩104,000　④ ₩105,000

2. (주)한국의 2009년 말 자본의 세부구성항목이 다음과 같을 때, 2009년 말 재무상태표(대차대조표)에 자본잉여금, 기타포괄손익누계액, 자본조정으로 표시될 금액은? (2010, 세무직공무원 7급 수정)

• 감 자 차 익	₩90,000	• 주식발행초과금	₩200,000
• FVOCI금융자산평가이익	400,000	• 관계기업기타포괄손익	20,000
• 자 기 주 식	100,000	• 주식선택권	120,000
• 이익준비금	300,000	• 자기주식처분이익	80,000
• 미처분이익잉여금	115,000		

	자본잉여금	기타포괄손익누계액	자본조정
①	₩290,000	₩400,000	₩200,000
②	370,000	400,000	40,000
③	370,000	420,000	(100,000)
④	370,000	420,000	20,000

3. 2005년 1월 1일에 영업을 시작한 12월 결산법인인 (주)한국의 2007년 12월 31일 자본계정은 다음과 같다.

- 보통주자본금 ₩5,000,000(1,000주)
- 우선주자본금(4%, 비누적적, 비참가적) ₩1,000,000(200주)
- 우선주자본금(4%, 누적적, 10%까지 부분참가적) ₩2,000,000(400주)
- 주당 액면가액은 모두 ₩5,000임

(주)한국의 모든 주식은 영업개시와 동시에 발행되었으며, 영업개시 이후 2007년 12월 31일까지 배당을 실시한 적은 없다. 이 회사의 이사회는 2008년 1월 2일에 ₩1,880,000의 배당을 결의하였다. 이 경우 보통주 1주당 배당금은? (2009, 세무직공무원 7급)

① ₩1,250 ② ₩1,350
③ ₩1,480 ④ ₩1,580

4. 20×1년 1월 1일에 주식을 발행하고 영업을 개시한 (주)국세의 20×3년 12월 31일 현재 재무상태표상 보통주자본금과 우선주자본금은 각각 ₩5,000,000과 ₩3,000,000이고, 그동안 자본금의 변동은 없었다. 보통주 및 우선주의 주당 액면금액은 ₩5,000으로 동일하며, 우선주는 배당률 3%의 누적적·부분참가적(6%까지) 주식이다. 영업을 개시한 이래 한 번도 배당을 실시하지 않은 (주)국세가 20×4년 1월에 총 ₩600,000의 현금배당을 선언하였다. 보통주와 우선주에 배분될 배당금은 각각 얼마인가? (2011, 세무사)

	보통주	우선주		보통주	우선주
①	₩240,000	₩360,000	②	₩262,500	₩337,500
③	284,300	315,700	④	306,400	293,600
⑤	420,000	180,000			

5. 다음은 20×1년 초에 설립한 (주)독도의 20×2년 말 현재 자본금과 관련한 정보이다. 설립 이후 20×2년 말까지 자본금과 관련한 변동은 없었다.

- 보통주자본금 : ₩100,000(액면가액 @₩500, 발행주식수 200주)
- 우선주자본금 : ₩25,000(액면가액 @₩500, 발행주식수 50주)

(주)독도는 20×1년도에 현금배당이나 주식배당을 하지 않았으며 20×2년도에 ₩16,000의 현금배당 지급을 결의하였다. (주)독도의 우선주 배당률은 10%이며 누적적·완전참가적 우선주라면 우선주와 보통주에 대한 배당금 지급액은 각각 얼마인가? (2011, 관세사)

	우선주배당금	보통주배당금		우선주배당금	보통주배당금
①	₩5,200	₩10,800	②	₩5,500	₩10,500
③	3,200	12,800	④	10,800	5,200
⑤	10,500	5,500			

6. 자본거래에 대한 설명으로 옳은 것은? (2002, 공인회계사)

① 누적적 우선주에 대해 전기에 배당하지 못한 연체배당금은 배당할 의무가 있으므로 부채로 계상해야 한다.
② 주식분할은 총자본에 영향을 주지 않으나 주식배당은 총자본의 증가를 수반한다.
③ 증자와 회사설립시에 발생한 주식발행비는 주식발행금액에서 차감한다.
④ 당기순이익을 초과하여 배당을 하는 경우 이를 청산배당이라 한다.
⑤ 주식할인발행차금을 상각하는 것은 액면금액에 미달한 자본을 불입하는 것이다.

7. 주당 액면금액이 ₩5,000인 신주 10주를 주당 ₩4,500에 발행하면서 신주발행비용이 주당 ₩100 발생하였다. 신주발행 전 재무상태표에는 주식발행초과금과 주식할인발행차금은 계상되어 있지 않다. 주식발행을 회계처리할 경우 이에 대한 설명으로 옳은 것은?
(2007, 세무직공무원 9급)

① 자본의 순증가는 ₩45,000이다.
② 주식할인발행차금은 ₩3,000으로 표시된다.
③ 신주발행비용 ₩1,000은 3년 내에 상각하여 상각연도 비용으로 처리한다.
④ 재무상태표상 자본금 증가는 ₩50,000이다.

8. 다음 중 자본이 증가되는 거래는? (2007, 세무직공무원 7급)

① 전환사채의 전환 ② 이익준비금의 적립
③ 주식발행초과금의 자본전입 ④ 자기주식의 취득

9. 우리나라 회계기준에서 자본항목에 대한 다음 설명 중 타당하지 않은 것은?
(2009, 공인회계사 수정)

① 회사가 주주로부터 무상으로 수증받은 자기주식에 대하여는 자산수증이익으로 회계처리한다.

② 전환우선주의 발행시 전환우선주에 부가되어 있는 전환권의 가치는 별도로 인식하지 않는다.
③ 자기주식처분이익과 감자차익은 자본잉여금으로 분류하며, 자기주식처분손실과 감자차손은 자본조정으로 분류한다.
④ 유형자산을 현물출자로 받은 경우 유형자산의 취득원가는 교부주식의 공정가액 혹은 당해 유형자산의 공정가액으로 평가한다.
⑤ 유상증자로 보통주식을 발행하는 경우 직접 발생한 주식발행비용은 별도의 계정으로 인식하지 않고 주식의 발행가액에서 차감한다.

10. 다음은 자기자본의 구성내용이다.

보 통 주	₩1,000,000(액면 ₩10, 발행주식수 100,000주)
주식발행초과금	100,000
이익잉여금	400,000
자기자본 합계	₩1,500,000

당기중 자기주식 10,000주를 주당 ₩15에 매입하였다. 원가법을 적용하였을 경우 자기주식 취득시 분개는? (2002, 세무직공무원 7급)

① (차)	자 기 주 식	150,000	(대) 현 금	150,000
② (차)	자 기 주 식	100,000	(대) 현 금	150,000
	주식발행초과금	50,000		
③ (차)	자 기 주 식	100,000	(대) 현 금	150,000
	주식발행초과금	10,000		
	이익잉여금	40,000		
④ (차)	자 기 주 식	100,000	(대) 현 금	150,000
	자기주식취득손실	50,000		

11. 12월 결산법인인 (주)한국은 2008년 2월 1일에 액면가액 ₩5,000인 자기회사 발행주식 50주를 종업원포상 목적으로 주당 ₩10,000에 취득하였다. 위 주식 중 20주를 1개월 후에 주당 ₩13,000에 매각하였으며, 2개월 후에 나머지 30주를 주당 ₩9,000에 매각하였을 때 자기주식 처분이 2008년도 (주)한국의 자본에 미치는 영향은? (2009, 세무직공무원 7급)

① 이익잉여금 ₩30,000 증가 ② 이익잉여금 ₩30,000 감소
③ 자본잉여금 ₩30,000 증가 ④ 자본잉여금 ₩30,000 감소

12. 일시소유 목적으로 10월 1일, 자기주식 10주를 ₩5,000씩에 취득한 후 곧바로 5주를 ₩7,000씩에 처분하여 자기주식처분이익이 ₩10,000 발생하였다. 그 후 10월 15일 나머지 5주를 ₩4,000씩에 처분하여 자기주식처분손실 ₩5,000이 발생하였다. 이 거래와 관련하여 적합한 회계처리는? (2000, 세무직공무원 7급)

① 자기주식처분손실과 처분이익을 상계처리한 후의 잔액인 자기주식처분이익 ₩5,000을 자본잉여금으로 처리한다.

② 자기주식처분이익 ₩10,000은 자본잉여금으로, 처분손실 ₩5,000은 자본조정항목으로 각각 기록한다.

③ 자기주식처분이익 ₩10,000은 손익계산서 특별이익으로, 처분손실 ₩5,000은 특별손실로 각각 기록한다.

④ 자기주식처분손실과 처분이익을 상계처리한 후의 잔액인 자기주식처분이익 ₩5,000을 자본조정항목으로 처리한다.

13. (주)한국의 20×1년 초의 재무상태표의 자본부분이 다음과 같을 때, 자기주식 취득과 처분 후의 재무상태표상 자본총계는? (2011, 공무원 7급)

보통주자본금(액면가액 주당 ₩5,000)	₩100,000,000
주식발행초과금	10,000,000
이익잉여금	30,000,000
자본총계	₩140,000,000

20×1년중의 자본거래는 다음과 같다.

- 7월 1일 자기주식 1,000주를 주당 ₩8,000에 취득하였다.
- 10월 1일 위의 자기주식 중에서 200주를 주당 ₩9,000에 처분하였다.

① ₩132,000,000　　② ₩133,600,000
③ ₩133,800,000　　④ ₩140,000,000

14. (주)갑은 20×1년에 자기주식 60주를 주당 ₩3,000에 취득하였으며, 20×2년에 이 중 30주를 주당 ₩5,000에 처분하였다. 20×1년 말 (주)갑 주식의 주당 공정가치는 ₩4,000이다. 20×2년의 자기주식 처분이 자본총계에 미치는 영향을 옳게 나타낸 것은? (단, 법인세 효과는 고려하지 않는다) (2012, 공인회계사)

① ₩30,000 감소　　② ₩60,000 증가
③ ₩150,000 감소　　④ ₩150,000 증가
⑤ ₩180,000 증가

15. (주)한국은 액면가액 ₩5,000인 주식 10,000주를 주당 ₩5,000에 발행하였다. (주)한국은 유통주식수의 과다로 인한 주가관리차원에서 20×1년에 1,000주를 매입소각하기로 주주총회에서 결의하였다. (주)한국은 두 번에 걸쳐 유통주식을 매입하여 소각하였는데 20×1년 6월 1일에 주당 ₩4,000에 500주를 매입한 후 소각했고, 20×1년 9월 1일에 주당 ₩7,000에 500주를 매입한 후 소각했다고 한다면 20×1년 9월 1일의 감자차손익 잔액은?

(2011, 공무원 7급)

① 감자차익 ₩500,000　　② 감자차손 ₩1,000,000
③ 감자차손 ₩500,000　　④ 감자차익 ₩1,000,000

16. 다음은 20×8년중에 발생한 (주)한국의 자본거래 내역이다.

- 1월 5일 : 회사가 발행한 보통주식(주당 액면가액 ₩5,000, 주당 발행가액 ₩5,000) 중 100주를 주당 ₩10,000에 취득하였다.
- 6월 5일 : 위 주식 중 50주를 ₩12,000에 매각하였다.
- 8월 5일 : 위 주식 중 20주를 ₩9,000에 매각하였다.
- 12월 5일 : 위 주식 중 나머지를 모두 소각하였다.

우리나라 회계기준에 따라 회계처리할 경우 상기 거래가 자본잉여금(이익잉여금 처분 전)에 미치는 영향은 얼마인가? (단, 상기 거래 이전에 자기주식처분손실, 감자차손, 자기주식처분이익, 감자차익의 잔액은 없으며, 상기 거래 이외의 자본거래는 없다고 가정한다)

(2009, 공인회계사)

① ₩70,000 증가　　② ₩80,000 증가
③ ₩100,000 증가　　④ ₩150,000 증가
⑤ 영향 없음

17. 다음은 (주)한국의 2009년 12월 31일 현재의 자본항목들이다. 이 자료를 이용하여 2009년 12월 31일 현재 자본잉여금을 계산하면? (2010, 세무직공무원 9급)

• 자 본 금	₩50,000	• 자 기 주 식	₩20,000
• 감 자 차 익	10,000	• 해외사업환산이익	10,000
• 미교부주식배당금	20,000	• 감채적립금	20,000
• 결손보전적립금	5,000	• 주식발행초과금	30,000
• 이익준비금	5,000	• 자기주식처분손실	10,000

① ₩60,000 ② ₩50,000
③ ₩40,000 ④ ₩30,000

18. 다음 사항 중에서 회계처리방법으로 적절하지 않은 것은? (2001, 공인회계사 수정)

① 감자차손은 감자차익과 우선 상계하고 그 잔액은 자본조정으로 계상한 후, 결손금의 처리순서에 준하여 처리한다.
② 미교부주식배당금은 주식배당을 받는 주주들에게 주식을 교부해야 하는 것이므로 부채로 계상한다.
③ 주식할인발행차금의 상각액은 이익잉여금처분으로 한다.
④ 배당건설이자는 개업 전 일정한 기간 내에 주주에게 배당한 건설이자로서 자본에 대한 차감적 평가계정의 성격을 갖는다.
⑤ 자기주식처분손실은 자기주식을 매각할 때 처분가액이 취득원가보다 작은 경우 발생하며, 자기주식처분이익으로 계상된 기타자본잉여금과 우선 상계한다.

19. 「한국채택국제회계기준」에서 기타포괄손익항목에 포함되지 않는 것은?

(2012, 지방직공무원 9급)

① 재평가잉여금의 변동
② 확정급여제도의 보험수리적손익
③ FVOCI금융자산의 재측정손익
④ 화폐성항목의 외화환산손익

20. (주)대전은 20×1년 1월 1일 건물을 ₩210,000에 취득하였으며, 감가상각방법은 정액법(내용연수 7년, 잔존가치 ₩0)을 사용한다. (주)대전은 20×4년 1월 1일부터 보유하고 있는 건물에 대해 재평가모형을 적용하는 것으로 회계정책을 변경하였고, 20×4년 초 공정가치 ₩180,000으로 재평가하였다. (주)대전이 재평가자산의 사용에 따라 재평가잉여금의 일부를 이익잉여금으로 대체한다면, 20×4년 말 이익잉여금으로 대체되는 재평가잉여금은?

(2013, 세무사)

① ₩7,500 ② ₩15,000
③ ₩45,000 ④ ₩75,000
⑤ ₩135,000

21. 12월 말 결산법인인 (주)홍도는 20×4년 초에 보통주 10,000주와 우선주 3,000주를 발행하여 설립되었다. 회사가 보고한 3년간의 연도별 당기순손익은 다음과 같다.

• 20×4년 당기순손실	₩290,000	• 20×5년 당기순손실	₩220,000
• 20×6년 당기순이익	840,000		

보통주와 우선주의 주당 액면금액은 각각 ₩100이다. 우선주는 누적적 · 비참가적이고 약정배당률은 10%이다. (주)홍도의 자본금은 설립일 이후 변동이 없었다. 20×6년 12월 31일 보통주 주주에게 배당가능한 이익은 얼마인가? (단, 모든 배당은 현금배당이다. 이익준비금은 법정 최소한을 적립하고, 20×6년에 이익준비금을 적립하더라도 자본금의 1/2에 미달한다) (2006, 세무사)

① ₩207,000 ② ₩210,000
③ ₩230,000 ④ ₩240,000
⑤ ₩270,000

22. 주당 액면금액이 ₩500인 보통주 500,000주를 발행하고 있고, 이익잉여금 잔액이 ₩100,000,000인 (주)한국은 20×1년 2월 5%의 주식배당과 주당 ₩15의 현금배당을 선언하였다. 이러한 배당선언이 회사의 자본에 미치는 영향으로 옳지 않은 것은? (2011, 공무원 7급)

① 이익잉여금 ₩20,000,000이 배당의 재원으로 사용되었다.
② 현금배당액은 ₩7,500,000이 될 예정이다.
③ 주식배당액은 ₩7,500,000이 될 예정이다.
④ 배당선언으로 부채 ₩7,500,000이 증가한다.

23. 다음 중 각 거래결과로 인한 자본변동의 방향이 다른 하나는 어느 것인가? (단, 각 사건들은 서로 독립적이라 가정한다) (2003, 공인회계사)

① 보유하고 있는 자기주식(취득원가 @₩450) 15주를 @₩500에 처분하였다.
② 지분율 25%인 피투자회사로부터 당기순이익 ₩220,000이 발생했음을 보고받았고, 동시에 현금배당액 ₩55,000을 받았다.
③ 주주총회의 결과, 기존 주주들에게 12%의 주식배당을 실시하기로 하고 즉시 신주를 발행하여 교부하였다. 주식배당 직전시점의 자본금은 ₩10,000,000이며 이익잉여금도 충분하다.
④ 수정전시산표상 ₩21,000으로 기록되어 있는 FVOCI금융자산의 기말 현재 공정가액은 ₩21,500이다.

⑤ 액면금액이 주당 ₩10,000인 주식 300주를 주당 ₩8,000에 할인발행하였다.

24. (주)백두의 20×1년 1월 1일의 자산과 부채의 총계는 각각 ₩3,500,000과 ₩1,300,000이었으며, (주)백두의 20×1년중 발생한 모든 자본거래는 다음과 같다.

- 3월 8일 : 20×0년도 정기주주총회(2월 28일 개최)에서 결의한 배당을 지급하였다. 구체적으로 현금배당으로 ₩130,000을 지급하였으며, 주식배당으로 보통주 100주(주당 액면금액 ₩500, 주당 공정가치 ₩550)를 발행하였다. (주)백두는 현금배당액의 10%를 상법상의 이익준비금으로 적립하였다.
- 5월 8일 : 보통주 200주(주당 액면금액 ₩500)를 주당 ₩600에 발행하였으며, 이와 관련하여 직접적인 주식발행비는 ₩30,000이 발생하였다.
- 10월 9일 : 20×0년에 취득한 자기주식(취득원가 ₩70,000)을 ₩80,000에 재발행하였다.

(주)백두가 20×1년도 포괄손익계산서상 당기순이익과 총포괄이익으로 ₩130,000과 ₩40,000을 보고하였다면, (주)백두가 20×1년 말 현재 재무상태표상 자본의 총계로 보고할 금액은 얼마인가? (단, 법인세효과는 고려하지 않는다) (2011, 공인회계사)

① ₩2,280,000 ② ₩2,283,000
③ ₩2,293,000 ④ ₩2,390,000
⑤ ₩2,410,000

25. 이익잉여금처분계산서에 표시되는 이익잉여금처분항목으로 다음 네 가지를 들 수 있다.

---

1) 법정적립금 및 임의적립금으로의 적립
2) 일부 자본조정항목(예 : 배당건설이자, 주식할인발행차금)의 상각
3) 현금배당
4) 주식배당

위의 처분항목들이 발생할 경우 차기이월이익잉여금, 이익잉여금총계 및 자본총계에 미치는 영향이 각기 다르다. 다음 문항 중 그 영향에 대한 올바른 설명을 모두 나열한 것은 무엇인가? (2002, 세무사)

㉮ 법정적립금 및 임의적립금으로의 적립은 차기이월이익잉여금을 감소시키고 이익잉여금총계도 감소시키나 자본총계에는 영향이 없다.
㉯ 배당건설이자나 주식할인발행차금의 상각은 차기이월이익잉여금을 감소시키고 이익잉여금총계도 감소시키나 자본총계에는 영향이 없다.
㉰ 현금배당은 차기이월이익잉여금, 이익잉여금총계 및 자본총계 모두를 감소시킨다.

㉣ 주식배당은 차기이월이익잉여금 및 이익잉여금총계를 감소시키나 자본총계에는 영향이 없다.
㉤ 법정적립금 및 임의적립금으로의 적립, 일부 자본조정항목의 상각, 그리고 주식배당은 공통적으로 차기이월이익잉여금을 감소시키나 이익잉여금총계 및 자본총계에는 영향이 없다.

---

① ㉮, ㉯, ㉰ ② ㉮, ㉰, ㉣
③ ㉰, ㉣, ㉤ ④ ㉯, ㉰, ㉣
⑤ ㉯, ㉣, ㉤

26. 다음은 12월 결산법인인 (주)한국의 2008년중에 발생한 이익잉여금처분계산서 관련 자료이다. (주)한국은 현금배당액의 10%를 이익준비금으로 적립할 것을 결의하였다. 또한 다음 사항들은 2009년 3월 주주총회에서 원안대로 승인되었다. 이 경우 (주)한국의 이익잉여금처분계산서에 계상될 차기이월이익잉여금은? (2009, 세무직공무원 7급)

• 사업확장적립금으로부터 이입	₩800,000
• 현금배당	500,000
• 주식배당	1,500,000
• 재무구조개선적립금으로 처분	600,000
• 회계정책변경누적효과	1,200,000
• 전기말 미처분이익잉여금	3,000,000
• 당기순이익	5,000,000
• 주식할인발행차금의 상각	700,000
• 감채적립금으로 처분	600,000

① ₩5,650,000 ② ₩5,750,000
③ ₩5,950,000 ④ ₩6,050,000

27. 20×2년 2월 개최된 주주총회 결의일 직후 작성된 (주)대경의 20×1년 말 재무상태표상 자본은 다음과 같다.

• 보통주자본금	₩30,000,000	• 이익준비금	₩1,000,000
• 사업확장적립금	500,000	• 감채기금적립금	600,000
• 미처분이익잉여금	800,000		

(주)대경의 20×2년도 당기순이익은 ₩1,200,000이고, 당기 이익잉여금 처분 예정은 다음과 같다.

• 감채기금적립금 이입	₩300,000
• 현금배당	400,000
• 주식배당	100,000
• 사업확장적립금 적립	250,000
• 이익준비금 적립	법정최소금액 적립

위 사항들이 20×3년 2월 개최된 주주총회에서 원안대로 승인되었다. 한국채택국제회계기준에 따라 20×2년도 이익잉여금처분계산서를 작성할 때 차기이월미처분이익잉여금은 얼마인가? (2014, 공인회계사)

① ₩1,510,000
② ₩1,550,000
③ ₩1,610,000
④ ₩1,650,000
⑤ ₩1,800,000

28. 다음 자료에 의하여 차기이월미처리결손금을 계산하면? (2001, 세무직공무원 9급)

Ⅰ. 미처리결손금			
전기이월미처리결손금	₩120,000	전기오류수정이익	₩40,000
전기오류수정손실	30,000	당기순손실	450,000
Ⅱ. 결손금처리액			
감채적립금이입액	₩80,000	이익준비금이입액	₩100,000
자본잉여금이입액	150,000		

① ₩230,000
② ₩270,000
③ ₩310,000
④ ₩330,000

29. 주식배당, 무상증자 및 주식분할에 대한 설명으로 옳지 않은 것은? (2010, 세무직공무원 9급)

① 주식분할의 경우 발행주식수가 증가하여 자본금이 증가한다.
② 무상증자의 경우 자본총계는 불변이다.
③ 무상증자의 경우 주당 액면금액은 불변이지만, 주식분할의 경우는 주당 액면금액이 감소한다.
④ 주식배당의 경우 이익잉여금은 감소하지만, 주식분할의 경우 이익잉여금이 불변이다.

30. 다음 각 항목이 재무상태표의 자본금, 이익잉여금 및 자본총계에 미치는 영향으로 옳지 않은 것은? (2011, 세무직공무원 9급)

	항 목	자본금	이익잉여금	자본총계
①	무상증자	증가	증가	증가
②	주식배당	증가	감소	불변
③	주식분할	불변	불변	불변
④	유상증자	증가	불변	증가

해답 및 풀이

1. ①

₩100,000 + ₩2,000(선급비용) − ₩5,000(선수수익) + ₩3,000(미수수익) − ₩4,000(미지급비용) = ₩96,000

FVOCI금융자산평가이익은 기타포괄손익으로, 감자차손은 자본조정으로 회계처리한다.

2. ④

자본잉여금 = ₩90,000 + ₩200,000 + ₩80,000 = ₩370,000

기타포괄손익누계액 = ₩400,000 + ₩20,000 = ₩420,000

자본조정 = (₩100,000) + ₩120,000 = ₩20,000

이익준비금과 미처분이익잉여금은 이익잉여금에 표시된다.

3. ③

종 류	1차 배분	잔여배당금 배분	소 계
우선주(4%, 누적적, 부분참가적)	₩2,000,000 × 4% × 3년 = ₩240,000	₩2,000,000 × 6% = ₩120,000	₩360,000
우선주(4%, 비누적적, 비참가적)	₩1,000,000 × 4% = ₩40,000	−	40,000
보통주	₩5,000,000 × 4%* = ₩200,000	₩1,280,000	1,480,000
합 계	₩480,000	₩1,400,000	₩1,880,000

* 보통주는 (부분)참가적 우선주 배당률(4%)로 1차 배분하고 잔여배당금에 대해 추가로 참가함.

보통주 1주당 배당금 = ₩1,480,000/1,000주 = ₩1,480

4. ②

종 류	1차 배분	잔여배당금 배분*	소 계
우선주(3%, 누적적, 6% 부분참가적)	₩3,000,000×3%×3년 =₩270,000	$₩180,000 \times \frac{₩3,000,000}{₩8,000,000}$ =₩67,500	₩337,500
보통주	₩5,000,000×3% =₩150,000	₩180,000－₩67,500 =₩112,500	262,500
합 계	₩420,000	₩180,000	₩600,000

* 잔여배당금이 ₩240,000[=₩8,000,000(보통주자본금+부분참가적 우선주자본금)×(6%−3%)] 미만인 경우에는 부분참가적 우선주와 보통주 각각의 총액면금액에 비례하여 배분한다.

5. ①

잔여배당금이 부족한 경우 다음과 같이 풀 수도 있다.

㉠ 우선주 소급배당금=₩25,000×10%=₩2,500

㉡ 잔여배당금 배당률$=\frac{\text{잔여배당금}(₩16,000-₩2,500)}{\text{보통주자본금}(₩100,000)+\text{우선주자본금}(₩25,000)}=0.108$

㉢ 우선주배당금=(₩25,000×0.108)+₩2,500=₩5,200

㉣ 보통주배당금=₩16,000−₩5,200=₩10,800

6. ③

① 연체배당금은 비록 지급의무가 있다 할지라도 배당의무가 확정되는 시점 이전에는 부채로 계상하지 않는다.

② 주식배당도 총자본에는 영향이 없다.

④ 청산배당이란 회사가 이익잉여금 잔액을 초과하여 배당하는 경우를 말한다.

⑤ 주식할인발행차금을 상각하는 것은 자본거래에 따른 손실을 상각하는 것, 즉 주주총회 결의에 따라 이익잉여금을 이용하여 제거하는 것이다.

7. ④

(차) 현 금	44,000*	(대) 자 본 금	50,000
주식할인발행차금	6,000		

* 10주×(₩4,500−₩100)=₩44,000

8. ①

②, ③은 자본의 변동이 없으며 ④는 자기주식이 자본의 차감계정이므로 자본이 감소한다.

9. ①

회사가 주주로부터 무상으로 수증받은 자기주식에 대하여는 별도의 회계처리를 하지 않고 주석으로만 공시한다.

10. ①

원가법에서는 자기주식의 취득시 취득원가로 기록한다.

11. ③

자기주식처분손익＝(₩13,000×20주＋₩9,000×30주)－(₩10,000×50주)＝₩30,000(이익)

따라서 자본잉여금(자기주식처분이익)이 ₩30,000 증가한다.

거래를 분개하면 다음과 같다.

취득시 :	(차) 자 기 주 식	500,000	(대) 현 금	500,000
1개월 후 :	(차) 현 금	260,000	(대) 자 기 주 식	200,000
			자기주식처분이익	60,000
2개월 후 :	(차) 현 금	270,000	(대) 자 기 주 식	300,000
	자기주식처분이익	30,000		

12. ①

자기주식처분손익은 상계처리하여 그 잔액이 처분이익이면 자본잉여금(기타자본잉여금)항목으로, 처분손실이면 자본조정항목으로 기록한다.

13. ③

7월 1일 :	(차) 자 기 주 식	8,000,000	(대) 현 금	8,000,000
10월 1일 :	(차) 현 금	1,800,000	(대) 자 기 주 식	1,600,000
			자기주식처분이익	200,000

자기주식 처분 후 자본총계 : ₩140,000,000－₩6,400,000(자기주식)＋₩200,000＝₩133,800,000

14. ④

처분시 :	(차) 현 금	150,000	(대) 자 기 주 식	90,000
			자기주식처분이익	60,000

자본은 ₩150,000(＝₩90,000＋₩60,000) 증가한다.

15. ③

감자차손익＝감자대가－자본감소액

＝(₩4,000×500＋₩7,000×500)－(₩5,000×1,000)

＝₩500,000(차손)

거래를 분개하면 다음과 같다.

6월 1일 :	(차) 자 본 금	2,500,000	(대) 현 금	2,000,000
			감 자 차 익	500,000
9월 1일 :	(차) 자 본 금	2,500,000	(대) 현 금	3,500,000
	감 자 차 익	500,000*		
	감 자 차 손	500,000		

* 감자차손이 발생할 경우 감자차익과 우선 상계한다.

16. ②

자기주식처분손익＝(₩12,000－₩10,000)×50주＋(₩9,000－₩10,000)×20주
＝₩80,000(이익)

자본잉여금에 미치는 영향은 자기주식처분이익이 ₩80,000 증가한다.

거래를 분개하면 다음과 같다.

1월 5일 :	(차) 자 기 주 식	1,000,000	(대) 현 금	1,000,000
6월 5일 :	(차) 현 금	600,000	(대) 자 기 주 식	500,000
			자기주식처분이익	100,000
8월 5일 :	(차) 현 금	180,000	(대) 자 기 주 식	200,000
	자기주식처분이익	20,000		
12월 5일 :	(차) 자 본 금	150,000	(대) 자 기 주 식	300,000
	감 자 차 손	150,000		

17. ③

자본잉여금 : 감자차익 ₩10,000＋주식발행초과금 ₩30,000＝₩40,000

18. ②

미교부주식배당금은 자본조정(자본의 부가항목)으로 계상한다.

19. ④

화폐성항목의 환율변동차이는 외화환산손실 또는 외화환산이익의 과목으로 하여 발생연도의 영업외손익으로 계상한다.

20. ②

자산의 사용에 따라 재평가잉여금의 일부를 이익잉여금으로 대체하는 경우, 재평가잉여금에서 이익잉여금으로 대체될 금액은 재평가금액을 기준으로 한 감가상각비와 취득원가를 기준으로 한 감가상각비의 차액이다.

재평가금액 기준 감가상각비 : ₩180,000÷4년＝	₩45,000
취득원가 기준 감가상각비 : ₩210,000÷7년＝	(30,000)
이익잉여금 대체액	₩15,000

21. ②

미처분이익잉여금 : －₩290,000－₩220,000＋₩840,000＝₩330,000

배당가능이익잉여금을 x라 하면,

$x+0.1x=$ ₩330,000　　$x=$ ₩300,000

보통주 배당가능이익 : ₩300,000－(3,000주×₩100×10%×3년)＝₩210,000

22. ③

㉠ 배당선언시 회계처리 :

(차) 미처분이익잉여금	20,000,000	(대)	미지급배당금	7,500,000
			미교부주식배당금	12,500,000

㉡ 자본에 미치는 영향 :

이익잉여금 ₩20,000,000 감소, 미지급배당금(부채) ₩7,500,000 증가, 미교부주식배당금(자본조정) ₩12,500,000 증가

23. ③

① 자본(기타자본잉여금) ₩750 증가, 자본(자본조정) ₩6,750 증가

② 자본(이익잉여금) ₩55,000 증가

③ 자본변동 없음

④ 자본(기타포괄손익누계액) ₩500 증가

⑤ 자본(자본금) ₩3,000,000 증가, 자본(자본조정) ₩600,000 감소

24. ①

기초자본 : ₩3,500,000 − ₩1,300,000 = ₩2,200,000

3월 8일 :	(차)	미처분이익잉여금	143,000	(대)	현 금	130,000
					이익준비금	13,000
	(차)	미처분이익잉여금	50,000	(대)	자 본 금	50,000*
5월 8일 :	(차)	현 금	90,000	(대)	자 본 금	100,000
		주식할인발행차금	10,000			
10월 9일 :	(차)	현 금	80,000	(대)	자 기 주 식	70,000
					자기주식처분이익	10,000

* 액면금액법으로 회계처리함.

기말자본 : ₩2,200,000 − ₩130,000 + ₩90,000 + ₩80,000 + ₩40,000* = ₩2,280,000

* 총포괄이익

25. ④

㉮ 차기이월이익잉여금은 감소시키지만 이익잉여금총액, 자본총액에는 영향이 없다.

㉯ (차) 미처분이익잉여금	×××	(대)	주식할인발행차금 등	×××
㉰ (차) 미처분이익잉여금	×××	(대)	현 금	×××
㉱ (차) 미처분이익잉여금	×××	(대)	자 본 금	×××

㉲ 자본조정항목의 상각과 주식배당은 이익잉여금총액을 감소시킨다.

26. ④

차기이월이익잉여금＝미처분이익잉여금＋임의적립금이입액－이익잉여금처분액

＝(₩1,200,000＋₩3,000,000＋₩5,000,000)＋₩800,000－(₩500,000 ＋₩50,000*＋₩1,500,000＋₩600,000＋₩700,000＋₩600,000)

＝₩9,200,000＋₩800,000－₩3,950,000＝₩6,050,000

* 이익준비금적립액＝₩500,000×10%＝₩50,000

27. ①

차기이월이익잉여금＝미처분이익잉여금＋임의적립금이입액－이익잉여금처분액

＝(₩800,000＋₩1,200,000)＋₩300,000 －(₩400,000＋₩40,000*＋₩100,000＋₩250,000)

＝₩2,000,000＋₩300,000－₩790,000

＝₩1,510,000

* 이익준비금적립액＝₩400,000×10%＝₩40,000

28. ①

차기이월미처리결손금＝미처리결손금－결손금처리액

＝(₩120,000＋₩30,000－₩40,000＋₩450,000) －(₩80,000＋₩100,000＋₩150,000)

＝₩560,000－₩330,000＝₩230,000

29. ①

주식분할의 경우 발행주식수는 증가하나 액면금액이 발행주식수에 반비례하여 감소하므로 자본금은 불변이다.

항 목	유상증자	주식배당	두상증자	주식분할
발행주식수	증가	증가	증가	증가
액면금액	불변	불변	불변	감소
자본총계	증가	불변	불변	불변
자본금	증가	증가	증가	불변

30. ①

무상증자는 그 재원이 이익준비금인 경우 이익잉여금이 감소하며, 자본총계는 변하지 않는다.

CHAPTER

8

복합금융상품과 주당이익

제 1 절 복합금융상품
제 2 절 주식기준보상거래
제 3 절 주당이익

제 1 절 복합금융상품

복합금융상품(compound financial instruments)이란 금융부채의 성격을 가지면서도 발행자의 지분상품으로 전환하거나 지분상품을 인수할 수 있는 금융상품을 말한다. 일반적으로 복합금융상품은 발행자의 지분상품을 취득할 수 있는 전환권이나 신주인수권이 포함되어 발행되는데, 전환사채, 신주인수권부사채 등이 대표적인 복합금융상품이다. 전환사채는 금융부채(사채)의 성격을 가지면서도 사채권자가 전환권을 행사하여 사채를 발행자의 지분상품(보통주식)으로 전환할 수 있는 금융상품이다. 신주인수권부사채는 사채의 성격을 가지면서도 신주인수권을 행사하여 발행자의 보통주식을 인수할 수 있는 금융상품이다. 기업은 복합금융상품이 지니고 있는 전환권이나 신주인수권으로 인해 낮은 이자를 지급하고도 장기자금을 용이하게 조달할 수 있다.

전환사채와 신주인수권부사채는 금융부채(사채)의 요소와 발행자의 지분상품(보통주식)을 취득할 수 있는 자본요소가 혼합되어 있으므로 회계처리시에도 두 요소를 분리하여 인식해야 한다.

> 복합금융상품의 발행금액＝부채요소의 현재가치＋자본요소(전환권, 신주인수권)의 가치

1 전환사채

(1) 의 의

전환사채(CB, convertible bond)는 일반사채와 장래에 주식으로 전환할 수 있는 전환권의 두 가지 요소로 구성되는 복합금융상품이다. 따라서 전환사채를 발행한 경우에는 전환사채 발행금액을 일반사채 발행금액에 해당하는 부채부분과, 전환권의 가치(전환권대가)로 분리하여 인식한다.

따라서 다음의 등식이 성립한다.

전환사채의 발행금액＝전환사채와 동일조건의 일반사채 현재가치
＋전환권가치(전환권대가)

전환권대가는 당해 전환사채의 발행금액에서 전환사채와 동일조건의 일반사채 현재가치를 차감하여 계산한다. 이때 일반사채의 현재가치는 만기일까지 기대되는 미래현금흐름을 사채발행일 현재 발행회사의 전환권이 없는 일반사채의 유효이자율로 할인한 금액이다.

K-IFRS에서는 전환권가치를 별도로 인식하여 자본의 한 항목으로 계상하는 전환권가치인식법을 채택하고 있다. 즉 전환권가치를 자본(전환권대가, 기타자본잉여금)으로 기록하도록 규정하고 있다.

(2) 전환사채의 전환

전환사채를 사채보유자의 청구에 따라 보통주로 전환할 경우에는 보통주의 발행금액을 어떻게 결정하느냐에 따라 회계처리가 달라진다. 보통주 발행을 기록하는 방법에는 장부금액법과 시가법이 있다.

1) 장부금액법

장부금액법은 전환사채의 전환을 채권자지분에서 주주지분으로 단순히 계정대체되었다고 보는 견해로 실체이론에 따른 회계처리이다. 즉 전환 당시의 장부금액(액면금액＋상환할증금±사채발행차금 잔액)과 소멸될 전환권대가의 합계를 보통주의 발행금액(자본금＋주식발행초과금)으로 전환하는 방법이다. 따라서 전환에 따른 손익이 발생하지 않는데, K-IFRS에서는 장부금액법을 지지하고 있다.

2) 시가법

시가법은 전환으로 발행되는 보통주 혹은 전환사채의 시가를 보통주의 발행금액으로 결정하는 방법으로 전환사채전환손익이 발생한다. 이 방법은 자본주이론에 따른 것으로 전환사채의 전환을 주식의 발행 및 전환사채의 상환이라는 별개의 이원거래로 파악한다. 통상적으로 전환시에서는 보통주의

시가와 전환사채의 시가가 일치하게 된다.

(3) 전환사채의 회계처리

전환사채는 일반사채와 달리 주식으로의 전환권이 부여되어 있으므로 일반사채보다 낮은 이자율로 발행되는 것이 일반적이다. 그런데 만일 투자자가 그 전환권을 행사하지 않을 경우 투자자는 전환권의 가치만큼 손실을 입게 된다. 따라서 투자자가 전환권을 행사하지 않고 만기에 상환될 경우 별도의 상환할증금을 투자자에게 지급함으로써 최소한의 수익을 보장하기도 한다.

전환사채는 만기에 상환할증금을 지급하지 않는 액면상환조건과 상환할증금 지급조건의 두 가지로 발행된다.

1) 액면상환조건(할인발행인 경우)

〈예〉 20×1년 1월 1일에 전환사채(액면금액 ₩10,000, 액면이자율 8%, 3년 만기)가 시장이자율 15%일 때 ₩8,858에 발행되었다. 액면이자는 매 연도말에 지급되며 이때의 전환사채의 장부금액은 ₩8,402이다. 사채액면 ₩1,000당 1주의 보통주(액면금액 ₩500)로 전환되며, 20×3년 1월 1일에 1/2이 전환되었다.

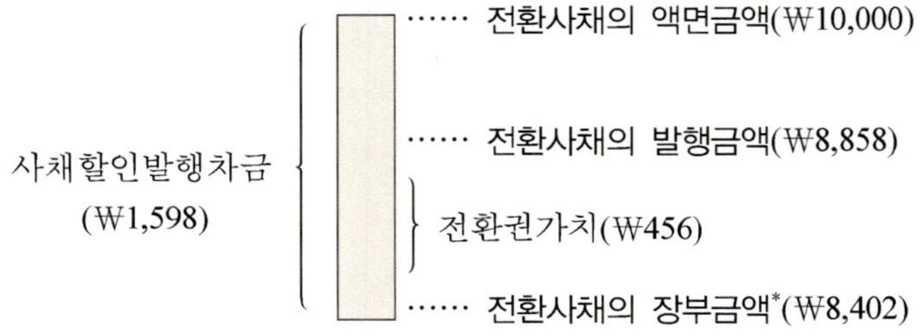

* 전환권이 없지만 동일조건인 일반사채의 현재가치

① **발행시점** : 전환사채의 발행시점에 전환사채의 발행금액을 현금계정 차변에 기입하고, 전환사채의 액면금액을 전환사채계정 대변에 기입한다. 또한 전환사채 액면금액과 장부금액의 차이를 사채할인(할증)발행차금으로 기록한다. 전환권가치는 전환권대가계정 대변에 기입한다.

(20×1. 1. 1)

(차) 현 금	8,858	(대) 전 환 사 채	10,000
사채할인발행차금	1,598	전환권대가	456

② **이자지급시점**: 전환사채의 이자비용은 전환사채의 장부금액에 일반사채의 유효이자율을 적용하여 계산한다. 전환사채의 이자비용과 실제로 지급한 이자의 차액은 사채발행차금을 상각하는 금액이다.

일 자	유효이자 (15%)	액면이자 (8%)	사채할인발행차금		장부금액
			상각액	잔 액	
20×1. 1. 1				₩1,598	₩8,402
20×1. 12. 31	₩1,260	₩800	₩460	1,138	8,862
20×2. 12. 31	1,329	800	529	609	9,391
20×3. 12. 31	1,409	800	609	—	10,000

(20×1. 12. 31)

(차) 이 자 비 용	1,260	(대) 현 금	800
		사채할인발행차금	460

(20×2. 12. 31)

(차) 이 자 비 용	1,329	(대) 현 금	800
		사채할인발행차금	529

③ **전환시점**: K-IFRS에서는 전환사채의 전환을 장부금액법으로 기록하기 때문에 전환사채전환손익이 발생하지 않는다. 기타자본잉여금으로 분류된 전환권대가는 주식발행초과금으로 대체된다. 전환권이 회계기간중에 행사된 경우에는 실제 권리가 행사된 날을 기준으로 전환사채의 장부금액을 결정하여 주식의 발행금액으로 한다.

(20×3. 1. 1)

(차) 전 환 사 채	5,000	(대) 사채할인발행차금	305*
		자 본 금	2,500
		주식발행초과금	2,195

* ₩609 × 1/2 = ₩305

(차) 전환권대가	228	(대) 주식발행초과금	228

④ **만기상환시점**: 전환사채가 보통주로 전환되지 않고 만기에 상환되면 장부금액은 상환금액과 동일해진다. 상환된 전환사채에 관련된 전환권대가는 그대로 기타자본잉여금에 남게 된다.

(20×3. 12. 31)

(차) 이 자 비 용	704*	(대) 현 금	400
		사채할인발행차금	304

* (₩9,391×1/2)×0.15=₩704

(차) 전 환 사 채	5,000	(대) 현 금	5,000

2) 상환할증금 지급조건

① **상환할증금과 보장수익률**

전환사채의 보유자가 권리행사기간 내에 전환권을 행사하지 않는 경우, 일정한 수익률을 보장해 주기 위하여 만기에 일정금액을 추가로 지급한다는 약정을 하는 경우가 있다. 이러한 추가지급 금액을 상환할증금이라 한다. 즉 상환할증금은 보유자가 권리행사를 하여 보통주를 교부받으면 지급할 필요가 없으나 권리행사를 하지 않으면 만기에 추가로 지급해야 할 일종의 우발부채의 성격을 가지고 있다.

전환사채는 전환권의 존재로 인해 일반사채보다 낮은 표시이자율을 지급하는 것이 일반적이다. 만일 투자자가 전환사채를 전환하지 않는 경우에는 상환할증금을 통해 최소한의 수익률을 보장받게 되는데, 이때의 이자율을 보장수익률이라고 한다. 상환할증금은 발행기간 동안의 액면금액×(보장수익률－액면이자율)×연금의 미래가치(보장수익률, 만기)이다. 또한 상환할증금은 다음의 등식을 성립하는 금액으로 계산할 수도 있다.

$$\text{액면금액} = \frac{\text{액면이자}}{(1+r)} + \frac{\text{액면이자}}{(1+r)^2} + \cdots + \frac{\text{액면이자}}{(1+r)^n} + \frac{\text{액면금액}+\text{상환할증금}}{(1+r)^n}$$

$$= \text{액면이자의 현가} + \text{만기상환액의 현가}$$

r : 보장수익률
n : 만기

한편, 상환할증금을 전환사채의 액면금액으로 나눈 비율을 상환할증률이라 하는데, 상환할증률이 주어지는 경우에는 상환할증금을 손쉽게 계산할 수 있다.

$$\text{상환할증률} = \frac{\text{상환할증금}}{\text{전환사채의 액면금액}}$$

② **회계처리**(액면발행인 경우)

〈예〉 앞의 액면상환조건과 동일하며 추가적으로 12%의 보장수익률을 부여받았다고 가정하면, 상환할증금은 다음과 같이 ₩1,350으로 산출된다.

상환할증금 = 액면금액 × (보장수익률 − 액면이자율)
× 연금의 미래가치(보장수익률, 만기)
= ₩10,000 × (0.12 − 0.08) × 3.3744*
= ₩1,350

* 시장이자율 12%, 3기간의 정상연금의 미래가치

따라서 전환사채의 장부금액은 다음과 같이 ₩9,290으로 계산되며, 전환권을 부여하여 전환사채는 액면금액인 ₩10,000으로 발행되었다고 가정한다.

전환사채의 장부금액
= (₩10,000 + ₩1,350) × 0.6575* + (₩10,000 × 0.08) × 2.2832**
= ₩9,290

* 시장이자율 15%, 3기간의 단일금액의 현재가치
** 시장이자율 15%, 3기간의 정상연금의 현재가치

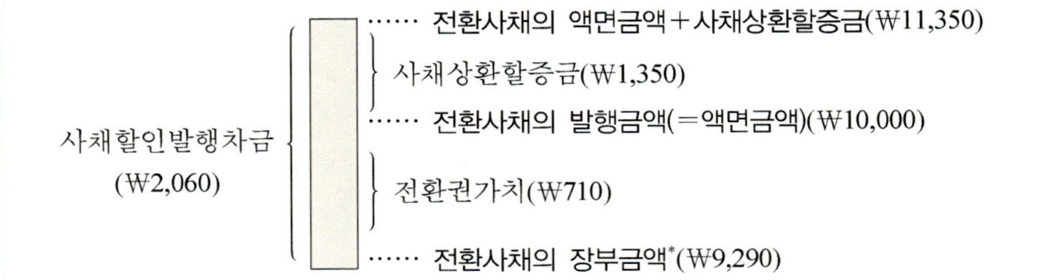

* 전환권이 없지만 동일조건(상환할증금 포함)인 일반사채의 현재가치

㉠ 발행시점： K-IFRS에서는 전환사채의 보유자가 일단 권리행사를 하지 않아 상환할증금을 지급하는 것으로 가정하여 전환권의 가치를 계산하도록 하였다. 따라서 전환사채를 발행한 경우 전환권의 가치를 인식하는 전환권가치인식법을 사용한다. 전환사채의 장부금액은 액면금액에 사채상환할증금을 가산하고 사채할인발행차금을 차감한 금액을 말한다. 전환권가치는 전환권대가(기타자본잉여금)로 분류한 후 전환권이 행사되어 주식을 발행하는 시점에서 주식발행초과금으로 대체한다.

(20×1. 1. 1)

(차)	현 금	10,000	(대)	전 환 사 채	10,000
	사채할인발행차금	2,060		사채상환할증금	1,350
				전환권대가	710

㉡ 이자지급시점： 이자비용은 전환사채의 장부금액에 일반사채의 유효이자율(보장수익률이 아님)을 적용하여 계산한다. 산출된 유효이자와 실제로 지급하는 액면이자의 차액은 사채발행차금상각액이 된다.

일 자	유효이자 (15%)	액면이자 (8%)	사채할인발행차금		장부금액
			상각액	잔 액	
20×1. 1. 1				₩2,060	₩9,290
20×1. 12. 31	₩1,394	₩800	₩594	1,466	9,884
20×2. 12. 31	1,482	800	682	784	10,566
20×3. 12. 31	1,584	800	784	0	11,350

(20×1. 12. 31)

(차) 이 자 비 용	1,394	(대) 현 금	800
		사채할인발행차금	594

(20×2. 12. 31)

(차) 이 자 비 용	1,482	(대) 현 금	800
		사채할인발행차금	682

㉢ 전환시점 : 전환권행사시 주식의 발행금액은 전환권을 행사한 비율만큼의 전환사채의 장부금액과 전환권대가를 합한 금액이다.

(20×3. 1. 1)

(차) 전 환 사 채	5,000	(대) 사채할인발행차금	392
사채상환할증금	675	자 본 금	2,500*
		주식발행초과금	2,783*
(차) 전환권대가	355	(대) 주식발행초과금	355*

* 주식의 발행금액 = (전환사채의 장부금액 + 전환권대가) × 1/2
= (₩10,566 + ₩710) × 1/2
= ₩5,638

㉣ 만기상환시점(20×3. 12. 31)

(차) 이 자 비 용	792	(대) 현 금	400
		사채할인발행차금	392
(차) 전 환 사 채	5,000	(대) 현 금	5,675
사채상환할증금	675*		

* ₩1,350 × 1/2 = ₩675

3) 전환사채 발행과 관련된 비용

전환사채의 발행시점에 사채발행과 직접적으로 관련된 증권회사 수수료, 사채권발행비, 사채모집공고비, 등록세 등의 거래비용은 사채의 발행금액에서 차감한다. 이러한 전환사채와 관련된 거래비용은 부채와 자본 요소의 발행금액에 비례하여 배분하고 각 배분금액을 해당요소에서 차감하여 인식한다.

$$\text{부채요소에 배분될 거래비용} = \text{거래비용} \times \frac{\text{전환사채 부채요소 금액}}{\text{전환사채 발행금액}}$$

$$\text{자본요소에 배분될 거래비용} = \text{거래비용} - \text{부채요소에 배분될 거래비용}$$

〈예〉 앞의 액면상환조건에서 전환사채발행비용으로 ₩250을 지급하였다면 다음과 같이 회계처리한다.

(차) 사채할인발행차금	237*	(대) 현 금	250
전환권대가	13		

* ₩250×₩8,402/(₩456+₩8,402)=₩237

2 신주인수권부사채

(1) 의 의

신주인수권부사채(BW, bonds with warrants)는 일반사채와 신주인수권, 즉 일정한 권리행사기간에 미리 약정된 가격으로 일정한 수량의 주식을 매입할 수 있는 권리의 두 가지 요소로 구성된 복합금융상품이다.

> 신주인수권부사채의 발행금액=신주인수권이 없지만 동일조건인 일반사채의 현재가치
> +신주인수권가치(신주인수권대가)

〈표 8-1〉은 전환사채와 신주인수권부사채의 차이점을 나타내고 있다. 특히 전환사채의 경우에는 사채와 주식을 상호교환하는 데 반하여, 신주인수권

부사채는 관련 사채를 계속 보유하면서 추가적으로 현금을 투자하여 신주를 매입할 수 있는 권리가 부여되어 있는 점이 다르다.

〈표 8-1〉 전환사채와 신주인수권부사채의 비교

구 분	전환사채	신주인수권부사채
권리 내용	사채를 주식으로 전환하는 권리(전환권)	사채발행회사의 신주를 인수할 수 있는 권리(신주인수권)
주식발행 금액	전환사채의 장부금액+전환권대가	신주인수권의 행사로 납입하는 금액 +행사한 부분의 신주인수권대가 +행사한 부분의 사채상환할증금의 현재가치*
별도의 투자	필요 없음	정해진 행사금액으로 현금납입함
권리행사 후	사채권은 소멸되고 사채권자가 자동적으로 주주가 됨	사채권은 만기까지 존속하며 주금납입 완료한 때 주주가 됨
발행이자율	일반사채나 신주인수권부사채보다 낮음	일반사채와 전환사채의 중간수준

* 소멸되는 사채상환할증금에서 관련된 미상각 사채발행차금을 가감하여 산출

(2) 회계처리

신주인수권부사채의 회계처리는 기본적으로 전환사채의 경우와 유사하다. 우선 신주인수권부사채의 발행금액을 신주인수권이 없지만 동일조건인 일반사채의 현재가치(부채)와 신주인수권에 해당하는 부분(자본)으로 분리한다. 이때 자본부분의 가치를 신주인수권대가(기타자본잉여금)로 인식한다.

신주인수권행사시 주식의 발행금액은 신주인수권의 행사에 따라 납입하는 금액과 신주인수권을 행사한 부분에 해당하는 신주인수권대가의 합계금액으로 한다. 상환할증금 지급조건이 있는 경우에는 신주인수권을 행사한 부분에 해당하는 사채상환할증금을 납입금액에 가산한다. 신주인수권을 행사한 부분에 해당하는 사채상환할증금은 사채상환할증금에서 이에 관련된 미상각 사채발행차금을 가감한 후의 금액, 즉 관련 사채상환할증금의 현재가치를 말한다.

신주인수권부사채의 만기가 도래하면 사채 중 신주인수권이 행사된 부분은 사채의 액면금액만을 상환하면 되나, 신주인수권이 행사되지 않은 부분

은 사채의 액면금액뿐만 아니라 상환할증금도 지급해야 한다.

〈표 8-2〉 신주인수권부사채의 회계처리

구 분	액면상환조건	상환할증금 지급조건
발행시점 (액면발행)	(차) 현 금 ××× 사채할인발행차금 ××× (대) 신주인수권부사채 ××× 신주인수권대가 ×××	(차) 현 금 ××× 사채할인발행차금 ××× (대) 신주인수권부사채 ××× 사채상환할증금 ××× 신주인수권대가 ×××
이자지급 시점	(차) 이 자 비 용 ××× (대) 현 금 ××× 사채할인발행차금 ×××	(차) 이 자 비 용 ××× (대) 현 금 ××× 사채할인발행차금 ×××
신주인수권 행사시점	(차) 현 금 ××× (대) 자 본 금 ××× 주식발행초과금 ××× (차) 신주인수권대가 ××× (대) 주식발행초과금 ×××	(차) 현 금 ××× 사채상환할증금* ××× (대) 사채할인발행차금* ××× 자 본 금 ××× 주식발행초과금 ××× (차) 신주인수권대가 ××× (대) 주식발행초과금 ×××
만기상환 시점	(차) 신주인수권부사채 ××× (대) 현 금 ×××	(차) 신주인수권부사채 ××× 사채상환할증금 ××× (대) 현 금 ×××

* 사채상환할증금의 현재가치(=사채상환할증금－사채할인발행차금)

제 2 절 주식기준보상거래

1 의의 및 유형

주식기준보상거래란 기업이 종업원에게 동기부여 수단으로 자신의 주식이나 주식선택권(stock option)을 부여하는 등 주식기준보상약정에 따라서 결제할 의무가 있는 거래를 말한다.

K-IFRS에서는 주식기준보상거래를 주식결제형, 현금결제형, 선택형의 세 가지 유형으로 구분하고 있다.

① **주식결제형 주식기준보상거래** : 기업이 종업원으로부터 재화나 용역을 제공받는 대가로 종업원에게 자신의 지분상품(주식이나 주식선택권)을 부여하는 주식기준보상거래

② **현금결제형 주식기준보상거래** : 기업이 종업원에게 자신의 지분상품의 가격에 기초한 현금이나 다른 자산을 지급할 의무가 있는 주식기준보상거래

③ **선택형 주식기준보상거래** : 기업이나 종업원이 결제방식으로 주식결제형이나 현금결제형을 선택할 수 있는 주식기준보상거래

2 주식결제형 주식기준보상거래

(1) 회계처리

기업이 종업원으로부터 재화나 용역을 제공받는 대가로 종업원에게 지분상품을 부여하는 회계처리는 다음과 같다.

(차) 자산 또는 비용	×××	(대) 자　　본	×××

이 중에서 종업원으로부터 용역을 제공받는 대가로 종업원에게 주식선택권을 부여하는 회계처리는 다음과 같다.

(차) 주식보상비용 ××× (대) 주식선택권(자본조정) ×××

(2) 보상원가의 측정

① **종업원이 아닌 거래상대방에게서 재화나 용역을 제공받는 경우** : 재화나 용역을 제공받는 날을 기준으로 다음과 같이 측정한다.
㉠ 제공받는 재화나 용역의 공정가치로 직접 측정한다.
㉡ (드물게 측정할 수 없는 경우) 지분상품의 공정가치로 간접 측정한다.

② **종업원으로부터 용역을 제공받는 경우** : 지분상품 부여일을 기준으로 부여한 지분상품의 공정가치에 기초하여 간접 측정한다.

(3) 보상원가의 인식시점

1) 지분상품이 즉시 가득되는 경우

기업은 부여일에 즉시 제공받는 용역에 대한 보상원가 전액을 인식하고 이에 상응하여 자본(자본조정)의 증가를 인식한다.

2) 지분상품의 가득에 기간이 필요한 경우

기업은 수익·비용 대응의 원칙에 따라 제공받는 용역의 공정가치를 가득기간에 배분하여 인식하고 이를 자본(자본조정)의 증가로 인식한다. 이 경우 가득조건이 용역제공조건이냐 성과조건이냐에 따라 가득기간이 달라진다.

① 가득조건이 용역제공조건인 경우에는 용역의 공정가치를 미래 용역제공기간에 배분하여 인식한다.

② 가득조건이 성과조건인 경우에는 용역의 공정가치를 성과조건이 충족되는 날까지의 미래 기대가득기간에 배분하여 인식한다. 최초 측정된 금액의 수정은 성과조건이 시장조건인 경우에는 나중에 기대가득기간의 추정치를 수정하지 않으나, 시장조건이 아닌 경우에는 기대가득기간의 추정치를 수정한다.

(4) 지분상품의 내재가치로 측정

지분상품의 공정가치를 신뢰성 있게 결정할 수 없는 경우에는 재화나 용역을 제공받는 날을 기준으로 지분상품을 내재가치로 측정한다. 이후 최종결제일까지 매 보고기간에 내재가치를 재측정하고 내재가치의 변동액을 당기손익으로 인식한다.

3 현금결제형 주식기준보상거래

기업이 종업원으로부터 용역을 제공받는 대가로 현금결제형 주식기준보상거래의 전형적인 예로 현금결제형 주가차액보상권을 부여하기도 한다. 종업원은 현금결제형 주가차액보상권을 부여받고 일정한 가득조건에서 일정기간 동안 기업의 주가상승액에 기초하여 현금을 지급받는다.

따라서 기업은 가득기간에 다음과 같이 회계처리한다.

(차) 주식보상비용	×××	(대) 장기미지급비용	×××

4 선택형 주식기준보상거래

기업이나 거래상대방이 결제방식으로 주식결제형이나 현금결제형을 선택할 수 있는 주식기준보상거래를 말한다.

① 기업이 현금을 지급해야 하는 현재의무가 있는 경우에는 현금결제형으로, 현재의무가 없는 경우에는 주식결제형으로 회계처리한다.

② 기업이 거래상대방에게 선택권을 부여한 경우에는 부채요소와 자본요소가 포함된 복합금융상품을 부여한 것으로 본다.

> 자본요소＝복합금융상품의 공정가치－부채요소 공정가치

제 3 절 주당이익

주당이익(EPS, earnings per share)이란 기업의 이익을 기간중의 유통보통주식수로 나누어 계산한 금액으로, 한 기간 동안 보통주 1주당 이익이 얼마인가를 나타내는 지표이다. 주당이익은 한 기간 동안의 기업의 경영성과를 나타내는 지수로 투자의사결정에 빈번하게 이용되고 있다.

K-IFRS에서는 지배기업의 보통주에 대하여 주당계속영업이익과 주당순이익을 포괄손익계산서에 표시하고 그 산출근거를 주석으로 기재하도록 규정하고 있다. 또한, 희석증권이 존재하는 경우에는 희석증권으로 인하여 주당이익이 낮아질 수 있는 가능성을 고려하여 주당이익을 기본주당이익과 희석주당이익으로 구분하여 양자를 동시에 제시하도록 규정하고 있다.

1 기본주당이익

기본주당이익은 기본주당계속영업이익과 기본주당순이익으로 구성된다.

① 기본주당계속영업이익 $=\dfrac{\text{보통주계속영업이익}}{\text{가중평균유통보통주식수}}$

② 기본주당순이익 $=\dfrac{\text{보통주당기순이익}}{\text{가중평균유통보통주식수}}$

(1) 가중평균유통보통주식수

가중평균유통보통주식수는 기초의 유통보통주식수에 회계기간중 재취득된 자기주식수 또는 신규 발행된 보통주식수와 그 주식 각각의 유통기간에 따른 가중치를 고려하여 조정한 보통주식수이다. 보통주 유통일수 계산의 기산일은 주식발행의 대가를 받을 권리가 발생한 시점(일반적으로 주식발행일)이다.

1) 우선주

우선주는 가중평균유통보통주식수 산정에서 제외한다.

2) 자기주식과 유상증자

자기주식은 유통이 중단된 주식이므로 취득 이후부터 매각시점까지의 기간 동안 유통보통주식수에 포함되지 않는다. 당기중에 실시된 유상증자는 현금을 받을 권리가 발생한 날을 기준으로 하여 주식수가 증가된 것으로 보고 기간경과에 따라 가중평균유통보통주식수를 산출한다.

3) 무상증자 · 주식배당 · 주식분할(병합)

무상증자 등의 거래는 실제 실시시기와 관계없이 "비교표시되는 회계기간중 최초 회계기간"에 보통주가 증가(주식병합의 경우에는 감소)한 것으로 처리한다. 왜냐하면 이러한 거래는 자본의 실질적인 증가를 가져오지 않으면서도 유통보통주식수를 변동시키기 때문이다. 다만 유상신주에 대하여 무상증자 등을 실시한 경우에는 유상신주의 납입일을 기준으로 보통주가 증가(주식병합의 경우에는 감소)한 것으로 처리한다.

4) 공정가치 미만의 유상증자

기존 주주에게 공정가치 미만의 발행금액으로 유상증자를 실시하는 권리발행의 경우에는 공정가치에 의한 유상증자와 무상증자가 혼합된 성격을 가진다. 따라서 권리발행 전의 유통보통주식수에 다음의 조정비율을 적용하여 유통보통주식수를 계산한다.

$$\text{조정비율} = \frac{\text{권리행사 직전의 주당 공정가치}}{\text{권리행사 후의 이론적 주당 공정가치}^{*}}$$

$$* \ \frac{\text{권리행사 직전 총유통보통주식의 공정가치} + \text{권리행사로 수취하는 금액}}{\text{권리행사 직전 유통보통주식수} + \text{권리행사로 발행된 주식수}}$$

(2) 보통주계속영업이익과 보통주당기순이익

> ① 보통주계속영업이익＝계속영업이익* – 세후 우선주배당금
>
> * 법인세비용차감전계속영업이익 – 계속영업이익법인세비용
>
> ② 보통주당기순이익＝당기순이익 – 세후 우선주배당금

계속영업이익 또는 당기순이익에서 차감하는 우선주배당금은 당해 회계기간과 관련하여 결의된 비누적적 우선주에 대한 세후 배당금을 말한다. 누적적 우선주의 배당금은 그 배당선언 여부에 관계없이 손실이 발생한 경우에도 정해진 배당률을 기준으로 계산한다. 이는 누적적 우선주가 손실의 발생으로 인하여 당기중 배당하지 못하더라도 차기 이후에 배당금을 지급해야 하기 때문이다. 따라서 당기에 전기 이전분에 해당하는 배당금을 선언하는 경우에도 그 배당금을 차감해서는 안 된다. 그리고 당기중에 보통주로 전환된 전환우선주의 전환간주일이 기말인 경우, 그 전환우선주에 대한 배당이 기말까지 지급하는 경우에는 당해 배당금을 계속사업이익 및 당기순이익에서 차감한다.

2 희석주당이익

전환사채나 전환우선주와 같은 희석효과가 있는 잠재적보통주를 보유하고 있는 기업은 희석주당이익을 공시해야 한다. 희석주당순이익은 희석주당계속영업이익과 희석주당순이익으로 구성된다. 희석주당이익을 계산하기 위해서는 희석성 잠재적보통주의 영향을 고려하여 기본주당이익의 계산에 사용된 유통보통주식수, 계속영업손익 및 당기순손익을 조정해야 한다.

① $\text{희석주당계속영업이익} = \dfrac{\text{희석계속영업이익}}{\text{가중평균유통보통주식수} + \text{희석증권주식수}}$

② $\text{희석주당순이익} = \dfrac{\text{희석당기순이익}}{\text{가중평균유통보통주식수} + \text{희석증권주식수}}$

(1) 희석증권주식수

1) 원 칙

① 희석증권은 기초에 전환 또는 행사된 것으로 본다. 다만, 당해 희석증권의 발행일이 당기중인 경우에는 그 발행일을 기준으로 희석증권주식수에 포함한다.

② 전환우선주 및 전환사채는 전환가능한 보통주식수를 희석증권주식수에 포함한다.

2) 옵션과 주식매입권

옵션이나 주식매입권 등은 당기중 보통주의 평균시장가격이 행사가격을 초과하는 경우에 한하여 자기주식법을 사용하여 계산한 주식수를 희석증권주식수에 포함한다. 자기주식법은 보통주식을 행사가격으로 발행하여 유입된 현금을 사용하여 시중에 유통되는 자기주식을 구입한다고 가정한다. 이 가정으로 행사가격으로 발행될 주식의 수와 그 유입된 현금으로 시장에서 구입가능한 자기주식의 수의 차이를 희석주당이익 계산시 분모에 가산하는 것이다. 옵션이나 주식매입권의 행사로 인한 주식의 발행으로 유입된 현금은 자기주식의 취득에 사용될 수 있다. 따라서 옵션이나 주식매입권의 행사가 발행주식의 총수만큼 유통주식수를 증가시키지 않을 수 있다는 가능성을 예상하여 자기주식법을 사용한다.

옵션 또는 주식매입권의 주식수
　= 권리행사로 발행되는 주식수 − 유입된 현금으로 구입가능한 자기주식수
　(단, 보통주의 평균시장가격 > 행사가격)

3) 당기중 권리가 행사된 부분

당기중에 옵션 또는 주식매입권을 행사했거나 전환우선주 또는 전환사채가 전환된 경우에는, 기초부터 권리행사일의 전일 또는 전환간주일의 전일까지를 희석증권주식수에 포함한다. 조건부발행보통주는 당기중에 조건이 충족되는 경우 기본주당순이익 계산시 포함되므로 기초부터 조건충족일의 전일까지를 희석증권주식수에 포함한다. 권리행사일, 전환(간주)일 또는 조건충

족일부터 기말까지는 이미 기본주당계속영업이익 및 기본주당순이익의 계산 시 가중평균유통보통주식수에 포함되어 있음에 유의한다.

(2) 희석계속영업이익 및 희석당기순이익의 산정

희석계속영업이익은 보통주계속영업이익에 잠재적보통주가 소멸되는 경우에 당기손익에 미치는 영향을 더하여 산정한다. 희석당기순이익도 보통주당기순손익에 잠재적보통주가 소멸되는 경우에 당기손익에 미치는 영향을 더하여 산정한다.

잠재적보통주의 종류	잠재적보통주가 소멸되는 경우 당기손익에 미치는 영향
전환우선주	전환우선주배당금
전환사채	전환사채이자비용×(1－한계세율)
신주인수권부사채	상환할증금 관련 사채할인발행차금상각분×(1－한계세율)
옵션, 주식매입권	없음(₩0)

(3) 희석화 여부의 검토

여러 종류의 잠재적보통주가 발행되어 있는 경우에는 희석효과가 가장 큰 것부터 하나씩 포함시키면서 주당계속영업이익을 계산한다. 만약 하나의 잠재적보통주를 포함한 주당계속영업이익이 이를 포함하기 전의 주당계속영업이익보다 커지면 그 잠재적보통주는 희석효과를 가지지 않으므로 희석증권의 주식수 계산에서 제외한다.

희석증권을 포함한 주당계속영업이익을 계산하여 희석증권을 포함하기 전의 주당계속영업이익보다 작은 경우에는 희석효과가 있는 것이므로 희석주당계속영업이익 및 희석주당순이익에 포함시켜야 한다. 희석효과 크기의 판단은 잠재적보통주가 소멸되는 경우 당기손익에 미치는 영향을 보통주식수의 증분으로 나누어 계산하며, 주당이익이 작은 것부터 희석화 판단순서에 포함시킨다.

연습문제

CHAPTER 8

1. 전환사채와 관련된 이자율 및 할인율에 대한 설명으로 옳지 않은 것은?

(2008, 세무직공무원 7급)

① 전환사채의 내재이자율은 전환권이 없는 일반사채의 내재이자율보다 낮다.
② 보장수익률은 발행가액을 기초로 결정되는 실질이자율이다.
③ 보장수익률과 표시이자율이 동일할 경우 전환사채의 만기금액은 액면금액과 동일하다.
④ 전환사채의 부채요소를 결정하는 할인율은 전환권이 없는 일반사채의 시장수익률이다.

2. (주)갑은 20×1년 1월 1일 1매당 액면금액이 ₩1,000인 전환사채 1,000매(만기 3년, 표시이자율 연 8%, 매년 말 이자지급)를 ₩950,352에 할인발행하였다. 발행된 전환사채는 만기 전 1매당 1주의 보통주로 전환될 수 있다. 전환사채 발행시점에서 자본요소가 결합되지 않은 유사한 일반사채의 시장이자율은 연 12%이다. 전환사채 발행시점에서 전환권 1매의 공정가치는 활성시장에서 ₩55이다. (주)갑이 20×1년 말 재무상태표에 표시할 전환권대가 및 전환사채의 장부금액과 가장 가까운 것은? (2012, 공인회계사)

할인율 / 기 간	기간말 단일금액 ₩1의 현재가치		정상연금 ₩1의 현재가치	
	8%	12%	8%	12%
1	0.9259	0.8929	0.9259	0.8929
2	0.8573	0.7972	1.7833	1.6901
3	0.7938	0.7118	2.5771	2.4018

	전환권대가	전환사채 장부금액		전환권대가	전환사채 장부금액
①	₩46,408	₩932,417	②	₩48,402	₩932,417
③	46,408	930,184	④	55,000	922,794
⑤	48,402	930,184			

※ 다음 자료를 이용하여 문제 3과 4에 답하시오. (2010, 공인회계사)

(주)한국은 20×1년 1월 1일에 3년 만기의 전환사채 ₩1,000,000을 액면발행했다. 전환사채의 표시이자율은 연 10%이고, 이자는 매년 말에 지급한다. 전환사채는 20×1년 7월 1일부터 보통주로 전환이 가능하며, 사채액면 ₩10,000당 1주의 보통주(주당 액면 ₩5,000)로 전환될 수 있다. 사채발행일에 전환권이 부여되지 않은 일반사채의 시장이자율은 연 15%이다. (단, 사채발행과 관련한 거래비용은 없으며 현가계수는 아래 표를 이용한다. 또한 계산금액은 소수점 첫째자리에서 반올림하며, 이 경우 단수차이로 인해 약간의 오차가 있으면 가장 근사치를 선택한다)

현가계수표

할인율 / 기 간	기간 말 ₩1의 현재가치(단일금액)			정상연금 ₩1의 현재가치		
	10%	12%	15%	10%	12%	15%
1년	0.9091	0.8929	0.8696	0.9091	0.8929	0.8696
2년	0.8264	0.7972	0.7561	1.7355	1.6901	1.6257
3년	0.7513	0.7118	0.6575	2.4868	2.4018	2.2832

3. 20×2년 1월 1일에 전환사채의 70%가 전환되었다면 동 전환거래로 인하여 (주)한국의 자본총액은 얼마나 증가하는가? (단, 전환권대가는 전환시 주식발행초과금으로 대체한다)

① ₩350,000 ② ₩527,671
③ ₩643,085 ④ ₩700,000
⑤ ₩723,011

4. 문제 3과는 독립적이다. 20×2년 1월 1일에 (주)한국은 전환사채의 조기전환을 유도하기 위하여 20×2년 6월 30일까지 전환사채를 전환하면 사채액면 ₩10,000당 2주의 보통주(주당 액면 ₩5,000)로 전환할 수 있도록 조건을 변경했다. 조건변경일의 (주)한국의 보통주 1주당 공정가치가 ₩7,000이라면 (주)한국이 전환조건의 변경으로 인식하게 될 손실은 얼마인가? (단, 전환조건을 변경하기 전까지 전환청구가 없었으며, 법인세효과는 고려하지 않는다)

① ₩400,000 ② ₩500,000
③ ₩600,000 ④ ₩700,000
⑤ ₩800,000

5. (주)한국은 만기 3년, 액면가액 ₩200,000의 전환사채를 2003년 1월 1일에 액면발행하였다. 동 전환사채의 액면이자율은 연 6%이며, 이자지급일은 매년 12월 31일이다. 동 전환사채는 2004년 1월 1일부터 주식으로 전환이 가능하며, 전환권을 행사하지 않는다면 만기에 일정금액의 상환할증금이 추가로 지급된다. 이 사채의 만기보장수익률이 연 10%일 경우, 상환기일에 액면금액의 몇 %를 일시상환하야 하는가? (2003, 공인회계사)

① 103.24% ② 108.24%
③ 113.24% ④ 118.24%
⑤ 123.24%

6. (주)한국은 2005년 1월 1일에 3년 만기의 전환사채 ₩3,000,000을 액면발행하였다. 이 사채의 표시이자율은 4%이고, 이자는 매년 말 지급된다. 이 전환사채의 보장수익률은 6%이며, 발행 당시 유효이자율은 8%이다. 전환조건은 전환사채 발행가액 ₩10,000당 액면 ₩5,000짜리 보통주 1주를 교부하며, 전환기간은 발행 후 6개월 경과일로부터 만기일 3개월 전까지이다. (주)한국의 2005년 12월 31일 손익계산서에 표시될 이자비용은 얼마인가? (단, 현가계수는 주어진 자료를 사용하고, 계산금액은 소수점 첫째자리에서 반올림한다) (2005, 공인회계사)

현가계수표

할인율 / 기 간	단일금액(기말지급)			정상연금		
	4%	6%	8%	4%	6%	8%
1	0.96154	0.94340	0.92592	0.96154	0.94340	0.92592
2	0.92456	0.89000	0.85734	1.88610	1.83340	1.78326
3	0.88900	0.83962	0.79383	2.77510	2.67302	2.57710

① ₩170,543 ② ₩202,650
③ ₩215,259 ④ ₩227,390
⑤ ₩235,981

7. (주)예림은 20×1년 1월 1일 다음과 같은 조건의 전환사채를 ₩970,000에 발행하였다.

- 액면금액 : ₩1,000,000
- 표시이자율 : 연 5%
- 전환사채 발행시점의 자본요소가 결합되지 않은 유사한 일반사채 시장이자율 : 연 10%
- 이자지급일 : 매년 12월 31일
- 만기상환일 : 20×4년 1월 1일

• 원금상환방법 : 상환기일에 액면금액의 105.96%를 일시상환

기 간	10% 기간 말 단일금액 ₩1의 현재가치	10% 정상연금 ₩1의 현재가치
1	0.9091	0.9091
2	0.8265	1.7356
3	0.7513	2.4869

전환사채 중 액면금액 ₩700,000이 20×2년 1월 1일에 보통주식(주당 액면금액 ₩5,000)으로 전환되었으며, 전환가격은 ₩10,000이다. 전환권대가는 전환권이 행사되어 주식을 발행할 때 행사된 부분만큼 주식발행초과금으로 대체하며, 전환간주일은 기초시점으로 가정한다. 20×2년 12월 31일 전환사채와 전환권대가의 장부금액은 각각 얼마인가? (단, 법인세효과는 고려하지 않으며, 계산결과 단수차이로 인해 답안과 오차가 있는 경우 근사치를 선택한다) (2013, 공인회계사)

	전환사채	전환권대가		전환사채	전환권대가
①	₩317,880	₩23,873	②	₩317,880	₩14,873
③	302,613	14,873	④	302,613	23,873
⑤	300,000	59,600			

8. (주)대한은 20×1년 1월 1일에 만기 3년, 액면이자율 5%(이자는 매년 말 지급), 액면금액 ₩1,000,000의 비분리형 신주인수권부사채를 액면발행하였다. 신주인수권의 행사기간은 발행일로부터 1개월이 경과한 날부터 상환기일 30일 전까지이다. 신주인수권부사채는 상환할증조건이 없으며, 신주인수권의 행사조건은 사채 액면금액 ₩20,000당 보통주(주당 액면 ₩5,000) 1주를 인수(행사가격 ₩20,000)할 수 있다. 20×3년 1월 1일 신주인수권의 60%가 행사되었다. 이러한 신주인수권행사로 인한 (주)대한의 자본증가액은? (단, (주)대한은 신주인수권부사채 발행시점에서의 신용등급으로 만기 3년, 액면이자율 10%, 액면금액 ₩1,000,000의 일반사채를 액면발행할 수 있다. 또한 현가계수는 아래 표를 이용한다) (2013, 세무사)

현가계수표

할인율 / 기 간	기간 말 단일금액 ₩1의 현재가치		정상연금 ₩1의 현재가치	
	5%	10%	5%	10%
1	0.9524	0.9091	0.9524	0.9091
2	0.9070	0.8264	1.8594	1.7355
3	0.8638	0.7513	2.7232	2.4868

① ₩500,000
② ₩512,180
③ ₩562,180
④ ₩600,000
⑤ ₩674,616

9. (주)럭키는 20×1년 1월 1일 다음과 같은 조건의 비분리형 신주인수권부사채를 액면발행하였다.

- 액면금액 : ₩1,000,000
- 표시이자율 : 연 4%
- 이자지급일 : 매년 12월 31일
- 행사가액 : ₩10,000
- 만기상환일 : 20×4년 1월 1일
- 발행주식의 주당 액면금액 : ₩5,000
- 원금상환방법 : 상환기일에 액면금액의 109.74%를 일시상환
- 신주인수권부사채 발행시점의 신주인수권이 부여되지 않은 유사한 일반사채 시장이자율 : 연 8%

기 간	8% 기간 말 단일금액 ₩1의 현재가치	8% 정상연금 ₩1의 현재가치
3	0.7938	2.5771

동 사채 액면금액 중 ₩700,000의 신주인수권이 20×2년 1월 1일에 행사되었을 때, 증가되는 주식발행초과금은 얼마인가? (단, (주)럭키는 신주인수권이 행사되는 시점에 신주인수권대가를 주식발행초과금으로 대체하며, 법인세효과는 고려하지 않는다. 또한 계산결과 단수차이로 인해 답안과 오차가 있는 경우 근사치를 선택한다) (2013, 공인회계사)

① ₩358,331
② ₩368,060
③ ₩376,555
④ ₩408,451
⑤ ₩426,511

10. (주)서울은 20×1년 1월 1일에 영업사원 200명에게 각각 주식선택권 100개를 부여하였다. 각 주식선택권은 종업원이 앞으로 4년간 근무할 것을 조건으로 한다. 부여일 현재 주식선택권의 단위당 공정가치는 ₩5,000으로 추정되었다. (주)서울은 종업원 중 30%가 4년 이내에 퇴사하여 주식선택권을 상실할 것으로 추정하였고, 실제로 20×1년과 20×2년에 각각 15명이 퇴사하였다. 동 주식선택권과 관련하여 (주)서울의 20×2년 포괄손익계산서상 당기손익에 반영될 주식보상비용은? (2011, 감정평가사)

① ₩12,500,000
② ₩15,500,000
③ ₩17,500,000
④ ₩19,500,000
⑤ ₩21,500,000

11. '기본주당이익'의 계산에 관한 설명으로 옳지 않은 것은? (2011, 관세사)

① 기본주당이익은 지배기업의 보통주에 귀속되는 특정 회계기간의 당기순손익을 그 기간의 유통된 보통주식수를 가중평균한 주식수로 나누어 계산한다.

② 보통주로 반드시 전환해야 하는 전환금융상품은 계약체결시점부터 기본주당이익을 계상하기 위한 보통주식수에 포함한다.

③ 당기중에 무상증자를 실시한 경우, 당해사건이 있기 전의 유통보통주식수를 비교표시되는 최초기간의 개시일에 그 사건이 일어난 것처럼 비례적으로 조정한다.

④ 채무를 변제하기 위하여 보통주를 발행하는 경우, 채무변제일이 가중평균유통보통주식수를 산정하기 위한 보통주유통일수 계산의 기산일이 된다.

⑤ 당해 회계기간과 관련한 누적적 우선주에 대한 세후배당금은 배당이 결의된 경우에만 당기순손익에서 차감한다.

12. 주당이익 계산과 관련된 다음의 설명 중 옳은 것은? (2012, 공인회계사)

① 기업이 자신의 보통주에 기초한 풋옵션이나 콜옵션을 매입한 경우 반희석효과가 있으므로 희석주당이익의 계산에 포함하지 아니한다.

② 기본주당이익 계산을 위한 가중평균유통보통주식수 산정시 당기중에 유상증자와 주식분할로 증가된 보통주식은 그 발행일을 기산일로 하여 유통보통주식수를 계산한다.

③ 희석주당이익 계산시 당기중에 발행된 잠재적보통주는 보고기간 초부터 희석주당이익 계산식의 분모에 포함한다.

④ 지배기업의 보통주에 귀속되는 당기순이익 계산시 비지배지분에 귀속되는 순이익이나 우선주배당금은 가산한다.

⑤ 기업이 여러 종류의 잠재적보통주를 발행한 경우에는 특정 잠재적보통주가 희석효과를 가지는지 판별하기 위해 모든 잠재적보통주를 고려하며, 기본주당이익에 대한 희석효과가 가장 작은 잠재적보통주부터 순차적으로 고려하여 희석주당이익을 계산한다.

13. (주)대한의 2010회계연도 보통주에 귀속되는 당기순이익이 ₩1,000,000일 때 2010년 12월 31일 결산일 현재 기본주당이익을 산출하기 위한 가중평균유통보통주식수는? (단, 가중평균유통보통주식수는 월할로 계산한다) (2011, 공무원 9급)

〈유통보통주식수의 변동〉

일 자	내 용	주식수
2010년 1월 1일	기초	12,000주
2010년 3월 1일	유상증자	3,000주
2010년 7월 1일	자기주식 취득	3,000주
2010년 9월 1일	유상증자	6,000주

① 9,000주 ② 15,000주
③ 18,000주 ④ 21,000주

14. 2007년 1월 1일 현재 (주)한국의 유통보통주식수는 10,000주이며 2007년 자본거래는 다음과 같다.

일 자	내 용
4월 1일	시가로 10% 유상증자 실시
5월 1일	10% 무상증자 실시
7월 1일	시가로 10% 유상증자 실시

2007년 기본주당순이익 산정을 위한 가중평균유통보통주식수는? (단, 월수를 기준으로 계산한다) (2008, 세무직공무원 7급)

① 13,095주 ② 12,430주
③ 11,905주 ④ 10,095주

15. (주)한국의 주식은 주당 ₩1,000에 시장에서 거래되고 있다. 다음 자료를 이용하여 계산한 (주)한국의 가중평균유통보통주식수는? (단, 우선주는 없다) (2012, 세무직공무원 7급)

• 당기순이익	₩60,000	• 주가수익률(PER)	5(500%)
• 부 채 총 계	3,000,000	• 자 본 금	₩200,000
• 자 본 총 계	1,000,000		

① 200주 ② 300주
③ 400주 ④ 500주

16. (주)서울의 20×1년 1월 1일 유통보통주식수는 2,000주이며, 연 10% 배당을 지급하는 비누적적 · 비참가적 우선주 1,000주가 유통되고 있다. 20×1년 10월 1일에 보통주 500주를

추가로 발행하였다. (주)서울의 보통주와 우선주의 주당 액면가액은 각각 ₩5,000이다. (주)서울의 20×1년 당기순이익이 ₩8,000,000일 경우, 기본주당순이익은? (단, 가중평균유통보통주식수는 월할로 계산한다) (2011, 감정평가사)

① ₩2,125
② ₩2,250
③ ₩3,333
④ ₩3,529
⑤ ₩4,375

17. 12월 결산법인인 (주)한국은 2008년 1월 1일에 보통주(주당 액면가액 ₩5,000) 200,000주와 비참가적, 비누적적 우선주(주당 액면가액 ₩5,000, 우선주배당률 연 6%) 10,000주를 보유하고 있다. 2008년 7월 1일 보통주에 대해서 5%의 무상증자를 실시하였다. 10월 1일에는 보통주 2,500주를 유상증자(주당 액면가액 ₩5,000)하였다. 유상신주의 배당기산일은 납입한 때이고, 발행가액은 공정가액과 일치한다. (주)한국의 2008년 당기순이익이 ₩5,106,250이라고 할 때 기본주당순이익은? (단, 가중평균유통보통주식수는 월할계산한다) (2009, 세무직공무원 7급)

① ₩10
② ₩11
③ ₩13
④ ₩14

18. (주)한국의 2009년 1월 1일 현재 유통보통주식수는 150,000주이다. (주)한국은 2009년 3월 1일 10%의 주식배당, 2009년 7월 1일 보통주 35,000주의 유상증자, 2009년 9월 1일 10%의 무상증자를 실시하였다. (주)한국의 2009년도 보통주에 귀속되는 당기순이익이 ₩22,082,500이라고 할 때 기본주당순이익은? (단, 가중평균유통보통주식수는 월수를 기준으로 계산한다) (2010, 세무직공무원 7급)

① ₩100
② ₩110
③ ₩120
④ ₩150

19. 20×1년 1월 1일 (주)국세의 유통보통주식수는 10,000주(주당 액면 ₩5,000), 유통우선주식수는 7,000주(주당 액면 ₩5,000, 비누적적 · 비참가적)이었다. 20×1년중 우선주의 변동은 없었으며, 보통주는 20×1년 4월 1일 유상증자로 4,000주가 증가하였고, 7월 1일 10% 무상증자로 1,400주가 추가발행되었다. 20×1년도 당기순이익은 ₩29,880,000이었으며, 우선주의 배당률은 20%이다. (주)국세의 기본주당순이익은 얼마인가? (단, 가중평균유통주식수는 월할계산한다. 또한 유상증자는 20×1년 4월 1일에 전액 납입완료되었으며, 무상신주의 배당기산일은 원구주에 따른다) (2012, 세무사)

① ₩1,334 ② ₩1,443
③ ₩1,486 ④ ₩1,600
⑤ ₩1,670

20. 20×1년 1월 1일 현재 (주)국세의 유통중인 보통주 발행주식은 10,000주(주당 액면금액 ₩10,000)이고, 우선주 발행주식은 5,000주(주당 액면금액 ₩10,000)이다. 우선주는 누적적・비참가적 우선주이며 연 배당률은 액면금액의 5%이다. (주)국세는 20×1년 7월 1일에 자기주식(보통주) 1,000주를 구입하였다. 또한 (주)국세는 20×2년 2월 말에 현금배당으로 보통주에 대해서는 액면금액 2%를, 우선주에 대해서는 1주당 ₩1,000을 지급하기로 결의하였다. 배당결의된 우선주배당금에는 20×0년분에 대하여 지급하지 못한 부분(1주당 ₩500에 해당)이 포함되어 있다. (주)국세의 20×1년도 보통주 기본주당순이익이 ₩400이라면 당기순이익은 얼마인가? (단, 유통보통주식수의 가중평균은 월수를 기준으로 계산한다)

(2010, 세무사)

① ₩2,000,000 ② ₩4,200,000
③ ₩4,400,000 ④ ₩6,300,000
⑤ ₩6,500,000

21. 다음은 결산일이 12월 31일인 (주)한국유통의 2003년도 자본에 관한 사항이다.

- 1월 1일 보통주식수 10,000주
- 9월 30일 전환사채 전환 3,000주

위 전환사채(만기 3년)는 2003년 3월 1일에 발행된 것으로, 발행일 이후 언제라도 전환이 가능하다. 또 전환사채는 전기 말에 전환된 것으로 간주한다. 한편 회사가 종업원들에게 부여한 주식교부형 주식매입선택권 200주에 관한 사항은 다음과 같다.

- 부여일 : 2001년 7월 1일
- 부여조건 : 2003년 1월 1일부터 3년간 행사가능
- 행사가격 : 주당 ₩3,000

2003년 7월 1일 주식매입선택권이 전량 행사되었으며, 2003년의 보통주식 평균시가는 ₩4,000이다. 2003년의 주당이익을 계산하기 위한 희석증권의 주식수를 계산하면 몇 주인가? (단, 적수는 월할계산하며, 소수점 이하는 반올림한다. 또한 위 희석증권들은 모두 희석효과가 있다고 가정한다)

(2003, 공인회계사)

① 25주 ② 50주
③ 125주 ④ 150주
⑤ 200주

22. (주)갑의 20×1년 당기순이익은 ₩1,232,500이며, 20×1년 초 유통되고 있는 보통주식수는 3,000주이다. 다음 자료를 이용하면 20×1년 포괄손익계산서상 (주)갑의 희석주당이익은 얼마인가? (2012, 공인회계사)

- 20×1년 7월 1일에 15%의 주식배당을 하였다.
- 20×1년 10월 1일에 보통주 1,000주를 시장가격으로 발행하였다.
- 20×1년 11월 1일에 자기주식 1,200주를 취득하였다.
- (주)갑은 직전연도에 1매당 보통주 2주로 교환가능한 전환사채 500매를 발행하였는데, 20×1년중 해당 전환사채는 보통주로 전환되지 않았다. 20×1년도 전환사채 관련 이자비용은 ₩200,000이며 법인세율은 30%이다.

---

① ₩300　　② ₩305
③ ₩318　　④ ₩321
⑤ ₩335

23. (주)대경의 20×2년 1월 1일 현재 보통주자본금은 ₩50,000,000(주당 액면금액은 ₩5,000)이고 자기주식과 우선주자본금은 없다. (주)대경의 20×2년 당기 희석주당이익 계산을 위한 자료는 다음과 같다.

- 기초미행사 신주인수권 : 1,000개(신주인수권 1개당 보통주 1주 인수)
- 신주인수권 행사가격 : 주당 ₩6,000
- 기중 보통주 평균시가 : 주당 ₩10,000

20×2년 10월 1일에 신주인수권 800개가 행사되었다. 가중평균주식수를 월할계산했을 때 20×2년 당기 희석주당이익이 ₩620이라고 하면, 20×2년 (주)대경의 당기순이익은 얼마인가? (단, 법인세효과는 고려하지 않는다) (2014, 공인회계사)

① ₩6,398,400　　② ₩6,423,200
③ ₩6,522,400　　④ ₩6,572,000
⑤ ₩6,671,200

24. (주)문경의 20×1년도 주당이익 산출과 관련된 자료는 다음과 같다.

---

(1) 20×1년 1월 1일 현재 유통보통주식수는 15,000주(주당 액면금액 ₩1,000)이며, 우선주는 없다.
(2) 20×1년 7월 1일에 자기주식 1,800주를 취득하여 20×1년 12월 31일 현재 보유하고 있다.

(3) 20×1년 1월 1일에 전환사채(액면금액 ₩500,000, 3년 후 일시상환)를 액면발행하였다. 동 사채의 액면이자율은 연 8%(매년 말 이자지급)이며, 전환사채 발행시 동일조건을 가진 일반사채의 유효이자율은 연 10%이다. 동 전환사채는 만기까지 언제든지 사채액면 ₩1,000당 보통주 1주로 전환가능하다. 20×1년 12월 31일까지 동 전환사채에 대하여 전환청구는 없었다.

(4) 가중평균은 월할로 계산한다.

20×1년도 (주)문경의 기본주당순이익이 ₩328이라면 희석주당순이익은 얼마인가? (단, 법인세율은 20%로 가정하고 현가계수는 아래 표를 이용한다. 또한 계산금액은 소수점 첫째 자리에서 반올림하며, 단수차이로 인해 약간의 오차가 있으면 가장 근사치를 선택한다)

(2011, 공인회계사)

현가계수표

기간 \ 할인율	기간 말 단일금액 ₩1의 현재가치		정상연금 ₩1의 현재가치	
	8%	10%	8%	10%
1	0.9259	0.9091	0.9259	0.9091
2	0.8573	0.8264	1.7833	1.7355
3	0.7938	0.7513	2.5771	2.4868

① ₩313
② ₩316
③ ₩319
④ ₩322
⑤ ₩325

25. 다음은 주식시장에서 대표적으로 PER(Price-Earnings Ratio)이 낮은 주식으로 알려진 (주)청담에 관한 자료이다.

- 2000년 1월 1일 유통보통주(액면가 ₩5,000)는 100,000주이고, 예상 당기순이익과 한계세율은 각각 ₩200,000,000과 30%이다.
- 2000년 7월 1일 제3자 인수방식에 의해 대주주에게 전환사채를 인수시켰다.
  - 액면가 ₩1,000,000,000에 액면발행
  - 6개월간 전환사채이자비용은 ₩10,000,000으로 예상된다(표시이자율 연 2%).
  - 전환사채 액면금액 ₩5,000당 보통주 1주로 전환이 가능하나 실제로 주식으로 전환된 전환사채는 없었다.

모든 것이 예상대로 진행되었으며 주가는 연중 ₩10,000으로 유지된 것으로 가정한다. 기본주당순이익과 희석주당순이익을 계산하면 (주)청담의 PER은 각각 얼마가 되는가? (단, 유통월수를 가중치로 사용하여 가중평균주식수를 계산한다) (2001, 공인회계사)

	기본주당순이익 기준 PER	희석주당순이익 기준 PER
①	5.00	9.66
②	5.00	10.00
③	7.14	10.00
④	7.14	13.61
⑤	7.14	14.29

해답 및 풀이

1. ②

① 전환사채의 발행금액은 전환권이 없는 일반사채의 현재가치보다 전환권가치만큼 높다. 이는 전환사채의 내재이자율이 전환권이 없는 일반사채보다 낮다는 것을 의미한다.

② 보장수익률은 액면금액을 기초로 결정되는 명목이자율이다. 발행금액을 기초로 결정되는 실질이자율은 유효이자율이다.

③ 상환할증금＝액면금액×(보장수익률－표시이자율)×연금의 미래가치(보장수익률, 만기)이므로, 보장수익률과 표시이자율이 동일할 경우의 상환할증금은 ₩0이다.

④ 전환사채의 부채요소는 전환권이 없지만 동일조건인 일반사채의 현재가치를 말한다.

2. ①

(1) 전환권가치(전환권대가)

㉠ 전환사채의 발행금액		₩950,352
㉡ 전환사채와 동일조건의 일반사채 현재가치		
이자의 현재가치 : ₩80,000×2.4018＝	₩192,144	
원금의 현재가치 : ₩1,000,000×0.7118＝	711,800	(903,944)
㉢ 전환권가치		₩46,408

(2) 20×1년 말 전환사채의 장부금액

₩903,944＋(₩903,944×0.12)－₩80,000＝₩932,417

유효이자율법에 의한 상각표 참조

일 자	유효이자 (12%)	액면이자 (8%)	사채할인발행차금상각액	장부금액
20×1년 초				₩903,944
20×1년 말	₩108,473	₩80,000	₩28,473	932,417
20×2년 말	111,890	80,000	31,890	964,307
20×3년 말	115,693	80,000	35,693	1,000,000
계	₩336,056	₩240,000	₩96,056	

3. ③

㉠ 일반사채 현재가치 : 이자의 현재가치 ₩100,000×2.2832= ₩228,320

원금의 현재가치 ₩1,000,000×0.6575= 657,500

₩885,820

㉡ 사채할인발행차금(=전환권가치*) : ₩1,000,000−₩885,820=₩114,180

일 자	유효이자(15%)	액면이자(10%)	사채할인발행차금 잔액	장부금액
20×1년 초			₩114,180	₩885,820
20×1년 말	₩132,873	₩100,000	81,307**	918,693

* 이 문제의 경우 전환사채의 액면금액과 발행금액이 동일하므로 전환권가치는 사채할인발행차금과 동일함.

** ₩114,180−(₩132,873−₩100,000)=₩81,307

㉢ 자본증가액* : ₩918,693×70%=₩643,085

* 전환권가치(전환권대가)는 주식발행초과금으로 대체되지만, 둘 다 자본계정이므로 자본의 증가는 없음.

이를 분개하면 다음과 같다.

(차) 전 환 사 채	700,000	(대)	사채할인발행차금	56,915
			자 본 금	350,000
			주식발행초과금	293,085
(차) 전환권대가	79,926	(대)	주식발행초과금	79,926

4. ④

전환조건 변경손실 : (₩1,000,000/₩10,000)×(2주−1주)×₩7,000=₩700,000

5. ③

상환할증금＝액면금액×(보장수익률－액면이자율)×연금미래가치(보장수익률, 만기)이므로,

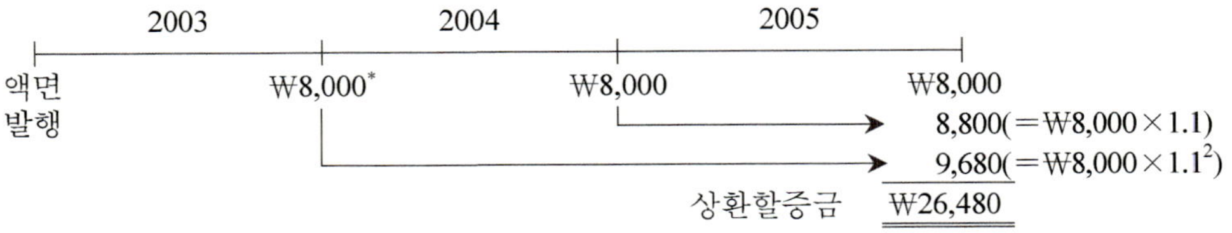

* ₩200,000×(10%－6%)＝₩8,000

상환할증률＝$\frac{₩26,480}{₩200,000}$＝13.24%

∴ 상환기일에 액면금액의 113.24%를 일시상환해야 한다.

6. ④

상환할증금 : ₩3,000,000×(6%－4%)×(1.06^2＋1.06＋1)＝₩191,016

사채의 장부금액(2005. 1. 1) : (₩120,000×2.5771)＋(₩3,191,016×0.79383)＝₩2,842,376

이자비용(2005.12.31) : ₩2,842,376×8%＝₩227,390

7. ③

(1) 전환사채 발행시점(20×1. 1. 1)

㉠ 일반사채 현재가치(장부금액)

＝(₩1,000,000×1.0596×0.7513)＋(₩1,000,000×0.05×2.4869)

＝₩920,422

㉡ 전환권대가＝₩970,000－₩920,422＝₩49,578

이를 분개하면 다음과 같다.

(차) 현 금	970,000	(대) 전 환 사 채	1,000,000
사채할인발행차금	139,178*	사채상환할증금	59,600**
		전환권대가	49,578

* ₩1,059,600－₩920,422＝₩139,178

** ₩1,000,000×5.96%＝₩59,600

(2) 전환사채 발행시점 이후의 상각표

일 자	유효이자 (10%)	액면이자 (5%)	사채할인발행차금		장부금액
			상각액	잔 액	
20×1. 1. 1				₩139,178	₩920,422
20×1.12.31	₩92,042	₩50,000	₩42,042	97,136	962,464
20×2.12.31	96,246	50,000	46,246	50,890	1,008,710
20×3.12.31	100,890	50,000	50,890	0	1,059,600

(3) 20×2년 12월 31일

전환사채 장부금액＝₩1,008,710×0.3＝₩302,613

전환권대가 장부금액＝₩49,578×0.3＝₩14,373

(3)은 다음과 같이 풀 수도 있다.

㉠ 20×2년 1월 1일 액면금액 ₩700,000 전환

(차) 전 환 사 채	700,000	(대) 사채할인발행차금	67,995**
사채상환할증금	41,720*	자 본 금	350,000
		주식발행초과금	323,725
(차) 전환권대가	34,705***	(대) 주식발행초과금	34,705

* ₩59,600×0.7＝₩41,720

** ₩97,136×0.7＝₩67,995

*** ₩49,578×0.7＝₩34,705

㉡ 액면금액 ₩700,000 전환 이후의 상각표

일 자	유효이자 (10%)	액면이자 (5%)	사채할인발행차금		장부금액
			상각액	잔 액	
20×2. 1. 1				₩29,141*	₩288,739**
20×2.12.31	₩28,874	₩15,000	₩13,874	15,267	302,613

* ₩97,136－₩67,995＝₩29,141

** ₩962,464－(₩700,000＋₩41,720－₩67,995)＝₩288,739

㉢ 20×2년 12월 31일

전환사채 장부금액＝₩302,613

전환권대가 장부금액＝₩49,578－₩34,705＝₩14,873

8. ④

사채상환할증금이 없고 신주인수권대가는 주식발행초과금과 상쇄되므로, 신주인수권 행사로 인한 자본증가액은 납입하는 행사금액뿐이다

(₩1,000,000÷₩20,000)×60%×₩20,000＝₩600,000

9. ⑤

(1) 신주인수권부사채 발행(20×1. 1. 1)

㉠ 일반사채 현재가치(장부금액)

＝(₩1,000,000×1.0974×0.7938)＋(₩1,000,000×0.04×2.5771)

＝₩974,200

㉡ 신주인수권대가＝₩1,000,000－₩974,200＝₩25,800

(차) 현 금	1,000,000	(대) 신주인수권부사채	1,000,000
사채할인발행차금	123,200*	사채상환할증금	97,400**
		신주인수권대가	25,800

* ₩1,097,400－₩974,200＝₩123,200

** ₩1,000,000×9.74%＝₩97,400

(2) 신주인수권행사로 신주발행(20×2. 1. 1)

(차) 현 금	700,000	(대)	사채할인발행차금	9,727**
사채상환할증금	68,180*		자 본 금	350,000
			주식발행초과금	408,453
(차) 신주인수권대가	18,060***	(대)	주식발행초과금	18,060

* ₩97,400 × 0.7 = ₩68,180

** 소멸된 사채상환할증금에 관련된 미상각 사채발행차금 : 장부금액 − 현재가치
= ₩68,180 − ₩68,180/1.08^2 = ₩9,727

*** ₩25,800 × 0.7 = ₩18,060

∴ 증가되는 주식발행초과금 = ₩408,453 + ₩18,060 = ₩426,513(근사치 ₩426,511)

10. ③

20×1년~20×4년 당기손익(주식보상비용) :

(200명 × 100 × 0.7) × ₩5,000 × 1/4 = ₩17,500,000

(차) 주식보상비용	17,500,000	(대) 주식선택권(자본조정)	17,500,000

11. ⑤

누적적 우선주에 대한 배당금은 배당의 결의여부와 관계없이 당해 회계기간과 관련한 세후 배당금을 차감해야 한다.

12. ①

② 주식분할로 증가된 보통주식은 비교표시되는 최초기간의 개시일에 실시된 것으로 간주한다. 다만, 기중의 유상증자로 발행된 신주에 대한 주식분할은 유상증자의 주금납입기일에 실시된 것으로 간주하여 유통보통주식수로 간주한다.

③ 발행일부터 희석주당이익 계산식의 분모에 포함한다.

④ 기본주당이익을 계산할 때 지배기업의 보통주에 귀속되는 금액은 지배기업에 귀속되는 계속영업손익과 당기순손익에서 자본으로 분류된 우선주에 대한 세후 우선주배당금, 우선주 상환시 발생한 차액 및 유사한 효과를 조정한 금액이다.

⑤ 주당계속영업이익에 대한 희석효과가 가장 큰 잠재적보통주부터 순차적으로 고려한다.

13. ②

기초		12,000주
+ 유상증자(3월 1일)	3,000주 × $\frac{10}{12}$ =	2,500주
− 자기주식 취득(7월 1일)	3,000주 × $\frac{6}{12}$ =	1,500주
+ 유상증자(9월 1일)	6,000주 × $\frac{4}{12}$ =	2,000주
가중평균유통보통주식수		15,000주

14. ②

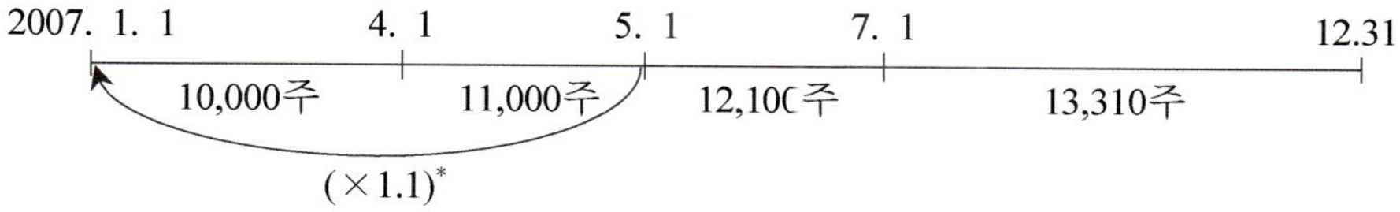

가중평균유통보통주식수 :

$(10{,}000주 \times 1.1^{*} \times 3/12) + (11{,}000주 \times 1.1^{*} \times 1/12) + (12{,}100주 \times 2/12) + (13{,}310주 \times 6/12)$
$= 12{,}430주$

* 무상증자, 주식배당, 주식분할(병합) 등은 기초시점에 실시한 것으로 가정함

15. ②

주가수익비율(PER) = ₩1,000/EPS = 5

∴ EPS = ₩200

EPS = ₩60,000/가중평균유통보통주식수(x) = ₩200

∴ x = 300주

16. ④

㉠ 가중평균유통보통주식수

기 간	계산식	주식수
20×1년 1월 ~ 9월	2,000주×9/12	1,500주
20×1년 10월 ~ 12월	2,500주×3/12	625
가중평균유통보통주식수		2,125주

㉡ 우선주배당금 : 1,000주 × ₩5,000 × 10% = ₩500,000

㉢ 기본주당순이익 : $\dfrac{(₩8{,}000{,}000 - ₩500{,}000)}{2{,}125주} = ₩3{,}529/주$

17. ①

㉠ 가중평균유통보통주식수

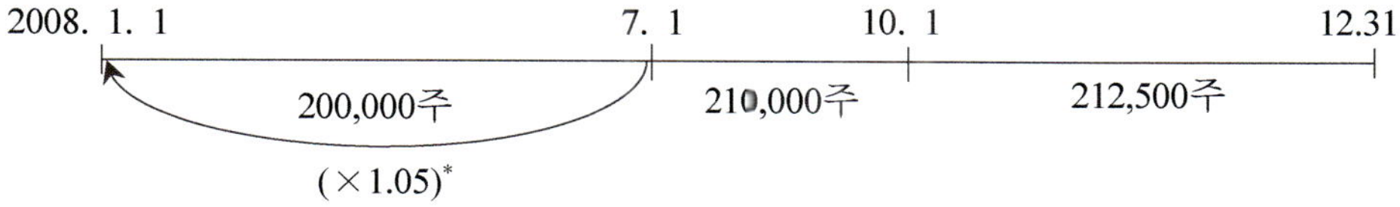

$(200{,}000주 \times 1.05^{*} \times 6/12) + (210{,}000주 \times 3/12) + (212{,}500주 \times 3/12) = 210{,}625주$

* 무상증자, 주식배당, 주식분할(병합) 등은 기초시점에 실시한 것으로 가정함

㉡ 보통주당기순이익

₩5,106,250 − (10,000주 × ₩5,000 × 0.06) = ₩2,106,250

㉢ 기본주당순이익

₩2,106,250÷210,625주=₩10/주

18. ②

㉠ 가중평균유통보통주식수

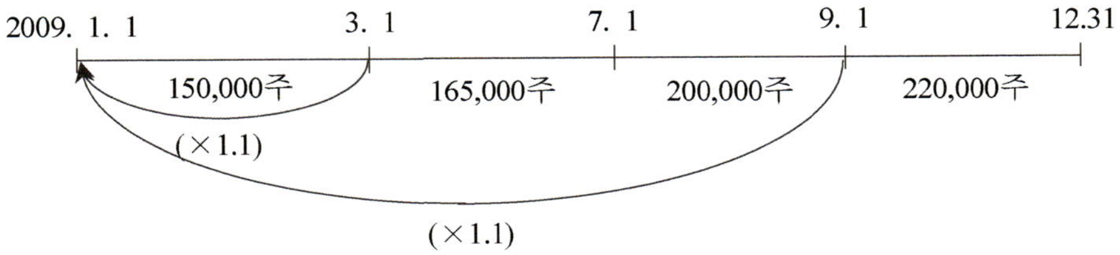

(150,000주×1.1^2×2/12)+(165,000주×1.1×4/12)+(200,000주×1.1×2/12)

+(220,000주×4/12)=200,750주

㉡ 기본주당순이익

₩22,082,500÷200,750주=₩110/주

19. ④

㉠ 가중평균유통보통주식수=(10,000주+4,000×9/12)×1.1=14,300주

㉡ 보통주당기순이익=₩29,880,000−(7,000주×₩5,000×20%)=₩22,880,000

㉢ 기본주당순이익=₩22,880,000/14,300주=₩1,600/주

20. ④

㉠ 보통주당기순이익

x(=당기순이익)−(5,000주×₩10,000×0.05)=x−₩2,500,000

㉡ 가중평균유통보통주식수

(10,000주×12/12)−(1,000주×6/12)=9,500주

㉢ 보통주 기본주당순이익

(x−₩2,500,000)÷9,500주=₩400

∴ x=₩6,300,000

21. ①

㉠ 전환사채는 전기 말에 전환된 것으로 간주하므로 당기 희석증권주식수에 포함되지 않는다.

㉡ 주식매입선택권은 2003년 7월 1일부터 12월 31일까지는 기본주당이익 가중평균유통보통주식수 계산에 반영된다. 그러나 1월 1일부터 6월 30일까지는 자기주식법을 이용한 희석증권주식수 계산에 포함된다.

{200주−(200주×₩3,000/₩4,000)}×6/12=25주

22. ②

㉠ 가중평균유통보통주식수

{3,000주(기초) + 450주(주식배당 15%) + 1,000주(유상증자) × 3/12}

− {1,200주(자기주식) × 2/12} = 3,500주

㉡ 희석주당순이익

{₩1,232,500 + (₩200,000 × 0.7)*} ÷ (3,500주 + 1,000주**) = ₩305

* 전환사채이자비용 × (1 − 한계세율), 법인세차감 후 전환사채이자

** 희석증권주식수

23. ③

㉠ 가중평균유통보통주식수 + 희석증권주식수

= (10,000주 + 800주 × 3/12) + [{800주 − (800주 × ₩6,000)/₩10,000} × 9/12

+ {200주 − (200주 × ₩6,000)/₩10,000}] = 10,520주

㉡ 희석주당이익 = $\frac{\text{희석당기순이익(=당기순이익)}}{\text{10,520주}}$ = ₩620

∴ 당기순이익 = ₩6,522,400

24. ③

㉠ 보통주당기순이익 = ₩328 × 14,100주* = ₩4,624,800

* 가중평균유통보통주식수 = 15,000주 − (1,800주 × 6/12) = 14,100주

㉡ 전환사채의 발행금액

= (₩500,000 × 0.7513) + (₩40,000 × 2.4868) = ₩475,122

㉢ 20×1년 전환사채이자비용 = ₩475,122 × 10% = ₩47,512

㉣ 희석주당순이익 = {₩4,624,800 + ₩47,512 × (1 − 20%)} ÷ (14,100주 + 500주) = ₩319

25. ①

㉠ 기본주당순이익 = ₩200,000,000 ÷ 100,000주 = ₩2,000

PER = ₩10,000 ÷ ₩2,000 = 5

㉡ 희석주당순이익

가중평균유통보통주식수 + 희석증권주식수 = 100,000주 + (200,000주 × 6/12) = 200,000주

희석당기순이익 = ₩200,000,000 + ₩10,000,000 × (1 − 0.3) = ₩207,000,000

희석주당순이익 = ₩207,000,000 ÷ 200,000주 = ₩1,035

PER = ₩10,000 ÷ ₩1,035 = 9.66

CHAPTER

9

수익의 인식

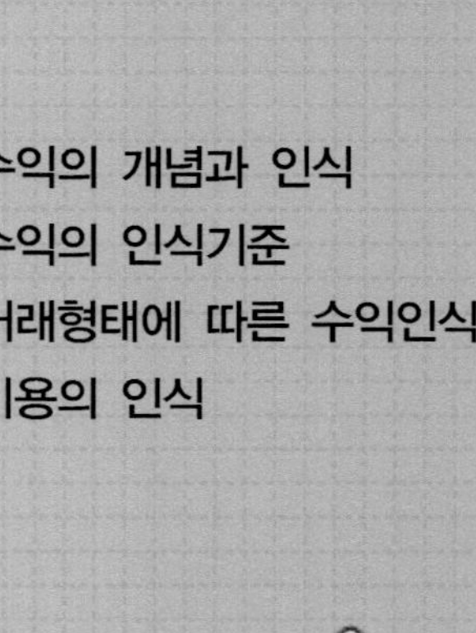

제 1 절 수익의 개념과 인식

1 수익의 개념

수익(revenue)은 기업실체의 주요 경영활동으로 인한 경제적 자원의 총유입(주주의 투자는 제외)으로 정의되는데, 이는 재화의 판매 또는 용역의 제공 등의 대가로 발생하는 자산의 증가 또는 부채의 감소로 나타난다.

수익의 본질에 대하여 다음의 두 가지 견해가 있다.

(1) 유입개념

유입개념은 전통적으로 수익을 재화의 판매나 용역의 제공에 대한 대가로서 기업에 유입되는 자원으로 보는 견해이다. 이러한 견해는 수익의 가득과정 자체에 중점을 둔 개념이라기보다는 수익의 측정과 인식에 대한 실무적 회계처리를 먼저 고려한 개념이라는 비판을 받고 있다.

(2) 유출개념

유출개념은 수익을 기업이 창출한 재화나 용역 그 자체의 가치증가에 바탕을 두고 재화 또는 용역의 유출가치로 보는 견해이다. 즉, 수익을 "기업이 일정 기간 동안 고객에게 이전한 재화 또는 용역의 총계를 화폐로 표시한 금액"으로 정의한다.

(3) K-IFRS의 입장

수익의 본질에 관한 견해 중에서 유출개념이 이론적으로 타당성이 있으나 실무에서는 수익의 측정문제 때문에 유입개념이 널리 사용된다. K-IFRS에서는 수익을 재화의 판매, 용역의 제공이나 자산의 사용에 대하여 받았거나 받을 대가의 공정가치로 측정한다고 규정하고 있어 유입개념을 따르고 있다.

2 수익의 측정과 인식

(1) 수익의 측정

측정(measurement)이란 어떤 대상에 대해 수(number)를 부여하는 과정으로서, 수익의 측정은 재무제표에 보고될 수익금액을 결정하는 과정이다. 수익은 원칙적으로 기업의 재화 및 용역의 교환가격에 의해 측정되며, 교환가격은 기업이 재화나 용역을 제공하고 받는 자산의 가치나 감소하는 부채의 가치이다.

K-IFRS에서는 앞에서 언급한 바와 같이 수익을 판매대가의 공정가치로 측정한다고 규정하고 있다. 그러나 판매대가가 재화의 판매 또는 용역의 제공 이후 장기간에 걸쳐 유입되는 경우에는 판매대가의 공정가치가 명목금액보다 작아진다. 이런 거래는 재화 또는 용역의 판매와 신용의 제공이라는 두 거래가 합성된 거래이다. 이때 판매대가의 공정가치는 명목금액의 현재가치로 측정하며, 공정가치와 명목금액의 차액은 현금회수기간에 걸쳐 이자수익으로 인식하도록 하고 있다.

(2) 수익의 인식

수익의 인식(recognition)이란 수익으로 인식할 금액 및 발생시점과 관련하여 수익이 귀속되는 회계기간을 결정하는 것을 말한다. 이론적으로 볼 때 수익은 경영활동의 전과정에 걸쳐 발생하므로 기업이 수익을 회계장부에 기록하는 데 큰 어려움에 직면하게 된다.

① **공통 인식요건** : 모든 유형의 수익에 공통으로 적용되는 수익인식요건은 다음의 두 가지가 있다.

㉠ 거래와 관련된 경제적 효익의 유입가능성이 높다.

㉡ 수익금액을 신뢰성 있게 측정할 수 있다.

② **수익의 인식시점** : 수익은 발생기준에 따라 인식시점의 충족요건으로서 다음의 두 가지를 제시하고 있다.

㉠ 실현조건(권리의 확보) : 수익은 제공되는 재화, 용역 등이 현금, 매

출채권 등과 교환으로 매출되는 시점에서 실현된(realized) 것으로 본다. 수익이 실현가능(realizable)하다는 말은 재화, 용역 등이 쉽게 현금 혹은 현금청구권으로 전환될 수 있음을 의미한다.

ⓛ 가득조건(의무의 이행) : 실현조건이 충족되어도 가득조건이 충족되지 않으면 수익을 인식할 수 없다. 수익창출활동으로 인한 경제적 효익을 이용할 수 있다고 주장하기에 충분하도록 가득과정을 사실상 완료한 시점에서 수익을 가득한 것으로 간주한다.

한편 K-IFRS에서는 기업이 수익을 인식할 때에는 다음의 5단계 과정을 거치도록 하고 있다.

① 고객과의 계약을 식별한다.
상품의 판매영수증으로 고객과의 계약이 확인된다.
② 수행의무를 식별한다.
용역의 제공, 상품의 인도 등의 수행의무가 있다.
③ 거래가격을 산정한다.
④ 거래가격을 수행의무에 배분한다.
⑤ 수행의무가 충족되면 수익을 인식한다.

제 2 절 수익의 인식기준

수익의 가득과정은 일반적으로 생산, 판매, 대금회수의 과정으로 나눈다. 수익의 실현과 가득은 일반적으로 판매시점에서 달성된다. 그러나 예외적으로 판매시점 이전이나 이후에 수익을 인식하는 경우도 있다.

수익가득과정에 따른 수익인식기준은 다음과 같다.

가득과정	생산준비		생산완성	판매	대금회수
수익인식기준		진행기준	완성기준	판매기준	회수기준
〈적용 예〉		• 용역의 제공 • 건설계약	• 진행률 등을 측정하지 못하여 진행기준을 적용할 수 없는 경우	• 대부분의 재화판매 • 할부판매	• 판매시점에 판매대가, 발생비용을 추정할 수 없는 경우

1 판매기준

(1) 수익의 인식요건

재화의 판매로 인한 수익은 공통 인식요건을 충족한 다음에 추가로 다음 요건이 모두 충족될 때 인식한다.

① 재화의 소유에 따른 중요한 위험과 보상이 구매자에게 이전된다.
② 판매자는 판매된 재화에 대한 관리 및 통제를 하지 않는다.
③ 거래에서 발생했거나 발생할 원가를 신뢰성 있게 측정할 수 있다.

(2) 수익의 인식

일반적으로 수익은 재화의 판매시점(인도시점)에 인식한다. 선제조(구입)-후판매 형태를 취하는 재화는 재화의 인도(판매)가 이루어져야 판매자의 이행의무가 충족되었다고 본다. 이처럼 판매기준은 제품 혹은 상품의 판매시점(point of sale)을 수익가득과정에서 가장 결정적인 사건(most critical event)으로 보아 그 판매시점에서 수익을 인식하는 기준이다. 판매기준은 판매를 통하여 현금 또는 매출채권 금액으로 수익을 측정할 수 있고, 판매시점까지의 비용도 거의 확정됨으로써 수익과 비용의 대응관계도 비교적 명확해질 수 있다.

K-IFRS에서는 할부매출의 경우 상품 등을 판매하여 인도한 날에 수익을

인식하며, 명목금액과 현재가치의 차이가 중요한 경우에는 상품인도일에 미래에 수취할 채권의 현재가치로 수익을 인식하도록 하고 있다. 이때 계상되는 현재가치할인차금은 기간의 경과에 따라 유효이자율법을 적용하여 이자수익으로 인식한다.

2 완성기준

(1) 의 의

완성기준(completed contract method)은 아직 판매 이전이지만 생산이 완료된 시점에서 수익의 가득활동이 사실상 완료되었다고 판단되는 경우에 수익을 인식하는 방법이다. 따라서 완성기준은 수익과 원가를 완성시점에 인식함으로써 실제 발생액으로 인식한다는 장점이 있다. 그러나 이 방법은 여러 회계기간에 걸쳐서 용역이 제공되는 경우에는 각 회계연도의 수익과 원가를 적절히 대응시킬 수 없을 뿐만 아니라, 적시성 있는 정보를 제공하지 못하는 단점이 있다.

(2) 수익의 인식

건설계약의 결과를 신뢰성 있게 추정하기 위한 요건을 충족하지 못하면 진행기준을 적용할 수 없다. 이 경우에는 공사가 완성되어 인도될 때까지 기다렸다가 공사수익과 공사이익을 한꺼번에 인식하는 완성기준을 적용한다.

완성기준의 계약수익은 용역제공이 완성되는 시점까지 관련 수익의 인식을 연기하고 완성시점에서 건설계약 총액을 계약수익으로 보고한다. 계약원가는 완성시점까지 발생한 원가를 미성공사(재고자산계정)에 누적시키고 완성시점에서 계약원가로 대체한다.

3 회수기준

회수기준은 판매 이후 대금을 회수하는 시점에서 수익을 인식하는 기준이다. 즉, 수익가득과정 중 가장 결정적인 사건을 판매가 아닌 대금회수로 보는 것이다. 회수기준이 인정되는 경우는 다음과 같다.

① 판매의 대가로 수취할 자산가치를 판매 당시 합리적으로 추정할 수 없는 경우
② 판매와 관련하여 발생할 추가적인 비용(예 : 하자보수비용 및 대금회수비용)이 중대하며 이를 사전에 합리적으로 추정할 수 없는 경우

회수기준의 한 형태인 회수기일도래기준은 수익을 판매대금의 회수기일이 도래한 날에 인식하는 기준이다.

K-IFRS에서는 판매시점 이후에 수익을 인식하는 것을 허용하지 않고 있다. 미래에 판매대금을 회수하기 어려울 것이라는 우려만으로 수익인식을 연기해서는 안 되며, 판매시점에 수익을 인식하고 대손예상액을 객관적으로 추정하여 대손처리하도록 하고 있다.

4 진행기준

(1) 의 의

진행기준(percentage-of-completion method)은 계약의 완성 정도에 따라서 경제적 실질을 반영하여 계약기간중에 수익과 비용을 인식하는 방법이다. 진행기준은 주로 선판매-후제조 형태를 취하는 용역의 제공거래나 건설계약 등에 적용된다. 진행기준은 경영활동의 실질적 진행 정도에 따라 기간별 경영성과를 보고하도록 함으로써 재무정보의 유용성을 제고시키기 위한 방법이다.

진행기준에 따라 수익을 인식하려면 아래의 조건을 모두 충족하여 용역제공거래의 성과를 신뢰성 있게 추정할 수 있어야 한다.

① 거래 전체의 수익금액을 신뢰성 있게 측정할 수 있다.
② 진행률을 신뢰성 있게 추정할 수 있다.
③ 이미 발생한 원가 및 거래의 완료를 위한 원가를 신뢰성 있게 측정할 수 있다.

진행기준에서는 공사(제조)의 완료시에 실현될 것이 확실시되는 판매수익에 대해 합리적으로 추정된 진행률을 적용하여 산출된 금액을 수익으로 인식한다.

(2) 건설계약의 회계처리

1) 건설계약

건설계약은 건물이나 교량, 댐, 조선, 도로, 터널 등의 장기성 건설공사계약을 의미한다. 건설계약에서 건설사업자는 건설공사의 완성을 약정하며, 발주자는 그 결과에 대해 대가의 지급을 약정한다. K-IFRS에서는 건설계약의 수익과 비용을 진행기준에 의해서 인식하도록 규정하고 있다.

건설계약은 건설계약금액의 결제방식에 따라 정액계약과 원가보상계약으로 분류한다.

① **정액계약** : 계약금액을 정액으로 하거나 산출물 단위당 가격을 정액으로 하는 건설계약이다.
② **원가보상계약** : 원가의 일정비율이나 정액의 수수료를 원가에 가산하여 보상받는 건설계약이다.

2) 계약수익과 계약원가의 인식

계약수익과 계약원가는 보고기간 말 현재 계약활동의 진행률을 기준으로 각각 수익과 비용으로 인식한다.

$$누적진행률 = \frac{(당기까지\ 누적된)\ 실제계약원가\ 발생액}{(가장\ 최근에\ 추정한)\ 추정총계약원가}$$

당기계약수익은 총계약수익에 재무상태표일 현재의 누적진행률을 곱하여 인식한 계약수익에서 전기말까지 인식한 계약수익을 차감하여 산출한다.

당기계약원가를 구하는 산식은 당기 계약수익을 구하는 산식과 동일하다.

> 당기계약수익=(총계약수익×누적진행률)−전기말까지 인식한 계약수익
> 당기계약원가=(추정총계약원가×누적진행률)−전기말까지 인식한 계약원가

당기계약손익은 당기계약수익에서 당기계약원가를 차감하여 산출한다.

> 당기계약손익=당기계약수익−당기계약원가

3) **회계처리**

회계기간에 대한 건설계약의 회계처리를 요약하면 다음과 같다.

구 분	분 개
① 회계기간중의 회계처리	
㉠ 계약원가의 기록	(차) 미 성 공 사* ××× (대) 재 료 비 ××× 노 무 비 ××× 경 비 ××× * 미성공사계정에는 건설계약이 완료되어 인도되기 전까지 발생한 모든 원가를 누적시킨다.
㉡ 계약대금의 청구	(차) 매 출 채 권 ××× (대) 진행청구액* ××× (공사미수금) * 미성공사계정의 차감계정으로 표시한다.
㉢ 계약대금의 회수	(차) 현 금 ××× (대) 매 출 채 권 ××× (공사미수금)
② 회계기간 말의 회계처리 • 계약수익과 계약원가의 인식	(차) 계 약 원 가 ××× (대) 계 약 수 익 ××× 미 성 공 사* ××× * 미성공사는 계약수익과 계약원가의 차액으로서 계약이익이면 차변에 나타나고, 계약손실이면 대변에 나타난다.
③ 계약완료시의 분개	(차) 진행청구액 ××× (대) 미 성 공 사 ×××

건설계약 진행기간중 미성공사계정 잔액과 진행청구액계정 잔액이 일치하지 않는 경우가 있다. 이때 미성공사가 진행청구액보다 큰 경우에는 재무상태표에 유동자산인 계약자산(미청구공사)으로 보고한다. 반대로 진행청구액이 미성공사보다 큰 경우에는 유동부채인 계약부채(초과청구공사)로 보고한다.

계약자산(유동자산)		
미성공사*	×××	
진행청구액	(×××)	×××

* 미성공사=누적계약원가+누적계약이익

계약부채(유동부채)		
진행청구액	×××	
미성공사*	(×××)	×××

독립된 별도의 공사계약에서 발생한 계약자산 또는 계약부채는 서로 상계할 수 없다.

4) 건설계약의 손실인식

건설공사 도중에 원자재 가격의 상승 등으로 추정총계약원가가 총계약수익을 초과할 것으로 예상되면 예상초과액을 즉시 당기의 비용으로 인식하고 계약원가에 포함하여 보고한다. 또한 계약은 체결했으나 공사를 아직 착수하지 않은 경우라도 손실이 예상되는 경우에는 이를 즉시 인식해야 한다.

① 전체 계약에서는 이익이 예상되나 당해 사업연도에 손실이 발생하는 경우
이 경우에는 과거에 계약이익이 과대계상되었음을 의미한다. 따라서 과거에 인식한 계약이익 과대계상액을 당해 사업연도에 인식할 계약수익과 계약원가에 반영하여 계약손실을 산출한다.

② 건설계약 전체에서 손실이 예상되는 경우
추정총계약원가가 상승하여 당기에 와서 건설계약 전체에서 손실이 처음으로 예상되는 경우가 있다. 이 경우에는 당기 이후의 계약손실을 전액 당기의 계약원가에 반영한다. 이때 당기 이후의 계약손실금액은 총계약손실×(1−누적진행률)이 된다. 따라서 계약손실이 최초로 예상되는 기간의 계약손실은 당기 이전의 계약이익과 건설계약 전체의 손실의 합계액이 된다. 결과적으로 계약손실이 처음 예상되는 기간에만 계약손실이 발생하고 그 이후에는 계약손익이 ₩0이 된다.

제 3 절 거래형태에 따른 수익인식

1 상품권

상품권은 미래에 인도할 상품의 대가로 현금을 미리 받는 경우에 판매된다. 따라서 수익인식의 충족요건 중 하나인 의무의 이행을 충족하지 않았기 때문에 수익으로 인식해서는 안 되며 이를 선수금이라는 부채로 인식해야 한다. 나중에 고객이 상품권을 사용하고 그 고객에게 상품을 인도하였을 때 수익을 인식하고 선수금을 제거한다.

2 프랜차이즈수익

프랜차이즈수익은 프랜차이즈 본사와 가맹점 간에 계약을 체결하여 특정 상품이나 용역 등을 일정한 지리적 관할권 내에서 독점적으로 사용하는 것을 조건으로 하는 프랜차이즈 거래에서의 수익이다.

프랜차이즈 본사가 가맹점에 용역을 제공하고 얻는 수익에는 크게 운영지원용역수익과 창업지원용역수익이 있다. 이들 수익은 원칙적으로 용역이 제공됨에 따라 수익으로 인식한다. 우선 운영지원용역수익은 일정기간 단위로 용역이 제공되기 때문에 용역이 제공된 기간에 따라 수익으로 인식한다. 창업지원용역수익은 모든 창업지원용역과 그 밖의 의무를 실질적으로 이행한 시점에 수익으로 인식한다. 이들 수익은 아직 수행의무를 충족하지 못한 상태에서는 이연프랜차이즈수익으로 인식했다가 수행의무를 충족한 시점에서 프랜차이즈용역제공수익으로 대체한다.

3 고객충성제도

고객충성제도(customer loyalty program)는 고객이 재화나 용역을 구입할 때 기업이 일정한 보상점수, 즉 포인트를 부여하는 제도이다. 포인트를 부여받은 고객은 다음에 이 포인트를 사용하여 재화나 용역을 무상 또는 할인 구매할 수 있다. 포인트를 부여한 기업은 매출로 수취한 대가 중 일부를 포인트에 배분하고 포인트에 배분된 만큼 부채계정인 이연고객충성제도수익을 기록한다. 나중에 포인트가 회수되고 보상의무를 이행한 시점에서 매출수익을 인식하고 이연고객충성제도수익을 제거한다.

제 4 절 비용의 인식

1 비용과 손실의 정의

(1) 비 용

비용(expenses)은 주요 경영활동으로서의 재화의 생산 및 판매, 용역의 제공에 따른 경제적 효익의 소비나 소멸을 인식하는 것이다. 이는 자산의 감소 또는 부채의 증가 및 그 결과에 따른 자본의 감소로 나타난다. 비용은 수익과 마찬가지로 흐름(flow)의 개념이며, 수익을 획득하는 과정에서 재화와 용역을 사용하거나 소비한 가치를 말한다.

(2) 손 실

손실(losses)은 주요 경영활동 이외의 부수적인 거래나 사건의 결과로 발생하는 경제적 효익의 유출로서, 이는 자본의 감소로 나타난다. 비용이 기업의 주요 경영활동과 관련하여 발생되는 데 반해서, 손실은 기업의 부수적인 경영활동과 관련하여 발생된다는 점에서 서로 구별된다.

2 비용의 인식

비용은 경제적 효익이 유출 및 소비됨으로써 자산이 감소하거나 부채가 증가하고, 그 금액을 신뢰성 있게 측정할 수 있을 때 인식한다. 한 회계기간중에 발생한 경제적 효익의 유출 및 소비는 그 결과로서 발생하는 수익의 인식시점에서 인식하거나, 발생시점에서 즉시 비용으로 인식한다. 즉, 전통적으로 비용은 수익·비용 대응의 원칙에 따라 기중에 창출된 수익과 대응시켜 인식할 수 있다. 다만 그 대응이 불가능할 경우에는 당기의 비용으로 즉시 인식한다.

(1) 직접대응

수익과 비용의 인과관계를 상대적으로 경확히 파악할 수 있는 경우에는 직접대응을 시도한다. 여기서 대응(matching)이란 보고된 수익과의 인과관계를 기초로 비용을 보고하는 과정을 의미한다. 예를 들어 매출원가는 매출액과 직접대응된다.

(2) 간접대응

수익창출에 기여하지만 특정수익과의 대응이 어렵거나, 수익창출을 기대하기 어려울 것으로 판단되면 발생시점에서 즉시 비용으로 인식한다. 이를 간접대응 혹은 기간대응이라고 하며 임원급여, 광고비, 판매촉진비 등의 판매비와 관리비가 이에 해당한다.

(3) 원가의 체계적 · 합리적 배분

원가가 미래수익과 관련이 있다고 판단될 경우에는 당기의 비용으로 인식할 수 없다. 이러한 원가는 해당되는 미래기간에 걸쳐 합리적이고 체계적인 방법에 의해 배분시켜야 한다. 여기서 배분(allocation)이란 일정한 방법이나 절차에 따라 일정한 금액 또는 가치를 여러 기간에 합리적으로 할당하는 과정을 말한다. 그 예로 감가상각비, 선급보험료 등을 들 수 있다.

연습문제

CHAPTER 9

1. 거래형태에 따른 수익인식에 관한 다음 설명 중에서 옳지 않은 것은? (2004, 세무사)

① 위탁판매에서 수탁자는 수탁상품의 매출액을 수탁자 자신의 매출액으로 계상할 수 있다.

② 설치조건부로 판매된 재화와 관련된 수익은 설치가 완료된 시점에 수익을 인식한다.

③ 제한적인 반품권이 부여된 판매의 경우, 반품률을 추정할 수 있는 경우에는 재화의 인도시점에 수익을 인식한다.

④ 시용판매에서는 매입자가 매입의사를 표시한 날 수익이 실현되는 것으로 인식한다.

⑤ 상품권을 판매한 때에는 매출로 인식하지 아니하고 선수금으로 처리해야 한다.

2. 재화판매에 대한 수익인식기준의 설명으로 옳지 않은 것은? (2011, 관세사)

① 제한적인 반품권이 부여된 판매의 경우 반품가능성을 예측하기 어렵다면, 구매자가 공식적으로 재화의 선적을 수락한 시점이나 재화를 인도받은 후 반품기간이 종료된 시점에 수익을 인식한다.

② 판매 후 재매입 약정이 있는 경우 법적 소유권이 이전된 시점에 수익을 인식한다.

③ 위탁판매의 경우에는 수탁자가 수탁한 재화를 고객에게 판매한 시점에 수익으로 인식한다.

④ 출판물 구독의 경우 해당품목의 가액이 매기 비슷한 경우에는 발송기간에 걸쳐 정액기준으로 수익을 인식한다.

⑤ 판매대금의 회수가 구매자의 재판매에 의해 결정되는 경우에는 판매시에 수익으로 인식하지 않는다.

3. 판매자는 여러 가지 방식으로 소유에 따른 위험을 부담할 수 있는데, 다음은 그 예이다. 이 중 수익을 인식할 수 없는 경우를 모두 포함한 답안을 고르시오. (단, 재화의 판매에 따른 다른 수익인식조건들은 충족되었다고 가정한다) (2012, 공인회계사)

(가) 고객에게 인도된 재화의 결함에 대하여 정상적인 품질보증범위를 초과하여 책임을 질 때
(나) 판매대금의 회수가 구매자의 재판매에 의해 결정될 때
(다) 설치조건부 판매에서 계약의 중요한 부분을 차지하는 설치가 아직 완료되지 않을 때
(라) 구매자가 판매계약에 명시된 사유에 따라 구매를 취소할 권리가 있고 해당재화의 반품가능성을 예측하기 어려울 때
(마) 고객이 만족하지 않는 경우에 판매대금을 반환하는 소매판매의 경우 과거의 경험과 기타 관련 요인에 기초하여 미래의 반환금액을 신뢰성 있게 추정할 수 있을 때

① (가), (나), (마)
② (가), (나), (다)
③ (가), (나), (라)
④ (가), (나), (다), (라)
⑤ (가), (나), (다), (라), (마)

4. 20×1년도 수익인식과 관련한 다음의 사례 중 옳지 않은 것은? (2013, 공인회계사)

① 보험대리업을 영위하고 있는 (주)우리는 20×1년 10월 1일 (주)나라보험의 보험상품 중 하나에 대하여 (주)평창과 계약을 체결하였다. 보험기간은 20×1년 10월 1일부터 1년이며, (주)우리가 보험계약기간에 추가로 용역을 제공할 가능성은 높다. (주)우리는 20×1년 12월 1일 (주)나라보험으로부터 동 보험계약에 대한 대리수수료 ₩1,000,000을 수령하고 전액 20×1년도 수익으로 인식하였다.
② (주)한국은 20×1년 12월 1일에 설치에 대한 용역이 재화의 판매에 부수되지 않는 섬유기계장치를 판매하고, 별도의 설치수수료 ₩500,000을 수령하였다. (주)한국은 일정상 20×1년 말까지 동 기계장치에 대한 설치를 시작하지 못하여, 수령한 설치수수료를 20×1년도 수익으로 인식하지 않았다.
③ 20×1년 11월 1일 (주)대한휘트니스에 연회원으로 50명이 가입하였다. 연회원가입비(환급되지 않음)는 1인당 ₩45,000이며, 연회원은 가입 후 1년 동안만 휘트니스 이용료를 할인받을 수 있다. (주)대한휘트니스는 20×1년 11월 1일에 가입한 회원으로부터 수령한 연회원가입비 중 ₩375,000(＝50명 × ₩45,000 × 2/12)을 20×1년도 수익으로 인식하였다.
④ 광고제작사인 (주)소백기획은 20×1년 9월 1일 (주)섬진으로부터 총금액 ₩6,000,000의 광고제작을 의뢰받고, 이를 6개월 안에 완성하기로 하였다. 20×1년 말 현재 광고제작이 50% 완성되어 (주)소백기획은 ₩3,000,000을 20×1년도 수익으로 인식하였다.
⑤ (주)팔공은 20×1년 12월 1일에 ₩5,000,000의 상품을 판매하였다. 판매계약에 명

시된 이유를 들어 구매자는 구매취소를 할 수 있다. 20×1년 말 현재 반품가능성을 예측하기 힘들어 (주)팔공은 20×1년도에 수익을 인식하지 않았다.

5. 수익인식과 관련된 다음의 설명 중 옳지 않은 것은? (2014, 공인회계사)

① 수익금액은 일반적으로 판매자와 구매자 또는 자산의 사용자 간의 합의에 따라 결정되며, 판매자에 의해 제공된 매매할인 및 수량리베이트를 고려하여 받았거나 받을 대가의 공정가치로 측정한다.

② 보험대리인이 추가로 용역을 제공할 필요가 없는 경우에 보험대리인은 대리인이 받았거나 받을 수수료를 해당보험의 효과적인 개시일 또는 갱신일에 수익으로 인식한다.

③ 제품판매가격에 제품판매 후 제공할 용역에 대한 식별가능한 대가가 포함되어 있는 경우에는, 그 금액을 이연하여 용역수행기간에 걸쳐 수익으로 인식한다.

④ 용역제공거래의 성과를 신뢰성 있게 추정할 수 없고, 발생한 원가의 회수가능성이 높지 않은 경우에는 수익은 인식하지 아니하고, 발생한 원가를 비용으로 인식한다.

⑤ 성격과 가치가 유사한 재화나 용역의 교환이나 스왑거래는 제공한 재화나 용역의 공정가치로 수익을 인식한다.

6. (주)대경은 20×1년 1월 1일에 상품을 ₩4,000,000에 판매하고 대금은 20×1년부터 매년 12월 31일에 ₩1,000,000씩 4회에 분할수령하기로 하였다. 장기할부판매대금의 명목가액과 현재가치의 차이는 중요하고 유효이자율은 연 10%이다. 할부판매로 인하여 발생한 장기매출채권에 대하여 20×2년 말 현재 대손추산액은 ₩300,000이다. 장기매출채권의 20×2년 말 현재 장부금액(순액)은 얼마인가? (단, 계산과정에서 소수점 이하는 첫째자리에서 반올림한다. 그러나 계산방식에 따라 단수차이로 인해 오차가 있는 경우, 가장 근사치를 선택한다. 또한 유동성대체는 하지 않는다) (2014, 공인회계사)

할인율	단일금액 ₩1의 현재가치				정상연금 ₩1의 현재가치			
	1년	2년	3년	4년	1년	2년	3년	4년
10%	0.9091	0.8265	0.7513	0.6830	0.9091	1.7355	2.4869	3.1699

① ₩1,435,579
② ₩1,735,579
③ ₩2,086,857
④ ₩2,869,900
⑤ ₩3,535,579

7. (주)한국은 아파트 건설공사를 전년도에 수주하였다. 이 아파트의 건설기간은 3년으로 예상되며 공사계약금액은 1,000억원이다. 이 건설공사는 진행기준에 따라 수익을 인식할 수 있는 요건이 충족된다. 총공사예정원가가 800억원이고, 그중 전기에는 160억원, 당기에는 400억원의 공사원가가 각각 발생하였다. 이 경우 당기의 공사수익과 공사원가의 차액은? (단, 공사진행률은 총공사예정원가와 누적공사원가발생액에 기초하여 산정하고 회계기간은 1년으로 한다) (2008, 세무직공무원 9급)

① 100억원 ② 140억원
③ 160억원 ④ 200억원

8. A사는 2010년 1월 1일에 ₩1,000,000의 건설공사를 수주받아 즉시 공사를 시작하였으며, 2011년 말에 완공하였다. 위 공사와 관련된 연도별 누적발생계약원가와 추정총계약원가는 다음과 같다. 주어진 자료를 이용하여 진행률을 적용할 경우, A사가 2011년도에 인식할 계약이익은 얼마인가? (2011, 관세사)

	2010년도	2011년도
누적발생계약원가	₩400,000	₩800,000
추정총계약원가	800,000	800,000

① ₩0 ② ₩50,000
③ ₩100,000 ④ ₩150,000
⑤ ₩200,000

9. (주)서울은 20×0년 상반기에 건설계약(총계약금액 ₩24,000,000)을 수주하여 20×1년 중에 완료하였으며 동 건설계약에 대하여 진행기준을 적용하여 수익을 인식하였다. 동 계약에 대한 추가적인 자료는 다음과 같다.

	20×0년	20×1년
해당연도에 발생한 원가	₩4,000,000	₩12,250,000
연도 말에 추정한 예상추가원가	12,000,000	–
청구한 금액	4,500,000	18,000,000
결제받은 거래대금	3,000,000	19,500,000

(주)서울이 동 건설계약에 관하여 20×1년에 인식할 이익은? (2011, 감정평가사)

① ₩2,000,000 ② ₩5,750,000
③ ₩7,750,000 ④ ₩8,000,000
⑤ ₩9,750,000

10. (주)갑은 장기건설계약에 대하여 진행기준을 적용하고 있다. 20×1년도에 계약금액 ₩20,000의 사무실용 빌딩 건설계약을 하였다. 20×1년 말 현재 공사진행률은 20%, 인식한 이익의 누계액은 ₩1,000이고, 추정총계약원가는 ₩15,000이다. 또한, 20×2년 말 현재 공사진행률은 60%, 인식한 이익의 누계액은 ₩2,400이고, 추정총계약원가는 ₩16,000이다. 20×2년도에 발생한 계약원가는 얼마인가? (2012, 공인회계사)

① ₩6,400 ② ₩6,600
③ ₩7,000 ④ ₩9,600
⑤ ₩14,800

11. 12월 말 결산법인인 (주)대한건설은 완공하는 데 3년이 소요되는 공사를 20×6년 1월 초에 수주하였다. 공사계약액(도급금액)은 ₩10,000이며 각 회계연도에 발생된 공사비용과 각 회계연도 말에 공사비를 추정한 결과는 다음과 같다. 다만, 건설공사를 수주한 20×6년도 당시에는 20×7년도에 건축자재의 품귀, 노임 등의 급격한 상승으로 인하여 공사비가 많이 발생할 것을 예상하지 못하였다.

	연중 실제발생공사비	완공까지 추가로 소요될 공사비추정액
20×6년	₩2,200	₩3,300
20×7년	3,800	2,000
20×8년	2,000	–

공사진행기준에 의해 수익을 인식하는 경우, 20×6년도와 20×7년도에 인식해야 할 공사손익은 각각 얼마인가? (2006, 세무사)

	20×6년도		20×7년도	
①	공사이익	₩1,800	공사이익	₩1,500
②	공사이익	300	공사이익	1,200
③	공사이익	1,800	공사손실	300
④	공사이익	1,200	공사이익	300
⑤	공사이익	1,500	공사이익	0

12. (주)대한은 20×1년 1월 1일에 댐건설을 위하여 정부와 건설계약(공사기간 3년, 도급금액 ₩12,000,000)을 체결하고, 계약금 ₩600,000을 수취하였다. (주)대한은 동 건설계약의 수익을 진행기준으로 인식하며, 발생한 누적계약원가를 기준으로 진행률을 계산한다. 동 건설계약과 관련된 연도별 자료가 다음과 같을 때 옳지 않은 것은? (2013, 세무사)

	20×1년	20×2년	20×3년
당기 실제 발생 계약원가	₩4,000,000	₩2,600,000	₩4,400,000
연도 말 예상 추가계약원가	6,000,000	4,400,000	–
공사대금 청구액(계약금 포함)	2,800,000	3,200,000	6,000,000
공사대금 회수액(계약금 포함)	2,600,000	3,000,000	6,400,000

① 20×2년도 공사손실은 ₩200,000이다.
② 20×3년도 계약수익은 ₩4,800,000이다.
③ 20×1년 말 미청구공사 금액은 ₩2,000,000이다.
④ 20×2년 말 미성공사 금액은 ₩7,200,000이다.
⑤ 20×1년 말 공사미수금 금액은 ₩800,000이다.

13. 12월 결산법인인 (주)한국은 2007년 초에 공사계약금액이 ₩20,000,000인 건설공사를 수주하였으며 이와 관련된 자료가 다음과 같다. (주)한국이 진행기준을 적용하여 수익을 인식하는 경우 2008년도의 공사손익은? (2009, 세무직공무원 7급)

	2007년도	2008년도	2009년도
실제발생 원가누적액	₩4,000,000	₩11,000,000	₩21,000,000
예상 추가원가	12,000,000	10,000,000	0

① 공사손실 ₩1,000,000　② 공사손실 ₩2,000,000
③ 공사이익 ₩1,000,000　④ 공사이익 ₩2,000,000

14. (주)한국은 20×1년 초에 한국도로공사와 고속도르 1구간의 건설계약을 ₩800,000에 체결하였다. 해당 고속도로는 20×3년 말에 완공되었으며, 동 건설계약과 관련된 자료는 다음과 같다.

	20×1년	20×2년	20×3년
당기계약원가	₩130,000	₩380,000	₩340,000
추정총계약원가	650,000	850,000	850,000
계약대금청구	150,000	350,000	300,000
계약대금회수	120,000	360,000	320,000

(주)한국이 이 건설계약과 관련하여 20×2년에 해야 할 회계처리에 대한 설명으로 옳지 않은 것은? (단, 공사진행률은 주어진 자료를 사용하여 계산한다) (2011, 세무직공무원 7급 수정)

① 인식할 계약수익은 ₩320,000이다.

② 인식할 계약손실은 ₩60,000이다.
③ 계약미수금의 기말 장부금액은 ₩20,000이다.
④ 초과청구공사의 기말 장부금액은 ₩40,000이다.

15. (주)한국건설은 20×1년 초에 (주)대한과 교량건설을 위한 건설계약을 발주금액 ₩10,000,000에 체결하였다. 총공사기간은 계약일로부터 3년인데, 20×2년도에 공사내용의 일부 변경에 따른 계약원가 추가 발생으로 건설계약금액을 ₩2,000,000 증가시키는 것으로 합의하였다. 동 건설계약과 관련된 연도별 자료는 다음과 같다.

구 분	20×1년	20×2년	20×3년
실제 계약원가 발생액	₩2,400,000	₩4,950,000	₩3,150,000
연도 말 예상 추가계약원가	5,600,000	3,150,000	
계약대금 청구액	2,500,000	5,500,000	4,000,000
계약대금 회수액	2,500,000	5,500,000	4,000,000

(주)한국건설이 진행률을 누적발생계약원가에 기초하여 계산한다고 할 때, 동 건설계약과 관련하여 (주)한국건설이 20×2년 말 재무상태표상 인식할 미청구공사(초과청구공사)금액은 얼마인가? (2014, 공인회계사)

① 미청구공사 ₩100,000
② 미청구공사 ₩400,000
③ 미청구공사 ₩500,000
④ 초과청구공사 ₩100,000
⑤ 초과청구공사 ₩400,000

16. 프랜차이즈수수료에 관한 내용으로 옳지 않은 것은? (2013, 세무사)

① 프랜차이즈수수료는 창업지원용역과 운영지원용역, 설비와 기타 유형자산 및 노하우 제공에 대한 대가를 포함할 수 있다.
② 계약에 의한 권리의 계속적인 사용에 부과되는 수수료나 계약기간 동안 제공하는 기타 용역에 대한 수수료는 권리를 사용하는 시점이나 용역을 제공하는 시점에 수익으로 인식한다.
③ 창업지원용역수수료가 장기간에 걸쳐 회수되고 모두 회수하는 데 유의적인 불확실성이 존재하는 경우에는 할부금을 현금으로 수취하는 시점에 수익으로 인식한다.
④ 설비와 기타 유형자산을 제공하는 경우 해당자산을 인도하거나 소유권을 이전할 때 제공하는 자산의 공정가치에 기초한 금액을 수익으로 인식한다.
⑤ 프랜차이즈 본사가 가맹점에 공급할 재화를 대신 주문하고 원가로 인도하는 대리거래는 인도시점에 수익을 인식한다.

17. 커피프랜차이즈 사업을 운영하고 있는 (주)명성은 20×1년 3월 1일 창동점과 프랜차이즈계약을 체결하였으며 관련내용은 다음과 같다.

---

(1) (주)명성은 창동점으로부터 창업지원용역의 제공과 관련한 총수수료 ₩200,000을 계약체결과 동시에 전액 지급받았다. 동 창업지원수수료에는 원가를 회수하고 합리적인 이윤을 제공하는 데 불충분한 운영지원용역수수료와 제3자에게 판매하는 가격보다 저렴한 가격으로 설비를 제공하는 대가가 포함되어 있다. (주)명성은 창동점에 대한 창업지원용역을 20×1년 3월 31일까지 모두 제공하였다.

(2) (주)명성은 창동점에 20×1년 4월 1일부터 운영지원용역을 제공하고 있으며 이와 관련한 1년치 수수료 ₩60,000을 동 일자에 전액 지급받았다. 합리적인 이윤을 포함한 운영지원용역의 공정가치는 ₩72,000이다. (주)명성은 20×2년 3월 31일까지만 창동점에 운영지원용역을 제공한다.

(3) (주)명성은 적정이윤을 포함하여 ₩30,000에 판매하는 설비를 할인된 가격인 ₩15,000에 구입할 수 있도록 창동점과 계약하였으며, 창동점은 20×2년 동 설비를 ₩15,000에 구입하였다.

상기의 프랜차이즈계약과 관련하여 (주)명성이 20×1년 포괄손익계산서상 수익으로 인식할 금액은 얼마인가? (2011, 공인회계사)

① ₩227,000　② ₩238,000
③ ₩260,000　④ ₩272,000
⑤ ₩290,000

18. (주)마켓넷은 인터넷 종합쇼핑몰을 운영하고 있다. 판매촉진을 위하여 (주)마켓넷은 판매금액의 2%에 해당하는 포인트를 부여하고 있으며, 부여된 포인트는 1점당 ₩1의 비율로 상품구매금액과 교환되고 과거 경험상 90%가 사용된다. (주)마켓넷의 20×9년 기초 포인트충당부채가 ₩50,000이었고, 20×9년중 총매출액이 ₩20,000,000, 사용된 포인트가 210,000점이라면 20×9년 (주)마켓넷의 순매출액과 기말 포인트충당부채의 잔액은 얼마인가? (단, (주)마켓넷은 구매고객에게 부여하는 포인트를 매출에누리로 처리하며, 상기자료 이외에 매출에 영향을 미치는 사건은 없다고 가정한다) (2009, 공인회계사)

	매출액	선수수익		매출액	선수수익
①	₩19,600,000	₩200,000	②	₩19,600,000	₩240,000
③	19,640,000	200,000	④	19,640,000	240,000
⑤	19,820,000	230,000			

19. (주)대한오토는 20×1년에 자동차 정비부문과 휘발유 판매부문의 사업을 시작하였다. (주)대한오토의 휘발유 판매부문은 휘발유 판매금액 ₩1,000당 10포인트를 부여하는 고객충성제도를 운영한다. 고객은 부여받은 포인트를 (주)대한오토의 정비부문에서만 사용할 수 있으며, 포인트의 유효기간은 2년이다. 고객들은 (주)대한오토에서 10포인트당 공정가치 ₩100의 정비서비스를 받을 수 있다. 20×1년중 (주)대한오토는 휘발유 ₩10,000,000을 판매하고 100,000포인트를 부여하였으며, 고객들은 이 중 40,000포인트를 20×1년중에 정비부문에서 사용하였다. 기말시점에서 60,000포인트는 20×2년에 전부 사용될 것으로 예상되며, 포인트의 공정가치도 변하지 않을 것으로 추정된다. 이러한 고객충성제도의 회계처리로 옳지 않은 것은? (2011, 세무사)

① 20×1년 휘발유 매출액 ₩10,000,000을 매출시점에서는 휘발유에 대한 매출액과 포인트 매출액으로 분리하고 포인트 매출액에 대해서는 선수수익으로 이연처리한다.
② 20×1년중 고객이 사용한 40,000포인트에 상당하는 금액을 당기수익으로 인식한다.
③ 20×2년에 사용할 것으로 예상되는 60,000포인트에 대한 매출원가 상당액을 충당부채로 계상한다.
④ 20×1년중 포인트 사용분이 포함되지 않은 정비부문의 매출액이 ₩8,000,000일 경우 (주)대한오토의 20×1년 포괄손익계산서상 수익은 ₩17,400,000이다.
⑤ 항공사가 직접 제공하는 상용고객우대제도에 따른 마일리지에 대한 회계처리도 역시 고객충성제도의 회계처리를 적용한다.

20. (주)국세는 Wings Air에서 운영하는 고객충성제도에 참여하고 있다. (주)국세는 자사제품을 구매하는 회원에게 판매가격 ₩1당 1마일리지를 제공한다. 고객충성제도회원은 마일리지를 사용하여 항공권을 구입할 수 있다. (주)국세는 Wings Air에 1마일리지당 ₩0.012을 지급한다. 20×2년 (주)국세는 원가가 ₩800,000인 제품을 ₩1,200,000에 판매하고, 마일리지를 부여하였다. (주)국세는 1마일리지의 공정가치를 ₩0.02으로 추정한다. (주)국세가 마일리지에 배분될 대가를 자기의 계산으로 회수하는 경우, 20×2년 제품판매와 관련하여 인식할 마일리지와 관련된 수익(고객충성제도수익) 및 비용(고객충성제도비용)은 각각 얼마인가? (2012, 세무사)

	고객충성제도수익	고객충성제도비용
①	₩7,200	₩12,000
②	14,400	24,000
③	24,000	12,000
④	24,000	14,400
⑤	28,000	48,000

해답 및 풀이

1. ①

수탁자는 수탁상품의 매출액을 매출로 회계처리할 수 없으며 그 대신 부채계정인 수탁채무라는 임시계정을 사용한다.

2. ②

재매입계약조건으로 판매한 경우 수익을 인식하지 않는다. 이런 거래는 제품의 판매가 아니라 자금의 차입거래이므로 대변에 차입금으로 기록한다.

3. ④

(가) 고객에게 인도한 재화의 결함에 대하여 정상적인 품질보증범위를 초과하여 책임을 질 때 수익을 인식할 수 없다.

(나) 판매대금의 회수가 구매자의 재판매에 의해 결정될 때 수익을 인식할 수 없다.

(다) 설치조건부 판매에서 계약의 중요한 부분을 차지하는 설치가 아직 완료되지 않을 때 수익을 인식할 수 없다.

(라) 구매자가 판매계약에 명시된 사유에 따라 구매를 취소할 권리가 있고 해당재화의 반품가능성을 예측하기 어려울 때에는 수익을 인식할 수 없다.

4. ①

보험대리인이 보험계약기간에 추가로 용역을 제공할 가능성이 높은 경우에는 수령한 금액을 이연하여 보험기간에 걸쳐 수익을 계산한다.

5. ⑤

원유나 우유 등과 같이 성격과 가치가 유사한 재화나 용역 간의 교환이나 스왑거래는 수익을 발생시키는 거래로 보지 않는다.

6. ①

(1) 20×1. 1. 1 장기매출채권 현재가치 및 분개 :

₩1,000,000 × 3.1699 = ₩3,169,900

(차) 장기매출채권	4,000,000	(대) 매　　출	3,169,900
		현재가치할인차금	830,100

(2) 20×2년 말 장기매출채권 장부금액(순액) :

₩1,735,579* − ₩300,000 = ₩1,435,579

* 현재가치할인차금상각표 참조.

일 자	이자비용 (10%)	현재가치할인차금		대금수령 전 장부금액	기말장부금액 (순액)
		상각액	잔 액		
20×1. 1. 1			₩830,100		₩3,169,900
20×1년 말	₩316,990	₩316,990	513,110	₩3,486,890	2,486,890
20×2년 말	248,689	248,689	264,421	2,735,579	1,735,579
20×3년 말	173,557	173,557	90,864	1,909,136	909,136
20×4년 말	90,864	90,864	0	1,000,000	0

7. ①

당기공사진행률 $= \frac{₩400억}{₩800억} = 50\%$

당기공사이익 = (₩1,000억 − ₩800억) × 50% = ₩100억

8. ③

2011년도 공사진행률 $= \frac{₩400,000}{₩800,000} = 50\%$

2011년도 계약이익 = (₩1,000,000 − ₩800,000) × 50% = ₩100,000

9. ②

	20×0년	20×1년
누적계약원가	₩4,000,000	₩16,250,000
추정총계약원가	16,000,000	16,250,000
누적진행률	25%	100%
계약수익	6,000,000	18,000,000
계약원가	(4,000,000)	(12,250,000)
계약이익	₩2,000,000	₩5,750,000

10. ②

당기계약원가 = (추정총계약원가 × 누적진행률) − 전기말까지 인식한 계약원가
= (₩16,000 × 60%) − (₩15,000 × 20%) = ₩6,600

11. ③

	20×6년	20×7년
누적진행률	40%(=₩2,200/₩5,500)	75%(=₩6,000/₩8,000)
계약수익	₩10,000 × 40% = ₩4,000	(₩10,000 × 75%) − ₩4,000 = ₩3,500
계약원가	(2,200)	(3,800)
계약이익(손실)	₩1,800	(₩300)*

* 20×7년의 계약수익과 계약원가를 결정할 때 누적발생액에서 20×6년의 계약수익과 계약원가를 차감했기 때문에, 20×7년 계약손실 ₩300에는 20×6년에 과대인식한 계약이익이 반영되어 있다.

12. ⑤

20×1년 말 공사미수금(매출채권) 금액 :

₩2,800,000(공사대금 청구액) − ₩2,600,000(공사대금 회수액) = ₩200,000

13. ②

당기에 건설계약 전체로부터 손실이 처음으로 예상되는 경우에 당기의 계약손실은 다음의 합계액이다.

(1) 당기 이전의 계약이익 :

$(₩20,000,000 \times \frac{₩4,000,000}{₩16,000,000}) - ₩4,000,000 =$ ₩1,000,000

(2) 건설계약 전체의 손실 : ₩21,000,000 − ₩20,000,000 = 1,000,000

₩2,000,000

14. ②

20×2년의 계약손실은 20×1년의 계약이익 ₩30,000과 건설계약 전체의 손실 ₩50,000의 합인 ₩80,000이다.

참고로 회계처리과정을 상세히 설명하면 다음과 같다.

(1) 계약손익의 산출

		20×1년	20×2년
당기계약원가		₩130,000	₩380,000
누적계약원가①		₩130,000	₩510,000
추정총계약원가②		₩650,000	₩850,000
누적진행률(①/②)		20%	60%
계약수익		₩160,000	₩480,000 − ₩160,000 = ₩320,000
계약원가	당기계약원가	₩130,000	₩380,000
	20×3년 손실	−	₩20,000*
계약손익		이익 ₩30,000	손실 ₩80,000

* ₩50,000 × (1 − 0.6) = ₩20,000

(2) ① 20×1년 회계처리

계약원가 : (차) 미 성 공 사	130,000	(대) 재 료 비 등	130,000
대금청구 : (차) 매출채권(공사미수금)	150,000	(대) 진행청구액	150,000
대금회수 : (차) 현 금	120,000	(대) 매출채권(공사미수금)	120,000
회계기말 : (차) 계 약 원 가	130,000	(대) 계 약 수 익	160,000
미 성 공 사	30,000*		

* 계약이익(매출총이익)을 나타냄.

② 20×2년 회계처리

계약원가 : (차) 미 성 공 사 380,000 (대) 재 료 비 등 380,000

대금청구 : (차) 매출채권(공사미수금)	350,000	(대)	진행청구액	350,000
대금회수 : (차) 현 금	360,000	(대)	매출채권(공사미수금)	360,000
회계기말 : (차) 계 약 원 가	400,000	(대)	계 약 수 익	320,000
			미 성 공 사	80,000*

* 계약손실(매출총손실)을 나타냄.

(3) 미청구공사(초과청구공사)

	20×1년 말	20×2년 말
미성공사	₩160,000	₩460,000
진행청구액	(150,000)	(500,000)
미(초과)청구공사	₩10,000	(₩40,000)

15. ②

(1) 20×2년 말 미성공사 잔액 :

$$(₩10{,}000{,}000 \times \frac{₩2{,}400{,}000}{₩8{,}000{,}000}) + (₩12{,}000{,}000 \times \frac{₩7{,}350{,}000}{₩10{,}500{,}000} - ₩3{,}000{,}000) = ₩8{,}400{,}000$$

* 미성공사액은 계약수익과 금액이 일치함.

(2) 20×2년 말 진행청구액 잔액 :

₩2,500,000(20×1년 발생액) + ₩5,500,000(20×2년 발생액) = ₩8,000,000

(3) 20×2년 말 미청구공사 금액 :

₩8,400,000 − ₩8,000,000 = ₩400,000

16. ⑤

프랜차이즈 본사가 단순히 가맹점을 대리하여 거래하는 경우 본사의 수익은 발생하지 않는다.

17. ①

프랜차이즈수익은 창업지원용역과 운영지원용역, 설비와 기타 유형자산 및 노하우 제공에 대한 대가이다.

프랜차이즈수익 : (1) + (2) + (3) = ₩227,000

(1) 창업지원용역수수료 : ₩173,000

창업지원용역을 실질적으로 이행한 시점에 수익을 인식한다. 다음의 경우에는 창업지원용역수수료의 일부를 이연시켜 차후에 해당수익으로 인식한다.

㉠ 운영지원용역수수료가 운용지원용역의 원가를 회수하고 합리적인 이윤을 제공하는데 불충분하여 창업지원용역수수료가 이를 보충하는 경우, 창업지원용역수수료의 일부를 이연하여 운영지원용역이 제공됨에 따라 해당수익으로 인식한다.

㉡ 계약에 따라 본사가 제3자에게 판매하는 가격보다 저렴한 가격 또는 적정이윤이 보장되지 않는 가격으로 설비 등의 자산을 가맹점에 제공하는 경우, 창업지원용역수수료의 일부를 이연한 후 자산을 가맹점에 판매할 것으로 기대되는 기간에 걸쳐 수익으로 인식한다.

따라서 창업지원용역수수료는,
₩200,000−(₩72,000−₩60,000)−(₩30,000−₩15,000)=₩173,000

(2) 운영지원용역수수료 : ₩54,000
권리를 사용하는 시점이나 용역을 제공하는 시점에 수익으로 인식한다.
따라서 20×1년의 운영지원용역수수료는, ₩72,000×9/12=₩54,000

(3) 설비제공에 따른 수수료 : ₩0
해당자산을 인도하거나 소유권을 이전하는 시점에 제공된 자산의 공정가치를 기초로 산정한 금액을 수익으로 인식한다. 본 문제에서는 20×2년에 이전하므로 20×1년의 수익은 ₩0이다.

18. ③

순매출액 : ₩20,000,000−(₩20,000,000×0.02×0.9)=₩19,640,000
선수수익(이연고객충성제도수익) : ₩50,000(기초)+₩360,000*(당기발생)−₩210,000
=₩200,000

* ₩20,000,000−₩19,640,000=₩360,000

(차) 현 금	20,000,000	(대) 매 출	19,640,000
		이연고객충성제도수익	360,000

19. ③

① 매출시점에는 보상점수에 배분된 만큼 부채계정인 이연고객충성제도수익을 기록한다.

(차) 현 금	10,000,000	(대) 매 출	9,000,000
		이연고객충성제도수익	1,000,000

② 보상점수(포인트)가 회수되고 보상의무를 이행한 시점에 해당금액을 수익으로 인식한다.

(차) 이연고객충성제도수익	400,000	(대) 고객충성제도수익	400,000

③ 기업이 직접 보상을 제공하는 고객충성제도의 경우, 포인트의 사용이 이루어지고 수익을 인식하는 시점에서 보상의 제공과 관련된 매출원가를 인식한다.

④ ₩9,000,000(휘발유 매출)+₩8,000,000(정비부문 매출)+₩400,000(사용된 포인트)
=₩17,400,000

⑤ 고객충성제도는 재화나 용역을 구매하는 고객에게 인센티브를 제공하기 위하여 항공사, 소매점, 통신사업자, 호텔, 신용카드사업자 등이 사용하고 있다.

20. ④

(1) (주)국세는 마일리지를 부여함으로써 고객에 대한 의무를 이행하였고, Wings Air에는 마일리지에 대한 대가를 지급한다. 20×2년의 수익과 비용은 다음과 같다.
고객충성제도수익 : ₩1,200,000×1마일리지×₩0.02=₩24,000
고객충성제도비용 : ₩1,200,000×1마일리지×₩0.012=₩14,400

(2) 회계처리

(차) 현 금	1,200,000	(대) 매 출	1,176,000
		고객충성제도수익	24,000
(차) 매출원가	800,000	(대) 재고자산	800,000
(차) 고객충성제도비용	14,400	(대) 현 금	14,400

(3) 만일 본 문제와 달리 (주)국세가 제3자 대신에 대가를 회수하는 경우의 수익은 ₩24,000과 ₩14,400의 차액인 ₩9,600이 된다.

(차) 현 금	1,200,000	(대) 매 출	1,176,000
		고객충성제도수익	9,600
		현 금	14,400
(차) 매출원가	800,000	(대) 재고자산	800,000

CHAPTER

10

회계변경과 오류수정

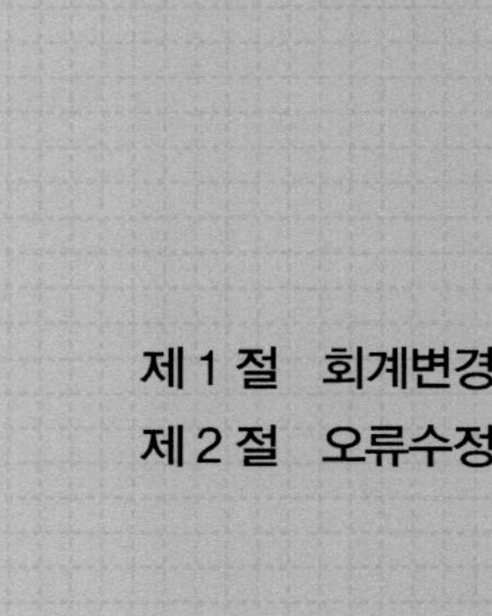

제 1 절 회계변경

1 회계변경의 의의

기업이 동일한 회계정책 또는 회계추정을 일관성 있게 적용하면 회계정보의 기간별 비교가능성이 증대되어 재무제표의 유용성이 증가한다. 그러나 회계환경의 변화로 인해 회계정책이나 회계추정을 변경하는 경우가 있다. 회계변경이 발생하면 회계정보의 일관성이 감소할 가능성이 있으므로 회계변경에 대한 적절한 회계처리와 충분한 공시가 필요하다.

회계변경이란 ① 새로운 기업회계기준의 제정, ② 경제환경의 변화, ③ 기술 및 기업경영환경의 변화 등으로 인하여 새로운 회계정책이나 회계추정으로 변경하는 것을 말한다. 즉, 회계환경이 변화하면 표현의 충실성(representational faithfulness)이 확보될 수 있는 새로운 회계정책이나 회계추정으로 변경해야만 회계정보의 신뢰성과 유용성이 증가하기 때문에 회계변경이 필요하게 된다.

2 회계변경의 유형

(1) 회계정책의 변경

회계정책의 변경(changes in accounting policies)이란 재무제표의 작성과 보고에 적용하던 일반적으로 인정되는 회계정책을 다른 일반적으로 인정되는 회계정책으로 바꾸는 것을 말한다.

회계정책의 변경에는 다음과 같은 것이 있다.

① 재고자산의 가격결정방법을 평균법에서 선입선출법으로 변경
② 투자부동산의 평가를 원가법에서 공정가치법으로 변경

그러나 다음의 예는 일반적으로 인정된 회계원칙으로 변경한 경우로서 회계정책의 변경이 아니라 오류수정에 해당된다.

① 현금기준 회계에서 발생기준 회계로 변경
② 재고자산의 가격결정방법을 후입선출법에서 선입선출법으로 변경

기업은 다음 중 하나의 경우에만 회계정책을 변경할 수 있다.

① K-IFRS의 개정으로 회계정책의 변경이 요구되는 경우
② 회계정책의 변경을 반영한 재무제표가 재무상태, 경영성과, 현금흐름에 대하여 더욱 충실하게 표현하고 회계정보이용자에게 목적적합한 정보를 제공하는 경우

(2) 회계추정의 변경

회계추정의 변경(changes in accounting estimates)은 기업환경의 변화, 새로운 정보의 취득 또는 추가적인 경험의 축적 등으로 인해 지금까지 사용해오던 회계추정치를 바꾸는 것을 말한다. 회계추정의 예로는 다음과 같은 것이 있다.

① 대손상각
② 재고자산의 진부화
③ 금융자산이나 금융부채의 공정가치
④ 감가상각자산의 감가상각방법의 변경 및 내용연수 또는 잔존가치
⑤ 품질보증의무

회계정책의 변경과 회계추정의 변경을 구분하는 것이 어려운 경우에는 회계추정의 변경으로 본다. 그러나 이러한 변경이 환경의 변화, 새로운 정보의 취득, 경험의 축적에 따라 이루어진 것이 아니라 회계담당자의 업무상 오류, 경험부족, 불성실 등으로 발생한 경우에는 오류수정으로 회계처리한다.

3 회계변경의 회계처리방법

회계변경시에 적용되는 회계처리방법으로 다음의 세 가지가 있다.

(1) 소급법

소급법(retroactive method)은 회계변경의 누적효과를 계산하고, 이를 회계변경 연도의 기초이익잉여금에 가감하여 수정하는 방법이다. 회계변경의 누적효과란 회계변경 이전의 순이익과 회계변경 이후의 방법을 처음부터 적용하였다고 가정할 경우의 순이익의 차이를 말한다. 또한 과거의 재무제표를 비교하여 공시하는 경우 회계변경으로 인해 영향을 받은 회계연도의 재무제표를 변경된 회계처리방법에 따라 소급하여 재작성한다.

K-IFRS에서는 회계정책의 변경은 소급법을 적용하도록 하고 있다. 즉 회계변경의 누적효과를 공시되는 회계연도 중에서 가장 빠른 회계연도의 기초이익잉여금에 반영한다. 또한 과거기간 전체에 대해 회계변경의 누적효과를 소급하여 적용할 수 없는 경우에는 실무적으로 적용할 수 있는 가장 이른 기간에 소급적용한다.

1) 장 점

① 변경의 영향이 재무제표에 충분히 반영된다.
② 재무제표의 기간별 비교가능성, 즉 일관성이 유지된다.

2) 단 점

① 재무제표의 수정으로 재무제표의 확정성이 결여된다.
② 계산이 복잡하거나 수정이 불가능할 수 있다.

(2) 전진법

전진법(prospective method)은 회계변경 이전의 보고에 대해서는 어떤 수정도 하지 않고, 회계변경기간 및 그 이후에 대해서만 변경된 회계방법을 적용하는 방법이다. 따라서 전진법에서는 누적효과를 계산하지 않고 회계변경 전 회계연도의 재무제표도 수정하지 않는다. 전진법은 새로운 방법의 채택으로 인한 영향은 당기와 당기 이후의 기간에 미치는 것으로 한다.

K-IFRS에서는 회계추정의 변경은 전진법을 적용하도록 하고 있다.

1) 장 점

① 재무제표의 확정성이 유지된다.
② 상대적으로 간편한 회계처리방법이다.
③ 손익계산서에 모든 손익항목을 반영하는 포괄이익의 개념에 부합된다.

2) 단 점

① 기간별 비교가능성, 즉 일관성이 저해된다.
② 변경효과의 파악이 불가능할 수 있다.

(3) 당기일괄처리법

당기일괄처리법(current method)은 새로운 회계처리방법의 사용으로 인한 누적효과를 처음의 시점부터 계산하여 이 금액을 회계변경기간의 손익계산서에서 수정하는 방법이다. 이 방법에서는 회계변경 전 회계연도의 재무제표는 수정하지 않는다. K-IFRS에서는 당기일괄처리법이 수익과 비용이 적절히 대응되지 않는 결과를 초래하기 때문에 허용하지 않고 있다.

1) 장 점

① 과거 재무제표의 사회적 신뢰성이 유지된다.
② 포괄이익의 개념에 부합된다.

2) 단 점

① 수익·비용 대응의 원칙에 부합하지 않는다.
② 기간별 비교가능성이 저해된다.
③ 이익조정의 위험성이 있다.

제 2 절 오류수정

1 오류의 개념

회계오류(accounting errors)란 산술적 계산오류, 회계정책의 잘못된 적용, 사실의 간과 및 해석의 오류, 고의 또는 과실 등으로 발생하는 것을 말한다.

회계오류는 중요한 오류와 중요하지 않은 오류로 구별할 수 있다. K-IFRS에서는 어떠한 항목이 재무제표에 기초한 경제적 의사결정에 영향을 미치는 경우 그 항목의 누락이나 왜곡표시가 '중요하다'고 본다. 중요성은 관련 상황을 고려하여 누락이나 왜곡표시의 크기와 성격에 따라 결정된다.

회계오류에는 다음과 같은 항목이 포함된다.

① 산술적 계산오류
② 회계정책 적용의 오류(예 : 현금기준의 적용)
③ 사실의 간과 및 해석의 오류(예 : 정액법에 의한 감가상각 계산시 취득원가에서 잔존가치를 차감하지 않은 경우)
④ 계정분류의 오류
⑤ 회계추정의 오류(예 : 추정 당시 적절한 주의를 기울이지 않았기 때문에 비현실적인 대손율을 적용)

오류수정에서 회계담당자는 다음 세 가지에 주의를 기울여야 한다.

① 오류의 유형은 어떠한가?
② 이 오류를 수정하기 위한 수정분개는 어떠한가?
③ 재무제표를 어떻게 수정해야 하는가?

2 오류의 유형 및 수정방법

재무제표에 미치는 영향에 따라 회계오류를 구분하고 그 오류에 대한 수정방법은 다음과 같다.

(1) 재무상태표 오류

재무상태표의 자산, 부채 및 자본 계정에만 영향을 미치는 오류를 의미한다(예 : 재고자산을 토지로 분류한 경우).

재무상태표에만 영향을 미치는 계정분류상의 오류는 발견되었을 때 이를 재분류하는 절차가 필요하다.

(2) 손익계산서 오류

손익계산서 계정에만 영향을 미치는 오류를 의미한다(예 : 임대료수익을 매출로 분류한 경우).

손익계산서에만 영향을 미치는 수익계정간 또는 비용계정간 분류상의 오류에 대한 수정은 장부마감 여부에 따라 다르다. 만일 이러한 오류가 발생했던 기간의 장부가 마감되기 전에 발견되었다면 재분류하는 분개가 필요하다. 그러나 발생연도의 장부가 마감된 후에 발견되었을 때에는 재분류하는 분개는 필요 없다. 다만 비교재무제표를 작성할 때에는 계정분류상의 오류가 포함되어 있는 연도의 재무제표를 수정하여 보고한다.

(3) 재무상태표와 손익계산서의 복합오류

재무상태표와 손익계산서 계정에 모두 영향을 주는 오류, 즉 당기순이익에 영향을 주는 오류를 의미한다(예 : 감가상각비의 계산누락). 이러한 재무상태표와 손익계산서의 복합오류는 당기와 당기 이후의 재무제표에 미치는 영향에 따라 자동상쇄오류와 비자동상쇄오류로 구분된다.

1) 자동상쇄오류

자동상쇄오류(counter-balancing errors)는 두 기간을 통하여 오류의 효과가 자동으로 상쇄되는 유형의 오류를 말한다(예 : 전기말에 미지급이자를 기록 않고 당기에 현금지급시 오류를 발견한 경우). 여기에 속하는 오류로는 재고자산, 미지급금, 미수금, 선수금, 선급금 등의 오류가 있다.

이때의 수정방법은 다음 각각의 경우에 따라 다르다.

① **오류가 아직 상쇄되지 않았을 경우**(오류발생 당해연도)
   ㉠ 오류발생연도의 장부가 마감되지 않았다면, 오류발생연도의 장부를 수정하는 분개(또는 역분개)를 한다.
   ㉡ 오류발생연도의 장부가 마감되었다면, 오류발생연도의 관련 재무상태표 계정과 기말이익잉여금을 수정하는 분개를 한다.

② **오류가 이미 상쇄되었을 경우**(오류발생 다음 연도)
   ㉠ 오류상쇄연도(오류발생 다음 연도)의 장부가 마감되지 않았다면, 오류상쇄연도의 손익계정과 기초이익잉여금을 수정하는 분개를 한다.
   ㉡ 오류상쇄연도(오류발생 다음 연도)의 장부가 마감되었다면 분개가 필요 없다.

2) 비자동상쇄오류

비자동상쇄오류는 두 회계기간의 경과만으로는 자동으로 조정되지 않는 오류, 즉 오류의 영향이 소멸하는 데 2개 연도가 초과하는 오류를 말한다(예 : 전기말에 기계취득에 따른 지출을 전액 수익적 지출로 처리). 여기에 속하는 오류로는 감가상각 관련 오류, 대손충당금 기록 누락 등이 있다.

이 경우에는 오류가 완전히 상쇄되기 전까지는 장부가 마감되었는지의 여부와 관계없이 오류를 발견하였을 때 이를 수정하는 분개가 필요하다. 그러나 충분한 기간이 경과하여 이미 오류가 완전히 상쇄되었다면, 자동상쇄오류의 경우와 같이 오류수정분개는 더 이상 필요 없다.

- 재무상태표에만 영향을 미치는 오류 } 계정분류상의 오류
- 손익계산서에만 영향을 미치는 오류 } 계정분류상의 오류
- 재무상태표와 손익계산서의 복합오류
  - 자동상쇄오류
  - 비자동상쇄오류

3 K-IFRS의 수정방법

오류발생연도에 오류를 발견한 경우에는 역분개를 통해 잘못된 분개를 제거한 다음 정확한 분개를 하면 된다. 그러나 오류발생연도 이후에 오류를 발견한 경우에는 수정방법이 다소 복잡하다.

K-IFRS에서는 중요한 오류를 오류발생연도 이후에 발견하는 경우에는 소급법을 적용하여 회계처리하도록 규정하고 있다. "중요한(significant)" 오류란 어떤 항목이 개별적 혹은 집합적으로 재무제표에 기초한 재무제표이용자의 경제적 의사결정에 영향을 미치는 오류를 말한다.

구체적으로 중요한 오류에 대해서는 다음과 같이 회계처리한다.

① **회계처리방법 :** 소급재작성(실무적으로 적용할 수 있는 가장 이른 기간의 비교정보부터 적용)

② **오류수정효과의 반영 :** 전기오류수정손익으로 하여 변경연도의 기초이익잉여금을 수정한다.

③ **전기재무제표 수정 :** 오류가 상쇄되어 수정하는 분개가 필요 없는 경우에도 해당 재무제표의 내용을 수정한다.

연습문제

CHAPTER 10

1. 회계변경에 관한 설명으로 옳지 않은 것은? (2011, 감정평가사)

① 기업이 하나의 일반적으로 인정된 회계원칙(GAAP)에서 다른 회계원칙(GAAP)으로 바꾸는 것을 회계정책의 변경이라 한다.

② 감가상각자산의 내용연수 또는 감가상각에 내재된 미래경제적 효익의 기대소비 행태가 변하는 경우 회계정책의 변경으로 처리한다.

③ 회계정책의 변경을 반영한 재무제표가 특정거래, 기타 사건 또는 상황이 재무상태, 경영성과 또는 현금흐름에 미치는 영향에 대해서 신뢰성 있고 더 목적적합한 정보를 제공하는 경우 회계정책의 변경이 가능하다.

④ 회계정책의 변경에 대해서는 소급법을 적용하여 재무제표를 작성한다.

⑤ 회계정책의 변경과 회계추정의 변경을 구분하는 것이 어려운 경우에는 이를 회계추정의 변경으로 본다.

2. 다음 중 회계변경과 오류수정에 대한 내용으로 옳지 않은 것은? (2005, 공인회계사)

① 변경된 새로운 회계정책은 소급적용하여 그 누적효과를 전기이월이익잉여금에 반영한다.

② 회계변경의 속성상 그 효과를 회계정책의 변경효과와 회계추정의 변경효과로 구분하기가 불가능한 경우에는 이를 회계정책의 변경으로 본다.

③ 회계추정의 변경은 전진적으로 처리하여 그 효과를 당기와 당기 이후의 기간에 반영한다.

④ 당기에 발견한 전기 또는 그 이전기간의 오류는 당기손익계산서에 영업외손익 중 전기오류수정손익으로 보고한다.

⑤ 전기 또는 그 이전기간에 발생한 중대한 오류의 수정은 전기이월이익잉여금에 반영하고 관련 계정잔액을 수정한다.

3. 회계변경의 유형(또는 오류수정)과 전기재무제표의 재작성여부에 대한 다음의 문항 중 옳은 것은? (단, 각 항목은 전기 및 당기의 재무제표에 중요한 영향을 준다고 가정한다)

(2012, 공인회계사)

문 항	항 목	회계변경의 유형 또는 오류수정	전기재무제표 재작성여부
①	재고자산 단위원가 계산방법을 후입선출법에서 선입선출법으로 변경함	회계추정의 변경	재작성 안 함
②	패소의 가능성이 높았고 손해배상금액의 합리적 추정이 가능하였던 소송사건을 우발부채로 주석 공시하였다가 충당부채로 변경함	회계추정의 변경	재작성 안 함
③	미래경제적 효익의 변화를 인식하여 새로운 회계처리방법을 채택하였으나 회계정책의 변경인지 추정의 변경인지 분명하지 않음	회계정책의 변경	재작성함
④	장기건설계약의 회계처리방법을 완성기준에서 진행기준으로 변경함	오류수정	재작성 안 함
⑤	유형자산의 감가상각방법을 정률법에서 이중체감법으로 변경함	회계추정의 변경	재작성 안 함

4. '회계정책, 회계추정의 변경 및 오류'에 관한 설명으로 옳지 않은 것은? (2011, 세무사)

① 한국채택국제회계기준에서 특정범주별로 서로 다른 회계정책을 적용하도록 규정하거나 허용하는 경우를 제외하고는 유사한 거래, 기타 사건 및 상황에는 동일한 회계정책을 선택하여 일관성 있게 적용한다.

② 종전에는 발생하지 않았거나 발생하더라도 금액이 중요하지 않았기 때문에 품질보증비용을 지출연도의 비용으로 처리하다가, 취급하는 품목에 변화가 생겨 품질보증비용의 금액이 커지고 중요하게 되었기 때문에 충당부채를 인식하는 회계처리를 적용하기로 한 경우, 이는 회계정책의 변경에 해당하지 아니한다.

③ 택배회사의 직원 출퇴근용 버스를 새로 구입하여 운영하기로 한 경우, 이 버스에 적용될 감가상각방법을 택배회사가 이미 보유하고 있는 배달용 트럭에 대한 감가상각방법과 달리 적용하는 경우는 이를 회계정책의 변경으로 본다.

④ 회계정책의 변경을 반영한 재무제표가 거래, 기타 사건 또는 상황이 재무상태, 재무성과 또는 현금흐름에 미치는 영향에 대하여 신뢰성 있고 더 목적적합한 정보를 제공하는 경우에는 회계정책을 변경할 수 있다.

⑤ 중요한 전기오류는 특정기간에 미치는 오류의 영향이나 오류의 누적효과를 실무적으로 결정할 수 없는 경우를 제외하고는 소급재작성에 의하여 수정한다.

5. (주)강원은 2006년도에 재고자산의 평가방법을 선입선출법에서 이동평균법으로 회계정책을 변경한 결과 2006년도의 기초재고자산과 기말재고자산이 각각 ₩160,000과 ₩140,000 만큼 감소하였다. 이러한 회계변경의 효과가 2006년도의 기초이익잉여금과 당기순이익에 미치는 영향은 각각 얼마인가? (단, 회계변경이 법인세에 미치는 효과는 고려하지 않는다)

(2007, 공인회계사 수정)

	기초이익잉여금의 증감	당기순이익의 증감
①	₩160,000 감소	₩140,000 감소
②	160,000 증가	140,000 증가
③	160,000 감소	20,000 증가
④	0	20,000 증가
⑤	0	140,000 증가

6. (주)국세는 설립일 이후 재고자산 단위원가 결정방법으로 가중평균법을 사용해 왔다. 그러나 실제 재고자산의 흐름을 살펴보았을 때 선입선출법이 보다 신뢰성 있고 더 목적적합한 정보를 제공하는 것으로 판단되어 20×2년 초에 단위원가 결정방법을 선입선출법으로 변경하였다. 각 방법하에서의 20×1년 초와 20×1년 말의 재고자산 가액은 다음과 같으며 가중평균법으로 인식한 20×1년도의 포괄손익계산서상 매출원가는 ₩400,000이다.

	20×1년 초	20×1년 말
가중평균법	₩20,000	₩35,000
선입선출법	25,000	38,000

(주)국세가 20×2년도에 선입선출법을 소급적용하는 경우, 20×2년도 포괄손익계산서에 비교정보로 공시되는 20×1년도 매출원가는 얼마인가? (2010, 세무사)

① ₩401,000
② ₩402,000
③ ₩403,000
④ ₩404,000
⑤ ₩405,000

7. (주)대전은 20×1년 1월 1일 건물을 ₩210,000에 취득하였으며, 감가상각방법은 정액법(내용연수 7년, 잔존가치 ₩0)을 사용한다. (주)대전은 20×4년 1월 1일부터 보유하고 있는 건물에 대해 재평가모형을 적용하는 것으로 회계정책을 변경하였고, 20×4년 초 공정가치 ₩180,000으로 재평가하였다. (주)대전이 재평가자산의 사용에 따라 재평가잉여금의 일부를 이익잉여금으로 대체한다면, 20×4년 말 이익잉여금으로 대체되는 재평가잉여금은?

(2013, 세무사)

① ₩7,500　　② ₩15,000
③ ₩45,000　　④ ₩75,000
⑤ ₩135,000

8. (주)진리(12월 결산법인)는 20×4년 초에 기계장치를 ₩2,000,000에 구입하여 다음과 같이 감가상각해 오고 있었다.

잔존가치 : ₩200,000　　내용연수 : 4년　　감가상각방법 : 연수합계법

그러나 20×6년 말 결산수정분개 직전에 (주)진리는 동 기계장치에 대하여 다음과 같이 회계변경하였다.

잔존가치 : ₩200,000　　내용연수 : 5년　　감가상각방법 : 정액법

위의 회계변경을 국제회계기준에 따라 기록한다면 20×6년 말에 필요한 분개는 다음 중 무엇인가? (단, 세금효과는 무시한다) (2002, 세무사 수정)

①	(차) 감가상각누계액	360,000	(대) 회계변경이익	360,000
	감가상각비	300,000	감가상각누계액	300,000
②	(차) 감가상각누계액	360,000	(대) 이월이익잉여금	360,000
	감가상각비	300,000	(또는 전기이월이익잉여금)	
			감가상각누계액	300,000
③	(차) 감가상각비	180,000	(대) 감가상각누계액	180,000
④	(차) 감가상각누계액	540,000	(대) 회계변경이익	540,000
	감가상각비	360,000	감가상각누계액	360,000
⑤	(차) 감가상각누계액	540,000	(대) 이월이익잉여금	540,000
	감가상각비	360,000	(또는 전기이월이익잉여금)	
			감가상각누계액	360,000

9. (주)태양(결산일 12월 31일)은 2000년 1월 1일에 기계 A를 ₩90,000,000에 구입하였다. 구입 당시에 기계 A의 내용연수는 5년이고 잔존가치는 ₩9,000,000으로 추정되었다. (주)태양은 감가상각방법으로서 연수합계법을 사용해 왔다. 2003년 초에 (주)태양은 기계 A의 내용연수를 당초 5년에서 6년으로 변경하고, 잔존가치는 ₩6,000,000으로 변경하였다. 이 경우 (주)태양이 2003년에 기계 A에 대한 감가상각비로 기록해야 할 금액은 얼마인가? (2005, 세무사)

① ₩2,560,000 ② ₩6,000,000
③ ₩6,400,000 ④ ₩9,000,000
⑤ ₩9,600,000

10. 12월 말 결산법인인 (주)마포는 20×1년 1월 1일에 취득원가 ₩10,000, 잔존가치 ₩500, 내용연수 20년의 건물을 취득하여 정률법으로 감가상각(상각률 0.139)하였다. 이에 따라 20×5년 말 현재 장부상 감가상각누계액은 ₩5,268이다. (주)마포는 20×6년 초에 감가상각방법을 정액법, 잔존내용연수를 4년, 잔존가치가 없는 것으로 바꾸는 정당한 회계변경을 하였다. 이 경우 20×6년중의 감가상각비와 20×6년 말의 감가상각누계액은 각각 얼마인가? (단, 법인세효과는 무시한다) (2006, 세무사 수정)

	감가상각비	감가상각누계액		감가상각비	감가상각누계액
①	₩1,183	₩6,451	②	₩1,183	₩3,925
③	2,025	3,925	④	2,025	6,451
⑤	2,025	6,075			

11. 12월 말 결산법인인 (주)국세는 2005년 1월 1일에 기계장치를 ₩10,000,000에 취득하였으며, 연수합계법에 의하여 감가상각해 왔다. 취득 당시 동 기계장치의 내용연수는 5년이고 잔존가치는 ₩1,000,000으로 추정하였다. 그런데 2007년 1월 1일에 (주)국세는 동 기계장치에 대한 감가상각방법을 정액법으로 변경하고, 잔존내용연수를 4년으로 새롭게 추정하였다. 이러한 감가상각방법과 내용연수의 변경은 정당한 회계변경으로 인정된다. 회계변경으로 인하여 (주)국세가 2007년에 인식해야 할 감가상각비로 옳은 것은? (2008, 세무사 수정)

① ₩900,000 ② ₩1,350,000
③ ₩1,650,000 ④ ₩1,700,000
⑤ ₩1,750,000

12. (주)송화는 20×0년 1월 1일에 기계장치를 ₩21,000,000에 취득하였다. 취득 당시 동 기계장치의 내용연수는 10년, 잔존가치는 ₩1,000,000, 감가상각방법은 정액법을 적용하였다. 그런데 20×6년 1월 1일에 동 기계장치를 당초의 내용연수보다 몇 년간 더 쓸 수 있음을 알고 내용연수 연장과 함께 감가상각방법을 연수합계법으로, 잔존가치를 ₩0으로 변경하였다. (주)송화가 20×8년도에 동 기계장치에 대하여 ₩1,500,000의 감가상각비를 인식하였다면, 20×9년 1월 1일에 현재 동 기계장치의 감가상각누계액 차감 후 장부금액은 얼마인가? (단, 위의 변경사항은 정당성이 입증되었으며, 법인세효과는 고려하지 않는다) (2011, 공인회계사)

① ₩250,000 ② ₩2,500,000
③ ₩3,750,000 ④ ₩5,250,000
⑤ ₩7,000,000

13. (주)한국은 2007년 초에 주식발행을 통해 ₩20,000의 자금을 조달하였다. 주식은 액면발행되었으며 다음과 같이 분개하였다.

(차) 현 금	20,000	(대) 매 출	20,000

(주)한국의 회계담당자는 2007년도의 회계기록을 마감하기 전에 위와 같은 기록상의 오류를 발견하였다. 이 오류를 수정하기 위한 분개로 가장 옳은 것은? (2008. 세무직공무원 9급)

① (차) 현 금 20,000 (대) 자 본 금 20,000
② (차) 매 출 20,000 (대) 자 본 금 20,000
③ (차) 이익잉여금 20,000 (대) 자 본 금 20,000
④ (차) 매 출 20,000 (대) 이익잉여금 20,000

14. 기말에 미지급이자의 분개를 누락한 경우 다음 각 항목에 미치는 영향은? (2003. 세무직공무원 7급)

	비 용	부 채	순이익	자 본
①	과대	과소	과대	과소
②	과대	과대	과소	과소
③	과소	과대	과소	영향 없음
④	과소	과소	과대	과대

15. 12월 말 결산법인인 (주)경빈의 20×1년도 재무제표에 대한 감사에서 아래와 같은 회계오류가 지적되었으며, 이는 재무제표의 신뢰성을 심각하게 손상시키는 것으로 판단된다.

(1) 20×0년 1월 1일에 기계의 성능을 개선하기 위해 지출한 ₩100,000을 수선비로 처리하였다. 20×1년도 말 현재 이 기계의 잔존내용연수는 8년이며 감가상각은 정액법으로 한다.
(2) 20×0년과 20×1년도 말에 선수금 ₩20,000과 ₩30,000을 각각 수취하여 매출로 계상하였다. 실제 상품의 인도는 익년에 이루어졌다. 기말재고자산은 실지재고조사법에 의해 평가한다.

위의 오류수정이 20×1년도 재무제표상 전기이월이익잉여금(법인세효과 고려)과 법인세비용차감전순이익에 미치는 영향은? (단, 유효법인세율은 30%이다) (2002, 공인회계사)

	전기이월이익잉여금	법인세비용차감전순이익
①	₩70,000 증가	₩14,000 감소
②	49,000 증가	20,000 감소
③	70,000 증가	20,000 감소
④	불변	29,000 감소
⑤	29,000 증가	불변

16. 20×1년 1월 1일에 설립된 (주)국세의 회계담당자로 새롭게 입사한 김수정 씨는 20×4년 초에 당사의 과거자료를 살펴보던 중 다음과 같은 오류가 수정되지 않았음을 확인하였다.

- (주)국세의 판매직원 급여는 매월 ₩1,000,000으로 설립 후 변동이 없다. (주)국세는 회사 설립 후 지금까지, 근로 제공한 달의 급여를 다음 달 매 10일에 현금 ₩1,000,000을 지급하면서 비용으로 전액 인식하였다.
- (주)국세는 20×2년 1월 1일에 사채(액면금액 ₩2,000,000, 3년 만기)를 ₩1,903,926에 발행하였다. 동 사채의 액면이자율은 10%(매년 말 이자지급), 유효이자율은 12%이다. (주)국세는 사채발행시 적절하게 회계처리하였으나, 20×2년과 20×3년의 이자비용은 현금지급 이자에 대해서만 회계처리하였다.
- (주)국세는 20×3년 1월 1일 취득원가 ₩10,000,000에 영업용 차량운반구(내용연수 10년, 잔존가치 ₩0, 정액법 상각)를 구입하여 취득 및 감가상각 회계처리를 적절히 하였다. 그러나 동 영업용 차량운반구 취득시 취득자금 중 ₩1,000,000을 상환의무 없이 정부에서 보조받았으나 (주)국세는 정부보조금에 대한 모든 회계처리를 누락하였다.

위 오류의 수정이 (주)국세의 20×3년도 포괄손익계산서상 당기순이익에 미치는 영향은 얼마인가? (단, 위 오류는 모두 중요한 오류라고 가정하고, 20×3년도 장부는 마감되지 않았다고 가정한다. 계산금액은 소수점 첫째자리에서 반올림하며, 이 경우 단수차이로 인해 약간의 오차가 있으면 가장 근사치를 선택한다) (2011, 세무사)

① 증가 ₩68,112
② 증가 ₩876,434
③ 감소 ₩60,367
④ 감소 ₩931,892
⑤ 감소 ₩960,367

17. (주)국세는 20×2년도 재무제표를 감사받던 중 몇 가지 오류사항을 지적받았다. 다음 오류사항들을 20×2년도 재무제표에 수정·반영할 경우, 전기이월이익잉여금과 당기순이익에 미치는 영향은? (단, 오류사항은 모두 중요한 오류로 간주한다. 건물에 대해서는 원가모형

을 적용하며, 감가상각은 월할계산한다. 또한 20×2년도 장부는 마감되지 않았다고 가정한다)

(2012, 세무사)

- 20×1년 1월 1일에 본사 건물을 ₩1,000,000(잔존가치 ₩0, 정액법 상각)에 취득하였는데 감가상각에 대한 회계처리를 한 번도 하지 않았다. 20×2년 말 현재 동 건물의 잔존내용연수는 8년이다.
- 20×1년 7월 1일에 동 건물의 미래효익을 증가시키는 냉난방설비를 부착하기 위한 지출 ₩190,000이 발생하였는데, 이를 수선비로 처리하였다.
- 20×1년 4월 1일에 가입한 정기예금의 이자수령 약정일은 매년 3월 31일이다. (주)국세는 20×1년 말과 20×2년 말에 정기예금에 대한 미수이자 ₩50,000을 계상하지 않고, 실제 이자를 받은 이자수령일에 수익으로 인식하는 회계처리를 하였다.

	전기이월이익잉여금	당기순이익		전기이월이익잉여금	당기순이익
①	₩130,000 증가	₩120,000 감소	②	₩140,000 증가	₩120,000 감소
③	140,000 감소	145,000 감소	④	130,000 증가	120,000 증가
⑤	140,000 감소	120,000 증가			

※ 다음의 자료를 이용하여 문제 18과 19에 답하시오.

다음은 유통업을 영위하고 있는 (주)갑의 회계감사인이 20×1년도 재무제표에 대한 감사과정에서 발견한 사항이다. (주)갑의 회계변경은 타당한 것으로 간주하고, 회계정책의 적용효과가 중요하며, 오류가 발견된 경우 중요한 오류로 본다. 차입원가를 자본화할 적격자산은 없고, 법인세효과는 고려하지 않는다. 또한 계산결과 단수차이로 인해 답안과 오차가 있는 경우 근사치를 선택한다.

(2013, 공인회계사)

- (주)갑은 20×0년 1월 1일에 액면금액이 ₩10,000이고, 이자율이 연 10%인 3년 만기의 사채를 ₩9,520에 발행하였다. 이자지급일은 매년 말이고, 유효이자율법으로 사채할인발행차금을 상각하며, 사채발행시점의 유효이자율은 연 12%이다. (주)갑은 20×0년도와 20×1년도의 포괄손익계산서에 위 사채와 관련된 이자비용을 각각 ₩1,000씩 인식하였다.
- (주)갑은 20×1년 초에 재고자산 단위원가 결정방법을 선입선출법에서 가중평균법으로 변경하였다. (주)갑은 기초와 기말 재고자산금액으로 각각 ₩1,500과 ₩1,100을 적용하여 20×1년의 매출원가를 계상하였다. 선입선출법과 가중평균법에 의한 재고자산금액은 다음과 같다.

	20×0년 초	20×0년 말	20×1년 말
선입선출법	₩1,000	₩1,500	₩1,400
가중평균법	900	1,700	1,100

18. 위의 사항이 재무제표에 적정하게 반영될 경우 비교 표시되는 20×0년 말 (주)갑의 재무상태표에 계상될 이익잉여금에 미치는 영향은 얼마인가?

① ₩342 감소
② ₩101 감소
③ ₩42 감소
④ ₩58 증가
⑤ ₩200 증가

19. 위의 사항이 재무제표에 적정하게 반영될 경우 (주)갑의 20×1년도 포괄손익계산서의 당기순이익은 얼마나 감소하는가?

① ₩101
② ₩159
③ ₩359
④ ₩401
⑤ ₩459

20. (주)대경은 20×4년도에 재고자산평가방법을 선입선출법에서 평균법으로 변경하였다. 그 결과 20×4년도의 기초재고자산과 기말재고자산이 각각 ₩22,000과 ₩18,000만큼 감소하였다. 이러한 회계정책변경은 한국채택국제회계기준에 의할 때 인정된다. 만일 회계정책변경을 하지 않았다면 (주)대경의 20×4년 당기순이익은 ₩160,000이고, 20×4년 12월 31일 현재 이익잉여금은 ₩540,000이 된다. 회계정책변경 후 (주)대경의 20×4년 당기순이익과 20×4년 12월 31일 현재 이익잉여금을 계산하면 각각 얼마인가? (단, 법인세효과는 고려하지 않는다) (2014, 공인회계사)

	당기순이익	이익잉여금
①	₩120,000	₩522,000
②	156,000	558,000
③	156,000	602,000
④	164,000	522,000
⑤	200,000	602,000

해답 및 풀이

1. ②

회계추정의 변경으로 처리한다.

2. ②

회계정책의 변경과 회계추정의 변경을 구분하기가 어려운 경우에는 회계추정의 변경으로 본다.

3. ⑤

감가상각자산의 감가상각방법의 변경 및 내용연수 또는 잔존가치의 추정은 회계추정의 변경에 해당한다.

① 오류수정에 해당하며 전기재무제표를 재작성한다.
② 오류수정에 해당하며 전기재무제표를 재작성한다.
③ 회계추정의 변경으로 보며 전기재무제표를 재작성하지 않는다.
④ 오류수정에 해당하며 전기재무제표를 재작성한다.

4. ③

새로 구입한 출퇴근용 버스의 미래경제적 효익의 소비형태가 이미 보유하고 있는 배달용 트럭의 미래경제적 효익의 소비형태와 다르다면 감가상각방법을 달리 적용할 수 있다. 이는 각 자산의 미래경제적 효익이 소비되는 형태에 대한 추정의 차이에서 기인한 것으로 회계정책의 변경으로 볼 수 없다.

5. ③

	2005년	2006년
기초재고액		－₩160,000
＋당기매입액		
－기말재고액	－₩160,000	－140,000
＝매 출 원 가	＋₩160,000	－₩20,000
당기순이익*	－160,000	＋20,000
기초이익잉여금*		－160,000

* 2005년도의 기말재고액이 ₩160,000 감소하여 당기순이익이 ₩160,000 감소하므로 2006년도의 기초이익잉여금은 ₩160,000 감소한다. 2006년도에는 기초재고액 ₩160,000 감소와 기말재고액 ₩140,000 감소가 상쇄되어 당기순이익이 ₩20,000 증가한다.

6. ②

기말재고액이 기초재고액보다 크므로 그 차이만큼 매출원가가 작아진다.

즉, 가중평균법 : ₩35,000－₩20,000＝ ₩15,000 (매출원가 감소)
선입선출법 : ₩38,000－₩25,000＝ 13,000 (매출원가 감소)
매출원가의 차이 ₩2,000

따라서 선입선출법이 가중평균법보다 20×1년 매출원가가 ₩2,000 더 크다.

∴ 20×1년 선입선출법 매출원가＝₩400,000＋₩2,000＝₩402,000

7. ②

재평가대상자산이 상각대상자산인 경우에는 자산을 사용하는 기간 동안 재평가잉여금의 일부를 이익잉여금으로 대체할 수 있다. 이익잉여금으로 대체되는 금액은 재평가된 금액에 근거한 감가상각비와 취득원가에 근거한 감가상각비의 차이이다.

재평가금액 기준 감가상각비 : ₩180,000÷(7년−3년)=	₩45,000
취득원가 기준 감가상각비 : ₩210,000÷7년=	(30,000)
이익잉여금 대체액	₩15,000

8. ③

K-IFRS는 감가상각방법의 변경도 회계추정의 변경으로 본다.

기계장치의 취득원가	₩2,000,000
20×4～20×5년 감가상각누계액	(1,260,000*)
20×6년 초의 장부금액	₩740,000
새로운 잔존가치	200,000
새로운 감가상각대상액	₩540,000
새로운 잔여내용연수	÷3년
각 연도 감가상각비	₩180,000

* $(₩2,000,000 - ₩200,000) \times \frac{(4+3)}{10} = ₩1,260,000$

9. ⑤

2002년까지의 감가상각누계액 : (₩90,000,000−₩9,000,000)×(5+4+3)/15=₩64,800,000

2003년 감가상각비 : (₩90,000,000−₩64,800,000−₩6,000,000)×3/6=₩9,600,000

10. ①

회계변경 후(20×6～20×9년) 각 연도 감가상각비 : (₩10,000−₩5,268)/4=₩1,183

20×6년 말의 감가상각누계액 : ₩5,268+₩1,183=₩6,451

11. ①

회계변경 전 방법에 의한 2007년 초의 장부금액 :

취득원가	₩10,000,000
감가상각누계액 (₩10,000,000−₩1,000,000)×9/15=	(5,400,000)
2007년 초 장부금액	₩4,600,000

2007년도의 감가상각비 : (₩4,600,000−₩1,000,000)÷4년=₩900,000

12. ③

20×6년 초 장부금액 : ₩21,000,000−(₩21,000,000−₩1,000,000)×6/10=₩9,000,000

$$₩9,000,000 \times \frac{\text{내용연수의 역순}}{\text{내용연수의 합계}} = ₩1,500,000$$

$$\frac{\text{내용연수의 역순}}{\text{내용연수의 합계}} = \frac{n-2}{n(n+1)/2} = \frac{1}{6}$$

∴ n(내용연수) = 8년

20×9년 초 장부금액 : ₩9,000,000 − [₩9,000,000 × (8 + 7 + 6)/36] = ₩3,750,000

13. ②

정확한 분개 :

(차) 현 금	20,000	(대) 자 본 금	20,000

오류수정 분개 :

(차) 매 출	20,000	(대) 자 본 금	20,000

14. ④

〈예〉 (차) 이 자 비 용	×××	(대) 미지급이자	×××

기말에 예와 같은 분개를 누락한 경우 비용이 과소계상되어 당기순이익과 자본(이익잉여금)이 과대계상하며, 미지급이자가 누락되어 부채가 과소계상된다.

15. ②

이익 수정	20×0년	20×1년
(1) 자본적 지출을 비용처리	₩100,000	
감가상각비 과소계상	(10,000)	(₩10,000)
(2) 선수금을 매출로 계상	(20,000)	20,000
		(30,000)
법인세비용차감전순이익 수정	₩70,000	(₩20,000)
법인세효과	(2[illegible],000)	
당기순이익 수정금액	₩49,000*	

* 마감분개를 통해 20×1년도 전기이월이익잉여금에 반영된다.

16. ①

이익 수정	20×2년	20×3년
• 미지급급여 누락(20×2년)	(₩1,000,000)	₩1,000,000
미지급급여 누락(20×3년)		(1,000,000)
• 이자비용 과소계상	(23,471)	(31,888)
• 감가상각비 과대계상		100,000
당기순이익 수정금액	(₩1,023,471)	₩68,112

17. ①

이익 수정	20×1년	20×2년
• 감가상각비 과소계상	(₩100,000)	(₩100,000)
• 자본적 지출을 비용처리	190,000	
감가상각비 과소계상	(10,000*)	(20,000**)
• 미수이자 누락(20×1년)	50,000	(50,000)
미수이자 누락(20×2년)		50,000
당기순이익 수정금액	₩130,000	(₩120,000)

* $₩190,000 \times \frac{0.5년}{9.5년(잔여내용연수)} = ₩10,000$

** $₩190,000 \times \frac{1년}{9.5년} = ₩20,000$

18. ④

이익 수정	19×9년	20×0년	20×1년
• 이자비용 과소계상		(₩142)	(₩159)
• 재고자산 과대계상(20×0년 초)	(₩100)	100	
재고자산 과소계상(20×0년 말)		200	(200)
회계정책변경 후 당기순이익변동	(₩100)	₩158	(₩359)

20×0년 말 이익잉여금에 미치는 영향은 －₩100＋₩158＝₩58 증가이다.

19. ③

20×1년도 당기순이익에 미치는 영향은 ₩359 감소이다.

20. ④

회계정책변경 후 이익변동	20×3년	20×4년	20×5년
• 20×4년 기초재고자산 감소	(₩22,000)	₩22,000	
• 20×4년 기말재고자산 감소		(18,000)	₩18,000
회계정책변경 후 당기순이익변동	(₩22,000)	₩4,000	₩18,000

㉠ 회계정책변경 후 20×4년 당기순이익 :
₩160,000＋₩4,000＝₩164,000

㉡ 회계정책변경 후 20×4년 말 이익잉여금 :
₩540,000－₩22,000＋₩4,000＝₩522,000

CHAPTER

11

리 스

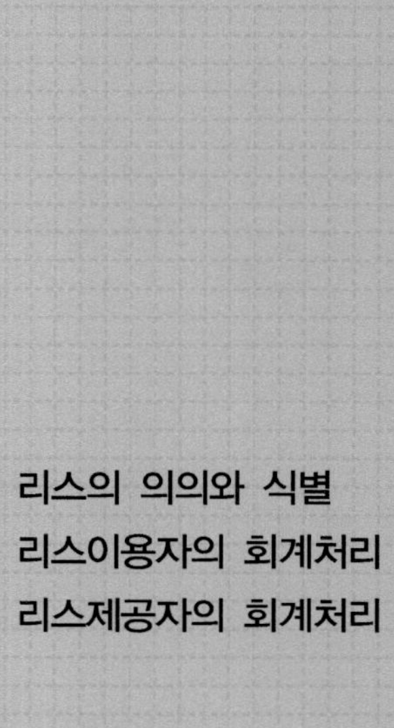

제 1 절 리스의 의의와 식별

1 리스의 의의

리스(lease)란 리스계약의 대상이 되는 자산(기초자산)의 소유권을 가진 리스제공자가 기초자산(underlying assets)의 사용권을 일정기간 동안 리스이용자에게 이전하고, 리스이용자는 그 대가로 사용료(리스료)를 리스제공자에게 지급하는 계약을 말한다.

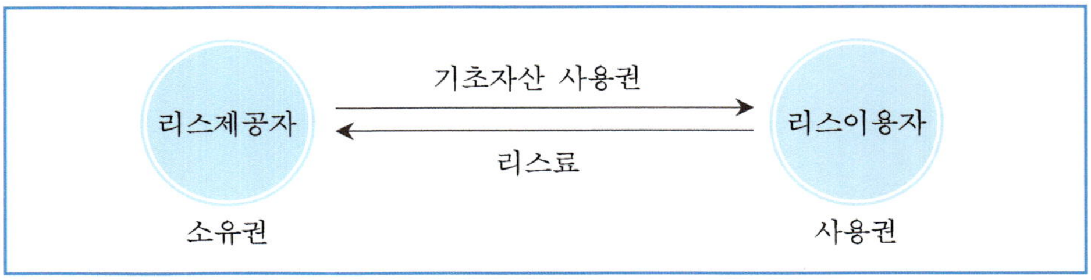

2 리스계약의 자본화

리스이용자가 이전받은 기초자산의 사용권을 자산으로 기록하여 리스거래를 자본화하자는 주장과 자본화를 반대하는 주장이 있다. 두 주장에 따라 리스이용자의 회계처리방법도 달라진다.

(1) 자본화하자는 주장

K-IFRS는 대가와 교환하여 자산의 사용권을 일정기간 이전하는 모든 계약을 자본화하도록 규정하고 있다. 따라서 리스이용자는 기초자산의 사용권을 나타내는 사용권자산과 리스료 지급의무를 나타내는 리스부채를 동시에 인식해야 한다. K-IFRS의 주장은 다음에 근거하고 있다.

① 리스계약의 경우 다른 미이행계약과 달리 기초자산이 식별되고 리스이용자가 이를 배타적으로 사용할 수 있는 통제권을 이전받는다.
② 만일 리스이용자가 기초자산을 이전받아 실질적으로 사용하면서도 부채를 인식하지 않는다면 부외부채가 발생할 수 있다.

따라서 리스이용자의 회계처리방법은 다음과 같다.

① 리스사용권자산과 부채의 인식

(차) 사용권자산	×××	(대) 리 스 부 채	×××

② 리스료의 지급과 감가상각

(차) 리 스 부 채	×××	(대) 현 금	×××
이 자 비 용	×××		
(차) 감가상각비-사용권자산	×××	(대) 사용권자산	×××

(2) 자본화를 반대하는 주장

리스거래를 자본화해서는 안 된다는 주장은 리스거래가 미이행계약이고, 기초자산의 소유권이 리스이용자에게 이전되지 않는다는 점에 근거하고 있다.

① 리스거래는 본질적으로 미이행계약이므로 리스제공자는 앞으로 일정기간 동안 기초자산의 사용권을 제공해야 하며, 리스이용자는 이에 대한 대가의 지급을 계속해야 한다.
② 소유권이 이전되지 않은 자산을 재무상태표에 공시한다는 것은 회계정보이용자를 오도할 위험이 있다.

따라서 리스이용자의 회계처리방법은 다음과 같다.

(차) 리 스 비 용	×××	(대) 현 금	×××

3 리스의 식별

거래계약이 리스회계처리의 대상이 되는 리스계약이 되기 위해서는, 리스이용자가 지급하는 리스료와 교환으로 식별되는 자산의 사용통제권이 일정기간 리스이용자에게 이전되어야 한다.

(1) 기초자산의 식별가능성

리스계약의 대상이 되는 기초자산은 특정되어 식별가능해야 한다. 자산이 식별가능하다는 것은 그 자산이 다른 자산으로부터 분리가능하고 계약상 또는 법적 권리의무에 의해서 판단할 수 있어야 한다는 의미이다.

그런데 리스제공자가 계약에 특정된 기초자산을 다른 자산으로 대체할 수 있는 권리(대체권)를 가지면 리스이용자는 식별되는 자산의 사용권을 갖지 못하는 것으로 본다.

(2) 사용통제권

리스이용자가 기초자산의 사용통제권을 갖기 위해서는 기초자산으로부터 경제적 효익을 얻을 권리와 자산의 사용을 지시할 권리를 가져야 한다. 여기서 경제적 효익을 얻을 권리란 리스이용자가 식별되는 기초자산의 사용으로부터 생기는 경제적 효익의 대부분을 사용기간 내내 갖는다는 것을 의미한다. 또한 자산의 사용을 지시할 권리란 리스이용자가 특정한 자산을 사용하는 방법 및 목적을 지시할 권리를 갖는다는 것을 의미한다.

제 2 절 리스이용자의 회계처리

K-IFRS는 리스이용자가 리스개시일에 기초자산의 사용권을 나타내는 사용권자산과 리스료 지급의무를 나타내는 리스부채를 동시에 인식하도록 하고 있다. 그러나 리스이용자는 단기리스이거나 소액의 기초자산리스인 경우에는 사용권자산과 리스부채를 인식하지 않고 리스료를 비용(렌트료)으로 인식할 수 있다.

단기리스란 리스기간이 12개월 이내인 리스를 말하는데, 리스규정에 매수선택권이 있는 경우에는 단기리스가 아닌 것으로 본다. 소액기초자산리스는 자산의 가치가 소액인 경우를 말하는데, K-IFRS는 신규취득시의 금액이 $5,000 이하의 자산을 소액으로 보고 있다.

1 사용권자산의 측정

리스이용자는 리스개시일에 사용권자산의 원가를 측정하여 인식한다. 사용권자산의 원가는 리스부채의 최초측정금액에 다음과 같은 네 가지를 가감하여 결정한다.

사용권자산의 원가

리스부채의 최초측정금액
(+) 리스개시일이나 이전에 지급한 리스료
(+) 리스이용자가 부담하는 리스개설직접원가
(+) 기초자산 사용 후 해체나 복구 원가의 현재가치
(−) 리스이용자가 받은 리스인센티브

사용권자산의 감가상각은 유형자산의 감가상각과 동일하게 한다. 감가상각은 리스개시일부터 기초자산의 내용연수 종료일과 리스기간 종료일 중 이른 날까지 실시한다. 그러나 사용권자산의 원가에 리스자산 매수선택권의 행

사금액이 반영되어 있는 등 리스이용자에게 리스기간 종료시점까지 기초자산의 소유권을 이전하는 경우에는 리스개시일부터 기초자산의 내용연수 종료일까지 감가상각을 실시한다. 사용권자산의 장부금액은 일반적으로 리스기간 종료일에 ₩0이 되므로 사용권자산의 잔존가치는 ₩0으로 한다.

2 리스부채의 측정

리스이용자는 리스개시일에 리스부채를 측정한다. 리스부채는 현재가치로 측정하며, 고정리스료, 변동리스료, 잔존가치보증액, 매수선택권의 행사가격, 종료선택권의 리스위약금 등이 포함된다.

리스이용자의 리스료

① 리스인센티브를 차감한 실질적인 고정리스료
② 지수나 요율에 따라 달라지는 변동리스료
③ 리스이용자가 잔존가치보증을 위해 지급할 예상금액
④ 리스자산 매수선택권의 행사금액
⑤ 종료선택권을 행사하는 리스위약금

리스부채의 현재가치 측정을 위해 사용하는 할인율은 내재이자율이며, 내재이자율을 산정할 수 없는 경우에는 증분차입이자율을 사용한다. 내재이자율은 리스료 및 무보증잔존가치의 현재가치 합계액과 기초자산의 공정가치와 리스제공자의 리스개설직접원가의 합계액을 같도록 만드는 이자율이다.

제 3 절 리스제공자의 회계처리

리스제공자는 각 리스를 거래의 실질에 따라 운용리스 혹은 금융리스로 분류한다. 리스는 기초자산의 소유에 따른 대부분의 위험과 보상이 리스이용자에게 이전되지 않는 경우에는 운용리스로 분류하고, 그 외의 경우에는 금융리스로 분류한다. 여기서 위험이라 함은 자산의 운휴, 기술적 진부화로 인한 손실 및 경제여건의 변화에 따른 이익변동의 가능성을 포함한다. 보상이라 함은 자산의 경제적 내용연수에 걸쳐 수익성 있는 운용과 가치의 증대 혹은 잔존가치의 실현에서 발생하는 이익의 기대치를 말한다.

K-IFRS에서는 다음에 예시하는 상황들 중 '하나 또는 그 이상'에 해당하면 일반적으로 금융리스로 분류하도록 규정하고 있다.

〈조건 1〉 리스기간 종료시점까지 기초자산의 소유권이 리스이용자에게 이전되는 경우

〈조건 2〉 리스이용자가 선택권을 행사할 수 있는 시점의 공정가치보다 충분하게 낮을 것으로 예상되는 가격으로 리스자산을 매수할 수 있는 선택권을 가지고 있으며, 그 선택권을 행사할 것이 리스약정일 현재 거의 확실한 경우

〈조건 3〉 기초자산의 소유권이 이전되지 않더라도 리스기간이 기초자산의 경제적 내용연수의 상당부분을 차지하는 경우

〈조건 4〉 리스약정일 현재 리스료의 현재가치가 적어도 기초자산 공정가치의 대부분에 상당하는 경우

〈조건 5〉 기초자산이 특수하여 해당 리스이용자만이 중요한 변경 없이 사용할 수 있는 경우

이 외에도 다음의 경우에는 기초자산의 소유에 따른 위험과 보상이 실질적으로 리스이용자에게 이전되는 경우 금융리스로 분류할 수 있다.

① 리스이용자가 리스계약을 해지할 경우 해지로 인한 리스제공자의 손실을 리스이용자가 부담하는 경우

② 잔존가치의 공정가치 변동에 따른 이익과 손실을 리스이용자가 부담하는 경우(예를 들면 리스종료시점에 기초자산을 매각할 경우 얻을 수 있는 수익을 보장하도록 리스료가 조정이 되는 경우)

③ 리스이용자가 리스기간 연장선택권을 가지고 있는 경우

그러나 앞서 열거한 경우에 해당하더라도 항상 금융리스로 분류하는 것은 아니다. 기초자산의 소유에 따른 위험과 보상의 대부분을 이전하지 않는다는 사실이 명백하다면 그 리스는 운용리스로 분류한다. 예를 들어 리스기간 종료시점에 기초자산의 소유권을 행사금액이 아닌 그 시점의 공정가치로 리스이용자에게 이전하거나, 리스이용자가 변동리스료를 지급해야 하기 때문에 기초자산의 소유에 따른 대부분의 위험과 보상을 가지고 있지 않는 경우가 있다.

리스는 리스약정일에 운용리스 또는 금융리스로 분류한다. 만약 리스기간중에 리스의 양 당사자가 최초 리스조건의 변경에 합의했을 경우 리스조건의 변경 전까지는 분류변경 전 리스형태에 따라 회계처리하고, 리스조건의 변경 후부터 잔여리스기간 동안은 분류변경된 리스형태에 따라 회계처리한다. 그러나 기초자산의 경제적 내용연수 또는 잔존가치에 대한 추정의 변경, 리스이용자의 지급불능과 같은 상황의 변경은 기존 리스를 새로 분류하는 원인이 되지 않는다.

1 운용리스와 회계처리

운용리스(operating leases)에서 기초자산의 사용권은 리스이용자에게 이전되지만, 자산의 소유에 따른 대부분의 위험과 보상은 리스제공자에게 있다. 따라서 리스제공자는 기초자산을 자신의 자산으로 기록하고 감가상각도 실시해야 한다.

리스제공자가 리스개시일에 운용리스자산으로 기록하는 금액은 리스약정일 현재의 취득원가이다. 운용리스자산은 리스제공자가 소유한 다른 유형자산의 감가상각과 일관성 있게 회계처리한다.

리스제공자가 리스의 협상 및 계약 단계에서 발생하는 리스개설직접원가

는 자산의 취득과정에서 발생한 취득원가와는 구분된다. 그러나 리스개설직접원가는 장래에 미래경제적 효익을 가져다주므로 운용리스자산의 장부금액에 추가하고, 리스료수익에 대응하여 리스기간 동안에 비용(감가상각비)으로 처리한다.

리스기간이 종료하면 리스제공자는 기초자산을 회수한다. 이때에는 기초자산과 관련하여 운용리스자산을 리스자산으로 계정대체하는 회계처리를 한다. 또한 회수한 기초자산에 관하여 매 회계연도 말에 손상차손의 인식여부를 검토해야 한다.

리스제공자가 받는 리스료는 기초자산의 기간적 효익이 감소하는 형태를 보다 잘 나타내는 체계적인 기준이 없다면, 비록 리스료가 매기 정액으로 수취되지 않더라도 리스료수익은 리스기간에 걸쳐 균등하게 배분된 금액으로 인식한다.

운용리스의 회계처리

구 분	리스제공자	리스이용자
리스자산 구입시점	(차) 리 스 자 산 ××× (대) 현 금 ×××	분개 없음
회계연도 말	(차) 감가상각비* ××× (대) 감가상각누계액-리스자산 ××× * 경제적 내용연수 동안 상각	분개 없음
리스 개시일	(차) 운용리스자산* ××× (대) 리 스 자 산 ××× * 리스제공자의 리스개설직접원가는 가산하고 리스기간 동안 비용(감가상각비) 인식	(차) 사용권자산* ××× (대) 리 스 부 채 ××× * 리스이용자의 리스개설직접원가는 사용권자산에 가산되며 이 경우 사용권자산이 리스부채보다 커짐
회계연도 말	① 정기리스료 수수 : (차) 현 금 ××× (대) 리스료수익 ××× 정기리스료 미수시 수정분개 : (차) 미수리스료수익 ××× (대) 리스료수익 ××× ② 감가상각비 계상 : (차) 감가상각비 ××× (대) 감가상각누계액-운용리스자산 ×××	① 정기리스료 수수 : (차) 리 스 부 채 ××× 이 자 비 용 ××× (대) 현 금 ××× 정기리스료 미지급시 수정분개 : (차) 리 스 부 채 ××× 이 자 비 용 ××× (대) 미지급리스료 ××× ② 감가상각비 계상 : (차) 감가상각비-사용권자산 ××× (대) 사용권자산 ×××

2 금융리스와 회계처리

금융리스(finance leases)에서는 경제적 실질이란 측면에서 기초자산의 소유에 따른 대부분의 위험과 보상이 리스이용자에게 이전되었다고 본다. 이 경우 자산의 법적 소유권은 이전될 수도 있고 안 될 수도 있으며, 리스는 계약의 법적 형식보다는 경제적 실질에 따라 분류해야 한다.

(1) 리스료

리스료는 리스기간 동안에 리스제공자가 리스이용자로부터 지급받는 금액을 말한다. 따라서 리스제공자가 측정하는 리스료는 리스이용자가 리스부채의 측정에 포함하는 리스료와 마찬가지로 다섯 가지로 구성된다. 다만 잔존가치보증액의 경우 리스제공자와 특수관계에 있지 않은 당사자가 보증한 가치를 의미하므로 리스이용자의 경우와 차이가 있다.

리스제공자의 리스료

① 리스인센티브를 차감한 실질적인 고정리스료
② 지수나 요율에 따라 달라지는 변동리스료
③ 리스제공자와 특수관계에 있지 않은 당사자가 보증한 잔존가치보증액
④ 리스자산 매수선택권의 행사금액
⑤ 종료선택권을 행사하는 리스위약금

(2) 리스총투자와 리스순투자

리스총투자는 금융리스에서 리스제공자가 받게 될 리스료와 무보증잔존가치의 합계액을 의미한다. 만일 매수선택권이 있다면 리스총투자는 매수선택권 기대행사일까지 정기리스료와 매수선택권 행사가격의 합으로 리스료와 동일하다. 리스순투자는 리스총투자를 내재이자율로 할인한 현재가치를 말하며, 리스총투자와 리스순투자의 차이를 미실현금융수익이라고 한다.

리스총투자=리스료+무보증잔존가치
=(매수선택권이 있는 경우 리스총투자는 리스료와 동일)
매수선택권 기대행사일까지 정기리스료+매수선택권 행사가격
리스순투자=리스총투자의 현재가치=리스총투자−미실현금융수익
=리스료의 현재가치+무보증잔존가치의 현재가치

(3) 금융리스채권

① 금융리스에서 리스제공자는 리스개시일에 기초자산(리스자산)을 장부에서 제거하고 금융리스채권을 기록한다. 이때 금융리스채권으로 인식할 금액은 리스순투자와 동일한 금액이다. 리스순투자는 리스총투자를 내재이자율로 할인한 금액이며, 이때 적용할 내재이자율은 리스개시일 현재 리스총투자를 기초자산의 공정가치와 일치시키는 할인율을 말한다. 만일 리스제공자의 리스개설직접원가가 있을 경우 내재이자율은 리스총투자를 기초자산의 공정가치 및 리스개설직접원가의 합계액과 일치시키는 할인율이 된다.

$$
\begin{aligned}
\text{금융리스채권} &= \text{리스순투자} \\
&= \text{리스총투자의 현재가치} \\
&= \sum_{t=0}^{n} \frac{\text{리스료}}{(1+\text{내재이자율})^t} + \frac{\text{무보증잔존가치}}{(1+\text{내재이자율})^n} \\
&= \text{기초자산의 공정가치}^*
\end{aligned}
$$

* 리스제공자의 리스개설직접원가 포함

② 금융리스채권의 금액이 리스개시일에 리스자산의 장부금액과 차이가 있는 경우가 있다. 이 경우 차액은 리스자산처분손익으로 당기손익에 반영한다.

③ 리스개설직접원가는 리스의 협상 및 계약 단계에서 리스와 직접 관련되어 추가적으로 발생하는 중개수수료나 법적 수수료를 말한다.

금융리스의 회계처리

<table>
<tr><th>구 분</th><th>리스제공자</th><th>리스이용자</th></tr>
<tr><td>리스자산
구입시점</td><td>(차) 리 스 자 산 ×××
(대) 현 금 ×××</td><td>분개 없음</td></tr>
<tr><td>회계연도
말</td><td>(차) 감가상각비 ×××
(대) 감가상각누계액 ×××</td><td>분개 없음</td></tr>
<tr><td>리스
개시일</td><td>(차) 금융리스채권* ×××
감가상각누계액 ×××
(대) 리 스 자 산 ×××
리스자산처분이익** ×××
* 리스순투자(기초자산의 공정가치)
리스제공자의 리스개설직접원가는 가산
** 리스자산의 공정가치 − 장부금액</td><td>(차) 사용권자산* ×××
(대) 리 스 부 채 ×××
* 리스이용자의 리스개설직접원가는 사용권자산에 가산. 이 경우에는 사용권자산이 리스부채보다 더 커짐</td></tr>
<tr><td>회계연도
말</td><td>① 리스료의 수수 :
(차) 현 금 ×××
(대) 이 자 수 익* ×××
금융리스채권 ×××
* 이자수익(유효이자율법)
=기초금융리스채권×내재이자율
=수취리스료 − 금융리스채권 회수액
② 감가상각비 계상 :
분개 없음</td><td>① 리스료의 수수 :
(차) 리 스 부 채 ×××
이 자 비 용* ×××
(대) 현 금 ×××
* 이자비용(유효이자율법)
=기초리스부채×내재이자율
=지급리스료 − 리스부채 상환액
② 감가상각비 계상 :
(차) 감가상각비-사용권자산 ×××
(대) 사용권자산 ×××
• 리스이용자의 매수선택권 획득이 확실 : (취득원가 − 추정잔존가치)/내용연수
• 리스이용자의 매수선택권 획득이 불확실 : (취득원가 − 추정잔존가치*)/min(내용연수, 리스기간)
* 리스기간에 걸쳐 감가상각하는 경우에는 잔존가치보증액</td></tr>
<tr><td>리스자산
회수</td><td>(차) 리 스 자 산* ×××
(대) 금융리스채권 ×××
* 회수된 리스자산의 공정가치가 금융리스채권 장부금액에 미달하면 리스자산회수손실 인식</td><td>(차) 리 스 부 채 ×××
(대) 사용권자산 ×××</td></tr>
</table>

(4) 후속측정 및 수익의 인식

① 리스제공자는 수취하는 리스료를 금융리스채권의 원금회수액과 이자수익으로 구분하여 회계처리한다.
② 이자수익은 리스제공자의 금융리스채권 기초잔액에 대하여 유효이자율법을 적용하여 인식한다. 금융리스채권금액에 대한 이자수익률은 유효이자율법에 의한 일정률로서 내재이자율과 동일하다.
③ 리스제공자의 금융리스채권 계산에 사용된 무보증잔존가치는 매 회계연도마다 검토해야 한다. 그 결과 무보증잔존가치의 추정금액이 감소하면 금융리스채권의 장부금액을 감소시키고, 이를 즉시 손상차손(당기비용)으로 인식한다.
④ 소유권이 이전되지 않는 경우 리스제공자는 리스기간 종료시점에 리스자산을 회수한다. 회수된 리스자산의 공정가치가 금융리스채권 장부금액에 미달하는 경우에는 그 차액을 즉시 리스자산회수손실(당기비용)로 인식한다.

3 판매형리스

판매형리스란 제조자 또는 판매자인 리스제공자가 자신이 제조하거나 구매한 자산을 금융리스 형태로 판매하는 거래이다. 판매형리스는 자산의 매각거래와 이에 대한 자금대여거래로 나눌 수 있다. 따라서 판매형리스에서 리스제공자는 다음과 같은 두 종류의 이익을 인식하게 된다.

① 일반적인 매출에누리 등을 반영한 정상적인 판매가격으로 리스자산을 외부에 판매할 때 발생하는 매출손익
② 리스기간 동안의 이자수익

리스제공자는 고객을 유치하기 위하여 인위적으로 낮은 이자율을 사용함으로써 거래 전체 이익의 상당부분이 판매시점에서 인식되는 불합리한 결과를 초래한다. 따라서 만약 인위적으로 낮은 이자율이 제시된다면 시장이자

율을 적용하여 매출손익 및 금융리스이자수익을 인식한다. 즉 리스제공자가 리스개시일에 기록할 매출액은 기초자산의 공정가치와 시장이자율로 할인한 리스료의 현재가치 중 작은 금액이 된다.

> 매출액 = min[기초자산의 공정가치, 리스료의 현재가치*]
>
> * 시장이자율을 적용하여 산출
>   무보증잔존가치가 포함되어 있지 않다.

또한 매출원가는 기초자산의 취득원가(기초자산의 취득원가와 장부금액이 다를 경우에는 장부금액)에서 무보증잔존가치의 현재가치를 차감한 금액이 된다. 매출원가에서 무보증잔존가치를 차감하는 이유는 매출액의 인식에서도 무보증잔존가치를 제외하고 있기 때문이다.

> 매출원가 = 기초자산의 장부금액 − 무보증잔존가치의 현재가치*
>
> * 시장이자율을 적용하여 산출

리스제공자는 매출액과 매출원가에 대하여 다음과 같이 회계처리하고, 둘 간의 차이에 대해서 매출총이익을 인식한다.

(차)	금융리스채권	×××	(대) 매　　출	×××
(차)	매 출 원 가	×××	(대) 재 고 자 산	×××
	금융리스채권*	×××		

* 재고자산 중 매출원가로 대체되지 않는 무보증잔존가치의 현재가치는 금융리스채권으로 대체된다(단, 이를 금융리스채권으로 대체하지 않고 재고자산에 남겨 둘 수도 있다).

리스기간 동안 회수되는 리스료와 금융리스채권 상환액의 차액을 금융리스채권에 대한 이자수익으로 기록하는 것은 금융리스와 동일하다.

(차)	현　　금	×××	(대) 이 자 수 익	×××
			금융리스채권	×××

판매형리스의 경우 리스제공자에 의해 리스의 협상 및 계약 단계에서 리스와 직접 관련하여 추가적으로 발생한 원가는 리스개설직접원가에 포함하지 않고 당기비용으로 인식한다. 따라서 당해원가는 리스순투자에서 제외하고 매출이익이 인식될 때 비용으로 인식한다.

리스의 협상 및 계약 단계에서 직접 발생한 원가

구 분	원가 부담자	
	리스제공자	리스이용자
운용리스	운용리스자산에 가산	사용권자산에 가산
금융리스	금융리스채권에 가산	사용권자산에 가산
판매형리스	비용으로 인식	—

연습문제

CHAPTER 11

1. 리스 회계처리에 관한 설명으로 옳지 않은 것은? (2011, 감정평가사)

① 리스약정일은 리스계약일과 리스의 주요 사항에 대한 계약당사자들의 합의일 중 이른 날이다.

② 리스기간개시일은 리스이용자가 리스자산의 사용권을 행사할 수 있게 된 날로 리스자산의 최초인식일이 된다.

③ 리스기간중에 리스자산의 소유권이 리스이용자에게 이전되는 경우에는 금융리스로 분류한다.

④ 리스의 분류는 리스기간개시일을 기준으로 결정한다.

⑤ 리스기간은 리스이용자가 자산을 리스하기로 약정을 맺은 해지불가능기간과 리스이용자가 리스를 연장할 수 있는 선택권을 가지고 있으며, 리스이용자가 그 선택권을 행사할 것이 리스약정일 현재 거의 확실한 경우 그 추가기간을 포함한다.

2. 20×1년 1월 1일 (주)한국플랜트는 (주)대한리스회사와 다음과 같은 조건으로 금융리스계약을 체결하였다.

- 리스자산(기계장치)의 공정가치 : ₩500,000(경제적 내용연수 4년, 잔존가치 ₩0, 정액법 상각)
- 리스기간은 3년이고 리스료는 매년 말 정액지급
- (주)한국플랜트는 리스기간 종료시 ₩50,000을 지급하고 소유권을 이전받음
- 내재이자율은 10%
  (3기간의 10% 정상연금 현가계수는 2.48685, 현가계수 0.75131)
  (4기간의 10% 정상연금 현가계수는 3.16986, 현가계수 0.68301)

리스기간 동안 매년 말 지급되는 연간 리스료는 얼마인가? (단, 계산금액은 소수점 첫째자리에서 반올림하며, 이 경우 단수차이로 인해 약간의 오차가 있으면 가장 근사치를 선택한다) (2011, 세무사)

① ₩124,350　　② ₩150,000

③ ₩161,915 ④ ₩166,667
⑤ ₩185,952

3. (주)한국리스는 신규로 취득한 기계장치에 대해 (주)일본과 계약해지금지 리스계약을 체결하였다. 리스물건의 공정가치는 ₩704,290이다. (주)일본은 (주)한국리스로부터 리스자산을 인도받고 연간 리스료로 매년 말에 리스기간 3년 동안 ₩253,000(내재이자율 연 10%)씩을 후급하기로 하였다. 리스실행일은 연초이며, 리스물건의 경제적 내용연수는 4년이다. 또한 리스기간 종료시 추정되는 잔존가치는 ₩100,000이며, 이 중 ₩30,000을 (주)일본이 보증하기로 하였다. (주)일본은 리스기간 말에 리스자산의 잔존가치가 ₩0이 될 것으로 예상하고 있다. 리스회계처리준칙에 따라 회계처리할 때, (주)일본이 1차 년도에 인식할 리스자산에 대한 감가상각비는 얼마인가? (단, 리스자산은 정액법으로 감가상각하며, 이자율 10%에 대한 ₩1의 3기간 연금현가계수와 3기간 현가계수는 각각 2.4868 및 0.7513이다) (2003, 공인회계사 수정)

① ₩155,425 ② ₩186,358
③ ₩207,233 ④ ₩377,273
⑤ ₩0

4. (주)한국은 20×1년 1월 1일 (주)리스와 기계장치의 리스계약을 체결하였다. 이 리스계약과 관련된 사항은 다음과 같다.

- 리스기간개시일(20×1년 1월 1일) : (주)한국은 사용권자산과 리스부채를 각각 ₩7,581,600으로 인식하였다.
- 리스기간 : 20×1. 1. 1～20×5.12.31(5년)
- 리스자산 : 리스계약시 경제적 내용연수는 기대사용기간과 동일한 6년이며, 정액법 상각하고, 리스기간이 끝난 시점의 잔존가치는 ₩2,081,600으로 추정되며, 기대사용기간이 끝난 시점의 잔존가치는 ₩1,581,600으로 추정된다.
- 리스기간 종료시 소유권이전 약정이 있으며 리스기간 종료시 소유권이 이전될 것은 확실하다.
- 리스기간 동안 매년도 말에 지급하는 리스료 : ₩2,000,000
- 동 리스계약에 적용되는 내재이자율 : 연 10%

위 사용권자산 및 리스부채로 인하여 (주)한국의 20×1년도 포괄손익계산서상 당기순이익은 얼마나 감소하는가? (2011, 관세사 수정)

① ₩758,160 ② ₩1,633,976
③ ₩1,758,160 ④ ₩1,858,160
⑤ ₩2,000,000

5. (주)갑은 20×1년 1월 1일 리스회사인 (주)을과 공정가치 ₩869,741인 기계장치에 대하여 동 일자에 개시하여 20×3년 12월 31일에 종료하는 리스계약을 체결하였다. (주)갑은 매년 말 (주)을에 리스사용료로 ₩286,278씩 지급하며, 내재이자율은 10%이다. 기계장치의 경제적 내용연수는 4년이며, 양사 모두 정액법을 사용하여 감가상각한다. 리스기간 종료시 예상잔존가치는 ₩250,000이고, 이 중 80%를 (주)갑이 보증한다. (주)갑은 리스기간 말에 리스자산의 잔존가치가 ₩0이 될 것으로 예상하고 있다. 리스개설과 관련한 법률비용으로 (주)갑과 (주)을은 각각 ₩30,000을 지급하였으며, 리스 종료시 염가매수선택권은 없다. (주)갑이 이 리스를 금융리스로 회계처리한다면, 20×1년 이 리스거래와 관련하여 인식할 이자비용과 감가상각비는 얼마인가? (단, 계산결과 단수차이로 인해 답안과 오차가 있는 경우 근사치를 선택한다) (2012, 공인회계사 수정)

기 간	10% 기간 말 단일금액 ₩1의 현재가치	10% 정상연금 ₩1의 현재가치
1	0.9091	0.9091
2	0.8264	1.7355
3	0.7513	2.4868

	이자비용	감가상각비		이자비용	감가상각비
①	₩86,218	₩223,044	②	₩86,218	₩230,725
③	86,218	160,544	④	89,218	214,060
⑤	89,218	173,044			

6. (주)대한리스는 20×1년 1월 1일에 자동차를 ₩1,247,690(내용연수 5년, 예상잔존가치 ₩500,000)에 구입하여, 구입 즉시 (주)민국에 5년간 임대하는 금융리스계약(매년 말에 ₩300,000씩 5회 리스료 지급)을 체결하였다. 이 리스계약을 체결하기 위한 (주)대한리스의 리스개설직접원가는 ₩200,000이고, (주)민국의 리스개설직접원가는 ₩300,000이다. (주)민국은 리스기간 종료 후 자동차를 (주)대한리스에 반환하며 예상잔존가치의 20%를 보증한다. (주)민국은 리스기간 말에 리스자산의 잔존가치가 ₩0이 될 것으로 예상하고 있다. (주)민국이 리스와 관련하여 20×1년도에 인식할 이자비용과 감가상각비의 합계는? (단, 감가상각은 정액법을 적용한다. (주)민국은 (주)대한리스의 내재이자율 10%를 알고 있으며, 할인율 10%의 5년 단일금액 현가계수는 0.6209이고, 5년 정상연금 현가계수는 3.7908이다. 단수차이로 인한 오차가 있으면 가장 근사치를 선택한다) (2013, 세무사 수정)

① ₩262,694 ② ₩319,635
③ ₩324,673 ④ ₩399,799
⑤ ₩404,635

7. (주)대한은 20×1년 1월 1일 (주)한국리스로부터 기계장치를 리스하기로 하고, 동 일자에 개시하여 20×3년 12월 31일에 종료하는 금융리스계약을 체결하였다. 연간 정기리스료는 매년 말 ₩1,000,000을 후급하며, 내재이자율은 연 10%이다. 리스기간 종료시 예상 잔존가치는 ₩1,000,000이다. 리스개설과 관련한 법률비용으로 (주)대한은 ₩100,000을 지급하였다. 리스기간 종료시점에 (주)대한은 염가대수선택권을 ₩500,000에 행사할 것이 리스약정일 현재 거의 확실하다. 기계장치의 내용연수는 5년이고, 내용연수 종료시점의 잔존가치는 없으며, 기계장치는 정액법으로 감가상각한다. (주)대한이 동 리스거래와 관련하여 20×1년도에 인식할 이자비용과 감가상각비의 합계는 얼마인가? (단, 계산방식에 따라 단수차이로 인해 오차가 있는 경우, 가장 근사치를 선택한다) (2014, 공인회계사)

기 간	단일금액 ₩1의 현재가치(할인율=10%)	정상연금 ₩1의 현재가치(할인율=10%)
1	0.9091	0.9091
2	0.8265	1.7355
3	0.7513	2.4869
4	0.6830	3.1699
5	0.6209	3.7908

① ₩746,070 ② ₩766,070
③ ₩858,765 ④ ₩878,765
⑤ ₩888,765

8. (주)국세는 일반 판매회사로서 20×2년 1월 1일에 (주)대한리스에 아래와 같은 조건으로 보유자산을 판매하였다.

- (주)국세는 20×2년부터 20×4년까지 매년 12월 31일에 (주)대한리스로부터 리스료로 ₩10,000,000씩 3회 수령한다.
- (주)대한리스는 리스기간종료일인 20×4년 12월 31일에 리스자산을 당시의 공정가치보다 충분히 낮은 금액인 ₩2,000,000에 대수할 수 있는 선택권을 가지고 있으며, 20×2년 1월 1일 현재 (주)대한리스가 이를 행사할 것이 거의 확실시된다.
- (주)대한리스가 선택권을 행사하면 리스자산의 소유권은 (주)국세에서 (주)대한리스로 이전된다.
- 20×2년 1월 1일 (주)국세가 판매한 리스자산의 장부금액은 ₩20,000,000이며 공정가치는 ₩27,000,000이다.
- (주)국세의 증분차입이자율은 연 5%이며, 시장이자율은 연 8%이다.

위 거래는 금융리스에 해당된다. 이 거래와 관련하여 (주)국세가 20×2년 1월 1일에 인식할 매출액은 얼마인가? (단, 리스약정일과 리스기간개시일은 동일한 것으로 가정한다. 또한

현가계수는 다음의 표를 이용한다) (2012, 세무사)

현가계수표

할인율 / 기 간	기간 말 단일금액 ₩1의 현재가치		정상연금 ₩1의 현재가치	
	5%	8%	5%	8%
1	0.95238	0.92593	0.95238	0.92593
2	0.90703	0.85734	1.85941	1.78327
3	0.86384	0.79383	2.72325	2.57710

① ₩23,756,000
② ₩25,771,000
③ ₩27,000,000
④ ₩27,358,660
⑤ ₩28,960,180

9. 에어컨제조사인 (주)태풍은 20×1년 1월 1일 직접 제조한 추정내용연수가 5년인 에어컨을 (주)여름에 금융리스 형식으로 판매하는 계약을 체결하였다. 동 에어컨의 제조원가는 ₩9,000,000이고, 20×1년 1월 1일의 공정가치는 ₩12,500,000이다. 리스기간은 20×1년 1월 1일부터 20×4년 12월 31일까지이며, (주)여름은 리스기간 종료시 에어컨을 반환하기로 하였다. (주)여름은 매년 말 리스료로 ₩3,500,000을 지급하며, 20×4년 12월 31일의 에어컨 예상잔존가치 ₩1,000,000 중 ₩600,000은 (주)여름이 보증하기로 하였다. (주)태풍은 20×1년 1월 1일 (주)여름과의 리스계약을 체결하는 과정에서 ₩350,000의 직접비용이 발생하였다. (주)태풍이 동 거래로 인하여 리스기간개시일인 20×1년 1월 1일에 인식할 수익과 비용의 순액(수익에서 비용을 차감한 금액)은 얼마인가? (단, 20×1년 1월 1일 현재 시장이자율과 (주)태풍이 제시한 이자율은 연 8%로 동일하다) (2013, 공인회계사)

기 간	8% 기간 말 단일금액 ₩1의 현재가치	8% 정상연금 ₩1의 현재가치
4	0.7350	3.3121

① ₩2,575,250
② ₩2,683,250
③ ₩2,977,350
④ ₩3,327,350
⑤ ₩3,444,000

10. 전자계측장비를 제조·판매하는 12월 말 결산법인인 (주)백승은 (주)기송에 전자계측장비를 금융리스 형식으로 판매하였다. 이와 관련된 자료는 다음과 같다.

(1) 리스계약일은 2006년 1월 1일이고, 리스기간은 향후 3년간이다.
(2) 리스료는 매년 말 ₩100,000을 받는다.

(3) 리스제공자의 내재이자율은 연 12%, 증분차입이자율은 연 11%, 시장이자율은 연 10%이다. 리스이용자는 리스회사의 내재이자율을 알고 있다.
(4) 판매 당시 전자계측장비의 공정가치는 ₩260,000이다.
(5) 리스기간 종료시 잔존가치는 ₩30,000으로 추정되며, 이 중 리스이용자가 보증한 금액은 ₩10,000이다.
(6) 이 전자계측장비의 생산원가는 ₩200,000이다.

(주)백승이 2006년의 손익계산서상에서 인식할 리스관련 이익의 근사치는 얼마인가? 현가요소는 다음과 같다. (2006, 세무사)

구 분	기간 3년		
	이자율 10%	이자율 11%	이자율 12%
단일금액 ₩1의 현재가치	0.7513	0.7312	0.7118
정상연금 ₩1의 현재가치	2.4869	2.4437	2.4018

① ₩56,203
② ₩61,534
③ ₩71,229
④ ₩86,255
⑤ ₩96,849

11. (주)춘하는 20×1년 1월 1일 (주)추동리스와 다음과 같은 기계장치의 금융리스계약을 체결하였다.

- 리스기간개시일(20×1년 1월 1일) 현재 리스물건의 공정가치 : ₩8,038,350
- 리스기간 : 20×1. 1. 1 ~ 20×4.12.31
- 리스자산 : 경제적 내용연수는 기대사용기간과 동일한 6년이며, 정액법 상각
- 리스기간 종료시 예상잔존가치는 ₩700,000이며, 예상잔존가치 중 ₩400,000을 (주)춘하가 보증함. (주)춘하는 리스기간 말에 리스자산의 잔존가치가 ₩0이 될 것으로 예상하고 있음
- 리스개설직접원가 : 없음
- 리스기간 종료시 소유권이전 약정은 없으며, (주)춘하가 공정가치보다 충분히 낮은 가격으로 리스자산을 매수할 수 있는 선택권도 없음
- 연간 리스료 : 리스기간 동안 매년 말 ₩2,500,000씩 지급
- 동 리스계약에 적용되는 내재이자율 : 연 12%

20×2년 1월 1일 실시된 20×1년도 재무제표에 대한 감사결과, 회계감사인은 (주)춘하의 회계담당자가 리스기간 종료시 예상잔존가치 ₩700,000 중 (주)춘하가 보증한 금액인 ₩400,000을 ₩200,000으로 잘못 적용하여 회계처리했다는 사실을 발견하였다. 동 오류

를 제외한 다른 오류는 발견되지 않았다. 20×1년도 장부가 마감되지 않은 상황에서 동 리스거래를 올바르게 수정하는 경우 (주)춘하의 20×1년도 포괄손익계산서상 당기순이익에 미치는 영향은 얼마인가? (단, 법인세효과는 고려하지 않으며, 현가계수는 아래 표를 이용한다. 또한 소수점 첫째자리에서 반올림하고, 단수차이로 인해 약간의 오차가 있으며 가장 근사치를 선택한다) (2011, 공인회계사 수정)

현가계수표

할인율 / 기 간	기간 말 단일금액 ₩1의 현재가치	정상연금 ₩1의 현재가치
	12%	12%
4	0.6355	3.0374
6	0.5066	4.1114

① ₩2,973 증가
② ₩2,973 감소
③ ₩3,102 증가
④ ₩3,102 감소
⑤ ₩47,027 감소

해답 및 풀이

1. ④

리스는 리스약정일을 기준으로 운용리스나 금융리스로 분류한다. 차후에 리스변경이 있는 경우에는 다시 판단하지만 추정의 변경(기초자산의 내용연수 또는 잔존가치 추정치의 변경)이나 상황의 변화(리스이용자의 채무불이행)는 리스를 새로 분류하는 원인이 되지 않는다.

2. ⑤

매수선택권이 있는 경우 리스료는 매수선택권의 기대행사일까지의 정기리스료에 매수선택권 행사가격을 합한 금액이 된다. 이 경우 리스료는 리스총투자와 동일하므로, 리스자산의 공정가치는 리스료의 현재가치가 된다.

	20×1년	20×2년	20×3년
정기리스료	x	x	x
매수선택권 행사가격			₩50,000

리스료의 현재가치(=리스자산의 공정가치)

=정기리스료의 현재가치+매수선택권 행사가격의 현재가치이므로,

₩500,000={정기리스료(x)×2.48685}+{₩50,000×0.75131}

∴ 정기리스료(x)=₩185,952

3. ③

	1차년도	2차년도	3차년도
정기리스료	₩253,000	₩253,000	₩253,000
잔존가치보증액			30,000
무보증잔존가치			70,000

리스료의 현재가치 = (₩253,000 × 2.4868) + (₩30,000 × 0.7513)
= ₩651,699

사용권자산 = 리스부채(= 리스료의 현재가치)
= ₩651,699

감가상각비 = (₩651,699 − ₩30,000)/3년* = ₩207,233

* 리스이용자가 리스기간 종료시점 또는 그 이전에 매수선택권을 획득할 것이 확실하면 내용연수에 걸쳐 감가상각한다. 그러나 본 문제와 같이 그러한 조건이 없는 경우에는 리스기간과 내용연수 중에서 짧은 기간 동안 감가상각한다. 만일 리스기간에 걸쳐 감가상각하게 되는 경우의 감가상각대상금액은 취득원가에서 잔존가치보증액을 차감한 금액이다.

4. ③

이자비용 = ₩7,581,600 × 10%	=	₩758,160
감가상각비* = (₩7,581,600 − ₩1,581,600) ÷ 6	=	1,000,000
비용 합계액	=	₩1,758,160

* 리스이용자에게 소유권 이전이 확실한 경우이므로 내용연수에 걸쳐 감가상각한다.

5. ②

(1) 20×1년 초 리스부채 = 리스료의 현재가치
= (₩286,278 × 2.4868) + (₩250,000 × 0.8 × 0.7513)
= ₩862,176

(2) 20×1년 초 사용권자산 = 리스부채 + 리스이용자의 리스개설직접원가*
= ₩862,176 + ₩30,000 = ₩892,176

(3) 20×1년 이자비용 = ₩862,176 × 10% = ₩86,218

20×1년 감가상각비 = (₩892,176 − ₩200,000**)/3년*** = ₩230,725

* 리스개설직접원가가 리스제공자에게 발생한 경우에는 금융리스채권에, 리스이용자에게 발생한 경우에는 사용권자산에 포함하여 인식함

** ₩250,000 × 0.8 = ₩200,000. 리스기간에 걸쳐 감가상각하는 경우 잔존가치보증액을 차감

*** min(내용연수, 리스기간) = 3년

6. ④

(1) 20×1년 초 리스부채 = 리스료의 현재가치
= (₩300,000 × 3.7908) + (₩500,000 × 0.2 × 0.6209) = ₩1,199,330

(2) 20×1년 초 사용권자산
=리스부채(₩1,199,330)+리스이용자의 리스개설직접원가(₩300,000)
=₩1,499,330

(3) 20×1년 이자비용 : ₩1,199,330×10% = ₩119,933
20×1년 감가상각비 : (₩1,499,330−₩100,000*)÷5년* = 279,866
₩399,799

* 리스기간에 걸쳐 감가상각하는 경우 잔존가치보증액을 차감

7. ④

(1) 20×1년 초 리스부채=(₩1,000,000×2.4869)+(₩500,000×0.7513)=₩2,862,550

(2) 20×1년 초 사용권자산
=리스부채(₩2,862,550)+리스이용자의 리스개설직접원가(₩100,000)=₩2,962,550

(3) 20×1년 이자비용 : ₩2,862,550×10% = ₩286,255
20×1년 감가상각비 : (₩2,962,550−₩0)÷5년 = 592,510
₩878,765

8. ③

판매형리스의 매출액 : min(기초자산의 공정가치, 리스료의 현재가치)=₩27,000,000

- 기초자산의 공정가치=₩27,000,000
- 리스료의 현재가치*=(₩10,000,000×2.5771)+(₩2,000,000×0.79383)
=₩27,358,660

* 리스이용자가 행사할 것이 확실시되는 매수선택권을 가지고 있는 경우의 리스료
=매수선택권 기대행사일까지의 정기리스료+매수선택권 행사가격
* 리스료의 현재가치는 '시장이자율'을 적용하여 계산함

9. ③

(1) 판매형리스의 매출액=min(기초자산의 공정가치, 리스료의 현재가치)=₩12,033,350
- 기초자산의 공정가치=₩12,500,000*

* 판매형리스에서는 리스제공자에 의해 리스의 협상 및 계약 단계에서 리스와 직접 관련하여 추가적으로 발생한 원가 ₩350,000은 리스개설직접원가에 포함하지 않고 당기비용으로 인식함

- 리스료의 현재가치=(₩3,500,000×3.3121)+(₩600,000×0.7350)
=₩12,033,350

(2) 매출원가=기초자산의 장부금액−무보증잔존가치의 현재가치
=₩9,000,000−(₩400,000×0.7350)=₩8,706,000

(3) 20×1년 1월 1일 수익과 비용의 순액
=₩12,033,350−₩8,706,000−₩350,000=₩2,977,350

10. ⑤

(1) 매출총이익 = 매출액 − 매출원가 = ₩256,203 − ₩184,974 = ₩71,229

㉠ 매출액 : min(기초자산의 공정가치, 리스료의 현재가치) = ₩256,203

• 기초자산의 공정가치 = ₩260,000

• 리스료의 현재가치 = (₩100,000 × 2.4869) + (₩10,000 × 0.7513) = ₩256,203

㉡ 매출원가 = 기초자산의 장부금액 − 무보증잔존가치의 현재가치
= ₩200,000 − (₩20,000 × 0.7513) = ₩184,974

(2) 이자수익 = ₩256,203(금융리스채권) × 10% = ₩25,620

∴ 2006년 인식할 리스관련 이익 : ₩71,229 + ₩25,620 = ₩96,849

11. ①

(1) 잔존가치보증액을 ₩200,000으로 잘못 적용한 경우

• 20×1년 초 리스부채(사용권자산) 인식액 :
(₩2,500,000 × 3.0374) + (₩200,000 × 0.6355) = ₩7,720,600

• 20×1년 이자비용 : ₩7,720,600 × 12% = ₩926,472
20×1년 감가상각비 : (₩7,720,600 − ₩200,000)/4 = ₩1,880,150

• 20×1년 비용 인식액 : ₩926,472 + ₩1,880,150 = ₩2,806,622

(2) 잔존가치보증액을 올바르게 적용한 경우

• 20×1년 초 리스부채(사용권자산) 인식액 :
(₩2,500,000 × 3.0374) + (₩400,000 × 0.6355) = ₩7,847,700

• 20×1년 이자비용 : ₩7,847,700 × 12% = ₩941,724
20×1년 감가상각비 : (₩7,847,700 − ₩400,000)/4 = ₩1,861,925

• 20×1년 비용 인식액 : ₩941,724 + ₩1,861,925 = ₩2,803,649

(3) 올바르게 수정한 경우 당기순이익에 미치는 영향 :
₩2,806,622 − ₩2,803,649 = ₩2,973 증가

순이익을 말한다. 또한, 과세소득이란 과세대상이 되는 소득금액을 의미하며 원칙적으로 세법상 각사업연도소득을 말한다. 우리나라에서는 간접법을 채택하고 있으므로 기업회계상의 당기순이익에 익금산입 및 손금불산입을 가산하고 손금산입 및 익금불산입을 차감한 다음, 기부금한도초과액을 가산한 후(이렇게 계산된 금액을 법인세법에서는 "각사업연도소득금액"이라고 한다) 이월결손금, 비과세소득 및 소득공제를 차감한 금액이 과세표준이 된다.

(2) 장부금액과 세무기준액

회계기준에 따른 자산·부채의 장부금액과 법인세법에 따른 자산·부채의 세무기준액이 다른 경우에는 그 차이에 관련된 법인세효과를 이연법인세자산과 이연법인세부채로 인식한다.

자산의 장부금액이 세무기준액보다 큰 경우에는 그 차이에 해당하는 일시적차이만큼 미래에 과세소득이 증가하게 되고 부담해야 할 법인세(일시적차이×세율)는 증가하므로 이를 이연법인세부채로 인식한다. 자산의 장부금액이 세무기준액보다 작은 경우에는 그 차이인 일시적차이만큼 미래에 과세소득이 감소하게 되고 이 법인세혜택에 해당하는 금액만큼 이연법인세자산을 인식한다.

한편, 부채의 장부금액이 세무기준액보다 큰 경우에는 자산의 경우와는 반대로 미래에 법인세혜택이 발생하므로 이를 이연법인세자산으로 인식한다. 부채의 장부금액이 세무기준액보다 작은 경우에는 미래에 증가하는 법인세

장부금액과 세무기준액 차이의 발생원인

원 인	회계기준	법인세법
① 자산·부채의 평가방법 예) FVPL금융자산	공정가치로 평가	원가법(취득원가)으로 평가
② 손익의 인식기준 예) 판매보증비, 이자수익	발생기준	권리의무확정주의 예) 판매보증비 : 현금기준 이자수익 : 만기일 또는 해약일
③ 조세정책적 목적	–	세법상 특혜(세액공제, 준비금제도) 및 불인정(접대비한도초과액, 벌금, 과태료)
④ 회계이익과 과세소득의 개념 차이	손익거래에서 발생하는 순자산 증가만 포함	자본거래에서 발생하는 순자산 증가도 과세소득에 포함 예) 자기주식처분이익

를 이연법인세부채로 인식한다.

(3) 법인세비용과 법인세부담액

법인세비용이란 세전이익에 대응되는 비용으로서의 법인세를 말한다. 이는 곧 법인세를 기간배분한 후 손익계산서에 계상되는 금액이다. 법인세부담액이란 과세소득(과세표준)을 근거로 산출된 법인세와 이에 대해 부가되는 세액을 말하며, 당기분으로 이미 납부하였거나 납부해야 할 세액이다. 이는 각 회계연도에 실질적으로 국가에 납부할 금액이므로 법인세의 원천징수나 중간예납세액이 있는 경우에는 동 금액을 차감한 금액이 회계기말에 미지급법인세로 계상되어야 한다.

(4) 일시적차이

일시적차이는 재무상태표의 자산 또는 부채의 장부금액과 세무기준액의 차이로서 발생회계연도의 이후 기간에 소멸하는 차이를 말한다. 일시적차이는 미래의 법인세부담액을 증가 또는 감소시키는 효과가 있으며 어느 한 회계기간에 발생하면 반드시 다음 어느 회계기간에 소멸한다. 일시적차이가 많이 발생하는 경우는 회계기준의 자산과 부채의 평가방법이 세법과 다른 경우, 회계기준의 수익과 비용의 인식시점과 법인세법의 익금과 손금의 인식시점이 다른 경우 또는 조세정책적 목적 등이다. 일시적차이는 미래의 과세소득에 가산되는 가산할 일시적차이와 미래의 과세소득에서 차감되는 차감할 일시적차이로 구성된다. 당기 이전에 과세소득에서 차감조정된 일시적차이는 미래의 과세소득에 가산조정되는 가산할 일시적차이에 해당되고, 당기 이전에 과세소득에 가산조정되는 일시적차이는 미래의 과세소득에서 차감조정되는 차감할 일시적차이에 해당된다.

한편, 자산 또는 부채의 장부금액과 세무기준액 간에 차이가 있지만 미래의 과세소득에 가산 또는 차감되지 않는 차이를 일시적차이 이외의 차이라고 한다. 과거의 회계기준에서는 이 차이를 영구적차이라고 불렀으나 K-IFRS에서는 영구적차이란 용어를 사용하지 않는다. 일시적차이 이외의 차이에는 접대비한도초과액, 비과세이자소득, 교통요금법칙금 등이 있다.

(5) 법인세효과

법인세효과는 과세소득에 가감되는 일시적차이 및 이월결손금 등에 미래예상세율을 곱하여 계산한 금액을 말한다. 이때 미래예상세율은 평균세율과 한계세율이 있는데, K-IFRS에서는 평균세율을 적용하도록 규정하고 있다. 한편, 일시적차이와 이월결손금 등에 따른 법인세효과는 현재가치로 평가하지 아니한다.

3 이연법인세의 인식방법

(1) 자산 · 부채법(재무상태표접근법)

자산 · 부채법은 회계기준에 따라 인식한 자산 · 부채의 장부금액이 법인세법에서 인정한 자산 · 부채의 세무기준액과 다를 경우, 그 차이와 관련된 법인세효과를 이연법인세자산 및 이연법인세부채로 인식하는 방법이다.

K-IFRS에서는 자산 · 부채법을 채택하고 있다.

	〈회계기준〉		〈법인세법〉	
①	자산의 장부금액	<	자산의 세무기준액	: 이연법인세자산
	부채의 장부금액	>	부채의 세무기준액	
②	자산의 장부금액	>	자산의 세무기준액	: 이연법인세부채
	부채의 장부금액	<	부채의 세무기준액	

(2) 이연법(손익계산서접근법)

이연법은 당해연도의 회계기준에 따라 인식한 수익 · 비용이 법인세법에서 인정한 익금 · 손금과 다를 경우, 그 차이와 관련된 법인세효과를 이연법인세자산 및 이연법인세부채로 인식한다.

〈회계기준〉		〈법인세법〉
수익		익금
− 비용		− 손금
회계이익(세전이익)	≠	과세소득
× 세율		× 세율
법인세비용*		법인세부담액 (산출세액)

* 실제로는 법인세부담액(미지급법인세)이 먼저 정해지고 이연법인세자산 · 부채가 산출된 후 마지막으로 법인세비용 금액이 결정된다.
① 법인세비용<법인세부담액 : 이연법인세자산
② 법인세비용>법인세부담액 : 이연법인세부채

제 2 절 이연법인세부채 및 이연법인세자산

1 이연법인세부채

(1) 의 의

이연법인세부채(deferred tax liability)란 재무제표 작성일 현재 존재하는 일시적차이로 인해 미래의 과세소득이 증가하는 경우의 부채를 말한다. 즉 '가산할' 일시적차이가 존재하는 경우의 이연법인세 관련 부채를 의미한다.

(2) 이연법인세부채의 부채성

이연법인세부채는 재무보고 목적으로 일시적차이가 발생한 관련거래가 보고되었고, 당해 일시적차이는 미래과세소득을 증가시켜 미래의 법인세를 부담해야 할 의무가 현재시점에 존재한다. 이러한 법인세부담액의 증가는 일시적차이가 발생한 특정기업이 반드시 부담해야 하는 경제적 효익의 희생이므로 부채의 요건을 충족시킨다. 이연법인세부채의 경우에는 이연법인세자산과는 달리 미래과세소득의 존재여부와 관계없이 전액 인식해야 한다.

(3) 회계처리

이연법인세부채를 발생시키는 회계처리는 다음과 같다(괄호 안의 숫자는 계산 순서를 의미한다).

(차) 법인세비용	×××(③)	(대) 미지급법인세	×××(①)
		이연법인세부채	×××(②)

2 이연법인세자산

(1) 의 의

이연법인세자산(deferred tax asset)이란 재무제표 작성일 현재 존재하는 일시적차이로 인하여 미래의 과세소득이 감소하는 경우의 자산을 말한다. 즉 '차감할 일시적차이'가 존재하는 경우의 이연법인세 관련 자산을 의미한다.

(2) 이연법인세자산의 자산성

차감할 일시적차이 및 세무상결손금에 대한 법인세효과는 향후 과세소득의 발생가능성이 높은 경우에만 당해 법인세효과를 이연법인세자산으로 인식한다. 이러한 이연법인세자산은 미래의 법인세부담액을 감소시키는 경제적 효익이 인정된다. 이러한 법인세부담액의 감소는 일시적차이가 발생한 기업만이 배타적으로 누리는 효익이므로 자산의 요건을 충족시킨다.

K-IFRS에서는 '차감할 일시적차이가 소멸될 것으로 예상되는 기간'에 소멸될 것으로 예상되는 '가산할 일시적차이'가 충분한 경우에는 차감할 일시적차이가 활용될 가능성이 높다. 따라서 차감할 일시적차이에 대하여 이연법인세자산을 인식하도록 하고 있다.

만일 '가산할 일시적차이'가 충분하지 않은 경우에도 다음의 경우에는 차감할 일시적차이에 대하여 이연법인세자산을 인식한다.

① 차감할 일시적차이가 소멸될 회계기간에 충분한 과세소득이 발생할 가능성이 높은 경우
② 세무정책으로 적절한 기간에 과세소득을 창출할 수 있는 경우

(3) 평가 및 회계처리

이연법인세자산은 미래의 과세소득을 감소시키는 경우에만 자산성이 인정된다. 따라서 이연법인세자산의 실현은 미래에 과세대상소득이 존재해야만 가능하므로 그 실현가능성에 대한 평가가 필요하다.

이연법인세자산의 장부금액은 매 재무상태표일에 검토한다. 이연법인세자산의 일부 또는 전부에 대한 혜택이 사용되기에 충분한 과세소득이 발생할 가능성이 더 이상 높지 않다면 이연법인세자산의 장부금액을 감액시켜야 한다. 그리고 감액된 금액은 과세소득이 발생할 가능성이 높아지면 그 범위 내에서 다시 환입한다.

이연법인세자산을 발생시키는 회계처리는 다음과 같다(괄호 안의 숫자는 계산순서를 의미한다).

(차) 이연법인세자산	×××(②)	(대) 미지급법인세	×××(①)
법인세비용	×××(③)		

3 이연법인세의 측정과 보고

(1) 법인세율의 변동

이연법인세 자산과 부채는 당해자산이 실현되거나 부채가 결제될 회계기간에 적용될 것으로 기대되는 법인세율을 적용하여 측정한다. 법인세율이 변동하는 경우에는 이연법인세자산(부채)의 금액에 영향을 미치므로 매 회계연도마다 법인세율의 변동에 따른 금액의 차이를 조정하여 세율 변경연도에 즉시 이연법인세자산(부채)과 법인세비용에 반영해야 한다. 법인세율이 변동하는 경우 미래 예정세율을 적용하여 당기말 잔액을 구한 후 전기말 잔액을 차감

하는 방법으로 간편하게 계산할 수 있다. 이에 따라 세율변경의 누적효과가 자동적으로 흡수되어 자산 또는 부채가 적정하게 계상된다.

(2) 현재가치평가의 배제

일시적차이의 법인세효과를 현재가치로 평가하기 위하여는 미래현금흐름에 영향을 주는 일시적차이의 소멸시기, 소멸되는 금액 및 적정한 이자율 등을 정확히 예측해야 한다. 그러나 현실적으로 이들을 정확하게 예측하기 어려우므로 현재가치평가를 배제하고 있다.

(3) 유동 · 비유동 구분

K-IFRS는 이연법인세자산과 이연법인세부채는 모두 비유동항목으로 표시한다.

4 과세소득과 법인세비용

(1) 과세소득

우리나라의 현행 법인세법의 법인세계산구조에 의하면 과세소득은 보고기간말에 산출된 회계이익(세전이익)에 가산하는 항목과 차감하는 항목을 조정(세무조정)하여 과세소득을 계산한다.

> 과세소득＝회계이익(세전이익)＋가산하는 조정항목－차감하는 조정항목
> ＝법인세비용차감전순이익±일시적차이±일시적차이 이외의 차이

(2) 법인세비용

손익계산서의 법인세비용은 법인세부담액에 이연법인세 자산 및 부채의 변동을 반영하여 산출한다. 즉 이연법인세자산이 증가하면 당기법인세비용은 당기

법인세부담액보다 작아지고, 이연법인세부채가 증가하면 당기법인세비용은 당기법인세부담액보다 커진다. 반대로 이연법인세 자산 및 부채가 감소하면 법인세비용과 법인세부담액은 앞에서 살펴본 증가의 경우와 역의 관계가 성립한다.

> 법인세비용＝법인세부담액－이연법인세자산의 증가＋이연법인세부채의 증가
> ＝법인세부담액－(기말이연법인세자산－기초이연법인세자산)
> ＋(기말이연법인세부채－기초이연법인세부채)

제3절 기 타

1 결손금공제제도

결손금이 발생하는 경우의 법인세감면제도로는 과거에 납부했던 법인세를 소급하여 환급받을 수 있는 결손금소급공제(tax loss carryback)와 미래과세소득에서 공제되는 결손금이월공제(tax loss carryforward)가 있다. 우리나라는 결손금이월공제만 허용하고 있다. 다만, 중소기업은 직전사업연도 법인세액을 환급받을 수 있다.

(1) 소급공제

소급공제의 경우에는 과거에 이미 납부한 법인세를 환급받을 권리가 생기므로 미래과세소득의 존재가능성에 관계없이 당연히 자산이 된다. 따라서 환급받을 금액을 확정채권인 미수금으로 계상하고 대변의 계정과목은 법인세비용으로 처리하면 된다.

(차) 미 수 금	×××	(대) 법인세비용	×××

(2) 이월공제

우리나라 법인세법에서는 결손금의 발생시 향후 10년간 미래의 과세소득에서 차감하도록 하는 결손금이월공제를 인정하고 있다. 결손금을 이월공제한다는 것은 차기 이후에 과세소득이 발생하는 경우 이월공제액이 각 사업연도 소득금액에서 차감되어 법인세를 감소시킨다. 따라서 이월공제의 경우도 미래의 과세소득을 감소시켜 주는 역할을 하므로 이연법인세자산에 해당한다. 즉 이연법인세자산으로 계상하기 위해서는 미래에 과세소득이 발생해야 한다는 전제가 뒷받침되어야 한다. 결과적으로 미래과세소득의 발생가능성이 높은가 그렇지 않은가에 따라 계상해야 할 이연법인세자산은 달라진다.

2 법인세의 기간내 배분

계속영업손익에 대한 법인세비용은 "법인세비용차감전계속영업손익"에서 차감하는 형식으로 기재하고, 계속영업손익 이외의 항목들에 대한 법인세는 분리해서 보고한다. 즉 중단영업손익에 대한 법인세비용은 해당손익에 직접 반영하여 당해 손익항목을 법인세비용 반영 후의 순액으로 기재한다. 또한 기타포괄손익에 해당하는 법인세비용도 해당손익에 직접 가감한다.

법인세의 기간내 배분

수익		
−비용		
법인세비용차감전계속영업손익		
−법인세비용	←	계속영업손익과 관련된 법인세비용
계속영업손익		
−중단영업손익	←	중단영업손익과 관련된 법인세비용을 직접 가감
당기순손익		
±기타포괄손익	←	기타포괄손익과 관련된 법인세비용을 직접 가감
총포괄손익		

연습문제

CHAPTER 12

1. 법인세에 관한 설명으로 옳지 않은 것은? (2010, 세무사)

① 이연법인세 자산과 부채는 보고기간 말까지 제정되었거나 실질적으로 제정된 세율(및 세법)에 근거하여 당해자산이 실현되거나 부채가 결제될 회계기간에 적용될 것으로 기대되는 세율을 사용하여 측정한다.

② 동일 회계기간 또는 다른 회계기간에 당기손익 이외로 인식되는 항목과 관련된 당기법인세와 이연법인세는 당기손익 이외의 항목으로 인식한다.

③ 종속기업 및 관계기업에 대한 투자자산과 관련된 모든 가산할 일시적차이에 대하여 항상 이연법인세부채를 인식하는 것은 아니다.

④ 미사용 세무상결손금과 세액공제가 사용될 수 있는 미래과세소득의 발생가능성이 높은 경우 그 범위 안에서 이월된 미사용 세무상결손금과 세액공제에 대하여 이연법인세자산을 인식한다.

⑤ 이연법인세 자산과 부채는 현재가치로 할인한다.

2. 다음 중 이연법인세자산의 실현가능성을 판단하기 위하여 고려할 사항으로 옳지 않은 것은? (2005, 공인회계사)

① 미래 적절한 기간에 과세소득이 나타날 수 있는 세무정책의 가능성

② 세무상결손금 등의 이월공제가 적용되는 기간에 과세소득의 충분성

③ 차감할 일시적차이가 소멸될 기간에 과세소득의 충분성

④ 세무상결손금 등의 이월공제가 적용되는 기간에 소멸될 것으로 예상되는 차감할 일시적차이의 충분성

⑤ 차감할 일시적차이가 소멸될 것으로 예상되는 기간에 소멸이 예상되는 가산할 일시적차이의 충분성

3. (주)한국의 2012년 법인세비용차감전순이익은 ₩30,000이다. 2011년 말 이연법인세부채는 ₩2,000이며, 2012년 말 현재 장래의 과세소득을 증가시키는 가산할 일시적차이는 ₩10,000이다. 법인세율은 매년 30%로 일정하고, 법인세에 부가되는 세액은 없다고 가정한다. 2012년 법인세부담액이 ₩7,000일 경우 (주)한국의 2012년 당기순이익과 2012년 말 이연법인세자산(또는 이연법인세부채)은? (2012, 세무직공무원 9급)

	당기순이익	이연법인세자산(부채)	
①	₩22,000	이연법인세부채	₩3,000
②	22,000	이연법인세자산	3,000
③	24,000	이연법인세부채	3,000
④	24,000	이연법인세자산	3,000

4. 다음은 2012년 초에 설립된 (주)한국의 법인세 관련 자료이다. 2012년 말 재무상태표에 계상될 이연법인세자산(또는 부채)은? (단, 이연법인세자산(또는 부채)의 인식조건은 충족된다) (2013, 세무직공무원 7급)

- 2012년도 법인세비용차감전순이익이 ₩50,000이다.
- 세무조정 결과 회계이익과 과세소득의 차이로 인해 차감할 일시적차이는 ₩10,000이고, 접대비한도초과액은 ₩5,000이다.
- 법인세율은 20%이며 차기 이후 세율변동은 없을 것으로 예상된다.

① 이연법인세자산 ₩3,000　② 이연법인세자산 ₩2,000
③ 이연법인세부채 ₩3,000　④ 이연법인세부채 ₩2,000

5. (주)대성의 20×1년도 법인세와 관련한 세무조정사항은 다음과 같다. 20×0년 12월 31일 현재 이연법인세자산과 이연법인세부채의 잔액은 없었다. 법인세법상 FVPL금융자산평가이익은 익금불산입하고 기타 법인세법과의 차이는 손금불산입한다. 20×1년도의 포괄손익계산서의 법인세비용은 얼마인가? (단, 이연법인세자산의 실현가능성은 높으며, 법인세율은 20%이고 이후 변동이 없다고 가정한다) (2011, 관세사 수정)

• 법인세비용차감전순이익	₩2,000,000	• 접대비한도초과액	₩100,000
• 감가상각비한도초과액	60,000	• FVPL금융자산평가이익	20,000

① ₩420,000　② ₩424,000
③ ₩436,000　④ ₩440,000
⑤ ₩444,000

6. (주)이연은 2006년 7월 1일에 건물을 임대하고 3년분 ₩150,000의 임대료를 선불로 받았다. 세법상 임대소득의 귀속시기를 현금주의로 한다고 가정하고, 2006년 12월 31일 재무상태표에 계상될 이연법인세 자산 또는 부채는 얼마인가? (단, 그 밖의 일시적차이는 없고, 세율은 2006년까지는 30%이었으나 2006년중 법인세법 개정으로 2007년은 25%, 2008년과 그 이후 연도는 20%이다) (2006, 세무사 수정)

① ₩37,500 자산 ② ₩37,500 부채
③ ₩27,500 자산 ④ ₩27,500 부채
⑤ ₩31,250 자산

7. 12월 31일 결산법인인 (주)대성의 2004년도 법인세와 관련한 세무조정사항은 다음과 같다.

• 법인세비용차감전순이익	₩2,000,000	• 접대비한도초과액	₩100,000
• 감가상각비한도초과액	50,000	• FVPL금융자산평가이익	20,000

기업회계상 감가상각비가 세법상 감가상각비한도를 초과한 ₩50,000 중 ₩30,000은 2005년에 소멸되고, ₩20,000은 2006년에 소멸될 것이 예상된다. 또한 FVPL금융자산은 2005년중에 처분될 예정이다. (주)대성의 연도별 과세소득에 적용될 법인세율은 2004년 25%, 2005년 28%이고, 2006년도부터는 30%가 적용된다. 2003년 12월 31일 현재 이연법인세자산(부채) 잔액은 없었다. 2004년도의 법인세비용과 미지급법인세로 가장 적절한 것은? (단, 이연법인세자산의 실현가능성은 확실하다고 가정한다) (2006, 공인회계사 수정)

	법인세비용	미지급법인세		법인세비용	미지급법인세
①	₩500,000	₩537,500	②	₩523,100	₩537,500
③	523,700	532,500	④	525,000	532,500
⑤	541,300	537,500			

8. 다음은 12월 말 결산법인인 (주)한국물산의 2003년도 법인세 계산관련 자료이다.

(1) 세무회계상 손금한도를 초과한 접대비는 ₩55,000이다.
(2) 취득원가 ₩240,000, 내용연수 4년, 잔존가치 ₩0인 기계장치를 2003년 초에 취득하여 연수합계법으로 감가상각하고 있으나, 세법상 정액법을 사용해야 한다.

한편, (주)한국물산은 수년 전부터 과세소득을 실현하고 있으며, 법인세비용차감전순이익은 2003년도에 ₩600,000이고, 2004년도 이후에는 매년 ₩650,000씩 실현될 것이 확실하다. 이연법인세자산(부채)의 실현가능성은 충분하다. (주)한국물산의 연도별 과세소득에 적용될 법인세율은 2003년 25%, 2004년 28%이며, 2005년도부터 그 이후는 계속 30%

가 적용될 것으로 확정되었다. 2003년도 초 현재 (주)한국물산의 장부상 이연법인세자산(부채)은 없었다. 위 내용에 의할 경우 2003년도 손익계산서에 인식될 법인세비용은 얼마인가? (2003, 공인회계사 수정)

① ₩150,000　② ₩160,550
③ ₩161,950　④ ₩163,750
⑤ ₩172,750

9. 2002년 초에 창업한 (주)삼진의 2002년도 법인세비용차감전순이익은 ₩200,000이었으며, 이에 대한 세무조정사항과 그 이유는 다음과 같다.

세무조정사항	금 액	손익(금)의 인식기준	
		재무보고 목적	세무신고 목적
FVPL금융자산평가손실	₩40,000	발생주의	현금주의
미수이자	20,000	발생주의	현금주의
벌금과 과태료	5,000	발생시 인식	손금불인정

위에 언급한 FVPL금융자산은 2003년도에 처분되었으며, 위 미수이자 중 50%가 2003년도에 회수되었다. 2003년도에 새로 발생한 일시적차이와 영구적차이는 없었다. 모든 연도의 법인세율은 20%이다. 법인세는 회계기말 후 3개월 이내에 납부된다. (주)삼진이 2003년도 말 현재로 재무상태표에 보고할 이연법인세자산 혹은 이연법인세부채의 잔액은 얼마인가? (2004, 공인회계사 수정)

① 이연법인세자산 ₩6,000　② 이연법인세부채 ₩6,000
③ 이연법인세자산 ₩2,000　④ 이연법인세부채 ₩2,000
⑤ ₩0

10. 동방(주)의 20×1년도와 20×2년도의 세무조정과 관련된 자료는 다음과 같으며, 이 외의 세무조정사항은 없다.

(1) 20×1년도에 익금불산입되었던 할부판매수익 ₩60,000은 20×2년부터 3년간 ₩20,000씩 익금산입될 예정이다.
(2) 20×2년도에 손금불산입될 항목은 접대비한도초과액 ₩40,000과 FVPL금융자산평가손실 ₩80,000이다. FVPL금융자산은 20×3년도에 처분될 예정이며, 세법상 FVPL금융자산의 평가방법은 원가법이다.
(3) 20×2년도 법인세비용차감전순이익은 ₩300,000이며, 향후 3년간 법인세비용차감전순이익은 ₩300,000으로 예상된다.
(4) 20×2년도에 세법이 개정되어 20×4년부터 법인세율이 30%에서 25%로 변경된다.

20×2년도의 법인세비용과 기말 재무상태표상 이연법인세자산 · 부채(상계해서 표시함)는 얼마인가? (2002, 공인회계사 수정)

	법인세비용	이연법인세자산 · 부채
①	₩78,000	이연법인세부채 ₩12,000
②	78,000	이연법인세자산 13,000
③	78,000	이연법인세부채 18,000
④	101,000	이연법인세부채 12,000
⑤	101,000	이연법인세자산 13,000

11. (주)가양의 20×0년 법인세비용차감전순이익은 ₩1,000,000이며 법인세율은 30%이다. 당기법인세부담액을 계산하기 위한 세무조정사항 및 이연법인세 계산 관련 자료는 아래와 같다. 이연법인세를 상계해서 처리한다고 할 때 20×0년 말 계정잔액은 얼마인가? (2001, 공인회계사 수정)

- 20×0년 ₩300,000의 퇴직급여원가가 발생하였으나 ₩100,000이 손금불산입되었으며 향후 2년간 각각 ₩50,000씩 손금산입된다.
- 20×0년 내용연수가 4년인 기계장치를 ₩1,000,000에 취득하여 정액법으로 상각했으나 특별상각비 ₩300,000이 추가로 손금산입되었으며 이는 향후 3년간 균등하게 손금불산입된다.
- 20×0년 세무회계상 손금한도를 초과하여 지출한 접대비는 ₩200,000이다.
- 20×1년, 20×2년, 20×3년 법인세율은 각 28%, 26%, 24%로 가정한다.

① 이연법인세자산 ₩51,000
② 이연법인세부채 ₩51,000
③ 이연법인세자산 ₩60,000
④ 이연법인세부채 ₩60,000
⑤ 이연법인세자산 ₩1,000

12. 아래 자료는 (주)한국의 20×1년도 법인세와 관련된 거래내용이다.

- 20×1년 말 접대비 한도초과액은 ₩30,000이다.
- 20×1년 말 재고자산평가손실은 ₩10,000이다.
- 20×1년 말 FVOCI금융자산평가손실 ₩250,000을 기타포괄손익으로 인식하였다. 동 FVOCI금융자산평가손실은 20×3년도에 소멸된다고 가정한다.
- 20×1년도 법인세비용차감전순이익은 ₩1,000,000이다.
- 20×1년까지 법인세율이 30%이었으나, 20×1년 말에 세법개정으로 인하여 20×2년 과세소득분부터 적용할 세율은 20%로 미래에도 동일한 세율이 유지된다.

(주)한국의 20×1년도 포괄손익계산서에 계산할 법인세비용은 얼마인가? (단, 일시적차이에 사용될 수 있는 과세소득의 발생가능성은 높으며, 전기이월 일시적차이는 없는 것으로 가정한다) (2014, 공인회계사 수정)

① ₩260,000
② ₩310,000
③ ₩335,000
④ ₩360,000
⑤ ₩385,000

해답 및 풀이

1. ⑤

이연법인세 자산 또는 부채와 관련하여 미래현금흐름에 영향을 주는 일시적차이의 소멸시기, 소멸금액 및 적정이자율을 정확히 예측하기 어렵기 때문에 현재가치로 평가하지 않는다.

2. ④

세무상결손금 등의 이월공제가 적용되는 기간에 소멸될 것으로 예상되는 가산할 일시적차이의 충분성이 고려되어야 한다.

3. ①

㉠ 2012년 말 현재 장래의 과세소득을 증가시키는 가산할 일시적차이는 ₩10,000이고 매년 법인세율은 30%이므로, 2012년 말 이연법인세부채는 ₩3,000(=₩10,000×30%)이다. 따라서 이연법인세부채의 증가는 ₩1,000이며 다음과 같이 회계처리한다.

(차) 법인세비용	8,000	(대) 미지급법인세	7,000
		이연법인세부채	1,000

㉡ 2012년 당기순이익 :
법인세비용차감전순이익(₩30,000)−법인세비용(₩8,000)=₩22,000

4. ②

2012년 말 차감할 일시적차이(₩10,000)×20%=₩2,000(이연법인세자산)
〈참고〉 당기 법인세부담액 계산

법인세비용차감전순이익	₩50,000		
+ 차감할 일시적차이*	10,000	×20%	₩2,000(이연법인세자산)
+ 접대비한도초과액**	5,000		일시적차이 이외의 차이
= 과세소득	₩65,000	×20%	₩13,000(법인세부담액)

* 당기 가산조정(차감할 일시적차이)은 이연법인세자산임.
** 접대비한도초과액은 일시적차이 이외의 차이로서 과세소득 계산에는 포함되지만 이연법인세 인식

대상은 아님.

5. ①

법인세비용차감전순이익	₩2,000,000		
+ 접대비한도초과액	100,000		일시적차이 이외의 차이
+ 감가상각비한도초과액	60,000	×20%	₩12,000(이연법인세자산)
− FVPL금융자산평가이익*	(20,000)	×20%	₩4,000(이연법인세부채)
= 과세소득	₩2,140,000	×20%	₩428,000(법인세부담액)

* 당기 차감조정(가산할 일시적차이)은 이연법인세부채임.

㉠ 법인세비용＝법인세부담액－이연법인세자산의 증가＋이연법인세부채의 증가
＝₩428,000－₩12,000＋₩4,000
＝₩420,000

㉡ 회계처리는 다음과 같다.

(차) 법인세비용	420,000	(대) 미지급법인세	428,000
이연법인세자산	12,000	이연법인세부채	4,000

6. ③

	2006년	2007년	2008년	2009년
과세소득	₩150,000	₩0	₩0	₩0
− 회계이익	−25,000	−50,000	−50,000	−25,000
차감할 일시적차이	₩125,000	(₩50,000)	(₩50,000)	(₩25,000)
× 법인세율		×25%	×20%	×20%
이연법인세자산*		(₩12,500)	(₩10,000)	(₩5,000)

* 미래의 과세소득을 감소시키는 차감할 일시적차이이므로 이연법인세자산으로 계상하며, 그 금액은 ₩12,500＋₩10,000＋₩5,000＝₩27,500임.

7. ③

	2004년	2005년	2006년
법인세비용차감전순이익	₩2,000,000		
+ 접대비한도초과액	100,000		
+ 감가상각비한도초과액	50,000	(₩30,000)	(₩20,000)
− FVPL금융자산평가이익	(20,000)	20,000	
= 과세소득	₩2,130,000		

㉠ 2004년 미지급법인세(법인세부담액) : 과세소득×법인세율
＝₩2,130,000×25%＝₩532,500

㉡ 2004년 법인세비용 : 법인세부담액 − 이연법인세자산의 증가 + 이연법인세부채의 증가

= ₩532,500 − ₩14,400* + ₩5,600** = ₩523,700

* (₩30,000 × 0.28) + (₩20,000 × 0.3) = ₩14,400

** ₩20,000 × 0.28 = ₩5,600

㉢ 2004년 말의 분개 :

(차) 이연법인세자산	14,400	(대) 미지급법인세	532,500
법인세비용	523,700	이연법인세부채	5,600

8. ③

	2003년	2004년	2005년 이후
법인세비용차감전순이익	₩600,000		
+ 접대비한도초과액	55,000		
+ 감가상각비한도초과액	36,000*	−	(₩36,000)*
= 과세소득	₩691,000		
× 법인세율	×25%	×28%	×30%
법인세부담액	₩172,750		

* 2003년 발생한 일시적차이는 아래 표와 같이 2005년부터 해소됨.

비교 \ 연도	2003년	2004년	2005년	2006년
회계기준(연수합계법)	₩96,000	₩72,000	₩48,000	₩24,000
법인세법(정액법)	60,000	60,000	60,000	60,000
감가상각비한도초과액	₩36,000	₩12,000	(₩12,000)	(₩36,000)

2003년 법인세비용 : 법인세부담액 − 이연법인세자산의 증가

= ₩172,750 − (₩36,000 × 0.3) = ₩161,950

9. ④

세무조정항목*	2002년	2003년	2004년 이후
+ FVPL금융자산평가손실	₩40,000	(₩40,000)	
− 미수이자	(20,000)	10,000	₩10,000
× 법인세율			×20%

* 미수이자는 당기 차감조정(가산할 일시적차이) 항목으로 이연법인세부채를 발생시킴. 벌금과 과태료는 일시적차이 이외의 차이로서 이연법인세 인식대상이 아님.

2003년 말 이연법인세부채 : ₩10,000 × 0.2 = ₩2,000

10. ⑤

세무조정항목	20×1년	20×2년	20×3년	20×4년
− 할부판매수익	(₩60,000)	₩20,000	₩20,000	₩20,000
+ FVPL금융자산평가손실		80,000	(80,000)	
× 법인세율			×30%	×25%

20×2년 말 이연법인세부채 잔액 : (₩20,000×0.3)+(₩20,000×0.25)=₩11,000
　　　　　이연법인세자산 잔액 : ₩80,000×0.3=₩24,000

㉠ 20×2년 말 이연법인세자산(순액) : ₩24,000－₩11,000=₩13,000

20×2년 말 법인세부담액 : (₩300,000+₩20,000+₩40,000* +₩80,000)×0.3=₩132,000

* 20×2년도 접대비한도초과액임.

20×2년도 법인세비용 : 법인세부담액－이연법인세자산의 증가－이연법인세부채의 감소
=₩132,000－₩24,000－(₩18,000* －₩11,000)
=₩101,000

* 20×1년 말 이연법인세부채 : ₩60,000×0.3=₩18,000

㉡ 20×2년 말 분개 :

(차) 이연법인세부채	7,000	(대) 미지급법인세	132,000
이연법인세자산	24,000		
법인세비용	101,000		

11. ②

세무조정항목	20×0년	20×1년	20×2년	20×3년
+ 퇴직급여원가	₩100,000	(₩50,000)	(₩50,000)	
－ 특별상각비	(300,000)	100,000	100,000	₩100,000
계	(₩200,000)	₩50,000	₩50,000	₩100,000
× 법인세율		×28%	×26%	×24%
20×0년 말 이연법인세부채(순액)		₩14,000	₩13,000	₩24,000

20×0년 말 이연법인세부채(순액)= ₩14,000+₩13,000+₩24,000=₩51,000*

* 이연법인세자산 : (₩50,000×0.28)+(₩50,000×0.26)=₩27,000
이연법인세부채 : (₩100,000×0.28)+(₩100,000×0.26)+(₩100,000×0.24)=₩78,000
이연법인세부채(순액) : ₩78,000－₩27,000=₩51,000

12. ②

	20×1년	20×2년 이후
법인세비용차감전순이익	₩1,000,000	
+ 접대비한도초과액	30,000	
+ 재고자산평가손실	10,000	(₩10,000)
= 과세소득	₩1,040,000	
× 법인세율	×30%	×20%
법인세부담액	₩312,000	

주) FVOCI금융자산평가손실은 기타포괄손익으로 인식하므로 조정대상이 아님.

20×1년도 법인세비용=법인세부담액－이연법인세자산의 증가
= ₩312,000－(₩10,000×0.2)=₩310,000

CHAPTER 13

현금흐름표

제 1 절 현금흐름표의 의의 및 현금흐름의 구분

제 2 절 활동유형별 현금흐름의 계산

제 1 절 현금흐름표의 의의 및 현금흐름의 구분

1 현금흐름표의 의의

현금흐름표(statement of cash flows)는 기업의 현금흐름정보, 즉 현금의 유입과 유출에 관한 정보를 제공하는 기본 재무제표이다. 발생기준에 근거하여 작성되는 재무상태표, 포괄손익계산서 및 자본변동표는 이러한 현금흐름에 관한 정보를 제공하지 못한다. 따라서 현금기준으로 작성된 현금흐름표는 이들 재무제표의 한계점을 보완하기 위하여 경영활동에 따른 현금의 유입과 유출에 관한 정보를 제공하는 기능을 담당한다.

2 현금흐름의 구분

현금흐름표의 작성에서 그 작성기준이 되는 현금의 범위는 현금 및 현금성자산으로 규정되며 제3장에서 공부한 내용과 동일하다. 현금흐름표는 기업의 활동을 영업활동, 투자활동 및 재무활동으로 구분하여 각 활동별로 현금의 유입 및 유출을 표시한다.

① **영업활동 현금흐름**: 기업의 주요 수익창출활동으로 투자활동이나 재무활동에 속하지 않는 모든 활동과 관련하여 발생하는 현금흐름을 표시한다.

② **투자활동 현금흐름**: 현금의 대여 및 회수(금융회사의 경우는 영업활동 현금흐름), 자산의 취득 및 처분과 관련하여 발생하는 현금흐름을 표시한다.

③ **재무활동 현금흐름**: 현금의 차입 및 상환, 주식의 발행 및 배당금의 지급, 사채의 발행 및 상환과 관련하여 발생하는 현금흐름을 표시한다.

〈표 13-1〉은 연습(주)의 20×1년의 현금흐름표를 나타내고 있다. 연습(주)

〈표 13-1〉 현금흐름표

현금흐름표

연습(주) 20×1년 1월 1일~20×1년 12월 31일 (단위 : 원)

Ⅰ. 영업활동 현금흐름			
1. 법인세비용차감전순이익		₩30,000	
2. 현금의 유출이 없는 비용의 가산			
감가상각비	₩2,000		
재고자산평가손실	1,000	3,000	
3. 투자나 재무 활동으로 인한 수익의 차감			
유형자산처분이익		(1,500)	
4. 영업활동으로 인한 자산·부채의 변동			
매출채권의 감소	500		
선급비용의 증가	(300)		
재고자산의 증가	(5,000)		
매입채무의 증가	1,500		
미지급이자의 감소	(200)	(3,500)	
영업에서 창출된 현금		28,000	
5. 법인세 납부액		(5,000)	₩23,000
Ⅱ. 투자활동 현금흐름			
1. 투자활동으로 인한 현금유입액			
유형자산 처분		4,000	
2. 투자활동으로 인한 현금유출액			
금융상품 구입	(2,000)		
건물 구입	(8,000)	(10,000)	(6,000)
Ⅲ. 재무활동 현금흐름			
1. 재무활동으로 인한 현금유입액			
사채의 발행		5,000	
2. 재무활동으로 인한 현금유출액			
차입금 상환	(3,500)		
배당금 지급	(4,500)	(8,000)	(3,000)
Ⅳ. 현금의 증가(Ⅰ+Ⅱ+Ⅲ)			₩14,000
Ⅴ. 기초의 현금			31,000
Ⅵ. 기말의 현금			₩45,000

의 20×1년 현금흐름을 살펴보면 영업활동으로부터 현금 ₩23,000이 유입되었으며, 투자활동 및 재무활동으로 인해 현금 ₩6,000 및 ₩3,000이 각각 유출되었음을 알 수 있다. 그 결과 20×1년중에 ₩14,000의 현금이 증가하였는데, 여기에 기초의 현금 ₩31,000을 더한 기말의 현금잔액은 ₩45,000이 된다.

제2절 활동유형별 현금흐름의 계산

1 영업활동 현금흐름

영업활동은 기업 본래의 목적을 달성하기 위한 활동, 즉 제품의 생산, 상품의 매입과 판매 활동을 말한다. 일반적으로 기업은 영업활동을 통해 수익과 이익을 창출하므로, 영업활동은 포괄손익계산서의 당기순손익에 영향을 미치는 모든 거래를 포함하게 된다.

영업활동 현금흐름을 산출하는 방법에는 간접법과 직접법이 있다.

(1) 간접법

간접법은 포괄손익계산서의 법인세비용차감전순이익에서 출발하여 특정항목을 가감하여 영업활동 현금흐름을 산출하는 방법이다.

수 익
−비 용 (법인세비용 제외)

유 입
−유 출

법인세비용차감전순이익
(±) 현금의 유출과 유입이 없는 비용과 수익
(±) 투자와 재무 활동으로 인한 비용과 수익
(±) 영업활동으로 인한 자산 · 부채의 변동
= 영업에서 창출된 현금
(−) 이자지급액, 법인세 납부액
영업활동 현금흐름

법인세비용차감전순이익에 가감되는 항목을 구체적으로 살펴보면 다음과 같다.

1) 현금의 유출과 유입이 없는 비용과 수익

① 현금의 유출이 없는 비용 : 가산

현금의 유출이 없는 비용은 현금흐름에는 영향을 미치지 않지만 포괄손익계산서의 비용에 포함되어 그 금액만큼 순이익을 감소시킨다. 따라서 순이익을 기초로 하여 영업활동 현금흐름을 산출하기 위해서는 법인세비용차감전순이익에 이 비용금액을 가산해야 한다. 현금의 유출이 없는 비용에는 감가상각비, 무형자산상각비, 재고자산평가손실, 자산손상차손 등이 있다.

② 현금의 유입이 없는 수익 : 차감

현금의 유입이 없는 수익은 현금흐름에는 영향을 미치지 않지만 포괄손익계산서의 수익에 포함되어 그 금액만큼 순이익을 증가시킨다. 따라서 영업활동 현금흐름을 산출하기 위해서는 법인세비용차감전순이익에서 이 금액만큼을 차감해야 한다. 현금의 유입이 없는 수익에는 재고자산평가손실환입, 자산손상차손환입 등이 있다.

2) 투자와 재무 활동으로 인한 비용과 수익

① 투자와 재무 활동으로 인한 비용 : 가산

투자와 재무 활동으로 인한 비용은 순이익을 감소시키므로 영업활동 현금흐름을 산출하기 위해서는 그 금액만큼 법인세비용차감전순이익에 가산해야 한다. 예를 들면 장부금액이 ₩100,000인 토지를 ₩80,000에 처분하면 분개는 다음과 같다.

(차)	현 금	80,000	(대)	토 지	100,000
	유형자산처분손실	20,000			

이 거래로 인해 현금흐름표의 투자활동 현금흐름에 현금 ₩80,000이 유입된다. 한편 유형자산처분손실 ₩20,000은 포괄손익계산서에 반영되어 순이익을 감소시킨다. 그러나 유형자산처분손실은 현금의 유출과는 관련이 없는 항목이므로 영업활동 현금흐름을 계산할 때에는 법인세비용차감전순이익에 이 금액을 가산해야 한다. 투자와 재무 활동으로 인한 비용에는 금융자산평가손실, 유형자산처분손실, 투자

자산처분손실, 사채상환손실 등이 있다.

② 투자와 재무 활동으로 인한 수익 : 차감

투자와 재무 활동으로 인한 수익은 순이익을 증가시키므로 영업활동 현금흐름을 산출하기 위해서는 법인세비용차감전순이익에서 이 금액만큼을 차감해야 한다. 이 경우는 앞에서 설명한 투자와 재무 활동으로 인한 비용의 경우와 같은 논리로 설명할 수 있다. 이런 유형의 수익에는 금융자산평가이익, 유형자산처분이익, 투자자산처분이익, 사채상환이익 등이 있다.

3) 영업활동으로 인한 자산 · 부채의 변동

발생기준 회계와 현금기준 회계의 차이를 조정하기 위하여 영업활동으로 인한 자산의 증가는 차감하고, 부채의 증가는 가산한다(자산, 부채의 감소는 이와 반대). 영업활동 관련 자산항목에는 매출채권의 증감, 재고자산의 증감, 선급금의 증감, 미수수익의 증감, 선급비용의 증감, 이연법인세자산의 증감 등이 있다. 영업활동 관련 부채항목에는 매입채무의 증감, 선수금의 증감, 선수수익의 증감, 미지급비용의 증감, 미지급법인세의 증감, 이연법인세부채의 증감 등이 있다.

한편, 기업이 보유하는 단기매매 목적의 금융자산은 판매를 목적으로 취득한 재고자산과 유사하다. 따라서 금융업에 종사하는 기업이 단기매매 목적으로 보유하는 금융자산의 취득과 판매에 따른 현금흐름은 영업활동으로 분류한다.

4) 이자지급액, 법인세 납부액

다음의 공식에 따라 산출되는 이자지급액(영업활동으로 분류하는 경우)과 법인세 납부액을 차감한다.

① 이자지급액＝이자비용＋선급이자 증가액－미지급이자 증가액

② 법인세 납부액＝법인세비용－미지급법인세 증가액(＋미지급법인세 감소액)

예 제

다음의 자료를 이용하여 20×1년의 영업활동 현금흐름을 간접법으로 산출하시오.

(1) 손익계산서 (20×1. 1. 1～20×1.12.31)

과 목	금 액
매 출 액	₩1,500
매 출 원 가	(900)
감가상각비	(150)
유형자산처분이익	50
법인세비용	(100)
당기순이익	₩400

(2) 재무상태표 잔액

과 목	20×1. 1. 1	20×1.12.31
매 출 채 권	₩480	₩620
재 고 자 산	500	350
매 입 채 무	750	500
미지급법인세	0	30

풀이

법인세비용차감전순이익		₩500*
① 현금의 유출이 없는 비용의 가산		
감가상각비		150
② 투자나 재무 활동으로 인한 수익의 차감		
유형자산처분이익		(50)
③ 영업활동으로 인한 자산·부채의 변동		
매출채권의 증가	(₩140)	
재고자산의 감소	150	
매입채무의 감소	(250)	(240)
영업에서 창출된 현금		₩360
④ 법인세 납부액		(70)**
영업활동 순현금흐름		₩290

* ₩400＋₩100＝₩500

** 법인세비용－미지급법인세 증가액＝₩100－₩30＝₩70

(2) 직접법

직접법은 발생기준의 수익·비용 항목을 현금기준의 유입·유출 항목으로 바꾸어 총유입항목과 총유출항목으로 구분하여 표시하는 방법이다. 직접법에서는 현금유입액은 원천별로 나타내고 현금유출액은 용도별로 나타낸다.

영업활동 현금흐름을 직접법으로 작성할 때에는 다음의 항목들이 현금흐름표에 표시된다.

① 고객으로부터의 현금유입액
② 공급자와 종업원에 대한 유출액
③ 이자수익 유입액
④ 배당금수익 유입액
⑤ 이자지급액
⑥ 법인세 납부액

예 제

간접법에서의 자료를 이용하여 영업활동 현금흐름을 직접법으로 산출하시오.

풀이

① 고객으로부터의 현금유입액 :		
매출액	₩1,500	
매출채권의 증가	(140)	₩1,360
② 공급자와 종업원에 대한 유출액* :		
매출원가	₩900	
재고자산의 감소	(150)	
매입채무의 감소	250	(1,000)
영업에서 창출된 현금		₩360
③ 법인세 납부액 :		
법인세비용	₩100	
미지급법인세의 증가	(30)	(70)
영업활동 순현금흐름		₩290

* 감가상각비, 유형자산처분이익 등은 현금의 유출과 유입이 없는 비용과 수익이므로 제외된다.

2 투자활동 현금흐름

투자활동 현금흐름은 다음 항목들과 관련하여 발생하는 현금흐름을 말한다.

① 현금의 대여나 대여금의 회수*
② 금융상품의 취득과 처분**
③ 유형자산 및 무형자산의 취득과 처분

* 금융회사의 경우는 영업활동 현금흐름으로 분류
** 현금성자산은 제외

〈표 13-1〉의 예에서는 유형자산의 처분 결과 ₩4,000이 유입되었고, 금융상품과 건물의 구입을 위해 ₩2,000과 ₩8,000이 각각 유출되었다.

3 재무활동 현금흐름

재무활동 현금흐름은 다음 항목들과 관련하여 발생하는 현금흐름을 말한다.

① 현금의 차입 및 차입금의 상환
② 주식의 발행 및 배당금의 지급*
주식이나 기타 지분상품의 발행에 따른 현금유입과 이의 취득이나 상환 또는 배당에 따른 소유주에 대한 현금유출
③ 사채의 발행 및 상환
④ 리스이용자의 금융리스부채 상환에 따른 현금유출

* 영업활동 현금흐름으로 분류도 가능함

〈표 13-1〉의 예에서는 사채의 발행을 통해 ₩5,000이 유입되었으며, 차입금의 상환과 배당금 지급을 위해 ₩3,500과 ₩4,500이 각각 유출되었다.

연습문제

CHAPTER 13

1. '현금흐름표'의 작성에 관한 설명으로 옳지 않은 것은? (2011, 관세사)

① 금융리스를 통하여 자산을 취득하는 경우는 비현금거래로 현금흐름표에서 제외한다.

② 리스이용자의 금융리스부채 상환에 따른 현금유출은 투자활동 현금흐름이다.

③ 단기매매 목적으로 보유하는 유가증권의 취득, 판매에 따른 현금흐름은 영업활동으로 분류한다.

④ 영업활동 현금흐름을 직접법으로 보고하면 간접법에 비해 미래현금흐름을 추정하는 데 보다 유용한 정보를 제공한다.

⑤ 주식의 취득이나 상환에 따른 소유주에 대한 현금유출은 재무활동 현금흐름이다.

2. 현금흐름표에 관한 설명으로 옳지 않은 것은? (2012, 세무사)

① 이자와 차입금을 함께 상환하는 경우, 이자지급은 영업활동으로 분류될 수 있고 원금상환은 재무활동으로 분류된다.

② 회전율이 높고 금액이 크며 만기가 짧은 항목과 관련된 재무활동에서 발생하는 현금흐름은 순증감액으로 보고할 수 있다.

③ 타인에게 임대할 목적으로 보유하다가 후속적으로 판매목적으로 보유하는 자산을 제조하거나 취득하기 위한 현금지급액은 영업활동 현금흐름이다.

④ 지분상품은 현금성자산에서 제외하므로 상환일이 정해져 있고 취득일로부터 상환일까지의 기간이 3개월 이내인 우선주의 경우에도 현금성자산에서 제외한다.

⑤ 간접법보다 직접법을 적용하는 것이 미래현금흐름을 추정하는 데 보다 유용한 정보를 제공하므로 영업활동 현금흐름을 보고하는 경우에는 직접법을 사용할 것을 권장한다.

3. 다음은 (주)대한의 현금흐름에 관한 자료이다. (주)대한의 당기 영업활동 현금흐름은 ₩1,000일 때, 당기순이익은? (2013, 세무직공무원 7급 수정)

• 재고자산의 증가	₩1,000	• 매출채권의 감소	₩800
• FVPL금융자산평가손실	900	• 유형자산처분이익	600
• 차량운반구의 취득	2,500	• 미지급비용의 증가	700
• 감가상각비	200	• 자기주식처분이익	1,100
• 매입채무의 감소	500	• 단기차입금의 증가	3,000

① ₩800 ② ₩700
③ ₩600 ④ ₩500

4. (주)서울의 20×9년 당기순이익은 ₩1,500,000이다. 다음 자료를 이용하여 (주)서울의 20×9년 영업활동 현금흐름을 계산하면? (단, 영업활동 현금흐름은 간접법으로 계산한다) (2011, 감정평가사 수정)

• 감가상각비	₩150,000
• 법인세비용	300,000
• 사채의 발행	700,000
• 선급비용의 감소	20,000
• 미지급비용의 증가	30,000
• 현금배당	100,000
• 매출채권(순액)의 증가	120,000
• 유형자산처분손실	200,000
• 미지급법인세의 변동은 없음	

① ₩1,780,000 ② ₩1,820,000
③ ₩1,860,000 ④ ₩1,920,000
⑤ ₩1,960,000

5. (주)대한의 2011회계연도 현금흐름표에 표시될 영업활동 현금흐름은? (단, 2011회계연도 (주)대한의 당기순이익은 ₩300,000이었다) (2011, 세무직공무원 9급 수정)

• 감가상각비	₩20,000	• 유상증자	₩100,000
• 유형자산처분이익	30,000	• 매입채무의 증가	40,000
• 사채의 상환	50,000	• 매출채권의 증가	60,000
• 법인세비용	75,000	• 미지급법인세의 변동은 없음	

① ₩220,000　② ₩270,000
③ ₩320,000　④ ₩370,000

6. 다음 자료는 P회사의 20×1년 말 기준의 비교재무상태표와 20×1년의 기타 주요 회계자료이다.

비교재무상태표

	20×1.12.31	20×1. 1. 1
자 산 :		
현 금	₩45,500	₩12,500
매 출 채 권(순장부금액)	21,000	26,000
재 고 자 산	46,000	51,000
비 품	65,000	60,000
비품감가상각누계액	(9,000)	(5,000)
자산합계	₩168,500	₩144,500
부채와 자본 :		
매 입 채 무	₩13,000	₩14,000
미지급비용	30,000	30,000
보통주자본금(액면 ₩5)	95,000	90,000
이익잉여금	30,500	10,500
부채와 자본 합계	₩168,500	₩144,500

〈추가자료〉
(1) 당기순이익은 ₩25,000이다.
(2) ₩5,000의 배당을 선언하고 지급하였다.
(3) 비품에 대한 연간 감가상각비는 ₩4,000이다.
(4) 주식 ₩5,000을 액면발행하여 비품을 취득하였다.
(5) 법인세비용은 ₩6,000이며, 미지급법인세의 변동은 없다.

위의 자료를 이용하여 P회사의 20×1회계연도의 현금흐름표를 작성할 때 영업활동 현금흐름은 얼마인가? (2002, 세무사 수정)

① ₩13,000 유입　② ₩14,000 유입
③ ₩1,000 유출　④ ₩25,000 유입
⑤ ₩38,000 유입

7. 다음 자료를 이용할 경우 20×1년도 현금흐름표에 계상될 영업활동 순현금흐름은 얼마인가?

(2012, 세무사 수정)

- 당기순이익 ₩250,000
- 사채상환이익 35,000
- 배당금지급 80,000
- 법인세비용 50,000
- 감가상각비 ₩40,000
- FVOCI금융자산처분손실 20,000
- 유상증자 110,000
- 미지급법인세의 변동은 없음
- 자산 및 부채 계정잔액의 일부

	20×1년 1월 1일	20×1년 12월 31일
매출채권(순액)	₩50,000	₩70,000
단기대여금	110,000	130,000
유형자산(순액)	135,000	95,000
매입채무	40,000	30,000
미지급비용	30,000	45,000

① ₩260,000 유입
② ₩265,000 유입
③ ₩270,000 유입
④ ₩275,000 유입
⑤ ₩290,000 유입

8. 다음은 (주)갑의 20×1년도 간접법에 의한 현금흐름표를 작성하기 위한 자료이다.

(1) 20×1년도 포괄손익계산서 자료
- 당기순이익 : ₩500
- 법인세비용 : ₩100
- 재고자산평가손실 : ₩10
- 대손상각비 : ₩90(매출채권에서 발생)
- 외화환산이익 : ₩40(매출채권에서 발생)
- 외화환산손실 : ₩50(매입채무에서 발생)
- FVPL금융자산처분이익 : ₩80
- FVPL금융자산평가손실 : ₩60

(2) 20×1년 말 재무상태표 자료
- 20×1년 기초금액 대비 기말금액의 증감은 다음과 같다.

자 산		부채와 자본	
계정과목	증가(감소)	계정과목	증가(감소)
현금 및 현금성자산	₩30	단기차입금	(₩70)
FVPL금융자산	120	매 입 채 무	(330)
매출채권(순액)	650	미지급법인세	(20)
재고자산(순액)	(480)	이연법인세부채	30
유형자산(순액)	(230)	자 본	480

(3) 20×1년도 유형자산 취득금액은 ₩70이고 처분은 없으며, 20×1년도 감가상각비는 ₩300이다.

(4) 이자와 배당금의 수취, 이자지급 및 법인세 납부 또는 환급은 영업활동으로 분류하고, 배당금의 지급은 재무활동으로 분류한다.

(주)갑의 20×1년도 현금흐름표상 영업활동 순현금흐름은 얼마인가? (2013, 공인회계사 수정)

① ₩190 ② ₩200
③ ₩210 ④ ₩310
⑤ ₩1,410

9. 다음은 제조기업인 (주)대한의 20×1년도 간접법에 의한 현금흐름표를 작성하기 위한 자료이다.

- 법인세비용차감전순이익 : ₩500,000
- 대손상각비 : ₩30,000
- 재고자산평가손실 : ₩10,000
- 건물 감가상각비 : ₩40,000
- 이자비용 : ₩50,000
- 법인세비용 : ₩140,000
- FVPL금융자산처분이익 : ₩15,000
- 재무상태표 계정과목의 기초금액 대비 기말금액의 증감
  - 매출채권(순액) : ₩100,000 증가
  - 매입채무 : ₩50,000 감소
  - 재고자산(순액) : ₩20,000 증가
  - FVPL금융자산 : ₩50,000 감소

이자지급 및 법인세납부를 영업활동으로 분류한다고 할 때, 20×1년 (주)대한이 현금흐름표에 보고할 영업에서 창출된 현금은 얼마인가? (2014, 공인회계사 수정)

① ₩420,000 ② ₩456,000
③ ₩470,000 ④ ₩495,000
⑤ ₩535,000

10. (주)갑의 20×1년 현금매출 및 신용매출은 각각 ₩160,000과 ₩1,200,000이고, 20×1년 기초와 기말의 매출채권 잔액은 각각 ₩180,000과 ₩212,000이다. (주)갑의 20×1년 영업비용은 ₩240,000이다. 20×1년 선급비용 기말잔액은 기초보다 ₩16,000이 증가하였고, 20×1년 미지급비용 기말잔액은 기초보다 ₩24,000이 감소하였다. 20×1년에 고객으로부터 유입된 현금흐름과 영업비용으로 유출된 현금흐름은 얼마인가? (2012, 공인회계사)

	고객으로부터 유입된 현금흐름	영업비용으로 유출된 현금흐름
①	₩1,328,000	₩232,000
②	1,328,000	280,000
③	1,360,000	232,000
④	1,360,000	280,000
⑤	1,332,000	202,000

11. 다음은 (주)대한의 20×1년도 재무제표의 일부 자료이다. 직접법을 사용하여 20×1년도 현금흐름표의 영업활동 현금흐름을 구할 때, 고객으로부터 유입된 현금흐름과 공급자에 대해 유출된 현금흐름으로 옳은 것은? (2010, 공인회계사)

Ⅰ. 재무상태표의 일부

계정과목	기초잔액	기말잔액
매출채권(총액)	₩200,000	₩140,000
대손충당금	10,000	14,000
재 고 자 산	60,000	50,000
매 입 채 무	50,000	100,000
선 수 금	10,000	8,000

Ⅱ. 손익계산서의 일부

계정과목	금 액
매 출 액	₩1,500,000
매 출 원 가	1,000,000
대손상각비	7,000
재고자산평가손실	50,000
외환차익(매입채무 관련)	20,000

(주)대한은 재고자산평가손실과 외환차익을 매출원가에 반영하지 않는다.

	고객으로부터 유입된 현금흐름	공급자에 대해 유출된 현금흐름
①	₩1,555,000	₩970,000
②	1,555,000	995,000
③	1,560,000	950,000
④	1,560,000	970,000
⑤	1,560,000	995,000

※ 다음의 자료를 이용하여 문제 12와 13에 답하시오. (2012, 공인회계사 수정)

(주)갑의 재무상태표상 각 항목의 20×1년 기초 대비 기말잔액의 증감액은 다음과 같다.

자 산		부채와 자본	
계정과목	증가(감소)	계정과목	증가(감소)
현 금	₩?	매 입 채 무	(₩10,000)
재 고 자 산	90,000	장기차입금	110,000
장기투자자산	(100,000)	자 본 금	0
건 물	300,000	이익잉여금	?
감가상각누계액	(0)		

다음은 20×1년중에 발생한 거래의 일부이다.

- 20×1년 당기순이익은 ₩300,000이고 법인세비용은 ₩60,000이다.
- 취득원가 ₩500,000(장부금액 ₩250,000)의 건물을 ₩250,000에 처분하였고, 당기에 취득한 건물 중 ₩110,000은 건물과 관련된 장기차입금 ₩110,000을 인수하는 방식으로 취득하였다.
- 장기투자자산 중 일부를 ₩135,000에 처분하였으며, 장기투자자산에 영향을 미치는 다른 거래는 없었다.

12. (주)갑의 20×1년 현금흐름표상 영업활동 순현금흐름은 얼마인가?

① ₩450,000 ② ₩425,000
③ ₩415,000 ④ ₩175,000
⑤ ₩165,000

13. (주)갑의 20×1년 현금흐름표상 투자활동 순현금흐름은 얼마인가?

① (₩690,000) ② (₩555,000)
③ (₩385,000) ④ (₩305,000)
⑤ (₩195,000)

해답 및 풀이

1. ②

리스이용자의 금융리스부채 상환에 따른 현금유출은 재무활동 현금흐름이다.

2. ④

지분상품은 현금성자산에서 제외한다. 다만 상환일이 정해져 있고 취득일로부터 상환일까지의 기간이 3개월 이내인 우선주와 같이 실질적인 현금성자산인 경우에는 현금성자산으로 본다.

3. ④

당기순이익(=법인세비용차감전순이익)	x
−재고자산의 증가	₩1,000
+매출채권의 감소	800
+FVPL금융자산평가손실	900
−유형자산처분이익	600
+미지급비용의 증가	700
+감가상각비	200
−매입채무의 감소	500
영업활동 현금흐름	₩1,000

x = ₩1,000 + ₩1,000 − ₩800 − ₩900 + ₩600 − ₩700 − ₩200 + ₩500 = ₩500

(주) 차량운반구의 취득은 투자활동 현금흐름, 단기차입금의 증가는 재무활동 현금흐름임.
자기주식처분이익(기타자본잉여금)은 영업활동 현금흐름과 관계없음.

4. ①

법인세비용차감전순이익		₩1,800,000
㉠ 현금의 유출이 없는 비용의 가산		
감가상각비		150,000
㉡ 투자나 재무 활동으로 인한 비용의 가산		
유형자산처분손실		200,000
㉢ 영업활동으로 인한 자산·부채의 변동		
선급비용의 감소	₩20,000	
미지급비용의 증가	30,000	
매출채권의 증가	(120,000)	(70,000)
영업에서 창출된 현금		₩2,080,000
㉣ 법인세 납부액		(300,000)
영업활동 순현금흐름		₩1,780,000

(주) 배당금 지급은 재무활동 현금흐름임(영업활동 현금흐름으로 분류도 가능).
이 문제에서는 배당금 지급이 영업활동인지 재무활동인지에 대해 명확하지 않기 때문에, 배당금 지급을 재무활동으로 분류하여 풀이하였음.

5. ②

법인세비용차감전순이익	₩375,000
+감가상각비	20,000
-유형자산처분이익	30,000
+매입채무의 증가	40,000
-매출채권의 증가	60,000
-법인세 납부액*	75,000
영업활동 현금흐름	₩270,000

(주) 사채의 발행과 상환, 유상증자는 재무활동 현금흐름임.
* 미지급법인세의 변동이 없으므로 법인세 납부액은 법인세비용과 같다.

6. ⑤

법인세비용차감전순이익	₩31,000
+감가상각비	4,000
+매출채권의 감소	5,000
+재고자산의 감소	5,000
-매입채무의 감소	1,000
-법인세 납부액	6,000
영업활동 현금흐름	₩38,000

(주) 비품의 취득은 투자활동 현금흐름에 포함되며, 주식을 발행하여 취득하는 경우 현금의 유출은 없음.

7. ①

법인세비용차감전순이익	₩300,000
+감가상각비	40,000
-사채상환이익	35,000
+FVOCI금융자산처분손실	20,000
-매출채권(순액)의 증가	20,000
-매입채무의 감소	10,000
+미지급비용의 증가	15,000
-법인세 납부액	50,000
영업활동 순현금흐름	₩260,000

(주) 배당금지급과 유상증자는 재무활동 현금흐름으로, 단기대여금 및 유형자산의 변동은 투자활동 현금흐름으로 분류함.

8. ①

법인세비용차감전순이익	₩600
+감가상각비	300
−FVPL금융자산의 증가	120
−매출채권의 증가	650
+재고자산의 감소	480
−매입채무의 감소	330
+이연법인세부채의 증가	30
−법인세 납부액	120
영업활동 순현금흐름	₩190

(주) 재고자산평가손실, 대손상각비, 외화환산이익, 외화환산손실, FVPL금융자산처분이익, FVPL금융자산평가손실 등은 법인세비용차감전순이익에 가감하지 않고, 해당자산(순액)의 순증감액만 '영업활동으로 인한 자산 · 부채의 변동'으로 가감조정한다. 그 이유를 설명하기 위해 재고자산평가손실의 예를 들어보자. 재고자산평가손실은 법인세비용차감전순이익을 감소시키면서 동시에 재고자산 장부금액을 감소시킴으로써 영업활동 현금흐름을 동액만큼 증가시킨다. 만일 재고자산평가손실을 법인세비용차감전순이익에 가산하면 영업활동 현금흐름을 이중으로 증가시키게 된다. 재고자산평가손실 외 다른 수익 및 비용의 경우에도 동일한 설명이 적용된다.

9. ③

법인세비용차감전순이익	₩500,000
+감가상각비	40,000
+이자비용	50,000*
−매출채권의 증가	100,000
−매입채무의 감소	50,000
−재고자산의 증가	20,000
+FVPL금융자산의 감소	50,000
영업에서 창출된 현금	₩470,000

(주) 대손상각비, 재고자산평가손실, FVPL금융자산처분이익 등이 법인세비용차감전순이익에 가감되지 않는 이유는 8번에서 설명하였다. 이러한 설명은 해당자산이 순액으로 표시될 때에만 적용되고 총액으로 표시될 때에는 적용되지 않는다.

* 이자비용과 법인세비용은 법인세비용차감전순이익에 가산(포함)시킨 다음, 미지급이자, 미지급법인세 등을 가감하여 산출한 이자지급액과 법인세 납부액을 차감하여 영업활동 순현금흐름을 산출한다.

10. ②

(1) 고객으로부터 유입된 현금흐름(현금기준 매출액) :

₩160,000(현금매출) + ₩1,200,000(신용매출) − ₩32,000(매출채권의 증가)

= ₩1,328,000

(2) 영업비용으로 유출된 현금흐름(현금기준 영업비용) :

₩240,000(영업비용) + ₩16,000(선급비용의 증가) + ₩24,000(미지급비용의 감소)

= ₩280,000

11. ①

(1) 고객으로부터 유입된 현금흐름

매출액	₩1,500,000
−대손상각비*	7,000
+매출채권의 감소	60,000
+대손충당금의 증가	4,000
−선수금의 감소	2,000
계	₩1,555,000

(2) 공급자에 대해 유출된 현금흐름

매출원가	₩1,000,000
+재고자산평가손실**	50,000
−외환차익**	20,000
−재고자산의 감소	10,000
−매입채무의 증가	50,000
계	₩970,000

* 대손상각비는 매출채권을 감소시켜 회수할 현금이 실제 매출액보다 작게 만든다.
** 이 계정들이 매출원가에 반영되어 있지 않으므로 추가로 가감조정한다.

12. ③

법인세비용차감전순이익	₩360,000
−재고자산의 증가	90,000
−매입채무의 감소	10,000
+감가상각비	250,000*
−장기투자자산처분이익	35,000*
−법인세 납부액	60,000
영업활동 순현금흐름	₩415,000

* 산출근거는 13번 해설(밑줄친 부분)을 참조하기 바람.

13. ④

(차) 현금(투자활동 현금흐름)	250,000	(대) 건　　물	500,000
감가상각누계액	250,000		
(차) 건　　물	800,000	(대) 장기차입금	110,000
		현금(투자활동 현금흐름)	690,000
(차) <u>감가상각비</u>	<u>250,000</u>	(대) 감가상각누계액	250,000
(차) 현금(투자활동 현금흐름)	135,000	(대) 장기투자자산	100,000
		<u>장기투자자산처분이익</u>	<u>35,000</u>

∴ 투자활동 현금흐름＝₩250,000－₩690,000＋₩135,000＝－₩305,000(유출)

CHAPTER

14

재무제표분석

제 1 절 재무제표분석의 의의

기업은 영업활동, 투자활동, 재무활동을 통하여 경제적 가치를 창출한다. 이러한 기업활동은 재무제표에 잘 요약되어 있기 때문에 회계정보이용자들은 재무제표에 표시되어 있는 정보를 해석하고 분석하여 그들의 경제적 의사결정에 유용하게 이용하고자 한다. 이처럼 회계정보이용자의 입장에서 재무제표에 담겨 있는 정보를 분석하는 회계의 한 분야를 재무제표분석이라고 한다.

[그림 14–1] 기업경영활동과 재무제표

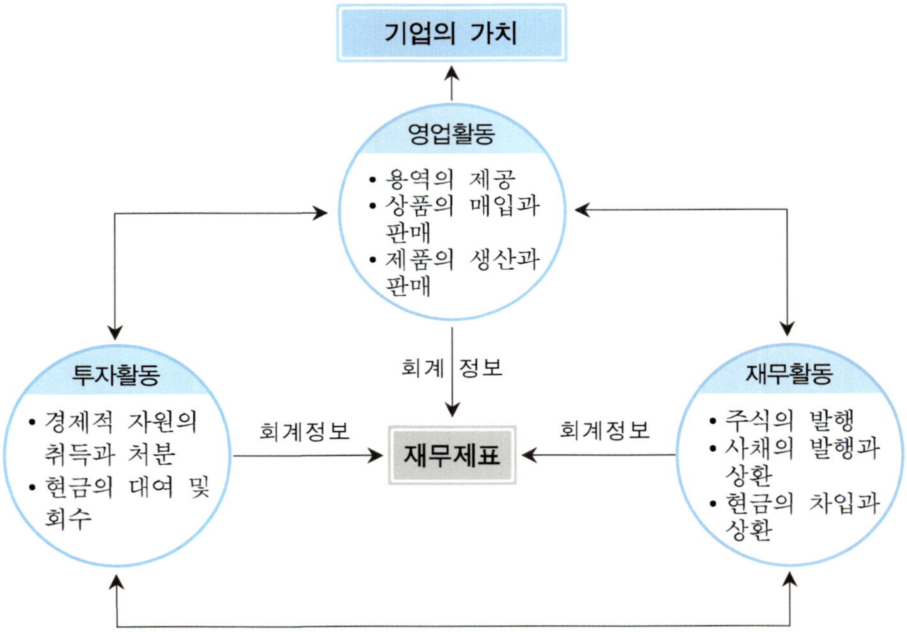

〈표 14-1〉은 연습(주)의 20×1년과 20×2년의 재무상태표와 손익계산서를 나타내고 있다. 표에서 보는 것처럼 2년 이상의 재무제표 금액을 나란히 배열함으로써 재무제표의 변화를 쉽게 알아볼 수 있도록 해놓은 재무제표를 비교재무제표(comparative financial statements)라고 한다.

〈표 14-1〉 비교재무제표

비교재무상태표

연습(주) 12월 31일 현재 (단위 : 원)

	20×1년	20×2년
〈자 산〉		
유동자산		
현금 및 현금성자산	₩80,000	₩75,000
매출채권	120,000	150,000
선급비용	28,000	40,000
재고자산	92,000	160,000
비유동자산		
기계설비	200,000	280,000
건 물	500,000	450,000
기타비유동자산	300,000	225,000
자산총계	₩1,320,000	₩1,380,000
〈부 채〉		
유동부채		
매입채무	₩160,000	₩150,000
미지급비용	50,000	30,000
비유동부채		
사 채	350,000	300,000
부채총계	₩560,000	₩480,000
〈자 본〉		
보통주자본금(액면금액 ₩5,000)*	₩300,000	₩400,000
우선주자본금(액면금액 ₩10,000)*	200,000	200,000
자본잉여금	60,000	80,000
이익잉여금	200,000	220,000
자본총계	₩760,000	₩900,000
부채 및 자본총계	₩1,320,000	₩1,380,000

비교손익계산서

연습(주) 1월 1일부터 12월 31일까지 (단위 : 원)

	20×1년	20×2년
매 출 액**	₩1,000,000	₩1,200,000
매출원가	600,000	720,000
매출총이익	₩400,000	₩480,000
판매비와관리비		
판 매 비	150,000	200,000
관 리 비	124,000	152,000
영업이익	₩126,000	₩128,000
이자비용	56,000	48,000
법인세비용차감전순이익	₩70,000	₩80,000
법인세비용	21,000	24,000
당기순이익	₩49,000	₩56,000

* 보통주는 20×2년 4월 1일에 20주가 추가발행되었음
20×2년 배당금은 ₩36,000임(보통주배당금 ₩20,000, 우선주배당금 ₩16,000)

** 전액 외상매출임

제 2 절 재무비율분석

재무제표분석에서 재무제표에 표시된 개별항목들만으로는 재무제표의 의미 있는 정보를 얻기 어렵다. 재무제표로부터 보다 의미 있는 정보를 얻기 위해서는 항목들간의 상관관계나 변화를 살펴보는 것이 더욱 효과적이다. 재무제표분석에서 많이 이용되고 있는 분석방법으로는 추세분석, 요소구성비율분석, 재무비율분석 등이 있다. 본절에서는 가장 보편적으로 이용되고 있는 분석방법인 재무비율분석을 설명한다.

재무비율분석(financial ratio analysis)이란 재무제표 항목간에 중요한 상관관계가 있는 두 개 이상의 항목들의 비율을 살펴봄으로써 재무제표에 포함된 의미 있는 정보를 분석하는 기법이다. 본절에서는 재무비율분석에서 많이 활용되고 있는 재무비율을 연습(주)의 비교재무제표 자료를 이용하여 설명해 보기로 한다.

1 유동성비율

유동성비율(liquidity ratio)은 기업의 단기부채 상환능력이 어느 정도인지를 나타내는 비율이다. 유동성비율은 은행 등 단기채권자가 관심을 갖는 재무비율로서 유동비율과 당좌비율 등이 있다.

(1) 유동비율

유동비율(current ratio)은 유동자산을 유동부채로 나눈 비율이다. 연습(주)의 20×2년 유동비율은 다음과 같이 계산된다.

$$\text{유동비율} = \frac{\text{유동자산}}{\text{유동부채}} = \frac{₩425,000}{₩180,000} = 2.36(236\%)$$

일반적으로 유동비율은 200% 이상이면 만족스러운 비율로 평가된다. 따라서 연습(주)의 유동비율은 236%이므로 단기부채 상환능력이 만족스럽다고 판단된다.

(2) 당좌비율

당좌비율(quick ratio)은 당좌자산을 유동부채로 나눈 비율이다. 당좌자산은 유동자산에서 상대적으로 유동성이 낮은 재고자산과 선급비용 등을 차감한 자산이다. 따라서 당좌비율은 유동비율보다 더 엄격한 유동성비율이라 할 수 있다. 연습(주)의 20×2년 당좌비율은 다음과 같이 계산된다.

$$\text{당좌비율} = \frac{\text{현금 및 현금성자산} + \text{단기금융자산} + \text{매출채권}}{\text{유동부채}}$$

$$= \frac{₩225{,}000}{₩180{,}000} = 1.25(125\%)$$

일반적으로 당좌비율은 100% 이상이면 양호한 비율로 평가된다.

2 안정성비율

안정성비율(safety ratio)은 레버리지비율(leverage ratio)이라고도 하는데, 기업의 장기부채 상환능력을 평가하는 재무비율이다.

(1) 부채비율

부채비율은 타인자본인 부채를 자기자본으로 나눈 비율이다. 부채비율이 높을수록 이자 및 원금의 상환부담이 커지게 되고 궁극적으로 기업의 안정성을 해칠 가능성도 커진다. 연습(주)의 20×2년 부채비율은 다음과 같이 계산된다.

$$\text{부채비율} = \frac{\text{부채}}{\text{자기자본}} = \frac{₩480,000}{₩900,000} = 0.53(53\%)$$

부채비율을 계산할 때 분모에 자기자본 대신에 총자본(총자산)을 이용하는 경우도 있다. 이렇게 계산된 비율을 부채구성비율이라고 한다.

$$\text{부채구성비율} = \frac{\text{부채}}{\text{총자본}} = \frac{₩480,000}{₩1,380,000} = 0.35(35\%)$$

(2) 이자보상비율

이자보상비율(interest coverage ratio)은 영업이익을 이자비용으로 나누어 산출한다. 영업이익은 이자비용을 차감하기 전의 이익이므로 이 비율이 높을수록 채권자에게 지급해야 할 이자비용의 안전도가 높다고 판단한다. 연습(주)의 20×2년 이자보상비율은 다음과 같이 계산된다.

$$\text{이자보상비율} = \frac{\text{영업이익}}{\text{이자비용}} = \frac{₩128,000}{₩48,000} = 2.67\text{배}(267\%)$$

3 자산효율성비율

자산효율성비율(asset efficiency ratio)은 기업이 보유하고 있는 자산을 얼마나 효율적으로 활용하고 있는가를 평가하는 비율로서 자산회전율(asset turnover ratio)이라 부르기도 한다.

(1) 총자산회전율과 자기자본회전율

총자산회전율은 매출액을 평균총자산으로 나눈 값이며, 자기자본회전율은 매출액을 평균자기자본으로 나눈 값이다. 손익계산서의 매출액은 일정기간 동안의 수익을 나타내므로 이에 대응하는 총자산과 자기자본도 일정기간 개념인 평균값으로 측정하는 것이 보다 합리적이다. 연습(주)의 20×2년 총자산회전율과 자기자본회전율은 다음과 같이 계산된다.

$$\text{총자산회전율} = \frac{\text{매출액}}{\text{평균총자산}} = \frac{₩1,200,000}{(₩1,320,000 + ₩1,380,000)/2} = 0.89\text{회}$$

$$\text{자기자본회전율} = \frac{\text{매출액}}{\text{평균자기자본}} = \frac{₩1,200,000}{(₩760,000 + ₩900,000)/2} = 1.45\text{회}$$

(2) 매출채권회전율과 매출채권 평균회수기간

매출채권회전율은 외상매출액(또는 매출액)을 평균매출채권으로 나눈 것으로 매출채권이 현금화되는 속도를 나타낸다. 따라서 매출채권회전율이 높다는 것은 매출채권의 회수가 신속히 이루어지고 있음을 의미한다. 한편, 365일을 매출채권회전율로 나누면 매출채권을 회수하는 데 소요되는 기간이 산출되는데, 이를 매출채권 평균회수기간이라 한다. 연습(주)의 20×2년 매출채권회전율과 매출채권 평균회수기간은 다음과 같이 계산된다.

$$\text{매출채권회전율} = \frac{\text{외상매출액(또는 매출액)}}{\text{평균매출채권}} = \frac{₩1,200,000}{(₩120,000 + ₩150,000)/2} = 8.89\text{회}$$

$$\text{매출채권 평균회수기간} = \frac{365\text{일}}{\text{매출채권회전율}} = \frac{365\text{일}}{8.89\text{회}} = 41\text{일}$$

(3) 재고자산회전율과 재고자산 평균회전기간

재고자산회전율은 매출원가를 평균재고자산으로 나누어 산출한다. 다른 자산회전율과 달리 매출액 대신 매출원가를 이용하는 이유는 분모인 평균재고자산이 판매가가 아닌 취득원가로 측정되기 때문이다. 재고자산회전율이 높다는 것은 재고자산이 효율적으로 판매되고 있음을 의미한다. 한편, 365일을 재고자산회전율로 나눈 것을 재고자산 평균회전기간이라 하는데, 이는 재고자산이 판매되는 데 소요되는 기간을 나타낸다. 연습(주)의 20×2년 재고자산회전율과 재고자산 평균회전기간은 다음과 같이 계산된다.

$$\text{재고자산회전율} = \frac{\text{매출원가}}{\text{평균재고자산}} = \frac{₩720,000}{(₩92,000 + ₩160,000)/2} = 5.71\text{회}$$

$$\text{재고자산 평균회전기간} = \frac{365\text{일}}{\text{재고자산회전율}} = \frac{365\text{일}}{5.71\text{회}} = 64\text{일}$$

4 수익성비율

수익성비율(profitability ratio)은 일정기간 동안 기업의 경영성과를 나타내는 재무비율이다. 수익성비율에서 기업의 경영성과는 투자한 자산 또는 자본을 이용하여 얼마만큼의 수익을 창출했는가를 나타낸다.

(1) 총자산이익률

총자산이익률(ROA, return on assets)은 총자본이익률이라고도 하는데, 당기순이익을 평균총자산으로 나눈 비율이다. 이 비율은 기업이 보유하고 있는 총자산의 수익창출능력을 나타내는 재무비율이다. 연습(주)의 20×2년 총자산이익률은 다음과 같이 계산된다.

$$\text{총자산이익률} = \frac{\text{당기순이익}}{\text{평균총자산}}$$

$$= \frac{₩56,000}{(₩1,320,000 + ₩1,380,000)/2} = 0.041(4.1\%)$$

(2) 자기자본이익률

자기자본이익률(ROE, return on equity)은 당기순이익을 평균자기자본으로 나눈 비율이다. 이 비율은 기업의 소유주에 의하여 출자된 자기자본의 수익창출능력을 나타내는 재무비율이다. 연습(주)의 20×2년 자기자본이익률은 다음과 같이 계산된다.

$$\text{자기자본이익률} = \frac{\text{당기순이익}}{\text{평균자기자본}} = \frac{₩56,000}{(₩760,000 + ₩900,000)/2} = 0.067(6.7\%)$$

(3) 매출액이익률

매출액이익률은 매출총이익, 영업이익, 당기순이익 등을 매출액으로 나눈 비율이다. 이 비율은 매출로부터 얼마만큼의 이익을 얻는지를 나타내는 재무비율이다. 연습(주)의 20×2년 매출액이익률은 다음과 같이 계산된다.

$$\text{매출총이익률} = \frac{\text{매출총이익}}{\text{매출액}} = \frac{₩480,000}{₩1,200,000} = 0.4(40\%)$$

$$\text{매출액영업이익률} = \frac{\text{영업이익}}{\text{매출액}} = \frac{₩128,000}{₩1,200,000} = 0.107(10.7\%)$$

$$\text{매출액순이익률} = \frac{\text{당기순이익}}{\text{매출액}} = \frac{₩56,000}{₩1,200,000} = 0.047(4.7\%)$$

(4) 주당순이익과 주가이익비율

1) 주당순이익

주당순이익(EPS, earnings per share)은 보통주 1주에 해당하는 당기순이익을 나타내는 재무비율로서 기업의 경영성과를 평가하는 데 매우 유용하게 사용되고 있다. 주당순이익은 보통주에 귀속되는 당기순이익을 보통주의 가중평균유통보통주식수로 나누어 산출한다.

연습(주)의 20×2년 보통주에 귀속되는 당기순이익은 당기순이익 ₩56,000에서 우선주에 대한 배당금 ₩16,000을 차감한 ₩40,000이다. 또한 연습(주)의 20×2년 보통주 유통주식수는 1월부터 3월까지는 60주이고, 4월 1일 이후에는 20주가 추가발행되어 80주가 된다. 따라서 연습(주)의 20×2년 가중평균유통보통주식수는 다음과 같이 계산된다.

$$\text{가중평균유통보통주식수} = \left(60\text{주}^{*} \times \frac{3}{12}\right) + \left(80\text{주}^{*} \times \frac{9}{12}\right) = 75\text{주}$$

* 20×2. 1. 1~20×2. 3.31(3개월)의 보통주 유통주식수 : ₩300,000/₩5,000=60주
  20×2. 4. 1~20×2.12.31(9개월)의 보통주 유통주식수 : ₩400,000/₩5,000=80주

따라서 연습(주)의 20×2년 주당순이익은 다음과 같이 계산된다.

$$\text{주당순이익} = \frac{\text{당기순이익} - \text{우선주배당금}}{\text{가중평균유통보통주식수}} = \frac{₩40,000}{75\text{주}} = ₩533/\text{주}$$

2) 주가이익비율

주가이익비율(PER, price-earnings ratio)은 보통주의 1주당 주가를 주당순이익으로 나누어 계산한다. 연습(주)의 20×2년 말 현재 주가가 ₩2,000이라면 주가이익비율은 다음과 같이 계산된다.

$$\text{주가이익비율} = \frac{\text{보통주 주가}}{\text{주당순이익}} = \frac{₩2,000}{₩533} = 3.75(375\%)$$

제 3 절 재무비율분석의 유의사항

1 재무비율분석의 비교기준

재무비율분석을 이용하여 기업의 경영성과 및 재무상태를 분석하기 위해서는 이 비율과 비교할 수 있는 기준치가 필요하다. 비교기준치로는 일반적으로 당해기업의 과거수치 또는 산업평균비율 등이 이용된다.

(1) 당해기업의 과거수치

재무비율분석에서 산출된 비율을 당해기업의 과거수치와 비교함으로써 기업의 경영성과 및 재무상태가 개선되고 있는지 혹은 악화되고 있는지를 판단할 수 있다.

(2) 산업평균비율

산업평균비율이란 특정기업과 동종산업에 속하는 다른 기업들의 평균수치를 말하는데, 재무비율분석의 비교기준으로 이용될 수 있다. 우리나라의 산업평균비율은 한국은행의 「기업경영분석」이나 산업은행의 「재무분석」에서 확인할 수 있다.

2 재무비율분석의 한계점

재무비율분석의 결과를 해석할 때에는 재무비율분석이 지니고 있는 다음의 한계점을 고려해야 한다.

첫째, 재무비율분석의 결과를 평가하기 위해서는 이 비율과 비교할 수 있는 표준비율이 있어야 한다. 앞에서 비교기준으로 제시한 당해기업의 과거수치, 산업평균비율 등도 표준비율로서 최선의 비율이라고 할 수는 없다.

둘째, 재무비율분석은 재무제표에 표시된 수치를 이용하여 산출된다. 따라서 취득원가주의에 의한 자산평가, 다양한 회계처리방법의 적용 등 재무제표 작성과정에서 재무제표가 지니고 있는 한계점들을 그대로 갖게 된다.

셋째, 여러 재무비율들은 그들 상호간에 밀접한 관계를 가지고 있는 경우가 많다. 따라서 특정의 재무비율을 분석할 때에는 그 비율뿐만 아니라 상호 관련된 다른 비율들에 대한 세심한 분석이 요구된다. 예를 들어 어떤 기업의 유동비율이 높다는 것은 그 기업이 매출채권이나 재고자산 등의 유동자산을 적정수준보다 많이 보유하고 있는 반면에, 자산을 효율적으로 활용하지 못하고 있음을 의미할 수도 있다. 따라서 이 경우에는 유동비율뿐만 아니라 자산의 효율적 활용 정도를 나타내는 자산효율성비율을 동시에 검토해야 한다.

연습문제

CHAPTER 14

1. 다음은 2007년 12월 31일 (주)청주 재무상태표 항목들의 일부이다. 주어진 자료를 이용하여 2007년 12월 31일 현재 (주)청주의 당좌비율을 계산하면 얼마인가? (단, %는 소수점 둘째자리에서 반올림한다) (2007, 공인회계사 수정)

• 현 금	₩1,000,000	• 매 입 채 무	₩1,500,000
• 매 출 채 권(순액)	3,000,000	• 단기차입금	2,000,000
• 재 고 자 산	4,500,000	• 유동성장기부채	2,500,000
• 단기매매자산	1,500,000	• 장기차입금	3,000,000
• 건 물(순액)	6,000,000	• 자 기 주 식	2,000,000

① 61.1% ② 66.7%
③ 78.6% ④ 91.7%
⑤ 125.0%

2. 다음은 (주)우진의 2004년 12월 31일로 종료되는 회계연도의 재무자료 중 일부이다. 이를 참고로 하여 이자보상비율을 구하면 얼마인가? (2005, 세무사)

영업이익	₩11,000,000
이자비용	(2,000,000)
법인세차감전순이익	₩9,000,000
법인세비용	(2,500,000)
당기순이익	₩6,500,000
우선주배당금	(1,000,000)
보통주지분 순이익	₩5,500,000

① 4.25배 ② 4.50배
③ 5.00배 ④ 5.50배
⑤ 5.25배

3. 다음 자료를 이용하여 20×2년 매출채권 평균회수기간을 구하면? (단, 1년을 360일로 계산한다)

(2011, 주택관리사)

• 20×1년 외상매출액	₩850,000	• 20×2년 외상매출액	₩900,000
• 20×1년 말 매출채권	190,000	• 20×2년 말 매출채권	210,000

① 60일　② 65일
③ 70일　④ 75일
⑤ 80일

4. (주)한국의 2002년 말과 2003년 말의 재무상태표 그리고 2003년 기간의 손익계산서에서 다음의 자료들을 발견하였다.

(1) 2002년 및 2003년 말의 재고자산은 각각 ₩5,000과 ₩7,000이었다.
(2) 2003년의 법인세비용은 ₩10,000이었으며, 2003년 기간중에 (주)한국은 재고자산을 ₩14,000에 매입하였다.

재고자산의 유동성을 평가하고 현금화하는 데 소요되는 기간으로 볼 수 있는 2003년도의 재고자산 평균회전기간(보유기간)은 얼마인가? (단, 계산의 편의상 1년은 360일로 간주한다)

(2003, 공인회계사 수정)

① 120일　② 130일
③ 154일　④ 180일
⑤ 240일

5. 상품매매기업인 (주)기산물산의 영업주기는 상품의 매입시점부터 판매 후 대금의 회수시점까지의 기간으로 정의된다. (주)기산물산의 연 매출이 ₩120,000, 이에 대한 매출원가가 ₩75,000, 연평균 외상매출금 잔액이 ₩20,000, 그리고 연평균 재고자산 금액이 ₩25,000이라면 (주)기산물산의 평균영업주기는? (매출은 전액 외상매출이라고 가정한다. 계산의 편의상 1년은 360일로 간주한다)

(2004, 공인회계사)

① 120일　② 135일
③ 156일　④ 171일
⑤ 180일

6. (주)대한은 20×2년도 결산을 앞둔 시점에 화재가 발생하여 장부와 창고에 보관중이던 재고자산 전부를 잃게 되었다. (주)대한은 재고자산 손실액을 파악할 목적으로 외부감사인, 매입처 및 매출처 등으로부터 다음과 같은 자료를 수집하였다.

〈외부감사인으로부터 수집한 20×1년도 재무자료〉
- 20×1년도 매출총이익률 : 25%
- 20×1년도 기초 재고자산 : ₩700,000
- 20×1년도 매출원가 : ₩5,000,000
- 20×1년도 재고자산 평균회전기간 : 72일

〈매입처 및 매출처로부터 수집한 20×2년도 재무자료〉
- 20×2년도 매입액 : ₩7,500,000
- 20×2년도 매출액 : ₩9,000,000

(주)대한의 20×2년도 매출총이익률이 20×1년도와 동일하다고 가정할 때, 화재와 관련된 재고자산 손실액은? (단, 재고자산회전율 계산시 평균재고자산을 사용하며, 1년은 360일로 가정한다) (2013, 세무사 수정)

① ₩2,050,000 ② ₩2,150,000
③ ₩2,250,000 ④ ₩2,350,000
⑤ ₩2,450,000

7. 다음 자료를 이용하여 계산된 매출액순이익률은? (단, 총자산과 총부채는 기초금액과 기말금액이 동일한 것으로 가정한다) (2011, 주택관리사)

- 총자산 : ₩1,000,000
- 자기자본이익률(=당기순이익/자본) : 20%
- 총자산회전율 : 0.5
- 부채비율(=부채/자본) : 300%

---

① 2% ② 4%
③ 6% ④ 8%
⑤ 10%

8. 해외에 거주하는 A씨는 여유자금을 이용하여 스마트폰 제조를 주업으로 하는 (주)미래에 투자를 하려고 한다. A씨는 투자여부를 판단하는 주요 재무지표로 주가수익비율(PER)을 활용하고 있는데, 20×1년 말 현재 (주)미래의 재고자산(₩1,500,000)과 시가총액(₩5,000,000)을 제외하고는 관련 재무자료를 입수하지 못해 고민하고 있다. 공인회계사인 B씨에게 의뢰한 결과 공시되고 있는 20×1년도 동종업종(스마트폰 제조사) 평균자료를

이용하여 (주)미래의 주가수익비율(PER)을 추정할 수 있다는 답변을 얻었다. 다음의 자료만을 이용하여 B씨가 추정한 (주)미래의 20×1년 말 기준 주가수익비율(PER)은 얼마인가? (단, 1년은 360일로 계산하고, 자산과 부채의 계정은 모두 기말잔액과 연평균잔액이 동일하다고 가정한다. 우선주는 없으며, 당기중 자본거래는 없는 것으로 가정한다. 또한 소수점 셋째자리에서 반올림하며, 단수차이로 인해 약간의 오차가 있으면 가장 근사치를 선택한다)

(2011, 공인회계사)

〈20×1년 스마트폰 제조사 평균자료〉

- 총자산 기준 부채비율 : 60%
- 매출총이익률 : 25%
- 자기자본순이익률 : 40%
- 총자산회전율 : 1.6
- 재고자산회전기간 : 72일

① 0.20
② 1.95
③ 2.00
④ 3.33
⑤ 5.00

9. 자기자본이익률(순이익/자기자본)은 매출액순이익률, 총자산회전율, 그리고 부채비율로 분해할 수 있다. A, B, C 세 기업의 재무비율은 다음 자료를 활용하여 계산한다.

기 업	부 채	자기자본	총자산	매출액	매출원가	순이익
A	₩11,000	₩10,000	₩21,000	₩13,000	₩9,000	₩1,000
B	5,000	25,000	30,000	50,000	35,000	2,500
C	5,000	20,000	25,000	20,000	15,000	100

다음 문항들은 문제에서 언급한 재무비율과 주어진 자료를 이용하여 세 기업간의 재무비율을 비교 분석한 것이다. A, B, C 세 기업을 비교할 때 가장 타당한 설명은 무엇인가?

(2007, 공인회계사)

① A기업은 부채비율이 높기 때문에 B기업보다 자기자본이익률이 높다.
② C기업은 총자산회전율이 가장 높지만 자기자본이익률은 낮다.
③ B기업은 총자산회전율이 높지만 부채비율도 가장 높기 때문에 A기업과 자기자본이익률이 동일하다.
④ C기업의 자기자본이익률이 낮은 중요한 이유는 매출액순이익률이 가장 낮기 때문이다.
⑤ A기업의 자기자본이익률이 높은 이유는 매출액순이익률이 높을 뿐만 아니라 부채비율이 가장 낮기 때문이다.

10. (주)국세는 20×1년 1월 1일에 다음과 같은 조건의 전환사채를 액면발행하였다.

- 액면금액 : ₩1,000,000
- 만기 : 20×5년 12월 31일
- 이자 : 매년 12월 31일에 액면금액의 연 8%를 현금으로 지급
- 전환조건 : 전환사채발행시점부터 1개월 경과 후 만기시점까지 전환청구 가능. 전환가격은 전환사채 액면금액 ₩5,000당 보통주(주당액면 ₩5,000) 1주로 전환가능
- 전환사채를 중도에 전환하지 않고 만기까지 보유한 경우 전환사채 액면금액의 105%를 지급함
- 전환사채발행시점의 유효이자율은 연 10%임

동 전환사채 발행 직전 (주)국세의 자산총액은 ₩10,000,000, 부채총액은 ₩6,000,000이었다. 동 전환사채 발행 직후 (주)국세의 부채비율(부채÷자본)은 얼마인가? (단, 현가계수는 아래의 표를 이용한다. 부채비율은 소수점 셋째자리에서 반올림하며, 단수차이로 인한 오차가 있으면 가장 근사치를 선택한다) (2012, 세무사)

현가계수표

할인율 / 기 간	기간 말 단일금액 ₩1의 현재가치		정상연금 ₩1의 현재가치	
	8%	10%	8%	10%
1	0.92593	0.90909	0.92593	0.90909
2	0.85734	0.82645	1.78327	1.73554
3	0.79383	0.75131	2.57710	2.48685
4	0.73503	0.68302	3.31213	3.16987
5	0.68058	0.62092	3.99271	3.79079

① 1.22　② 1.48
③ 1.50　④ 1.64
⑤ 1.72

해답 및 풀이

1. ④

(1) 당좌자산 : 재고자산을 제외한 모든 유동자산
₩1,000,000(현금) + ₩3,000,000(매출채권) + ₩1,500,000(단기매매자산)
= ₩5,500,000

(2) 유동부채

₩1,500,000(매입채무) + ₩2,000,000(단기차입금) + ₩2,500,000(유동성장기부채)

= ₩6,000,000

(3) 당좌비율 : ₩5,500,000 ÷ ₩6,000,000 = 0.917(91.7%)

2. ④

이자보상비율 = 영업이익/이자비용 = ₩11,000,000/₩2,000,000 = 5.5배

3. ⑤

매출채권회전율 = 외상매출액/평균매출채권

= ₩900,000/{(₩190,000 + ₩210,000)/2} = 4.5회

매출채권 평균회수기간 = 360일/매출채권회전율 = 360일/4.5회 = 80일

4. ④

매출원가 = 기초재고액(₩5,000) + 당기매입액(₩14,000) − 기말재고액(₩7,000) = ₩12,000

재고자산회전율 = 매출원가(₩12,000)/평균재고자산(₩6,000) = 2회

재고자산 평균회전기간 = 360일/2회 = 180일

5. ⑤

평균영업주기는 상품의 매입시점부터 판매 후 대금의 회수시점까지의 기간인데, 이는 재고자산 평균회전기간과 매출채권 평균회수기간을 합한 기간과 동일하다.

(1) 재고자산 평균회전기간 : 120일

㉠ 재고자산회전율 = ₩75,000/₩25,000 = 3회

㉡ 재고자산 평균회전기간 = 360일/3회 = 120일

(2) 매출채권 평균회수기간 : 60일

㉠ 매출채권회전율 = ₩120,000/₩20,000 = 6회

㉡ 매출채권 평균회수기간 = 360일/6회 = 60일

(3) 평균영업주기 : 120일 + 60일 = 180일

6. ①

(1) 기말재고자산(20×1년) = ₩1,300,000

㉠ 재고자산 평균회전기간 $= \dfrac{360\text{일}}{\text{재고자산회전율}} = 72\text{일}$

재고자산회전율 = 5회

㉡ 재고자산회전율 $= \dfrac{₩5{,}000{,}000}{\text{평균재고자산}} = 5\text{회}$

평균재고자산 = ₩1,000,000

∴ 기말재고자산(20×1년) = ₩1,300,000

(2) 기말재고자산(20×2년) = 손실액 = ₩2,050,000

㉠ 매출원가 = ₩9,000,000 × (1 − 25%) = ₩6,750,000

㉡ 기말재고자산(20×2년) = ₩1,300,000 + ₩7,500,000 − ₩6,750,000 = ₩2,050,000

7. ⑤

(1) $총자산회전율 = \frac{매출액}{총자산} = \frac{매출액}{₩1,000,000} = 0.5$

∴ 매출액 = ₩500,000

(2) $부채비율 = \frac{부채}{자본} = 300\%$이므로 부채와 자본의 비율은 3 : 1이고,

총자산 = ₩1,000,000이므로 부채 = ₩750,000, 자본 = ₩250,000

(3) $자기자본이익률 = \frac{당기순이익}{자본} = \frac{당기순이익}{₩250,000} = 0.2$

∴ 당기순이익 = ₩50,000

(4) $매출액순이익률 = \frac{당기순이익}{매출액} = \frac{₩50,000}{₩500,000} = 0.1(10\%)$

8. ⑤

(1) 재고자산회전율 : 매출원가/₩1,500,000 = 360일/72일 = 5회

∴ 매출원가 = ₩7,500,000

(2) 매출총이익률 : (매출액 − 매출원가)/매출액 = (매출액 − ₩7,500,000)/매출액 = 25%

∴ 매출액 = ₩10,000,000

(3) 총자산회전율 : 매출액/총자산 = ₩10,000,000/총자산 = 1.6

∴ 총자산 = ₩6,250,000

(4) 총자산 기준 부채비율 : 부채/총자산 = 부채/₩6,250,000 = 60%

∴ 부채 = ₩3,750,000

자본 = ₩6,250,000 − ₩3,750,000 = ₩2,500,000

(5) 자기자본순이익률 : 당기순이익/자기자본 = 당기순이익/₩2,500,000 = 40%

∴ 당기순이익 = ₩1,000,000

(6) PER = 주당시장가격/주당이익(EPS) = 주가총액/당기순이익

= ₩5,000,000/₩1,000,000 = 5.0

9. ④

$자기자본이익률(순이익/자기자본) = \frac{순이익}{매출액} \times \frac{매출액}{총자산} \times \frac{총자산}{자기자본}$

$= 매출액순이익률 \times 총자산회전율 \times (1 + 부채비율)$

기 업	매출액순이익률	총자산회전율	부채비율	자기자본이익률
A	7.69%	61.9%	110%	10%
B	5	167	20	10
C	0.5	80	25	0.5

10. ⑤

(1) 부채 : 기존 부채금액(₩6,000,000)＋순수사채발행금액(₩955,229)*
＝₩6,955,229

(2) 자본 : 기존 자본금액(₩4,000,000)＋전환권대가(₩44,771)**＝₩4,044,771

(3) 부채비율＝부채(₩6,955,229)/자본(₩4,044,771)＝1.72

* (₩80,000×3.79079)＋(₩1,050,000×0.62092)＝₩955,229

** 발행금액(₩1,000,000)－순수사채발행금액(₩955,229)＝₩44,771

부록

가치계산표

〈표 A-1〉 단일금액 1원의 미래가치 $F_n = (1+r)^n$ 기간이자율(r)

기간수 (n)	1%	2%	3%	4%	5%	6%	7%	8%	9%	10%
1	1.0100	1.0200	1.0300	1.0400	1.0500	1.0600	1.0700	1.0800	1.0900	1.1000
2	1.0201	1.0404	1.0609	1.0816	1.1025	1.1236	1.1449	1.1664	1.1881	1.2100
3	1.0303	1.0612	1.0927	1.1249	1.1576	1.1910	1.2250	1.2597	1.2950	1.3310
4	1.0406	1.0824	1.1255	1.1699	1.2155	1.2625	1.3108	1.3605	1.4116	1.4641
5	1.0510	1.1041	1.1593	1.2167	1.2763	1.3382	1.4026	1.4693	1.5386	1.6105
6	1.0615	1.1262	1.1941	1.2653	1.3401	1.4185	1.5007	1.5869	1.6771	1.7716
7	1.0721	1.1487	1.2299	1.3159	1.4071	1.5036	1.6058	1.7138	1.8280	1.9487
8	1.0829	1.1717	1.2668	1.3686	1.4775	1.5938	1.7182	1.8509	1.9926	2.1436
9	1.0937	1.1951	1.3048	1.4233	1.5513	1.6895	1.8385	1.9990	2.1719	2.3579
10	1.1046	1.2190	1.3439	1.4802	1.6289	1.7908	1.9672	2.1589	2.3674	2.5937
11	1.1157	1.2434	1.3842	1.5395	1.7103	1.8983	2.1049	2.3316	2.5804	2.8531
12	1.1268	1.2682	1.4258	1.6010	1.7959	2.0122	2.2522	2.5182	2.8127	3.1384
13	1.1381	1.2936	1.4685	1.6651	1.8856	2.1329	2.4098	2.7196	3.0658	3.4523
14	1.1495	1.3195	1.5126	1.7317	1.9799	2.2609	2.5785	2.9372	3.3417	3.7975
15	1.1610	1.3459	1.5580	1.8009	2.0789	2.3966	2.7590	3.1722	3.6425	4.1772
16	1.1726	1.3728	1.6047	1.8730	2.1829	2.5404	2.9522	3.4259	3.9703	4.5950
17	1.1843	1.4002	1.6528	1.9479	2.2920	2.6928	3.1588	3.7000	4.3276	5.0545
18	1.1961	1.4282	1.7024	2.0258	2.4066	2.8543	3.3799	3.9960	4.7171	5.5599
19	1.2081	1.4568	1.7535	2.1068	2.5270	3.0256	3.6165	4.3157	5.1417	6.1159
20	1.2202	1.4859	1.8061	2.1911	2.6533	3.2071	3.8697	4.6610	5.6044	6.7275
21	1.2324	1.5157	1.8603	2.2788	2.7860	3.3996	4.1406	5.0338	6.1088	7.4002
22	1.2447	1.5460	1.9161	2.3699	2.9253	3.6035	4.4304	5.4365	6.6586	8.1403
23	1.2572	1.5769	1.9736	2.4647	3.0715	3.8197	4.7405	5.8715	7.2579	8.9543
24	1.2697	1.6084	2.0328	2.5633	3.2251	4.0489	5.0724	6.3412	7.9111	9.8497
25	1.2824	1.6406	2.0938	2.6658	3.3864	4.2919	5.4274	6.8485	8.6231	10.8347
26	1.2953	1.6734	2.1566	2.7725	3.5557	4.5494	5.8074	7.3964	9.3992	11.9182
27	1.3082	1.7069	2.2213	2.8834	3.7335	4.8223	6.2139	7.9881	10.2451	13.1100
28	1.3213	1.7410	2.2879	2.9987	3.9201	5.1117	6.6488	8.6271	11.1671	14.4210
29	1.3345	1.7758	2.3566	3.1187	4.1161	5.4184	7.1143	9.3173	12.1722	15.8631
30	1.3478	1.8114	2.4273	3.2434	4.3219	5.7435	7.6123	10.0627	13.2677	17.4494
35	1.4166	1.9999	2.8139	3.9461	5.5160	7.6861	10.6766	14.7853	20.4140	28.1024
40	1.4889	2.2080	3.2620	4.8010	7.0400	10.2857	14.9745	21.7245	31.4094	45.2593
45	1.5648	2.4379	3.7816	5.8412	8.9850	13.7646	21.0025	31.9204	48.3273	72.8905
50	1.6446	2.6916	4.3839	7.1067	11.4674	18.4202	29.4570	46.9016	74.3575	117.3909
60	1.8167	3.2810	5.8916	10.5196	18.6792	32.9877	57.9464	101.2571	176.0313	304.4816
70	2.0068	3.9996	7.9178	15.5716	30.4264	59.0759	113.9894	218.6064	416.7301	789.7470
80	2.2167	4.8754	10.6409	23.0498	49.5614	105.7960	224.2344	471.9548	986.5517	2048.4002

기간이자율(r)

기간수 (n)	11%	12%	13%	14%	15%	16%	17%	18%	19%	20%
1	1.1100	1.1200	1.1300	1.1400	1.1500	1.1600	1.1700	1.1800	1.1900	1.2000
2	1.2321	1.2544	1.2769	1.2996	1.3225	1.3456	1.3689	1.3924	1.4161	1.4400
3	1.3676	1.4049	1.4429	1.4815	1.5209	1.5609	1.6016	1.6430	1.6852	1.7280
4	1.5181	1.5735	1.6305	1.6890	1.7490	1.8106	1.8739	1.9388	2.0053	2.0736
5	1.6851	1.7623	1.8424	1.9254	2.0114	2.1003	2.1924	2.2878	2.3864	2.4883
6	1.8704	1.9738	2.0820	2.1950	2.3131	2.4364	2.5652	2.6996	2.8398	2.9860
7	2.0762	2.2107	2.3526	2.5023	2.6600	2.8262	3.0012	3.1855	3.3793	3.5832
8	2.3045	2.4760	2.6584	2.8526	3.0590	3.2784	3.5115	3.7589	4.0214	4.2998
9	2.5580	2.7731	3.0040	3.2519	3.5179	3.8030	4.1084	4.4355	4.7854	5.1598
10	2.8394	3.1058	3.3946	3.7072	4.0456	4.4114	4.8068	5.2338	5.6947	6.1917
11	3.1518	3.4785	3.8359	4.2262	4.6524	5.1173	5.6240	6.1759	6.7767	7.4301
12	3.4985	3.8960	4.3345	4.8179	5.3503	5.9360	6.5801	7.2876	8.0642	8.9161
13	3.8833	4.3635	4.8980	5.4924	6.1528	6.8858	7.6987	8.5994	9.5964	10.6993
14	4.3104	4.8871	5.5348	6.2613	7.0757	7.9875	9.0075	10.1472	11.4198	12.8392
15	4.7846	5.4736	6.2543	7.1379	8.1371	9.2655	10.5387	11.9737	13.5895	15.4070
16	5.3109	6.1304	7.0673	8.1372	9.3576	10.7480	12.3303	14.1290	16.1715	18.4884
17	5.8951	6.8660	7.9861	9.2765	10.7613	12.4677	14.4265	16.6722	19.2441	22.1861
18	6.5436	7.6900	9.0243	10.5752	12.3755	14.4625	16.8790	19.6733	22.9005	26.6233
19	7.2633	8.6128	10.1974	12.0557	14.2318	16.7765	19.7484	23.2144	27.2516	31.9480
20	8.0623	9.6463	11.5231	13.7435	16.3665	19.4608	23.1056	27.3930	32.4294	38.3376
21	8.9492	10.8038	13.0211	15.6676	18.8215	22.5745	27.0336	32.3238	38.5910	46.0051
22	9.9336	12.1003	14.7138	17.8610	21.6447	26.1864	31.6293	38.1421	45.9233	55.2061
23	11.0263	13.5523	16.6266	20.3616	24.8915	30.3762	37.0062	45.0076	54.6487	66.2474
24	12.2392	15.1786	18.7881	23.2122	28.6252	35.2364	43.2973	53.1090	65.0320	79.4968
25	13.5855	17.0001	21.2305	26.4619	32.9190	40.8742	50.6578	62.6686	77.3881	95.3962
26	15.0799	19.0401	23.9905	30.1666	37.8568	47.4141	59.2697	73.9490	92.0918	114.4755
27	16.7386	21.3249	27.1093	34.3899	43.5353	55.0004	69.3455	87.2598	109.5893	137.3706
28	18.5799	23.8839	30.6335	39.2045	50.0656	63.8004	81.1342	102.9666	130.4112	164.8447
29	20.6237	26.7499	34.6158	44.6931	57.5755	74.0085	94.9271	121.5005	155.1893	197.8136
30	22.8923	29.9599	39.1159	50.9502	66.2118	85.8499	111.0647	143.3706	184.6753	237.3763
35	38.5749	52.7996	72.0685	98.1002	133.1755	180.3141	243.5035	327.9973	440.7006	590.6682
40	65.0009	93.0510	132.7816	188.8835	267.8635	378.7212	533.8687	750.3783	1051.6675	1469.7716
45	109.5302	163.9876	244.6414	363.6791	538.7693	795.4438	1170.4794	1716.6839	2509.6506	3657.2620
50	184.5648	289.0022	450.7359	700.2330	1083.6574	1670.7038	2566.2153	3927.3569	5988.9139	9100.4382
60	524.0572	897.5969	1530.0535	2595.9187	4383.9987	7370.2014	12335.3565	20555.1400	34104.9709	56347.5144
70	1488.0191	2787.7998	5193.8696	9623.6450	17735.720	32513.165	59293.942	107582.22	194217.03	348888.96
80	4225.1128	8658.4831	17630.941	35676.982	71750.879	143429.72	285015.80	563067.66	1106004.5	2160228.5

〈표 A-2〉 단일금액 1원의 현재가치 $P_n = \frac{1}{(1+r)^n}$ 기간이자율(r)

기간수 (n)	1%	2%	3%	4%	5%	6%	7%	8%	9%	10%
1	0.9901	0.9804	0.9709	0.9615	0.9524	0.9434	0.9346	0.9259	0.9174	0.9091
2	0.9803	0.9612	0.9426	0.9246	0.9070	0.8900	0.8734	0.8573	0.8417	0.8264
3	0.9706	0.9423	0.9151	0.8890	0.8638	0.8396	0.8163	0.7938	0.7722	0.7513
4	0.9610	0.9238	0.8885	0.8548	0.8227	0.7921	0.7629	0.7350	0.7084	0.6830
5	0.9515	0.9057	0.8626	0.8219	0.7835	0.7473	0.7130	0.6806	0.6499	0.6209
6	0.9420	0.8880	0.8375	0.7903	0.7462	0.7050	0.6663	0.6302	0.5963	0.5645
7	0.9327	0.8706	0.8131	0.7599	0.7107	0.6651	0.6227	0.5835	0.5470	0.5132
8	0.9235	0.8535	0.7894	0.7307	0.6768	0.6274	0.5820	0.5403	0.5019	0.4665
9	0.9143	0.8368	0.7664	0.7026	0.6446	0.5919	0.5439	0.5002	0.4604	0.4241
10	0.9053	0.8203	0.7441	0.6756	0.6139	0.5584	0.5083	0.4632	0.4224	0.3855
11	0.8963	0.8043	0.7224	0.6496	0.5847	0.5268	0.4751	0.4289	0.3875	0.3505
12	0.8874	0.7885	0.7014	0.6246	0.5568	0.4970	0.4440	0.3971	0.3555	0.3186
13	0.8787	0.7730	0.6810	0.6006	0.5303	0.4688	0.4150	0.3677	0.3262	0.2897
14	0.8700	0.7579	0.6611	0.5775	0.5051	0.4423	0.3878	0.3405	0.2992	0.2633
15	0.8613	0.7430	0.6419	0.5553	0.4810	0.4173	0.3624	0.3152	0.2745	0.2394
16	0.8528	0.7284	0.6232	0.5339	0.4581	0.3936	0.3387	0.2919	0.2519	0.2176
17	0.8444	0.7142	0.6050	0.5134	0.4363	0.3714	0.3166	0.2703	0.2311	0.1978
18	0.8360	0.7002	0.5874	0.4936	0.4155	0.3503	0.2959	0.2502	0.2120	0.1799
19	0.8277	0.6864	0.5703	0.4746	0.3957	0.3305	0.2765	0.2317	0.1945	0.1635
20	0.8195	0.6730	0.5537	0.4564	0.3769	0.3118	0.2584	0.2145	0.1784	0.1486
21	0.8114	0.6598	0.5375	0.4388	0.3589	0.2942	0.2415	0.1987	0.1637	0.1351
22	0.8034	0.6468	0.5219	0.4220	0.3418	0.2775	0.2257	0.1839	0.1502	0.1228
23	0.7954	0.6342	0.5067	0.4057	0.3256	0.2618	0.2109	0.1703	0.1378	0.1117
24	0.7876	0.6217	0.4919	0.3901	0.3101	0.2470	0.1971	0.1577	0.1264	0.1015
25	0.7798	0.6095	0.4776	0.3751	0.2953	0.2330	0.1842	0.1460	0.1160	0.0923
26	0.7720	0.5976	0.4637	0.3607	0.2812	0.2198	0.1722	0.1352	0.1064	0.0839
27	0.7644	0.5859	0.4502	0.3468	0.2678	0.2074	0.1609	0.1252	0.0976	0.0763
28	0.7568	0.5744	0.4371	0.3335	0.2551	0.1956	0.1504	0.1159	0.0895	0.0693
29	0.7493	0.5631	0.4243	0.3207	0.2429	0.1846	0.1406	0.1073	0.0822	0.0630
30	0.7419	0.5521	0.4120	0.3083	0.2314	0.1741	0.1314	0.0994	0.0754	0.0573
35	0.7059	0.5000	0.3554	0.2534	0.1813	0.1301	0.0937	0.0676	0.0490	0.0356
40	0.6717	0.4529	0.3066	0.2083	0.1420	0.0972	0.0668	0.0460	0.0318	0.0221
45	0.6391	0.4102	0.2644	0.1712	0.1113	0.0727	0.0476	0.0313	0.0207	0.0137
50	0.6080	0.3715	0.2281	0.1407	0.0872	0.0543	0.0339	0.0213	0.0134	0.0085
60	0.5504	0.3048	0.1697	0.0951	0.0535	0.0303	0.0173	0.0099	0.0057	0.0033
70	0.4983	0.2500	0.1263	0.0642	0.0329	0.0169	0.0088	0.0046	0.0024	0.0013
80	0.4511	0.2051	0.0940	0.0434	0.0202	0.0095	0.0045	0.0021	0.0010	0.0005

기간이자율(r)

기간수 (n)	11%	12%	13%	14%	15%	16%	17%	18%	19%	20%
1	0.9009	0.8929	0.8850	0.8772	0.8696	0.8621	0.8547	0.8475	0.8403	0.8333
2	0.8116	0.7972	0.7831	0.7695	0.7561	0.7432	0.7305	0.7182	0.7062	0.6944
3	0.7312	0.7118	0.6931	0.6750	0.6575	0.6407	0.6244	0.6086	0.5934	0.5787
4	0.6587	0.6355	0.6133	0.5921	0.5718	0.5523	0.5337	0.5158	0.4987	0.4823
5	0.5935	0.5674	0.5428	0.5194	0.4972	0.4761	0.4561	0.4371	0.4190	0.4019
6	0.5346	0.5066	0.4803	0.4556	0.4323	0.4104	0.3898	0.3704	0.3521	0.3349
7	0.4817	0.4523	0.4251	0.3996	0.3759	0.3538	0.3332	0.3139	0.2959	0.2791
8	0.4339	0.4039	0.3762	0.3506	0.3269	0.3050	0.2848	0.2660	0.2487	0.2326
9	0.3909	0.3606	0.3329	0.3075	0.2843	0.2630	0.2434	0.2255	0.2090	0.1938
10	0.3522	0.3220	0.2946	0.2697	0.2472	0.2267	0.2080	0.1911	0.1756	0.1615
11	0.3173	0.2875	0.2607	0.2366	0.2149	0.1954	0.1778	0.1619	0.1476	0.1346
12	0.2858	0.2567	0.2307	0.2076	0.1869	0.1685	0.1520	0.1372	0.1240	0.1122
13	0.2575	0.2292	0.2042	0.1821	0.1625	0.1452	0.1299	0.1163	0.1042	0.0935
14	0.2320	0.2046	0.1807	0.1597	0.1413	0.1252	0.1110	0.0985	0.0876	0.0779
15	0.2090	0.1827	0.1599	0.1401	0.1229	0.1079	0.0949	0.0835	0.0736	0.0649
16	0.1883	0.1631	0.1415	0.1229	0.1069	0.0930	0.0811	0.0708	0.0618	0.0541
17	0.1696	0.1456	0.1252	0.1078	0.0929	0.0802	0.0693	0.0600	0.0520	0.0451
18	0.1528	0.1300	0.1108	0.0946	0.0808	0.0691	0.0592	0.0508	0.0437	0.0376
19	0.1377	0.1161	0.0981	0.0829	0.0703	0.0596	0.0506	0.0431	0.0367	0.0313
20	0.1240	0.1037	0.0868	0.0728	0.0611	0.0514	0.0433	0.0365	0.0308	0.0261
21	0.1117	0.0926	0.0768	0.0638	0.0531	0.0443	0.0370	0.0309	0.0259	0.0217
22	0.1007	0.0826	0.0680	0.0560	0.0462	0.0382	0.0316	0.0262	0.0218	0.0181
23	0.0907	0.0738	0.0601	0.0491	0.0402	0.0329	0.0270	0.0222	0.0183	0.0151
24	0.0817	0.0659	0.0532	0.0431	0.0349	0.0284	0.0231	0.0188	0.0154	0.0126
25	0.0736	0.0588	0.0471	0.0378	0.0304	0.0245	0.0197	0.0160	0.0129	0.0105
26	0.0663	0.0525	0.0417	0.0331	0.0264	0.0211	0.0169	0.0135	0.0109	0.0087
27	0.0597	0.0469	0.0369	0.0291	0.0230	0.0182	0.0144	0.0115	0.0091	0.0073
28	0.0538	0.0419	0.0326	0.0255	0.0200	0.0157	0.0123	0.0097	0.0077	0.0061
29	0.0485	0.0374	0.0289	0.0224	0.0174	0.0135	0.0105	0.0082	0.0064	0.0051
30	0.0437	0.0334	0.0256	0.0196	0.0151	0.0116	0.0090	0.0070	0.0054	0.0042
35	0.0259	0.0189	0.0139	0.0102	0.0075	0.0055	0.0041	0.0030	0.0023	0.0017
40	0.0154	0.0107	0.0075	0.0053	0.0037	0.0026	0.0019	0.0013	0.0010	0.0007
45	0.0091	0.0061	0.0041	0.0027	0.0019	0.0013	0.0009	0.0006	0.0004	0.0003
50	0.0054	0.0035	0.0022	0.0014	0.0009	0.0006	0.0004	0.0003	0.0002	0.0001
60	0.0019	0.0011	0.0007	0.0004	0.0002	0.0001	0.0001	0.0000	0.0000	0.0000
70	0.0007	0.0004	0.0002	0.0001	0.0001	0.0000	0.0000	0.0000	0.0000	0.0000
80	0.0002	0.0001	0.0001	0.0000	0.0000	0.0000	0.0000	0.0000	0.0000	0.0000

〈표 A-3〉 **정상연금 1원의 미래가치** $FA_n = \sum_{t=1}^{n}(1+r)^{n-t} = \frac{(1+r)^n - 1}{r}$ 기간이자율(r)

기간수 (n)	1%	2%	3%	4%	5%	6%	7%	8%	9%	10%
1	1.0000	1.0000	1.0000	1.0000	1.0000	1.0000	1.0000	1.0000	1.0000	1.0000
2	2.0100	2.0200	2.0300	2.0400	2.0500	2.0600	2.0700	2.0800	2.0900	2.1000
3	3.0301	3.0604	3.0909	3.1216	3.1525	3.1836	3.2149	3.2464	3.2781	3.3100
4	4.0604	4.1216	4.1836	4.2465	4.3101	4.3746	4.4399	4.5061	4.5731	4.6410
5	5.1010	5.2040	5.3091	5.4163	5.5256	5.6371	5.7507	5.8666	5.9847	6.1051
6	6.1520	6.3081	6.4684	6.6330	6.8019	6.9753	7.1533	7.3359	7.5233	7.7156
7	7.2135	7.4343	7.6625	7.8983	8.1420	8.3938	8.6540	8.9228	9.2004	9.4872
8	8.2857	8.5830	8.8923	9.2142	9.5491	9.8975	10.2598	10.6366	11.0285	11.4359
9	9.3685	9.7546	10.1591	10.5828	11.0266	11.4913	11.9780	12.4876	13.0210	13.5795
10	10.4622	10.9497	11.4639	12.0061	12.5779	13.1808	13.8164	14.4866	15.1929	15.9374
11	11.5668	12.1687	12.8078	13.4864	14.2068	14.9716	15.7836	16.6455	17.5603	18.5312
12	12.6825	13.4121	14.1920	15.0258	15.9171	16.8699	17.8885	18.9771	20.1407	21.3843
13	13.8093	14.6803	15.6178	16.6268	17.7130	18.8821	20.1406	21.4953	22.9534	24.5227
14	14.9474	15.9739	17.0863	18.2919	19.5986	21.0151	22.5505	24.2149	26.0192	27.9750
15	16.0969	17.2934	18.5989	20.0236	21.5786	23.2760	25.1290	27.1521	29.3609	31.7725
16	17.2579	18.6393	20.1569	21.8245	23.6575	25.6725	27.8881	30.3243	33.0034	35.9497
17	18.4304	20.0121	21.7616	23.6975	25.8404	28.2129	30.8402	33.7502	36.9737	40.5447
18	19.6147	21.4123	23.4144	25.6454	28.1324	30.9057	33.9990	37.4502	41.3013	45.5992
19	20.8109	22.8406	25.1169	27.6712	30.5390	33.7600	37.3790	41.4463	46.0185	51.1591
20	22.0190	24.2974	26.8704	29.7781	33.0660	36.7856	40.9955	45.7620	51.1601	57.2750
21	23.2392	25.7833	28.6765	31.9692	35.7193	39.9927	44.8652	50.4229	56.7645	64.0025
22	24.4716	27.2990	30.5368	34.2480	38.5052	43.3923	49.0057	55.4568	62.8733	71.4027
23	25.7163	28.8450	32.4529	36.6179	41.4305	46.9958	53.4361	60.8933	69.5319	79.5430
24	26.9735	30.4219	34.4265	39.0826	44.5020	50.8156	58.1767	66.7648	76.7898	88.4973
25	28.2432	32.0303	36.4593	41.6459	47.7271	54.8645	63.2490	73.1059	84.7009	98.3471
26	29.5256	33.6709	38.5530	44.3117	51.1135	59.1564	68.6765	79.9544	93.3240	109.1818
27	30.8209	35.3443	40.7096	47.0842	54.6691	63.7058	74.4838	87.3508	102.7231	121.0999
28	32.1291	37.0512	42.9309	49.9676	58.4026	68.5281	80.6977	95.3388	112.9682	134.2099
29	33.4504	38.7922	45.2189	52.9663	62.3227	73.6398	87.3465	103.9659	124.1354	148.6309
30	34.7849	40.5681	47.5754	56.0849	66.4388	79.0582	94.4608	113.2832	136.3075	164.4940
35	41.6603	49.9945	60.4621	73.6522	90.3203	111.4348	138.2369	172.3168	215.7108	271.0244
40	48.8864	60.4020	75.4013	95.0255	120.7998	154.7620	199.6351	259.0565	337.8824	442.5926
45	56.4811	71.8927	92.7199	121.0294	159.7002	212.7435	285.7493	386.5056	525.8587	718.9048
50	64.4632	84.5794	112.7969	152.6671	209.3480	290.3359	406.5289	573.7702	815.0836	1163.9085
60	81.6697	114.0515	163.0534	237.9907	353.5837	533.1282	813.5204	1253.2133	1944.7921	3034.8164
70	100.6763	149.9779	230.5941	364.2905	588.5285	967.9322	1614.1342	2720.0801	4619.2232	7887.4696
80	121.6715	193.7720	321.3630	551.2450	971.2288	1746.5999	3189.0627	5886.9354	10950.574	20474.002

기간이자율(r)

기간수 (n)	11%	12%	13%	14%	15%	16%	17%	18%	19%	20%
1	1.0000	1.0000	1.0000	1.0000	1.0000	1.0000	1.0000	1.0000	1.0000	1.0000
2	2.1100	2.1200	2.1300	2.1400	2.1500	2.1600	2.1700	2.1800	2.1900	2.2000
3	3.3421	3.3744	3.4069	3.4396	3.4725	3.5056	3.5389	3.5724	3.6061	3.6400
4	4.7097	4.7793	4.8498	4.9211	4.9934	5.0665	5.1405	5.2154	5.2913	5.3680
5	6.2278	6.3528	6.4803	6.6101	6.7424	6.8771	7.0144	7.1542	7.2966	7.4416
6	7.9129	8.1152	8.3227	8.5355	8.7537	8.9775	9.2068	9.4420	9.6830	9.9299
7	9.7833	10.0890	10.4047	10.7305	11.0668	11.4139	11.7720	12.1415	12.5227	12.9159
8	11.8594	12.2997	12.7573	13.2328	13.7268	14.2401	14.7733	15.3270	15.9020	16.4991
9	14.1640	14.7757	15.4157	16.0853	16.7858	17.5185	18.2847	19.0859	19.9234	20.7989
10	16.7220	17.5487	18.4197	19.3373	20.3037	21.3215	22.3931	23.5213	24.7089	25.9587
11	19.5614	20.6546	21.8143	23.0445	24.3493	25.7329	27.1999	28.7551	30.4035	32.1504
12	22.7132	24.1331	25.6502	27.2707	29.0017	30.8502	32.8239	34.9311	37.1802	39.5805
13	26.2116	28.0291	29.9847	32.0887	34.3519	36.7862	39.4040	42.2187	45.2445	48.4966
14	30.0949	32.3926	34.8827	37.5811	40.5047	43.6720	47.1027	50.8180	54.8409	59.1959
15	34.4054	37.2797	40.4175	43.8424	47.5804	51.6595	56.1101	60.9653	66.2607	72.0351
16	39.1899	42.7533	46.6717	50.9804	55.7175	60.9250	66.6488	72.9390	79.8502	87.4421
17	44.5008	48.8837	53.7391	59.1176	65.0751	71.6730	78.9792	87.0680	96.0218	105.9306
18	50.3959	55.7497	61.7251	68.3941	75.8364	84.1407	93.4056	103.7403	115.2659	128.1167
19	56.9395	63.4397	70.7494	78.9692	88.2118	98.6032	110.2846	123.4135	138.1664	154.7400
20	64.2028	72.0524	80.9468	91.0249	102.4436	115.3797	130.0329	146.6280	165.4180	186.6880
21	72.2651	81.6987	92.4699	104.7684	118.8101	134.8405	153.1385	174.0210	197.8474	225.0256
22	81.2143	92.5026	105.4910	120.4360	137.6316	157.4150	180.1721	206.3448	236.4385	271.0307
23	91.1479	104.6029	120.2048	138.2970	159.2764	183.6014	211.8013	244.4868	282.3618	326.2369
24	102.1742	118.1552	136.8315	158.6586	184.1678	213.9776	248.8076	289.4945	337.0105	392.4842
25	114.4133	133.3339	155.6196	181.8708	212.7930	249.2140	292.1049	342.6035	402.0425	471.9811
26	127.9988	150.3339	176.8501	208.3327	245.7120	290.0883	342.7627	405.2721	479.4306	567.3773
27	143.0786	169.3740	200.8406	238.4993	283.5688	337.5024	402.0323	479.2211	571.5224	681.8528
28	159.8173	190.6989	227.9499	272.8892	327.1041	392.5028	471.3778	566.4809	681.1116	819.2233
29	178.3972	214.5828	258.5834	312.0937	377.1697	456.3032	552.5121	669.4475	811.5228	984.0680
30	199.0209	241.3327	293.1992	356.7868	434.745	530.3117	647.4391	790.9480	966.7122	1181.8816
35	341.5896	431.6635	546.6808	693.5727	881.1702	1120.7130	1426.4910	1816.6516	2314.2137	2948.3411
40	581.8261	767.0914	1013.7042	1342.0251	1779.0903	2360.7572	3134.5218	4163.2130	5529.8290	7343.8578
45	986.6386	1358.2300	1874.1646	2590.5648	3585.1285	4965.2739	6879.2907	9531.5771	13203.424	18281.310
50	1668.7712	2400.0182	3459.5071	4994.5213	7217.7163	10435.649	15089.502	21813.094	31515.336	45497.191
60	4755.0658	7471.6411	11761.950	18535.133	29219.992	46057.509	72555.039	114189.67	179494.58	281732.57
70	13518.356	23223.332	39945.151	68733.179	118231.47	203201.03	348782.01	597673.46	1022189.6	1744439.8
80	38401.025	72145.696	135614.93	254828.44	478332.53	896429.47	1676557.7	3128148.1	5821071.3	10801137.

〈표 A-4〉 정상연금 1원의 현재가치 $PA_n = \sum_{t=1}^{n} \frac{1}{(1+r)^t} = \frac{1-(1+r)^{-n}}{r}$ 기간이자율(r)

기간수 (n)	1%	2%	3%	4%	5%	6%	7%	8%	9%	10%
1	0.9901	0.9804	0.9709	0.9615	0.9524	0.9434	0.9346	0.9259	0.9174	0.9091
2	1.9704	1.9416	1.9135	1.8861	1.8594	1.8334	1.8080	1.7833	1.7591	1.7355
3	2.9410	2.8839	2.8286	2.7751	2.7232	2.6730	2.6243	2.5771	2.5313	2.4868
4	3.9020	3.8077	3.7171	3.6299	3.5460	3.4651	3.3872	3.3121	3.2397	3.1699
5	4.8534	4.7135	4.5797	4.4518	4.3295	4.2124	4.1002	3.9927	3.8897	3.7908
6	5.7955	5.6014	5.4172	5.2421	5.0757	4.9173	4.7665	4.6229	4.4859	4.3553
7	6.7282	6.4720	6.2303	6.0021	5.7864	5.5824	5.3893	5.2064	5.0330	4.8684
8	7.6517	7.3255	7.0197	6.7327	6.4632	6.2098	5.9713	5.7466	5.5348	5.3349
9	8.5660	8.1622	7.7861	7.4353	7.1078	6.8017	6.5152	6.2469	5.9952	5.7590
10	9.4713	8.9826	8.5302	8.1109	7.7217	7.3601	7.0236	6.7101	6.4177	6.1446
11	10.3676	9.7868	9.2526	8.7605	8.3064	7.8869	7.4987	7.1390	6.8052	6.4951
12	11.2551	10.5753	9.9540	9.3851	8.8633	8.3838	7.9427	7.5361	7.1607	6.8137
13	12.1337	11.3484	10.6350	9.9856	9.3936	8.8527	8.3577	7.9038	7.4869	7.1034
14	13.0037	12.1062	11.2961	10.5631	9.8986	9.2950	8.7455	8.2442	7.7862	7.3667
15	13.8651	12.8493	11.9379	11.1184	10.3797	9.7122	9.1079	8.5595	8.0607	7.6061
16	14.7179	13.5777	12.5611	11.6523	10.8378	10.1059	9.4466	8.8514	8.3126	7.8237
17	15.5623	14.2919	13.1661	12.1657	11.2741	10.4773	9.7632	9.1216	8.5436	8.0216
18	16.3983	14.9920	13.7535	12.6593	11.6896	10.8276	10.0591	9.3719	8.7556	8.2014
19	17.2260	15.6785	14.3238	13.1339	12.0853	11.1581	10.3356	9.6036	8.9501	8.3649
20	18.0456	16.3514	14.8775	13.5903	12.4622	11.4699	10.5940	9.8181	9.1285	8.5136
21	18.8570	17.0112	15.4150	14.0292	12.8212	11.7641	10.8355	10.0168	9.2922	8.6487
22	19.6604	17.6580	15.9369	14.4511	13.1630	12.0416	11.0612	10.2007	9.4424	8.7715
23	20.4558	18.2922	16.4436	14.8568	13.4886	12.3034	11.2722	10.3711	9.5802	8.8832
24	21.2434	18.9139	16.9355	15.2470	13.7986	12.5504	11.4693	10.5288	9.7066	8.9847
25	22.0232	19.5235	17.4131	15.6221	14.0939	12.7834	11.6536	10.6748	9.8226	9.0770
26	22.7952	20.1210	17.8768	15.9828	14.3752	13.0032	11.8258	10.8100	9.9290	9.1609
27	23.5596	20.7069	18.3270	16.3296	14.6430	13.2105	11.9867	10.9352	10.0266	9.2372
28	24.3164	21.2813	18.7641	16.6631	14.8981	13.4062	12.1371	11.0511	10.1161	9.3066
29	25.0658	21.8444	19.1885	16.9837	15.1411	13.5907	12.2777	11.1584	10.1983	9.3696
30	25.8077	22.3965	19.6004	17.2920	15.3725	13.7648	12.4090	11.2578	10.2737	9.4269
35	29.4086	24.9986	21.4872	18.6646	16.3742	14.4982	12.9477	11.6546	10.5668	9.6442
40	32.8347	27.3555	23.1148	19.7928	17.1591	15.0463	13.3317	11.9246	10.7574	9.7791
45	36.0945	29.4902	24.5187	20.7200	17.7741	15.4558	13.6055	12.1084	10.8812	9.8628
50	39.1961	31.4236	25.7298	21.4822	18.2559	15.7619	13.8007	12.2335	10.9617	9.9148
60	44.9550	34.7609	27.6756	22.6235	18.9293	16.1614	14.0392	12.3766	11.0480	9.9672
70	50.1685	37.4986	29.1234	23.3945	19.3427	16.3845	14.1604	12.4428	11.0844	9.9873
80	54.8882	39.7445	30.2008	23.9154	19.5965	16.5091	14.2220	12.4735	11.0998	9.9951

기간이자율(r)

기간수 (n)	11%	12%	13%	14%	15%	16%	17%	18%	19%	20%
1	0.9009	0.8929	0.8850	0.8772	0.8696	0.8621	0.8547	0.8475	0.8403	0.8333
2	1.7125	1.6901	1.6681	1.6467	1.6257	1.6052	1.5852	1.5656	1.5465	1.5278
3	2.4437	2.4018	2.3612	2.3216	2.2832	2.2459	2.2096	2.1743	2.1399	2.1065
4	3.1024	3.0373	2.9745	2.9137	2.8550	2.7982	2.7432	2.6901	2.6386	2.5887
5	3.6959	3.6048	3.5172	3.4331	3.3522	3.2743	3.1993	3.1272	3.0576	2.9906
6	4.2305	4.1114	3.9975	3.8887	3.7845	3.6847	3.5892	3.4976	3.4098	3.3255
7	4.7122	4.5638	4.4226	4.2883	4.1604	4.0386	3.9224	3.8115	3.7057	3.6046
8	5.1461	4.9676	4.7988	4.6389	4.4873	4.3436	4.2072	4.0776	3.9544	3.8372
9	5.5370	5.3282	5.1317	4.9464	4.7716	4.6065	4.4506	4.3030	4.1633	4.0310
10	5.8892	5.6502	5.4262	5.2161	5.0188	4.8332	4.6586	4.4941	4.3389	4.1925
11	6.2065	5.9377	5.6869	5.4527	5.2337	5.0286	4.8364	4.6560	4.4865	4.3271
12	6.4924	6.1944	5.9176	5.6603	5.4206	5.1971	4.9884	4.7932	4.6105	4.4392
13	6.7499	6.4235	6.1218	5.8424	5.5831	5.3423	5.1183	4.9095	4.7147	4.5327
14	6.9819	6.6282	6.3025	6.0021	5.7245	5.4675	5.2293	5.0081	4.8023	4.6106
15	7.1909	6.8109	6.4624	6.1422	5.8474	5.5755	5.3242	5.0916	4.8759	4.6755
16	7.3792	6.9740	6.6039	6.2651	5.9542	5.6685	5.4053	5.1624	4.9377	4.7296
17	7.5488	7.1196	6.7291	6.3729	6.0472	5.7487	5.4746	5.2223	4.9897	4.7746
18	7.7016	7.2497	6.8399	6.4674	6.1280	5.8178	5.5339	5.2732	5.0333	4.8122
19	7.8393	7.3658	6.9380	6.5504	6.1982	5.8775	5.5845	5.3162	5.0700	4.8435
20	7.9633	7.4694	7.0248	6.6231	6.2593	5.9288	5.6278	5.3527	5.1009	4.8696
21	8.0751	7.5620	7.1016	6.6870	6.3125	5.9731	5.6648	5.3837	5.1268	4.8913
22	8.1757	7.6446	7.1695	6.7429	6.3587	6.0113	5.6964	5.4099	5.1486	4.9094
23	8.2664	7.7184	7.2297	6.7921	6.3988	6.0442	5.7234	5.4321	5.1668	4.9245
24	8.3481	7.7843	7.2829	6.8351	6.4338	6.0726	5.7465	5.4509	5.1822	4.9371
25	8.4217	7.8431	7.3300	6.8729	6.4641	6.0971	5.7662	5.4669	5.1951	4.9476
26	8.4881	7.8957	7.3717	6.9061	6.4906	6.1182	5.7831	5.4804	5.2060	4.9563
27	8.5478	7.9426	7.4086	6.9352	6.5135	6.1364	5.7975	5.4919	5.2151	4.9636
28	8.6016	7.9844	7.4412	6.9607	6.5335	6.1520	5.8099	5.5016	5.2228	4.9697
29	8.6501	8.0218	7.4701	6.9830	6.5509	6.1656	5.8204	5.5098	5.2292	4.9747
30	8.6938	8.0552	7.4957	7.0027	6.5660	6.1772	5.8294	5.5168	5.2347	4.9789
35	8.8552	8.1755	7.5856	7.0700	6.6166	6.2153	5.8582	5.5386	5.2512	4.9915
40	8.9511	8.2438	7.6344	7.1050	6.6418	6.2335	5.8713	5.5482	5.2582	4.9966
45	9.0079	8.2825	7.6609	7.1232	6.6543	6.2421	5.8773	5.5523	5.2611	4.9986
50	9.0417	8.3045	7.6752	7.1327	6.6605	6.2463	5.8801	5.5541	5.2623	4.9995
60	9.0736	8.3240	7.6873	7.1401	6.6651	6.2492	5.8819	5.5553	5.2630	4.9999
70	9.0848	8.3303	7.6908	7.1421	6.6663	6.2498	5.8823	5.5555	5.2631	5.0000
80	9.0888	8.3324	7.6919	7.1427	6.6666	6.2500	5.8823	5.5555	5.2632	5.0000

〈표 A-5〉 선불연금 1원의 미래가치

기간이자율(r)

기간수 (n)	1%	2%	3%	4%	5%	6%	7%	8%	9%	10%
1	1.0100	1.0200	1.0300	1.0400	1.0500	1.0600	1.0700	1.0800	1.0900	1.1000
2	2.0301	2.0604	2.0909	2.1216	2.1525	2.1836	2.2149	2.2464	2.2781	2.3100
3	3.0604	3.1216	3.1836	3.2465	3.3101	3.3746	3.4399	3.5061	3.5731	3.6410
4	4.1010	4.2040	4.3091	4.4163	4.5256	4.6371	4.7507	4.8666	4.9847	5.1051
5	5.1520	5.3081	5.4684	5.6330	5.8019	5.9753	6.1533	6.3359	6.5233	6.7156
6	6.2135	6.4343	6.6625	6.8983	7.1420	7.3938	7.6540	7.9228	8.2004	8.4872
7	7.2857	7.5830	7.8923	8.2142	8.5491	8.8975	9.2598	9.6366	10.0285	10.4359
8	8.3685	8.7546	9.1591	9.5828	10.0266	10.4913	10.9780	11.4876	12.0210	12.5795
9	9.4622	9.9497	10.4639	11.0061	11.5779	12.1808	12.8164	13.4866	14.1929	14.9374
10	10.5668	11.1687	11.8078	12.4864	13.2068	13.9716	14.7836	15.6455	16.5603	17.5312
11	11.6825	12.4121	13.1920	14.0258	14.9171	15.8699	16.8885	17.9771	19.1407	20.3843
12	12.8093	13.6803	14.6178	15.6268	16.7130	17.8821	19.1406	20.4953	21.9534	23.5227
13	13.9474	14.9739	16.0863	17.2919	18.5986	20.0151	21.5505	23.2149	25.0192	26.9750
14	15.0969	16.2934	17.5989	19.0236	20.5786	22.2760	24.1290	26.1521	28.3609	30.7725
15	16.2579	17.6393	19.1569	20.8245	22.6575	24.6725	26.8881	29.3243	32.0034	34.9497
16	17.4304	19.0121	20.7616	22.6975	24.8404	27.2129	29.8402	32.7502	35.9737	39.5447
17	18.6147	20.4123	22.4144	24.6454	27.1324	29.9057	32.9990	36.4502	40.3013	44.5992
18	19.8109	21.8406	24.1169	26.6712	29.5390	32.7600	36.3790	40.4463	45.0185	50.1591
19	21.0190	23.2974	25.8704	28.7781	32.0660	35.7856	39.9955	44.7620	50.1601	56.2750
20	22.2392	24.7833	27.6765	30.9692	34.7193	38.9927	43.8652	49.4229	55.7645	63.0025
21	23.4716	26.2990	29.5368	33.2480	37.5052	42.3923	48.0057	54.4568	61.8733	70.4027
22	24.7163	27.8450	31.4529	35.6179	40.4305	45.9958	52.4361	59.8933	68.5319	78.5430
23	25.9735	29.4219	33.4265	38.0826	43.5020	49.8156	57.1767	65.7648	75.7898	87.4973
24	27.2432	31.0303	35.4593	40.6459	46.7271	53.8645	62.2490	72.1059	83.7009	97.3471
25	28.5256	32.6709	37.5530	43.3117	50.1135	58.1564	67.6765	78.9544	92.3240	108.1818
26	29.8209	34.3443	39.7096	46.0842	53.6691	62.7058	73.4838	86.3508	101.7231	120.0999
27	31.1291	36.0512	41.9309	48.9676	57.4026	67.5281	79.6977	94.3388	111.9682	133.2099
28	32.4504	37.7922	44.2189	51.9663	61.3227	72.6398	86.3465	102.9659	123.1354	147.6309
29	33.7849	39.5681	46.5754	55.0849	65.4388	78.0582	93.4608	112.2832	135.3075	163.4940
30	35.1327	41.3794	49.0027	58.3283	69.7608	83.8017	101.0730	122.3459	148.5752	180.9434
35	42.0769	50.9944	62.2759	76.5983	94.8363	118.1209	147.9135	186.1021	235.1247	298.1268
40	49.3752	61.6100	77.6633	98.8265	126.8398	164.0477	213.6096	279.7810	368.2919	486.8518
45	57.0459	73.3306	95.5015	125.8706	167.6852	225.5081	305.7518	417.4261	573.1860	790.7953
50	65.1078	86.2710	116.1808	158.7738	219.8154	307.7561	434.9860	619.6718	888.4411	1280.2994
60	82.4864	116.3326	167.9450	247.5103	371.2629	565.1159	870.4668	1353.4704	2119.8234	3338.2980
70	101.6831	152.9775	237.5119	378.8621	617.9549	1026.0081	1727.1236	2937.6865	5034.9533	8676.2165
80	122.8882	197.6474	331.0039	573.2948	1019.7903	1851.3959	3412.2971	6357.8903	11936.126	22521.402

〈표 A-6〉 선불연금 1원의 현재가치

기간이자율(r)

기간수 (n)	1%	2%	3%	4%	5%	6%	7%	8%	9%	10%
1	1.0000	1.0000	1.0000	1.0000	1.0000	1.0000	1.0000	1.0000	1.0000	1.0000
2	1.9901	1.9804	1.9709	1.9615	1.9524	1.9434	1.9346	1.9259	1.9174	1.9091
3	2.9704	2.9416	2.9135	2.8861	2.8594	2.8334	2.8080	2.7833	2.7591	2.7355
4	3.9410	3.8839	3.8286	3.7751	3.7232	3.6730	3.6243	3.5771	3.5313	3.4869
5	4.9020	4.8077	4.7171	4.6299	4.5460	4.4651	4.3872	4.3121	4.2397	4.1699
6	5.8534	5.7135	5.5797	5.4518	5.3295	5.2124	5.1002	4.9927	4.8897	4.7908
7	6.7955	6.6014	6.4172	6.2421	6.0757	5.9173	5.7665	5.6229	5.4859	5.3553
8	7.7282	7.4720	7.2303	7.0021	6.7864	6.5824	6.3893	6.2064	6.0330	5.8684
9	8.6517	8.3255	8.0197	7.7327	7.4632	7.2098	6.9713	6.7466	6.5348	6.3349
10	9.5660	9.1622	8.7861	8.4353	8.1078	7.8017	7.5152	7.2469	6.9952	6.7590
11	10.4713	9.9826	9.5302	9.1109	8.7217	8.3601	8.0236	7.7101	7.4177	7.1446
12	11.3676	10.7868	10.2526	9.7605	9.3064	8.8869	8.4987	8.1390	7.8052	7.4951
13	12.2551	11.5753	10.9540	10.3851	9.8633	9.3838	8.9427	8.5361	8.1607	7.8137
14	13.1337	12.3484	11.6350	10.9856	10.3936	9.8527	9.3577	8.9038	8.4869	8.1034
15	14.0037	13.1062	12.2961	11.5631	10.8986	10.2950	9.7455	9.2442	8.7862	8.3667
16	14.8651	13.8493	12.9379	12.1184	11.3797	10.7122	10.1079	9.5595	9.0607	8.6061
17	15.7179	14.5777	13.5611	12.6523	11.8378	11.1059	10.4466	9.8514	9.3126	8.8237
18	16.5623	15.2919	14.1661	13.1657	12.2741	11.4773	10.7632	10.1216	9.5436	9.0216
19	17.3983	15.9920	14.7535	13.6593	12.6896	11.8276	11.0591	10.3719	9.7556	9.2014
20	18.2260	16.6785	15.3238	14.1339	13.0853	12.1581	11.3356	10.6036	9.9501	9.3649
21	19.0456	17.3514	15.8775	14.5903	13.4622	12.4699	11.5940	10.8181	10.1285	9.5136
22	19.8570	18.0112	16.4150	15.0292	13.8212	12.7641	11.8355	11.0168	10.2922	9.6487
23	20.6604	18.6580	16.9369	15.4511	14.1630	13.0416	12.0612	11.2007	10.4424	9.7715
24	21.4558	19.2922	17.4436	15.8568	14.4886	13.3034	12.2722	11.3711	10.5802	9.8832
25	22.2434	19.9139	17.9355	16.2470	14.7986	13.5504	12.4693	11.5288	10.7066	9.9847
26	23.0232	20.5235	18.4131	16.6221	15.0939	13.7834	12.6536	11.6748	10.8226	10.0770
27	23.7952	21.1210	18.8768	16.9828	15.3752	14.0032	12.8258	11.8100	10.9290	10.1609
28	24.5596	21.7069	19.3270	17.3296	15.6430	14.2105	12.9867	11.9352	11.0266	10.2372
29	25.3164	22.2813	19.7641	17.6631	15.8981	14.4062	13.1371	12.0511	11.1161	10.3066
30	26.0658	22.8444	20.1885	17.9837	16.1411	14.5907	13.2777	12.1584	11.1983	10.3696
35	29.7027	25.4986	22.1318	19.4112	17.1929	15.3681	13.8540	12.5869	11.5178	10.6086
40	33.1630	27.9026	23.8082	20.5845	18.0170	15.9491	14.2649	12.8786	11.7255	10.7570
45	36.4555	30.0800	25.2543	21.5488	18.6628	16.3832	14.5579	13.0771	11.8605	10.8491
50	39.5881	32.0521	26.5017	22.3415	19.1687	16.7076	14.7668	13.2122	11.9482	10.9063
60	45.4046	35.4561	28.5058	23.5284	19.8758	17.1311	15.0219	13.3667	12.0423	10.9639
70	50.6702	38.2486	29.9971	24.3303	20.3098	17.3676	15.1516	13.4382	12.0820	10.9861
80	55.4371	40.5394	31.1068	24.8720	20.5763	17.4997	15.2175	13.4714	12.0988	10.9946

찾아보기

이수로

성균관대학교 경상대학 졸업 | 성균관대학교 대학원 졸업(경영학박사) | 한국외환은행 근무 | 국민연금연구센터 책임연구원 | 미국 Syracuse University 방문교수 | 협성대학교 경영대학 학장 역임
현, 협성대학교 글로벌경영대학 세무회계학과 교수

주요 논문 및 저서
"회계이익 구성항목의 증권시장에서의 정보가치"(박사학위논문) | "보수주의, 이익지속성 및 가치평가"(회계학연구) | "Does Revenue-Expense Matching Relate To Going-Concern Audit Opinion Conditional On Firm's Financial Distress?"(The Journal of Applied Business Research) | 『회계의 이해』(신영사) | 『IFRS 회계원리』(신영사) 등

신영직

Mays Business School, Texas A&M University 졸업(회계학석사) | 성균관대학교 대학원 졸업(경영학박사) | Ad-Hoc Reviewer(Asia-Pacific Journal of Accounting and Economics)
현, 전남대학교 경영대학 경영학부 교수

주요 논문 및 저서
"Female Directors on the Board and Investment Efficiency"(Asian Business & Management) | "The Use of Non-Financial Performance Measure in CEO Compensation Contract and Stock Price Crash Risks"(Asian-Pacific Journal of Accounting & Economics) | "기업의 사회적 책임(CSR)활동과 주가붕괴위험 간의 관계에 관한 연구"(회계저널) | "외국인 임원과 기업의 투자효율성"(회계학연구) 등

제3판 중급회계연습

2016년 6월 10일 제 1 판 1쇄 발행
2022년 7월 20일 제 3 판 1쇄 인쇄
2022년 7월 25일 제 3 판 1쇄 발행

저 자 이수로 · 신영직
발 행 인 권 영 섭
발 행 처 (주)신 영 사

경기도 파주시 심학산로 12(출판문화단지)
등 록 : 1988. 5. 2 / 제406-1988-000020호
전 화 : 031-946-2894(代)
F A X : 031-946-0799
e - mail : sys28945@naver.com
홈페이지 : http://www.shinyoungsa.co.kr

㈜신영사

정가 27,000원

ISBN 978-89-5501-801-1

본서의 내용을 무단전재하거나 복제하는 행위를 금합니다.